RETOUR EN PROVENCE

DU MÊME AUTEUR

La Forge au loup, Presses de la Cité, 2001
La Cour aux paons, Presses de la Cité, 2002
Le Bois de lune, Presses de la Cité, 2003
Le Maître ardoisier, Presses de la Cité, 2004
Les Tisserands de la licorne, Presses de la Cité, 2005
Le Vent de l'aube, Presses de la Cité, 2006
Les Chemins de Garance, Presses de la Cité, 2007
La Figuière en héritage, Presses de la Cité, 2008
La Nuit de l'amandier, Presses de la Cité, 2009
La Combe aux oliviers, Presses de la Cité, 2010
Le Moulin des Sources, Calmann-Lévy, 2010
Le Mas des Tilleuls, Calmann-Lévy, 2011
Les Bateliers du Rhône, Presses de la Cité, 2012
Les Dames de Meuse, Omnibus, 2012
La Grange de Rochebrune, Calmann-Lévy, 2013
Retour au pays bleu, Calmann-Lévy, 2013
Romans de ma Provence, Omnibus, 2014
Le Fils maudit, Calmann-Lévy, 2014
Les Sentiers de l'exil, Calmann-Lévy, 2015
La Maison du cap, Presses de la Cité, 2016
Les roses sont éternelles, Calmann-Lévy, 2016
Le Maître du Castellar, Calmann-Lévy, 2017
À travers la nuit et le vent, Presses de la Cité, 2018
La Fontaine aux violettes, Presses de la Cité, 2019

Rééditions
La Combe aux oliviers, suivi de *La Nuit de l'amandier*, Presses de la Cité, 2017
En Provence. Le Mas des tilleuls suivi du *Moulin des Sources*, Calmann-Lévy, 2018

Françoise Bourdon

RETOUR EN PROVENCE

CALMANN
LEVY
territoires

Couverture
Maquette : olo.editions
Illustration :
Champ de lavande, Ivailo Nikolov / © Shutterstock

ISBN 978-2-7021-6693-2

Sommaire

Le Fils maudit

« Les arbres aux racines profondes sont ceux qui montent haut. »

Frédéric Mistral

PROLOGUE

1855

Le ciel bleu, d'une pureté incomparable, faisait chanter le vert des prairies et le sommet enneigé du mont Viso.

Les cloches sonnaient à la volée, attirant les familles sur le seuil de leurs maisons en pierre, chapeautées de lauzes, ornées de fenêtres géminées.

Livia ajusta sa coiffe de dentelle et de lin blanc sur ses cheveux blonds et se retourna pour vérifier si grand-mère Susanna la suivait.

– Attends-moi, petite ! la héla la vieille dame.

Tentée de faire la sourde oreille, Livia hésita un instant avant de se résoudre à obéir. Même si Susanna Rocha se montrait de plus en plus exigeante avec elle, elle avait permis à sa petite-fille de vivre à Mongioia, loin de la vallée Vermenagna, où demeurait le reste de sa famille.

Dans la petite ville, Livia avait fréquenté l'école des religieuses, appris à lire, à écrire, à broder et à compter. Sœur Lucrezia lui avait prêté de nombreux livres. Le soir, réfugiée dans sa chambre, la jeune fille s'évadait en compagnie de Pétrarque, de l'Arioste ou de Goldoni. La lecture constituait pour elle le meilleur dérivatif.

Lorsqu'elle se rendait dans sa famille, du côté de Limone, dans la région du col de Tende, elle mesurait le chemin parcouru. Là-bas, elle se sentait une étrangère. Tout lui apparaissait comme... rétréci.

– Attends-moi, petite, répéta Susanna, essoufflée.

Elle crocheta le bras de Livia, s'y appuya lourdement.

– Qu'est-ce qui te prend de courir comme une chevrette folle ? gronda-t-elle.

La tendresse perçait sous le reproche. Veuve, propriétaire de trois fermes, Susanna vivait dans une certaine aisance. Elle avait pris Livia chez elle alors qu'elle n'était qu'un bébé. Elle était née seulement dix mois après son aînée, Rosa. De toute manière, le lait de Maria, sa mère, était tari. Livia avait été nourrie au lait de chèvre, n'avait pas connu la promiscuité des deux pièces abritant la famille Neri. On la jalousait, d'ailleurs, à ce sujet. Rosa et ses frères l'appelaient *principessa*, « princesse », et lui faisaient sentir sa différence. Livia n'en avait cure.

Sa grand-mère et elle pénétrèrent dans l'église, une merveille du style baroque qui séduisait les étrangers. Federico affirmait que des peintres itinérants avaient sillonné les vallées du Piémont aux XVe et XVIe siècles, illustrant de scènes bibliques ou de la vie des saints les murs des églises. Il l'avait fait sourire en lui racontant qu'ils préparaient leur colle à base de fromage et d'œuf.

Livia rougit, comme chaque fois qu'elle songeait à Federico.

Elle savait, naturellement, que tous deux commettaient un péché mortel, mais elle refusait d'y penser. Ils s'aimaient. À ses yeux, cela justifiait tout !

Elle esquissa un sourire en le voyant sortir de la sacristie à la suite du père Renato. Brun, les yeux bleus, de haute taille, Federico attirait les regards féminins.

Un frémissement parcourut le corps de Livia. Ils s'étaient donné rendez-vous cet après-midi dans la cabane de berger, à l'ombre d'un majestueux pin cembro, où ils avaient l'habitude de se retrouver. C'était mal d'aimer un séminariste. C'était interdit. Un péché.

Livia secoua la tête. Pour elle, l'amour légitimait tous les manquements à la loi de Dieu comme à la loi des hommes.

Quand Federico s'allongeait avec elle sur une litière fraîche, et caressait son corps, elle oubliait tout le reste. Elle oubliait même qu'elle encourait un châtiment divin parce qu'elle le soustrayait à son sacerdoce.

1

1868

– Un vrai travail de galérien, marmonna Lorenzo en chargeant sur son dos une quantité impressionnante de bois coupé.

Il s'était exprimé en français mais son père avait compris qu'il en avait assez.

– Tu dois gagner le pain que tu manges ! vociféra-t-il en patois piémontais.

Lorenzo, s'il comprenait ce dialecte, préférait et de loin parler le français que sa mère lui avait appris. Il aurait aimé se rendre à l'école du village, comme il l'avait fait durant une année. Un an seulement, ce qui lui avait permis d'apprendre à lire et à écrire, et avait suscité chez lui une soif irrépressible de savoir. Une scène terrible l'avait opposé à son père quand celui-ci avait refusé tout net qu'il continue de fréquenter l'école. Scène qui s'était terminée par une correction mémorable. Le nez en sang, le corps marqué d'hématomes, Lorenzo avait pensé mourir sur place sous les coups de Giuseppe Lupo. Il le haïssait.

Il s'arrêta un instant, huma l'odeur chaude du bois mêlée à celle de la forêt. Il rêvait d'aller marcher dans les bois pour repérer les essences susceptibles d'être travaillées, au rabot et à la gouge.

Il supportait mal l'état de charbonnier, le métier de son père. Ils détruisaient chênes verts, chênes blancs, hêtres, ces arbres que lui, Lorenzo, aurait aimé sculpter.

Il avait accompagné un jour son camarade Eugène, avec qui il s'était lié d'amitié à l'école, chez son père, menuisier. Lorenzo avait respiré avec bonheur l'odeur des copeaux, caressé du plat de la main le bois poli, sous le regard attentif de Léon, le père d'Eugène.

– Tu aimes le bois, toi, lui avait-il dit en lui administrant une bourrade.

La gorge serrée par l'émotion, Lorenzo s'était contenté d'incliner la tête. Intimidé, il avait tout observé sans mot dire. Rabots droits, scies à main, scies à refendre et à débiter constituaient un outillage conséquent.

À cet instant, il enviait Eugène parce qu'il était fils de menuisier. Et lui, le fils d'un Piémontais brutal et ignorant.

Une image de son enfance hantait ses souvenirs. Sa mère, dans la modeste cabane leur servant de logis, qui lisait un livre à la chandelle. Lui, Lorenzo, jouait à ses pieds avec des chutes de bois. La scène était paisible. Et puis Giuseppe avait ouvert la porte d'un coup de pied. Le vent avait tourbillonné dans la salle, soufflant la bougie. Et Lorenzo avait crié, autant de surprise que de peur. Il se rappelait les imprécations du père et le vent glacial. Il se rappelait aussi le raidissement de sa mère. Elle avait peur, elle aussi, même si elle s'efforçait de ne pas le montrer. Giuseppe ne supportait pas de voir son épouse oisive, un livre à la main. Rien de tel, assurait-il, pour donner des idées de grandeur aux femmes. Qu'entendait-il par là ? se demandait Lorenzo. Car, en vérité, il n'y avait guère plus pauvres que les Lupo !

Sa mère lui avait déjà raconté qu'ils étaient descendus à pied du Piémont. La tradition aurait voulu que Giuseppe vienne travailler seul avant d'inviter sa famille à le rejoindre. Mais il n'avait pas supporté l'idée de se séparer de sa femme, lui avait confié sa mère d'une drôle de voix, indéfinissable. Alors, malgré son gros ventre, elle l'avait accompagné sur les chemins muletiers. Un périple qu'elle évoquait en frissonnant, douze ans après. Lorenzo sentait la peur l'envahir quand sa mère racontait les portes fermées, à Breil-sur-Roya, et les hurlements des loups dans la nuit. Giuseppe haussait les épaules. « Nous n'avions rien à craindre des loups », affirmait-il.

Mais Giuseppe ne redoutait personne, pas même Dieu qu'il injuriait copieusement au moindre souci. Ne se vantait-il pas de « bouffer du curé » ? Il ne se rendait pas à l'église le dimanche et, la plupart du temps, s'arrangeait pour empêcher sa femme d'assister à la messe. Il fallait travailler, l'argent ne se gagnait pas tout seul, et les curés n'étaient que des hypocrites, répétait-il à l'envi.

Lorenzo connaissait par cœur le discours de son père. De toute manière, il ne l'écoutait plus depuis longtemps. Depuis le jour où il l'avait vu lever la main sur sa mère. Ce jour-là, il s'était interposé, avait pris le coup, qui l'avait fait chanceler. Giuseppe s'était déchaîné contre lui, mais cela n'avait pas vraiment d'importance. Il était fort et savait pratiquer l'art de l'esquive, tandis que sa mère… Dieu juste !

Plus tard, quand Giuseppe était parti surveiller sa meule, sa mère avait soigné Lorenzo. Elle cueillait les plantes dans la montagne avant de les faire macérer dans de l'alcool.

Elle avait appliqué de l'eau de lys sur ses plaies. Il serrait les dents.

– Il ne faut pas prendre les coups à ma place, lui avait-elle dit en pleurant. Giuseppe a ses raisons.

Lorenzo secouait la tête, obstiné.

– Non, mama, il ne doit pas te battre. Jamais.

Mais elle continuait de secouer la tête, tandis que des larmes silencieuses roulaient sur ses joues, et elle répétait :

– Tu ne connais rien à notre histoire.

Il se rappelait aussi ces nuits durant lesquelles les gémissements assourdis de sa mère le réveillaient.

Lui couchait sur une paillasse de feuilles de hêtre, devant le petit poêle à bois. Ses parents gardaient un semblant d'intimité derrière une couverture accrochée à une corde à linge. Maria, sa petite sœur, dormait à côté d'eux dans un moïse en osier. Le bébé lui était indifférent. Lorenzo avait seulement eu peur pour sa mère au moment de la délivrance. Luisa, l'épouse d'un charbonnier, amie de Livia, était venue aider et avait chassé les hommes de la cabane. Après la naissance, Giuseppe était allé se soûler au village.

– Même pas capable de me donner un fils ! avait-il maugréé à l'encontre de sa femme.

Lorenzo n'avait pas cherché à lui rappeler que lui était là depuis longtemps. Pour une raison mystérieuse, Giuseppe ne l'avait jamais traité comme son fils, mais plutôt comme un valet. Cela importait peu au garçon, qui avait appris très jeune à se débrouiller seul.

Il se délesta de sa charge au pied de la meule. Giuseppe avait déjà entrepris de monter la cheminée en entrecroisant des rondins de cinquante centimètres de long. Il travaillait vite et bien, en commençant par les morceaux de bois les plus gros dont il plaçait le côté le plus large vers le bas.

Il jeta à Lorenzo par-dessus son épaule :

– Ne reste pas là les bras ballants ! Va me chercher du petit bois.

La tâche était moins rude mais dépourvue d'intérêt. Lorenzo crispa les poings. Il perdait son temps dans la forêt, il n'avait pas la moindre intention de devenir charbonnier à son tour. Cependant, comment le faire comprendre à Giuseppe sans risquer une nouvelle raclée ? Il rêvait de plus en plus souvent de partir, loin de cette terre sombre et de l'odeur persistante de bois brûlé qui collait à la peau et aux vêtements. S'il restait, c'était avant tout pour protéger sa mère.

Un jappement bref le fit sursauter. Alba, sa chienne, s'avança vers lui à pas prudents. Elle savait qu'elle n'était pas la bienvenue quand Giuseppe se trouvait dans les parages, mais rien n'aurait pu l'empêcher de rejoindre son jeune maître. Grande, le poil blanc, le poitrail gris, les yeux gris-bleu, Alba était née d'une louve et d'un chien domestique. Lorenzo l'avait recueillie après que des chasseurs avaient abattu la louve. Il l'avait nourrie de pain et de lait avec la complicité de sa mère. Alba était son unique amie.

Giuseppe releva la tête, esquissa un sourire mauvais.

– Foutue bête, fiche le camp ! hurla-t-il. Si je la vois rôder autour de la cabane, je lui tire dessus, reprit-il à l'intention de Lorenzo.

Le garçon savait qu'il ne s'agissait pas d'une menace en l'air.

– File ! ordonna-t-il à Alba qui obéit, la queue basse.

– Tu ne la retrouveras pas à la fin de la saison de chasse.

Lorenzo croisa les bras devant sa poitrine. Il pressentait que le charbonnier cherchait à le faire sortir de ses gonds.

– C'est ma chienne, déclara-t-il fermement. Je la protégerai.

Giuseppe ricana.

– Rien n'est à toi, ici !

Il exsudait la haine. Brusquement, Lorenzo eut peur de ce qu'il pourrait lui dire. Il tourna les talons, jetant par-dessus son épaule :

– Je vais chercher le petit bois.

Giuseppe le suivit des yeux.

– Je n'en ai pas fini avec toi, petit morveux, grommela-t-il.

2

1868

Si on lui avait posé la question, Amédée Darnaud aurait répondu qu'il préférait la terre rouge à la jaune. Mais, au fond, peu lui importait. Il aimait sa terre, celle de ses ancêtres, entre Roussillon et Gargas. Les Darnaud s'y échinaient depuis plus d'un demi-siècle.

Son père, Léonce, s'était détourné du rêve de son aïeul, prénommé lui aussi Amédée. Léonce affirmait que l'ocre ne valait pas ses vignes et ses bons champs de luzerne, mais Amédée, deuxième du nom, habitué à parcourir les sentiers d'ocre depuis l'enfance, projetait d'exploiter le précieux minerai. C'était un rêve caressé par nombre d'habitants de la région, entre Apt et Cavaillon, depuis qu'un certain Jean-Étienne Astier avait découvert en 1785 le principe de séparation de l'ocre du sable.

– Il y en a autant, sinon plus, sous terre, affirmait Amédée à son père.

Léonce ne voulait rien entendre. La crise du phylloxéra, survenue juste avant sa mort, lui avait apporté un sanglant démenti. Arracher les vignes familiales lui avait déchiré le cœur. Il s'était allongé sur son lit, avait tourné la tête contre le mur et s'était éteint deux jours plus tard, sans avoir accepté de recevoir le père Alphonsi. Sa femme, Margarido, en avait pleuré deux jours et deux nuits. Comment savoir si son époux était parti en règle avec le bon Dieu ? Le père Alphonsi l'avait réconfortée : Léonce n'était pas un mauvais homme, il avait seulement un fichu caractère.

Depuis le décès brutal de Léonce, Amédée avait les coudées franches. Il lui avait fallu un peu de temps avant d'en prendre conscience. Il avait hérité des terres et de la ferme de la Brémonne tandis que Félicité, sa sœur, recevait des terrains du côté du pont Julien. Son épouse, Mireille, avait marqué une hésitation au moment de franchir le seuil de la demeure.

« Il me semble que je ne m'y sentirai jamais chez moi », avait-elle soufflé.

Sa belle-mère, Margarido, avait imprimé sa marque sur la Brémonne. Femme autoritaire, elle dirigeait d'une poigne solide personnel et membres de la famille.

Mireille, bon gré mal gré, avait forcé sa nature pour se montrer à la hauteur. À son tour, elle avait accroché à sa taille le clavier[1] à deux rangs en argent auquel pendaient la clef de la Brémonne ainsi que ses ciseaux à broder.

Elle avait inventorié les armoires, admiré en silence les nappes et les piles de draps fleurant bon la lavande.

Elle avait la haute main sur la basse-cour, le linge, les repas, le ménage et la couture. Si elle ne brillait guère dans ce dernier domaine, elle s'était gardée de le faire

1. Chaîne accrochée à la ceinture du tablier portant les clefs de la maison et une paire de ciseaux, réservée aux femmes mariées.

savoir. Elle avait besoin d'être appréciée, reconnue à sa juste valeur. Certainement parce qu'elle était la fille d'un ouvrier agricole et redoutait de décevoir son mari.

Margarido était partie vivre chez son frère, un vieux garçon installé à Apt. Selon elle, deux femmes ne pouvaient vivre en bonne harmonie dans la même maison. Mireille lui en était reconnaissante.

Maître chez lui, à la Brémonne… Amédée allait pouvoir creuser le sol à la recherche de l'ocre mythique dont il rêvait depuis l'enfance. Ces derniers mois, il s'était renseigné, aussi bien à Roussillon qu'à Rustrel ou à Gargas. On se défiait de ce qui apparaissait comme une chimère. Rien ne valait la terre, l'agriculture, l'élevage. Assurément, si l'ocre était autant recherchée, son exploitation ne durerait pas longtemps !

Amédée ne tentait plus de convaincre ses voisins agriculteurs. Il faisait confiance à son intuition. Refusant d'écouter les mises en garde de Mireille, il avait acheté un tombereau et un cheval, des pics, des pioches, des pelles, des tarières[1] et des coins[2]. Il avait embauché Bébert, le fils du cantonnier, un gars bien bâti, taillé en force, et confié le soin du potager à son épouse.

Désormais, chaque matin, les deux hommes partaient pour le champ de l'Étoile, où ils creusaient des gradins successifs après avoir enlevé une première couche.

1. Outil, sorte de foret à main, de forme hélicoïdale, destiné à percer des trous étroits et profonds.

2. Pièce de fer ayant une forme prismatique dont on se sert pour fendre.

Amédée était propriétaire de ce terrain traversé par trois ruisseaux, ce qui était de bon augure, car l'extraction de l'ocre nécessitait beaucoup d'eau, notamment pour le lavage.

Amédée avait d'ailleurs commencé à creuser des puits près du lit du cours d'eau le plus important et à construire des norias[1] qui seraient actionnées par des mulets.

– Tu me fais peur, mon époux, lui avait dit Mireille quelques jours auparavant, alors qu'elle était venue à sa demande jusqu'au champ de l'Étoile admirer ses installations. Toute cette bonne terre à blé... Que dirait ton père ?

Amédée avait enfoncé son chapeau sur sa tête.

– Mon père est mort, Mireille. C'est moi le maître, à présent.

Le ton dont il usa avait contrarié la jeune femme. Elle pressentait qu'il avait une revanche à prendre – le vieux Léonce avait imposé sa loi à sa famille durant des lustres – ; mais elle, Mireille, redoutait les conséquences de la passion d'Amédée pour l'ocre. Où cela allait-il les mener ? Comme Léonce, elle partait du principe que seule la terre importait.

– Nous allons bâtir une maison en pierre pour Bébert, à côté du champ, prévoyait Amédée, et nous planterons un chêne.

Son cœur se serra lorsqu'il chercha du regard les cimes des arbres. Les charbonniers de la montagne d'en face effectuaient des coupes sombres et travaillaient à l'année.

1. Ancêtres des pompes hydrauliques permettant l'irrigation.

Gavots, Piémontais défrichaient Lagarde-d'Apt pour répondre à la demande croissante de fabricants de fruits confits d'Apt. Et il fallait toujours plus de charbon de bois. Amédée, lui, aimait les arbres et avait planté, adolescent, deux amandiers et deux oliviers dans la cour de la Brémonne. Symboles de prospérité et porte-bonheur, les arbres se devaient d'aller par deux, Margarido y tenait.

Amédée se surprit à songer à sa mère avec une pointe d'émotion. Femme de tête, la belle Margarido lui avait inculqué le sens de la droiture et le désir d'aller de l'avant. Elle l'avait encouragé lorsqu'il lui avait confié son désir d'exploiter l'ocre sur leurs terres.

– Tu as raison, mon fils, lui avait-elle dit. La terre nous doit une compensation.

Elle avait ajouté, en comptant sur ses doigts :

– Il y a d'abord eu la pébrine, la maladie des vers à soie, puis le phylloxéra, qui a fait mourir ton père de chagrin. À présent, on raconte que la garance est finie elle aussi.

Oui, pensa Amédée, le temps de la garance était révolu.

Dieu savait, pourtant, que la « rouge », la plante tinctoriale, avait fait la richesse du Vaucluse ! Mais les terres s'étaient épuisées ; des producteurs peu scrupuleux avaient mêlé à la poudre de garance de la brique pilée ou même de l'ocre rouge et, surtout, il avait lu dans le journal que deux chimistes allemands avaient trouvé le moyen de produire un colorant artificiel.

Il fallait trouver autre chose. De l'ocre, de préférence.

3

1869

C'était un pays différent de celui où il avait toujours vécu, qui paraissait à la fois plus rude et plus austère.

Lorenzo marchait, son maigre baluchon sur l'épaule. Il économisait les sous que Léon le menuisier lui avait donnés. C'était tout ce qu'il avait, ce pécule et la chaîne en or de sa mère.

– Je sais que tu en feras bon usage, lui avait-elle dit en le serrant une dernière fois dans ses bras.

Il ne pouvait fermer les yeux sans la revoir, silhouette frêle devant la cabane recouverte de toile goudronnée, tenant dans ses bras sa petite sœur Maria. Tous deux savaient que Lorenzo devait partir. Sinon, Giuseppe mettrait sa menace à exécution et le tuerait.

Lorenzo frissonna malgré le soleil de juin qui tapait fort.

Il n'avait rien oublié. Il se rappelait la douleur éprouvée le jour où il avait découvert Alba, morte, une balle dans la tête, au pied de la charbonnière. Il avait creusé la terre pour enterrer sa chienne. Les larmes ruisselaient sur ses joues. Il les avait essuyées d'un geste rageur. Ensuite, il était parti à la recherche de son père. L'affrontement avait eu lieu devant la charrette, alors que Giuseppe triait le charbon de bois à placer dans les couffes[1] de sparterie[2]. Il avait pour habitude de garnir le fond de la couffe de débris et de réserver les plus beaux morceaux pour le dessus.

– À toi de faire, dit-il, en se tournant vers sa femme.

Elle se pencha au-dessus de la couffe, une grande aiguille à tapisser à la main. Elle cousit à grands points le dessus de la couffe, qui portait le nom du patron.

– C'est toi qui as tué ma chienne ! avait hurlé Lorenzo.

Il se souvenait du regard de Giuseppe. Deux fentes étrécies dans un visage buriné, marqué de noir autour des yeux et de la bouche, comme un masque sinistre.

– Je t'avais prévenu, avait laissé tomber le père avant de se détourner et de gratifier son épouse d'une méchante bourrade.

Livia était tombée à genoux sur le sol où elle était restée quelques instants immobile.

À cet instant, Lorenzo avait vu rouge et chargé Giuseppe. Le charbonnier avait évité le choc, l'avait saisi par le col et bourré de coups de poing. Le visage en sang, l'arcade sourcilière éclatée, le nez cassé, le gamin était incapable de se protéger. Il entendait les cris et les supplications de sa mère qui lui parvenaient de très loin. Sa

1. Amples paniers, flexibles et résistants, servant à faire des balles pour le transport de produits en Provence.

2. Fibre végétale, souple et résistante, tressée et travaillée pour fabriquer des paniers notamment.

vue était brouillée, son nez pissait le sang et il respirait de façon saccadée.

L'arrivée de deux charbonniers dans la clairière l'avait sauvé. Sentant que son bourreau relâchait sa prise, il avait détalé. Sa mère l'avait rejoint au pied de son arbre préféré, un chêne immense aux branches étendues comme les bras d'un orant.

Elle était livide.

– Pars, mon fils, je t'en supplie, lui avait-elle dit. Si tu restes un jour de plus, il te tuera.

Lui tremblait sous le choc.

– Va chez le père de ton ami, lui avait recommandé sa mère. Raconte-lui ce qui s'est passé.

Il avait hoché la tête en étouffant un gémissement. Pendant qu'il le rouait de coups, Giuseppe avait hurlé des imprécations que Lorenzo n'avait pas retenues, comme si celles-ci lui avaient fait peur. Mais de quoi pouvait-il avoir peur désormais ? Il avait fui la montagne sans jeter un regard en arrière. Il ne pleurait plus. La main en coupe sous son nez, il avançait à grands pas, s'arrêtant de temps à autre, pris de vertiges. Des cailloux roulaient sous ses pieds. Il avait croisé le chemin d'autres charbonniers qu'il connaissait vaguement. L'un d'eux avait voulu le retenir, un autre lui avait proposé un mouchoir, lui s'était éloigné sans dire un mot.

Il était arrivé chez Eugène dans un triste état. Eulalie, la mère, bugadière, l'avait aussitôt soigné. Par chance, elle n'avait pas posé de questions. Lorenzo ne l'aurait pas supporté. Elle lui avait préparé une paillasse dans un réduit attenant à l'atelier. Il y avait dormi plusieurs heures. À son réveil, il avait eu l'impression que son corps ne lui répondait plus.

Léon, appelé à la rescousse, l'avait examiné dans la salle. Suivant ses instructions, sa femme avait étroitement bandé le torse du gamin après avoir appliqué sur ses côtes une pommade à l'arnica.

La mère de Léon connaissait les plantes et avait transmis son savoir à son fils.

Léon avait serré les poings.

– Ce sale type mériterait qu'on appelle les gendarmes.

Mais Lorenzo l'avait supplié de n'en rien faire.

– Je vous en prie, monsieur, il se vengerait sur ma mère.

Livia, descendue au village à la nuit tombée, avait confirmé les paroles de son fils.

– Il cuve son vin, avait-elle déclaré dans un français presque parfait, à peine teinté d'une pointe d'accent.

Elle portait Maria sur son dos, dans une sorte de hotte en toile de jute qu'elle avait confectionnée. Le bébé dormait. Livia avait serré son garçon contre elle, lui avait donné les quelques pièces qu'elle possédait et son unique bijou, une chaîne en or.

– Prends soin de toi, mon fils, et garde la tête haute. Oublie Giuseppe.

C'était impossible, tous deux le savaient. Lorenzo avait suivi du bout du doigt l'ecchymose violacée sur la joue de sa mère.

– Il a levé la main sur toi ?

– Non, voyons, je me suis fait mal en tombant.

Elle avait soutenu le regard inquiet de son fils. « Pars ! » avait-elle pensé avec force. Le moment tant redouté était arrivé. Lorenzo, du haut de ses treize ans, était presque un homme et rappelait à Giuseppe qu'il n'était pas son fils.

Il fallait le mettre à l'abri. Elle-même devait continuer à expier sa faute. Elle ne voulait à aucun prix qu'on apprenne la vérité au sujet de Lorenzo. Un frisson l'avait parcourue. Giuseppe la tenait en son pouvoir à cause de lui.

Elle avait insisté :

– Il ne faut pas revenir. Jamais.

La petite Maria s'était agitée dans sa hotte. Livia avait pressé Léon de questions. Où pouvait-il envoyer Lorenzo ? L'adolescent avait eu le sentiment de ne pas être vraiment concerné. Il avait mal, et peur pour sa mère.

Il avait mesuré sa solitude quand Livia s'était coulée dans la nuit après une dernière caresse sur sa joue. Il était resté longtemps sur le seuil de la maison du menuisier, guettant les froissements dans les branches, le hululement d'un oiseau de nuit. L'air ne sentait pas le bois brûlé. Il avait pris une longue inspiration, vite interrompue par une horrible douleur dans les côtes. Pour la première fois depuis sa naissance, il s'était senti libre.

« Un pays noir », pensa Lorenzo en découvrant les puits de mine jalonnant Firminy, La Ricamarie et tout le bassin minier de l'Ondaine. Il avait marché sans relâche depuis Rustrel, suivant le cours de la Durance, puis celui du Rhône, avant de bifurquer à Andance vers Saint-Étienne.

Il portait sous sa chemise un précieux viatique, la lettre écrite par Léon à l'intention de l'un de ses amis, compagnon menuisier dans la ville minière.

Lorenzo avait découvert un pays en ébullition, réclamant une diminution du temps de travail à onze heures par jour et une augmentation des salaires. Plus de vingt mille mineurs étaient en grève et des patrouilles surveillaient les abords des puits.

Perdu, le fils de Livia se demandait pourquoi il n'était pas resté tranquillement à Saint-Étienne. L'épouse d'Abel, le menuisier ami de Léon, l'avait envoyé à La Ricamarie chercher son mari parti raisonner leur fils gréviste.

Le gamin allait d'un gars à l'autre, demandant « M. Abel, menuisier ». On lui prêtait à peine attention, ou bien on le priait de répéter parce qu'on comprenait mal son accent. Malgré sa haute taille qui le faisait paraître plus vieux que ses treize ans, il avait peur de la foule. Un climat étrange pesait sur La Ricamarie. Les mineurs grondaient. La Compagnie des mines avait fait appel à la troupe et le 4e de ligne occupait aussi bien les puits que les dépendances.

Son instinct soufflait à Lorenzo qu'il devait partir. Il ne connaissait personne et n'avait rien à faire sur le crassier.

Tout autour de lui, le paysage était empreint de désespérance. Des cabanes de planches étaient accrochées aux terrils, le sol était noir, le ciel lui-même paraissait maculé par les fumées sombres. Une rumeur courut dans la foule des mineurs et de leurs familles rassemblées : il fallait à tout prix empêcher le départ du convoi de charbon destiné aux aciéries Holtzer.

– Nous avons des droits sur ce que nous avons extrait, déclara un grand gaillard, à côté de Lorenzo.

Lui se demandait ce qu'il voulait dire. Il avait l'impression d'être dans un autre monde, si loin des bois de Lagarde-d'Apt ! Y avait-il seulement des oiseaux qui se risquaient par ici ?

Les mineurs resserrèrent les rangs autour du puits Devillaine. Le stock de charbon ne devait pas partir ! Le capitaine du détachement fit aussitôt encercler les grévistes et arrêter une quarantaine de mineurs.

La foule gronda, menaça. Lorenzo s'était reculé. Il sentait la poudre, et aussi une odeur plus forte, celle de la peur. Les militaires jetaient des coups d'œil chargés de défiance aux ouvriers qui hurlaient leur révolte.

L'atmosphère était devenue lourde, irrespirable. Les femmes se montraient les plus virulentes. Non seulement elles manquaient de tout pour nourrir leurs enfants mais, de plus, on arrêtait leurs hommes !

Lorenzo, réfugié contre un pilier, perçut l'inquiétude du militaire commandant la troupe. Lui-même n'avait qu'une hâte, rentrer à Saint-Étienne. Il y attendrait le retour de M. Abel en priant pour que celui-ci ne fasse pas partie des grévistes appréhendés.

Les soldats, encadrant les mineurs, se mirent en route sous les imprécations de la foule. Lorenzo suivit le mouvement, en restant prudemment à distance. Il avait compris que les hommes arrêtés étaient conduits à Saint-Étienne.

Le soleil cognait fort en ce début d'après-midi. Les soldats étaient pressés d'atteindre la prison de Bellevue. La foule grossissait, se massant autour de la troupe. « Ça va mal finir », pensa Lorenzo.

Le capitaine avait choisi de passer par un chemin encaissé entre deux talus hauts d'environ trois mètres. Une passerelle enjambait la voie et, très vite, les ouvriers s'y pressèrent. La troupe risquait fort de se retrouver prise en tenaille. Cette impression s'accentua quand un groupe de mineurs et de femmes dévala le talus en demandant que leurs camarades, leurs maris ou leurs pères soient libérés.

Les soldats paniquèrent-ils en voyant que des grévistes leur lançaient des pierres ? La fusillade éclata, sans sommation, fauchant les manifestants. Lorenzo, qui s'était jeté à terre, entrevit des scènes d'horreur.

Les soldats tirèrent de nouveau à trois reprises, à l'aveugle. Le cœur soulevé, il vit tomber un vieil homme, un enfant dans les bras de sa mère. Hurlements de douleur, supplications et coups de fusil emplissaient le chemin, résonnant d'un talus à l'autre. Une femme à genoux, suppliant qu'on lui rende son fils, fut abattue sous ses yeux. Il se soulagea dans l'herbe, en éprouvant un horrible sentiment de honte et de colère mêlées.

Quand le silence enfin retomba, les protagonistes de la fusillade s'entre-regardèrent, hébétés.

Dans un état second, Lorenzo compta treize cadavres et plusieurs blessés. Il se frotta les yeux. Il lui semblait émerger d'un cauchemar.

Deux jours plus tard, le 18 juin, il assistait avec M. Abel aux funérailles. On déplorait en fait quatorze victimes, dont deux femmes et un bébé de seize mois, la petite Marguerite Basson. Trois autres femmes avaient été grièvement blessées, ainsi qu'un garçon et une petite fille, Eugénie Petit.

De nombreux journalistes parisiens s'étaient rendus à Saint-Étienne pour couvrir l'événement. Drapés dans leur chagrin, dignes, les mineurs et leurs familles rendirent hommage à leurs morts sous la surveillance de cinq mille soldats et gendarmes.

On avait arrêté d'autres grévistes. La colère, le chagrin le disputaient à l'horreur.

– N'oublie jamais ce jour, petit, recommanda M. Abel à Lorenzo.

4

1873

Un soleil insolent illuminait l'étude de maître Sautel, égayant la pièce austère. Bibliothèque de bois sombre, bureau et sièges Empire, rideaux de velours vert foncé et lampes à pétrole composaient un décor empreint de sérieux et de respectabilité. À l'image du notaire de Fontrouge.

Maître Charles Sautel attachait une extrême importance à sa réputation. Son père l'avait élevé dans l'idée qu'il fallait avant tout inspirer confiance. Le notaire n'était-il pas l'équivalent du confesseur dans les campagnes ? Détenteur de secrets inavouables, témoin de dissensions, de lâchetés et de tromperies, son silence était le principal garant de sa fortune.

Maître Sautel ne dérogeait pas à la règle. Encore moins depuis l'horrible scandale. Chaque fois qu'il croisait le regard de Pélagie, sa gouvernante, il se demandait si elle pensait encore au jour où leurs vies avaient basculé. Oui, bien sûr, comment aurait-il pu en aller autrement ?

Deux ou trois vieilles continuaient à se signer lorsqu'elles passaient devant l'étude. Maître Sautel devinait ce qu'elles pensaient : « Pourquoi n'a-t-il pas quitté la région ? »

Sa fille, Albertine, en avait profondément souffert. Afin de mettre un terme à l'ostracisme dont elle avait été victime, tant à l'école qu'à l'église, le notaire l'avait inscrite comme pensionnaire à Cavaillon. Albertine y avait appris le grec et le latin, l'algèbre et l'art des belles-lettres. Elle jouait correctement du piano, abhorrait la broderie et aimait par-dessus tout les longues promenades à cheval sur le plateau des Claparèdes.

Elle montait à califourchon, au grand dam des bonnes âmes de Fontrouge, qui avaient la critique facile.

« Jamais il ne la mariera », chuchotait-on à la veillée, à propos du notaire et de sa fille. Et l'on ajoutait : « À moins que la dot ne soit conséquente… »

Albertine savait qu'on clabaudait à son sujet mais n'en avait cure. Depuis qu'elle était revenue au village, elle passait son temps à monter Iseut, sa jument alezane, à lire et à écrire. Elle rêvait aussi, beaucoup, de l'homme qu'elle épouserait.

Car Albertine Sautel avait une revanche à prendre : retrouver l'enfance dont on l'avait privée, jadis. Quand elle s'asseyait dans le jardin, au pied du vieux figuier, elle tentait de se remémorer le visage de sa mère et s'exaspérait de ne pas y parvenir. Son père et Pélagie ne lui étaient d'aucun secours, le notaire ayant ordonné à la gouvernante de faire disparaître tous les portraits de l'absente. C'était là une décision douloureuse, qui avait provoqué des crises de larmes chez l'enfant. « Maman, sanglotait-elle la nuit, pourquoi ne revenez-vous pas ? »

Elle se confiait à Iseut, qui comprenait tout et ne risquait pas d'ébruiter ses confidences.

Albertine se pencha, tapota l'encolure d'Iseut. La jument encensa avant de filer vers la forêt de Gargas. C'était l'une de ses promenades préférées, jusqu'à ce chêne très vieux, très beau, très protégé, qui donnait l'impression d'être invulnérable. La foudre l'avait déjà frappé à deux reprises et une partie de sa couronne de branches était calcinée. Cependant, il en imposait encore.

Albertine sauta à terre et chercha le coin à champignons de Pélagie. La gouvernante, d'origine ardéchoise, partait à l'automne de bon matin, son panier au bras, et rapportait des cèpes et des pinins. Victorine, la cuisinière, confectionnait avec ces champignons de délicieuses omelettes, du veau farci ou de simples pommes de terre arrosées d'huile d'olive, à l'ail et au persil. Albertine s'en réjouissait à l'avance.

Elle s'arrêta devant une minuscule chapelle ceinturée de buis à l'odeur douceâtre, se signa. Elle avait gardé de ses années chez les ursulines une foi quelque peu mise à mal par la lecture des philosophes.

Albertine avait une vision panthéiste du monde, elle se sentait plus proche de Dieu en pleine nature. Elle se pencha, ramassa une feuille de chêne déjà jaunie. L'automne était en chemin.

Que lui réservaient les mois à venir ? Appréciant sa liberté après des années de pensionnat, elle aurait aimé continuer à vivre au gré de ses envies. Elle savait que son père cherchait à la marier, sans pour autant se sentir réellement impliquée. Âgée de dix-huit ans à peine, elle estimait avoir encore du temps devant elle. De plus, le mariage ne l'attirait pas particulièrement, à moins de rencontrer l'homme de ses rêves, à l'image des personnages de ses romans préférés, comme *Mauprat* ou *Le Comte de Monte-Cristo*.

Elle aurait voulu en parler avec son père, mais maître Sautel accordait peu de temps à sa fille unique. Il se défiait d'elle, parce qu'elle était une femme, et la fille d'Edmée Sautel.

Celle dont on ne parlait plus jamais, à Fontrouge.

Chaque année, pour la fête de la Toussaint, maître Sautel attelait son cheval Neptune à la jardinière et partait dès potron-minet en direction d'Avignon. Il emportait, dans sa mallette de voyage, un pâté de grives confectionné par Pélagie, des financiers aux amandes, un flacon de vin rouge de Châteauneuf et du nougat. Douceurs qui, il le savait, seraient appréciées.

D'habitude, ce déplacement ne lui posait aucun problème, Albertine se trouvant au pensionnat de Cavaillon. Cette année-là, il hésita longtemps à se confier à sa fille pour finalement s'en aller dès l'aube sans la prévenir.

Maladroite, Pélagie accentua le désarroi d'Albertine.

– Soyez raisonnable, voyons ! Monsieur votre père a le droit de vivre comme il l'entend.

Ce jour-là, la jeune fille se sentit doublement abandonnée.

Sans parvenir à l'exprimer au retour de son père. D'ailleurs… celui-ci l'aurait-il comprise ? Il estimait que, ayant le vivre et le couvert, ses livres et sa jument, elle n'était pas à plaindre. De toute manière, elle devait s'endurcir.

Pour ne pas ressembler à sa mère.

5

1874

Émilien Pélissier considéra d'un air satisfait la dizaine de tombereaux chargés de couffins empruntant le chemin pierreux en partie défoncé par les passages incessants. Il avait bien fait de lancer l'exploitation d'une carrière sur les terres lui venant de son grand-père. Les premiers temps, on avait chuchoté dans son dos. Émilien avait la folie des grandeurs. Il pensait qu'un marchand de moutons pouvait se transformer en chef d'entreprise. Avait-on jamais vu pareille foucade ? Les faits lui avaient donné raison. Il y avait bel et bien du minerai à Gargas, et un minerai particulièrement riche en ocre. Son épouse avait beau tenter de le mettre en garde contre ses investissements dispendieux, il refusait de lui prêter attention. L'ocre, la terre jaune, orangée ou rouge, ferait de lui un homme riche. Et ses fils poursuivraient son entreprise.

Il fronça les sourcils en voyant un mulet trébucher. Si le tombereau versait, le conducteur perdrait un temps fou à ramasser les couffins emplis d'ocre. Ce genre d'incident survenait encore assez souvent, beaucoup trop au goût d'Émilien.

Il se targuait d'être un patron proche de ses ouvriers car il avait lui-même manié la pioche les premiers temps mais, en abandonnant le travail d'exécutant, il avait voulu oublier combien la tâche pouvait être pénible. Pour leur part, ses fils se tenaient à bonne distance de la mine. L'aîné, Achille, avait abandonné des études de droit pour se consacrer aux comptes de l'entreprise. Cependant, il passait plus de temps à Apt qu'à Gargas. Le cadet, Hector, souhaitait devenir peintre. Passionné de dessin, il rêvait d'effectuer un voyage en Italie. L'un comme l'autre décevaient Émilien. Il se disait de temps à autre qu'il en irait sans doute autrement s'ils avaient connu la faim. Certes, ses fils portaient beau, étaient habillés par un tailleur d'Apt ayant pignon sur rue, mais ils donnaient l'impression à Émilien de mépriser les ocres. Lui s'était toujours passionné pour le minerai et voulait plus encore. Devenir un maître ocrier. Ne pas se contenter d'extraire mais aussi produire la poudre d'ocre.

Pour ce faire, il lui fallait des capitaux. Beaucoup plus que ce dont il disposait. Dieu merci, il n'avait que deux fils ! Sa femme, Célestine, ne lui avait pas donné de filles, ces bouches inutiles.

Célestine faisait partie intégrante de sa réussite. Ils s'étaient mariés très jeunes. Elle l'avait toujours épaulé. Désormais, elle se tenait dans son ombre. À cinquante ans, droite et sèche dans ses vêtements sombres, elle en imposait aux domestiques, sans pour autant se mettre en avant. Elle restait à sa place. Émilien avait compris qu'elle n'avait guère apprécié de quitter la ferme familiale pour s'installer dans la bastide qu'il avait fait restaurer et agrandir non loin de la mine.

Célestine avait paru un peu perdue dans la grande maison mais, finalement, elle avait su imposer sa marque. La demeure Pélissier, baptisée les Terres Brûlées par Émilien, avait belle allure avec son étage et son toit à triple génoise.

Célestine s'occupait elle-même de la basse-cour et des repas. Elle avait apprivoisé une poule qu'elle appelait Fleurette. Celle-ci la suivait comme un petit chien et s'aventurait même dans l'office. Pour Fleurette, friande de fromage de chèvre, la maîtresse de maison achetait les meilleurs du marché, ceux de la belle Juliette, qui venait chaque semaine de Simiane.

Son époux, s'il manifestait parfois quelque agacement, appréciait que Célestine ne se montre pas plus dépensière. Les servantes filaient doux sous sa férule.

D'un geste familier, Émilien consulta sa montre à gousset. Dans moins d'une heure, les mineurs, recouverts de poussière jaune, quitteraient les galeries creusées sous la falaise, avides de respirer l'air pur. Les mineurs de devant effectuaient le travail le plus pénible. Au fond de la mine, ils arrachaient le minerai des parois à l'aide de leurs pics à deux pointes. Ils procédaient à des essais, n'hésitant pas à le goûter afin de vérifier s'il était suffisamment riche en ocre. Si c'était le cas, droitiers et gauchers s'attaquaient aux parois latérales. Les mineurs gauchers, plus rares, étaient mieux payés.

Les parois une fois dégagées, les hommes creusaient, avec une barre à mine ou une tarière, un trou d'environ deux à trois mètres de profondeur perpendiculairement au front de taille.

L'étape la plus délicate consistait à introduire dans les trous un explosif assez puissant pour faire sauter la partie centrale sans occasionner de dégâts à la galerie concernée ainsi qu'aux autres.

Émilien se rappelait un grave accident, survenu durant la première année d'exploitation. Les mineurs avaient provoqué un éboulement et l'un d'entre eux avait été grièvement blessé, le bassin et une jambe fracturés. Émilien tenait à lui verser une pension tous les mois, mais il avait été profondément choqué par l'accident. Il s'était opposé sur ce point à Achille, qui ne comprenait pas ses scrupules.

– Ma foi, père, ce sont les risques du métier, lui avait-il déclaré avec désinvolture.

Achille n'était qu'un enfant gâté. Émilien aurait dû le faire travailler à la mine plutôt que de lui payer des études de droit à Aix.

Le convoi de tombereaux prenait la direction de Roussillon, où les ocres seraient traitées à l'usine Rey. S'il créait sa propre unité de production, Émilien pourrait facilement doubler ses gains. Il avait tout planifié dans sa tête. Seul l'argent lui manquait.

Le maire lui avait fixé rendez-vous le soir même. Émilien avait tout de suite compris qu'il s'agissait encore d'un problème de voierie. Les riverains se plaignaient de la dégradation rapide des routes. Assurément, le maire de Gargas allait réclamer à Émilien une participation pour la remise en état du chemin. Les villageois se lamentaient, reprochant aux exploitants des ornières toujours plus profondes et les nuisances des boues d'ocres qui salissaient durablement les ourlets des robes, les bottines et les bas de pantalon.

– Les ocres sont notre richesse, répondait invariablement le maître des Terres Brûlées.

Si Célestine le soutenait, Achille et Hector renchérissaient. À les entendre, il aurait presque fallu avoir honte des ocres ! Les ingrats ignoraient le sens du mot « reconnaissance »... Peut-être plus encore Achille que Hector. Le cadet vivait pour l'art, tandis que l'aîné travaillait dans l'entreprise familiale, sans passion cependant, comme s'il s'acquittait d'un devoir incontournable.

Pélissier haussa les épaules. Achille l'exaspérait, le décevant un peu plus chaque jour. La sirène retentit, annonçant la fin de la journée de travail. Quelques minutes s'écoulèrent avant que la cohorte des ouvriers, clignant des yeux, ne paraisse à l'entrée de la mine. Douze heures passées à la lueur des lampes à acétylène laissaient des traces ; les hommes devaient s'accoutumer à la lumière du jour. Certains étiraient leurs membres, soulagés d'échapper à l'humidité régnant sous la terre. Douleurs, rhumatismes, affections des bronches et des poumons étaient les maux les plus fréquents chez les mineurs. Un travail rude, contraignant, dont ils étaient fiers pourtant.

Ils saluèrent Émilien en passant devant lui, ôtant leurs casquettes en signe de respect. Le patron les connaissait tous par leur prénom. Il savait que, leur journée à la mine à peine terminée, les ouvriers-agriculteurs allaient s'occuper de leurs lopins de terre. La tâche ne leur faisait pas peur, il fallait juste que le corps tienne.

Une lampe à acétylène à la main, Émilien s'enfonça dans la galerie après avoir prévenu Eusèbe, le gardien. Celui-ci, revenu avec une patte folle de la guerre de septante[1], habitait une cabane toute proche de la mine. Comme à chaque fois qu'il pénétrait sous la falaise, Émilien éprouva une sourde émotion. Les tunnels creusés par les mineurs étaient d'une beauté saisissante. L'usage du fil à plomb par les contremaîtres permettait l'obtention d'un travail régulier. Les voûtes arrondies évoquaient une église romane.

« C'est ici que je me sens proche de Dieu », pensa Émilien.

L'exploitation de la mine Pélissier était pour lui l'aboutissement d'un rêve d'enfant. Lorsqu'il avait donné les premiers coups de pioche, il avait refusé de songer à l'éventualité d'un échec. Il *savait* que l'ocre serait d'une qualité exceptionnelle.

Il progressa jusqu'à un endroit baptisé le Lac par les mineurs, une nappe d'eau étonnamment claire.

Le ruissellement des eaux constituait l'un des principaux soucis d'Émilien. Parfois, les galeries étaient inondées. Il fallait alors se déplacer en barque et, naturellement, suspendre l'exploitation. Le lieu avait un aspect fantasmagorique et, de nouveau, Émilien déplora de ne pouvoir partager son émerveillement avec ses fils. Pour eux, les ocres ne constituaient qu'une source de revenus

1. Nom donné alors à la guerre de 1870.

appréciable. Ils n'avaient pas encore compris que c'était la passion de leur père.

Un petit cri caractéristique le fit sourire. Après le départ des ouvriers, les chauves-souris se faisaient entendre. Il ne les avait jamais chassées, conscient du fait qu'elles contribuaient à l'équilibre de la mine.

Il s'intéressa au gisement en cours d'extraction, passant les doigts sur l'ocre et portant la main à sa bouche pour goûter. Satisfait, il sourit. La qualité de cette ocre était exceptionnelle, comme il l'avait pressenti.

À présent, se dit-il, il ne lui restait plus qu'à réaliser son rêve, traiter lui-même ses ocres.

6

Bon sang ! Son fils ne pouvait donc pas donner l'impression de s'amuser ? pensa Émilien Pélissier en tirant sur le col de sa chemise.

Il avait un peu trop bu mais peste ! il fallait bien célébrer une fois l'an la fête patronale. Les mineurs y participaient ainsi que leurs familles. Sous le soleil chaud du 24 juin, tous les habitants du village s'étaient déplacés pour s'essayer aux jeux d'adresse, se faire tirer le portrait par le photographe ambulant, manger des croquets aux amandes.

Les hommes s'étaient vite attablés dans les cafés de la place où ils faisaient honneur à l'absinthe, dont les effluves couvraient ceux des amandes. Les enfants couraient d'un manège à l'autre, excités et heureux. Les femmes s'étaient rassemblées à l'ombre des platanes. Elles devisaient tout en surveillant du coin de l'œil enfants et époux. La jeunesse, de son côté, préparait les feux de la Saint-Jean qui seraient allumés sur les collines dès le coucher du soleil. On assistait à des conciliabules, on voyait passer des brouettes et des tombereaux chargés de gros fagots de bois. Émilien savait, pour l'avoir fait dans ses jeunes années, qu'il convenait de choisir du bois de résineux, qui crépitait et faisait des étincelles, du genévrier pour les arômes qu'il dégageait et aussi des genêts d'or. Une atmosphère joyeuse régnait sur la place.

« Dommage, pensa Émilien, qu'Achille affiche aussi ostensiblement son ennui. » Il avait dû batailler avec son aîné afin que celui-ci daigne se montrer à la fête. « Espèce de gournau[1] ! se dit-il, furieux. Même pas capable de se rendre compte que nous devons participer à la vie du village ! » De son côté, Hector s'était éclipsé. Il rendait visite à son parrain qui habitait Les Taillades. Ce qui avait accru la mauvaise humeur d'Achille... Que croyait-il donc ? Qu'Émilien n'avait eu qu'à claquer des doigts pour créer son entreprise ? Certains jours, le patron avait envie de tout abandonner.

Il songea de nouveau à ses problèmes d'investissements. Il s'était déjà endetté pour développer l'exploitation de la mine et ses banquiers se faisaient tirer l'oreille. On lui rappelait la faillite des frères Péreire, survenue en 1867. On lui parlait d'une crise à laquelle il ne comprenait goutte. Peu lui importait ! Il avait besoin d'argent. La région, comprenant Roussillon, Rustrel et Gargas, connaissait une évolution rapide. S'il tardait trop, on lui brûlerait la politesse. Une perspective intolérable pour un Pélissier !

Il sentit un regard peser sur sa nuque, se retourna. Un notable en habit sombre l'observait. Il le salua d'un geste de la main. Émilien fronça les sourcils. Son nom ne lui revenait pas. Il s'en souvint brusquement : maître Sautel, le notaire de Fontrouge, distant d'à peine deux lieues. Sa présence au village était surprenante, Sautel n'ayant pas une réputation de joyeux drille. Après avoir marqué une

1. Imbécile, stupide.

hésitation, Émilien s'avança dans sa direction. Après tout, que risquait-il à aller le saluer ? Les notaires étaient gens importants et celui-ci avait du bien. Les deux hommes se serrèrent la main devant les violoneux.

– Je ne vous attendais pas sur nos terres, plaisanta Émilien.

Maître Sautel haussa légèrement les épaules.

– J'ai cédé à un souhait de ma fille. Elle désirait rencontrer une femme félibre avec qui elle correspond.

– Une femme savante, commenta Pélissier avec dédain.

Maître Sautel soupira en s'essuyant le front. Décidément, il supportait mal la chaleur.

– Je ne dirais pas cela, quoique... Je me défie de l'univers féminin. Avez-vous des filles, Pélissier ?

– Dieu m'en garde ! se récria Émilien.

Les deux hommes échangèrent un regard complice. La même misogynie les animait.

– Il faudra nous présenter votre fille, à mon épouse et à moi, reprit Émilien, plus par politesse que par réel intérêt.

– La voici qui vient vers nous.

Albertine Sautel portait ce dimanche-là une robe en taffetas bleu paon, comportant des manches pagode et un col de dentelle. Ses cheveux d'un blond cendré bouclaient sous le grand chapeau de paille bise orné d'un ruban assorti à la ceinture de la robe. Son élégance discrète, sa haute taille attiraient les regards.

« C'est la fille du notaire de Fontrouge, chuchotait-on derrière les éventails. Vous savez, celle qui... »

Généralement, on ne terminait pas cette phrase, ce qui faisait enrager Albertine. Elle avait dû beaucoup insister pour convaincre son père de l'accompagner à la fête de la Saint-Jean. S'il avait su de quoi s'occupait Flore Bessis, la correspondante de sa fille, le notaire en aurait avalé son Code civil ! Institutrice originaire des Basses-Alpes, Flore Bessis avait mis sur pied dans son village un banquet strictement féminin, le jour de la Sainte-Agathe. Cette idée révolutionnaire avait enthousiasmé Albertine.

Cependant, elle n'avait pas encore rencontré Flore et se demandait si l'institutrice n'avait pas eu un empêchement.

Émilien considéra la jeune fille d'un air surpris. Pourquoi diable n'avait-il jamais croisé son chemin ? Elle était belle et paraissait avoir du caractère. « Tout à fait la femme qu'il faudrait à Achille », pensa-t-il.

De près, elle avait le teint clair, de grands yeux gris-bleu et une bouche aux lèvres pleines. Un beau brin de fille, en vérité, qui lui donnerait de robustes garçons.

Émilien sourit à Albertine.

– Je suis ravi de faire votre connaissance, mon enfant, lui dit-il tout en se demandant où avait bien pu encore passer Achille.

« Lui ou un autre… », pensa Albertine, en jetant un coup d'œil critique au miroir de sa coiffeuse.

Les pères avaient rondement mené leur affaire. Après avoir rencontré une seule fois Achille Pélissier, Albertine s'était retrouvée fiancée.

– À croire que mon père désirait se débarrasser de moi ! avait-elle confié à Pélagie d'un ton mi-figue mi-raisin.

La gouvernante avait détourné les yeux.

– Voyons, mademoiselle Albertine, qu'allez-vous imaginer ?

C'était bien cela, pourtant, et maître Sautel n'avait pas lésiné sur la dot de sa fille unique. Achille, s'il était plutôt bien de sa personne, n'inspirait à Albertine que de la curiosité. Ils avaient parlé musique et chevaux. Albertine avait bien insisté : elle ne se séparerait pas d'Iseut. Achille avait esquissé un sourire.

La jeune fille redoutait de vivre dans une autre demeure, sous la tutelle de sa belle-mère. Depuis qu'elle avait quitté le pensionnat, elle avait bénéficié à Fontrouge d'une liberté rare pour une jeune personne du beau sexe. Son père ne se préoccupait guère de son emploi du temps à partir du moment où elle était là pour les repas et se rendait à la messe chaque dimanche.

Elle frotta ses joues pour leur donner un peu de couleur. Elle avait peur. Peur de cette nouvelle vie qui l'attendait aux Terres Brûlées, peur de cet inconnu qu'était Achille. Elle ne s'était pas troublée, comme dans les romans qu'elle lisait avec passion, ne s'était pas sentie défaillir lorsque les doigts de l'aîné des Pélissier avaient frôlé les siens. Non, elle s'était juste demandé si elle pourrait échapper à son sort, déjà scellé par son père. À cet instant, elle avait pensé à sa mère. Edmée aurait pu la guider, la conseiller.

Pélagie s'était chargée du trousseau à la demande du notaire. Albertine emporterait dans la maison Pélissier son armoire à la corniche chantournée, aux ferrures en fer forgé poli, sa commode et sa coiffeuse au dessus de marbre gris veiné. Son trousseau était imposant : draps, contrepointes, taies, nappes, serviettes, tous brodés à ses initiales.

On frappa à la porte de sa chambre. Pélagie passa la tête dans l'entrebâillement.

– Mademoiselle Albertine… Léonie est là.

– Qu'elle entre !

Précédée par un parfum de muguet, la couturière pénétra dans la grande chambre ensoleillée. Elle portait, enveloppée dans du papier de soie, sa robe de mariée.

Pélagie joignit les mains en découvrant la toilette en soie de couleur verte, symbole d'espérance, comme le voulait la tradition provençale.

– Mademoiselle, quelle merveille ! s'écria-t-elle.

Léonie, une quadragénaire replète, avait, de l'avis unanime de ses pratiques, de l'or dans les mains.

Elle enveloppa Albertine d'un regard pénétrant.

– Votre poids ne changera pas d'ici à la cérémonie ? glissa-t-elle d'un ton innocent.

Albertine sentit ses joues s'empourprer en comprenant l'allusion.

– Quelle idée ! protesta-t-elle. Je connais à peine mon fiancé.

– Faites excuse, bredouilla Léonie, gênée. Vous savez, j'ai de nombreuses clientes qui fêtent Pâques avant les Rameaux, aussi, je me renseigne pour ne pas avoir de mauvaise surprise le jour des noces. Comme celles-ci sont rapides…

– A-t-on idée ? bougonna Pélagie, furieuse. Comme si ça ressemblait à Mlle Albertine…

Albertine, elle, songeait que, si elle avait éprouvé un coup de cœur pour Achille, elle l'aurait volontiers rejoint dans quelque borie sans se soucier des convenances. Mais ce n'était pas le cas.

Elle l'épousait parce qu'elle n'avait pas le choix.

7

« *Vivo li novi*[1] *!* » s'époumonaient les enfants postés sur les marches menant à l'église de Fontrouge. L'un d'eux passa la tête à l'intérieur de l'édifice.

– Ils n'ont pas encore fini, dit-il à ses camarades.

– Le marié a fait tomber l'alliance, remarqua un gamin.

Dans l'église romane, un enfant de chœur venait de ramasser l'anneau. On s'agita sur les bancs, des murmures féminins s'élevèrent.

« Laisser tomber la bague au moment de la passer au doigt porte malheur », entendit distinctement Albertine. Elle s'efforça de ne pas y prêter attention. De toute façon, il lui semblait que tout allait de travers depuis le début de la journée.

D'abord, il pleuvait. Une pluie tiède de septembre, qui risquait fort de gâcher une partie de la fête.

– *Que tèms, nosti gènt vendran pas*[2] *!* avait gémi Pélagie, et la mère d'Achille, sur le parvis de l'église, avait fait remarquer d'un ton sentencieux :

– Quand il pleut le jour de la noce, c'est que la mariée a quelque chose à se reprocher.

1. « Vive les nouveaux mariés ! »
2. « Quel temps, nos invités ne viendront pas ! »

Albertine en aurait pleuré ! Elle avait eu l'impression que tout le village, rassemblé dans l'église, chuchotait sur son passage et avait dû résister à la tentation de faire demi-tour pour s'enfuir. Son père lui tenait le bras d'une poigne ferme.

– Je te souhaite de rendre ton mari heureux, lui avait-il dit en s'arrêtant devant l'autel.

Elle avait réprimé un sourire ironique. Elle ne comptait pas, comme d'habitude. Achille seul avait de l'importance. Achille qui demeurait pour maître Sautel un inconnu, ou presque.

Elle s'était raccrochée à l'idée qu'elle gagnerait peut-être un peu plus d'indépendance en étant mariée. Il lui fallait être mère. Ensuite, on lui lâcherait la bride. Son beau-père lui paraissait être le plus sympathique de la famille, et ce même s'il l'impressionnait.

Le prêtre bénit le couple, puis libéra les fidèles après un dernier chant. Les mariés remontèrent l'allée centrale de la nef, sortirent sur le parvis. Les témoins, Hector Pélissier et Roxane Valenti, une tante de sa mère, jetèrent des dragées. Les enfants se ruèrent dessus. Certains, prévoyants, s'étaient munis d'un sac en papier.

– Ne vous faites pas de mal, surtout ! implora la jeune femme.

– Laissez donc faire les gosses, conseilla le père Pélissier. Plus ils se bagarrent, plus ils hurlent, plus la noce est belle !

Albertine ne répondit pas. Depuis la cérémonie à l'église – depuis qu'elle était mariée, en fait –, un mal de tête tenace lui martelait le front et les tempes.

Les gamins s'empoignaient, faisant dégringoler les dragées dans le caniveau.

Voyant que la situation risquait de mal tourner, Hector, le fils cadet, fit la grosse voix et ramena l'ordre, le temps de laisser passer le cortège. La pluie avait cessé.

– Tous en carriole ! s'exclama le père du marié.

Il avait été convenu en effet que, le notaire étant veuf, le repas de noces se tiendrait aux Terres Brûlées. On s'entassa gaiement sur les charrettes, réservant le boghei aux jeunes mariés. Pendant le trajet, Albertine aurait aimé bavarder avec Achille, mais il garda un silence obstiné. Éprouvait-il tout comme elle, une sorte de vertige à l'idée qu'ils venaient de s'unir pour la vie ? Elle avait lié son destin à celui d'un inconnu. Elle l'observa à la dérobée. Il était grand, noir de poil, avait les yeux sombres et une bouche gourmande. Dans son habit à queue-de-morue, son chapeau claque à la main, il incarnait à merveille l'homme de bonne compagnie, mais Albertine se demanda brusquement s'il ne jouait pas un rôle.

Elle se reprocha cette pensée aussitôt. Comment pouvait-elle juger son époux alors qu'elle ne le connaissait pas ? Et lui… que pensait-il d'elle ?

Ils échangèrent un regard incertain.

– Qu'attendez-vous de moi ? s'enquit Achille tout à trac.

Albertine rougit.

– Je ne sais pas, répondit-elle, persuadée qu'il allait la croire idiote.

Qu'aurait-elle pu lui confier de ses rêves ? Il n'était pas un personnage de roman, mais un homme de vingt-huit ans.

Son sourire protecteur provoqua chez Albertine une furieuse envie de le gifler.

– Laissons-nous le temps de nous connaître un peu mieux, reprit-elle.

Il haussa les épaules, se carra dans son siège.

– À quoi bon ? fit-il d'une voix soudain empreinte de lassitude. Vous et moi sommes condamnés à partager le même attelage.

C'était dit avec un tel cynisme qu'Albertine ne put se retenir :

– Il ne fallait pas m'épouser, dans ce cas ! répliqua-t-elle vivement.

La réponse d'Achille la glaça.

– Ma chère… pensez-vous vraiment que j'aie eu le choix ?

Le ciel de novembre, dégagé par un grand coup de mistral, lumineux, incitait à la promenade.

Debout sur le seuil des Terres Brûlées, Albertine prit une longue inspiration, comme pour se gorger de soleil. Elle allait monter Iseut et parcourir les collines. C'était pour elle le seul moyen de se libérer de l'emprise de Célestine.

Il n'y avait pas deux mois qu'elle était mariée et elle ne supportait déjà plus sa belle-mère. Albertine avait le sentiment d'étouffer, de se cogner contre les murs de la demeure. Célestine ne lui laissait pas de répit, traquant l'oisiveté comme s'il s'était agi de quelque maladie honteuse. Sa bru devait aller nourrir les poules, dont l'irascible Fleurette qui lui inspirait une peur bleue lorsqu'elle voletait autour d'elle, apprendre à cuisiner, démarier le linge et même faire la bugade, la lessive. Toutes tâches qui rebutaient la jeune femme et qu'elle n'avait jamais effectuées sous le toit paternel.

Comparé à sa mère, Achille lui paraissait presque… reposant, même si la première nuit lui avait laissé un souvenir amer.

Albertine se rappelait sa gêne quand Célestine l'avait prise à part avant qu'elle ne prenne place à la table du repas de noces.

– Ma fille, comme vous n'avez pas de mère, c'est à moi de vous préparer.

Elle avait voulu tourner les talons, s'enfuir, mais Célestine la tenait sous son regard perçant.

– Je… Pélagie s'en est chargée, avait-elle balbutié.

Le bras de Célestine avait crocheté celui de la jeune femme.

– J'espère que c'est vrai. Tu as intérêt à avoir un fils le plus vite possible. Mon époux y compte bien.

On ne pouvait être plus claire. Écœurée, Albertine s'était détournée. Surtout, ne pas pleurer.

Le soir même, après un repas trop lourd et trop arrosé, Achille et elle s'étaient retrouvés dans le même lit. Contrairement à ce qu'elle avait affirmé, Albertine ignorait tout de cette fameuse nuit de noces qui avait provoqué allusions et rires égrillards parmi les invités. Achille l'avait entraînée vers son cabriolet afin de lui éviter la chasse aux mariés et les farces de la jeunesse du village. Il avait retenu une chambre d'hôtel à Apt et elle lui avait su gré de cette attention.

Elle avait voulu se retirer dans le cabinet de toilette ; il avait souri.

– Prenez votre temps, ma chère.

Lorsqu'elle était revenue dans la chambre, il l'attendait en fumant un cigare.

Les cheveux dénoués, Albertine portait une chemise virginale ornée au cou et aux poignets d'entre-deux de dentelle de Valenciennes.

Achille avait écrasé son cigare, s'était avancé vers elle.

– C'est une formalité qui risque de ne pas être très agréable, ma chère, mais nous devons en passer par là si nous voulons donner un héritier à mon père.

« Et nous ? » avait-elle pensé, crispée.

Elle attendait un soupçon de tendresse, peut-être un baiser. Il l'avait couchée sur le lit, s'était penché au-dessus d'elle.

– N'ayez pas peur.

Ses moustaches lui avaient chatouillé le nez. Elle aurait pu en sourire, si elle n'avait été aussi tendue. Elle gardait les yeux fixés sur un tableau, près de la fenêtre, représentant un enfant jouant de la flûte. Un enfant… si c'était le prix à payer…

Elle n'avait pu retenir un cri. Il avait soupiré :

– Comme c'est ennuyeux, les jeunes filles ! Voilà, c'est fait. À présent, si vous voulez bien m'excuser…

Déjà, il se redressait, s'inclinait légèrement.

– Vous avez besoin de repos. Je vous laisse dormir.

Incrédule, elle l'avait vu traverser la chambre, ouvrir la porte donnant sur le couloir. Il était parti.

Le lendemain matin, il était venu la chercher, avait pris le petit déjeuner avec elle, comme si de rien n'était. Elle avait humé un parfum délicatement poudré autour de lui et compris qu'il avait passé la nuit en compagnie d'une autre femme.

Son corps étant encore endolori, elle avait décidé qu'elle s'en moquait. C'était sans compter sur son amour-propre. D'autant qu'Émilien évoquait chaque jour ou presque sa future grossesse.

– Tu es jeune, il faut me faire de beaux petits, répétait-il.

« Le ciel m'en préserve ! » pensait Albertine, le cœur au bord des lèvres.

Elle détestait sa condition de femme mariée. Émilien l'insupportait et Célestine lui faisait peur. Achille était le plus sympathique mais elle ne l'intéressait pas. Il passait en coup de vent aux Terres Brûlées, prétextait du travail, des rendez-vous urgents... Pour lui, elle n'était qu'une gamine. Cette certitude exaspérait Albertine.

– Encore à rêver ! fit la voix grondeuse de sa belle-mère dans son dos. Il faut profiter du beau temps pour finir la bugade.

– Chez nous, à Fontrouge, une femme de journée s'en chargeait, osa répondre Albertine.

Célestine ne se laissa pas désarçonner.

– Tu es une Pélissier, à présent.

Elle ajouta, fielleuse :

– Il fallait rester chez ton père, si tu voulais une autre vie. Mais l'aurait-il accepté ? Il tenait tant à se débarrasser de toi qu'il a payé le prix fort.

Le cœur d'Albertine se serra.

Parce qu'elle savait que Célestine disait vrai.

8

1876

Il éprouva une sensation étrange en reconnaissant le paysage autrefois familier.

Sous un ciel d'un bleu pur, les villages perchés s'enroulaient en colimaçon.

Il affermit son pas. Sept ans qu'il rêvait à ce retour au pays… Il s'était promis de ne pas se laisser émouvoir par l'afflux de souvenirs. Il était un homme, désormais. Il avait dix-neuf ans, bientôt vingt. Et, surtout, il avait un métier.

Lorenzo avait tout appris de M. Abel avant d'effectuer son tour de France.

Son maître était très attaché au voyage qui, affirmait-il, permettrait à Lorenzo de parfaire son apprentissage. C'était vrai. Au cours de son périple, le fils de Livia s'était « construit », comme il l'avait écrit aux Abel.

Il avait hâte de revoir sa mère. Durant toutes ces années, ils n'avaient même pas pu correspondre. Il ignorait ce qu'elle était devenue.

D'une certaine manière, la tragédie du Brûlé avait permis à l'adolescent de surmonter le choc de son départ. Hébergé par M. Abel et son épouse, il s'était passionné pour le travail du bois tout en s'intéressant au déroulement des événements suivant la fusillade de juin 1869. La région minière en avait été profondément marquée, d'autant plus que plusieurs grévistes avaient été arrêtés. On avait estimé en haut lieu que les militaires n'avaient pas commis de faute. Le capitaine Gausserand, responsable du bain de sang, avait même été décoré en grande pompe. Un désaveu sinistre pour le conseil municipal de Saint-Étienne qui avait demandé l'éloignement du 4e de ligne, le régiment en cause.

Écœuré, M. Abel avait donné une leçon républicaine à son apprenti. Son fils avait quitté La Ricamarie et était allé travailler dans le Sud, à Decazeville. Sa mère se signait chaque fois qu'elle prononçait son prénom. Dans ces conditions, la guerre de septante n'avait pas été bien perçue. On se défiait de l'armée comme de Napoléon III. On racontait que l'une des enfants du Brûlé, grièvement blessée – deux coups de feu et un de baïonnette –, une fillette prénommée Eugénie, n'avait reçu aucun soutien de l'impératrice, pourtant sollicitée.

Ses conseillers avaient craint qu'une intervention en sa faveur, même minime, ne constitue un précédent fâcheux. Le peuple de La Ricamarie avait grondé puis fait le dos rond. Mais personne n'avait oublié la sanglante répression.

Lorenzo observait son maître à l'ouvrage, ses tours de main, son savoir-faire. Il était resté discret sur son passé mais appréciait la chaleur du foyer des Abel.

Mme Abel était fine cuisinière et avait pris à cœur de remplumer le garçon qu'elle trouvait beaucoup trop maigre. Il dormait, dans une soupente, sur une paillasse et avait l'impression d'être au paradis.

Comme pour se rassurer, Lorenzo effleura de la main la poche intérieure de sa veste, dans laquelle il rangeait précieusement son « carré ». Il s'agissait d'un parchemin, plié en forme de carré, portant le nom de « Brûlé le Résolu » et attestant que le porteur, reçu compagnon en 1875, était passé à Tours, Sedan, Lyon et Avignon. Ce carré constituait pour lui une sorte de passeport. Il lui permettrait d'obtenir facilement du travail. La grande famille des compagnons menuisiers soutenait ses membres. Pascaline, la mère d'une auberge à Avignon, l'avait pris sous sa protection et lui avait recommandé de s'adresser à un patron installé à Apt. Séduit, Lorenzo avait décidé de s'y rendre ; il pourrait enfin embrasser sa mère. Pour l'instant, il refusait d'évoquer Giuseppe. Il était mort pour lui le jour où il avait tué Alba et l'avait roué de coups.

Il effleura de l'index l'arête de son nez cassé. Malgré ses efforts, il n'avait pu oublier la haine de Giuseppe.

Son cœur se gonfla en reconnaissant la végétation du maquis, puis les pins et les chênes verts dans lesquels jouaient l'ombre et la lumière.

La montagne s'était clairsemée sous les coupes des charbonniers. Lorenzo avait entendu dire que l'industrie aptésienne de fruits confits réclamait toujours plus de combustible. La guerre de septante était déjà loin et l'on produisait de plus en plus afin de se libérer au plus vite de la dette vis-à-vis de la Prusse.

Au cours de son tour de France, il avait constaté la force du désir de revanche qui animait les Français.

Lui-même se sentait profondément patriote. Il avait lu, beaucoup, durant ces dernières années, prenant sur son temps de sommeil. Il avait aussi rencontré des hommes qui l'avaient marqué et contribué à développer sa conscience politique. M. Abel, bien sûr, mais aussi Agricol Perdiguier et Jean-Baptiste Clément, le communard réfugié dans les Ardennes.

Ayant connu la grande misère, dans les bois comme dans les crassiers autour de Saint-Étienne, Lorenzo était convaincu de la nécessité de changer et la société et les hommes. Il en parlait, dans les réunions en cayenne[1], avec quelques camarades attachés comme lui à la défense des libertés.

Il se pencha, cueillit une branche de genêt. Il lui suffisait de fermer les yeux pour revoir la silhouette de sa mère qui l'emmenait ramasser des champignons ou des herbes. Il avait hâte de la retrouver.

– Si je m'attendais ! répéta Léon.

Lorenzo le dépassait d'une bonne tête.

– Il faut dire que je me suis *ercourcho*[2], reprit le menuisier.

Ses traits s'étaient creusés. Sa femme était partie au cours de l'hiver 1872 d'une fluxion de poitrine. Eugène avait choisi la « boulange » et travaillait à Gordes. Léon était seul désormais au village.

---

1. Maison des compagnons gérée par une femme, la mère.
2. « Raccourci. »

Il s'essuya le front du revers de la main. De minuscules copeaux de bois parsemaient ses cheveux et sa barbe.

– Te voilà donc compagnon, enchaîna-t-il. Compliments, mon gars !

Lorenzo eut l'impression curieuse que le père d'Eugène cherchait à gagner du temps. Il le questionna, presque brutalement :

– Ma mère ? Comment va-t-elle ?

Léon parut très gêné.

– Petit… je ne savais pas comment te le dire… Ta mère est morte il y aura deux ans l'hiver prochain.

Lorenzo, sous le choc, recula. Il passa la main sur son front, comme pour repousser cette idée intolérable.

– Morte ? répéta-t-il. C'est lui qui…

Léon secoua la tête.

– Non, ce n'est pas le Piémontais. Ta pauvre mère est morte en couches. Luisa l'assistait. Elle n'a rien pu faire, la pauvre. Eh, mon gars, où tu vas ?

Sa casquette à la main, Lorenzo avait filé. De nouveau, Léon secoua la tête.

– Pauvre gamin, marmonna-t-il.

Il avait détesté se faire le messager du malheur.

Rien n'avait vraiment changé dans la forêt dominant Rustrel, songeait Lorenzo, le cœur serré. Il avait fui l'atelier de Léon, couru vers la montagne. Un soleil insolent lui brûlait le dos. Il ne voulait pas penser, surtout pas. Il fallait qu'il voie Luisa.

Un flot de souvenirs l'envahit quand il se retrouva sur le seuil de la cabane de la Piémontaise. Il se revoyait, enfant, lorsqu'il venait se réfugier chez elle pour échapper à la colère de Giuseppe. Luisa avait toujours été un soutien pour sa mère. Plus âgée qu'elle, elle lui avait appris à se débrouiller pour vivre dans les bois, l'avait assistée à chacun de ses accouchements. Forte femme, le cœur sur la main, Luisa était l'âme de la forêt. Son époux Sergio lui vouait un amour sans bornes. Ils n'avaient pas d'enfants.

– Qui es-tu, toi ?

Il sourit en la découvrant telle qu'en son souvenir, grande, massive, les cheveux juste un peu plus grisonnants.

– Luisa ? Tu ne me reconnais pas ? Je suis Lorenzo, le fils de Livia.

Son visage s'éclaira tandis qu'elle lui ouvrait les bras.

– Le petit Lorenzo… Santa Maria ! Comme tu as changé !

Tandis qu'elle le serrait contre elle, les larmes se mirent à couler le long de ses joues.

– Oh ! Lorenzo *mio*… Ta chère mère aurait été si heureuse de te voir beau et fort comme tu l'es. Elle me parlait de toi chaque jour.

– Où est-elle ?

– Dans la forêt, sous le chêne. Tu te souviens de votre arbre ? Elle tenait à lui. Elle disait en riant qu'il était son refuge. Ta mère riait, parfois…

La voix de Luisa se brisa. Elle ne raconterait pas à son fils que Livia avait déjà failli mourir juste après son départ, en 1869. Ce monstre de Giuseppe, qu'elle aurait voulu voir rôtir en enfer, furieux que Livia ait aidé

Lorenzo à s'enfuir, avait roué la jeune femme de coups. Les charbonniers étaient venus à son secours et avaient rossé le mari violent. Giuseppe s'était tenu tranquille durant quelques années, d'autant que Lorenzo ne donnait pas de nouvelles et que Livia, visiblement, le vivait mal. Giuseppe semblait se nourrir de la souffrance de sa femme. C'était un être malfaisant, que Luisa aurait voulu voir sous terre.

Elle soutint le regard brillant de larmes du jeune menuisier.

– Elle n'aurait pas dû avoir d'autre enfant, déclara-t-elle doucement. Pourtant, elle se réjouissait de cette naissance à venir, elle était persuadée qu'il s'agirait d'un garçon, ce qui aurait fait plaisir à Giuseppe.

– Que s'est-il passé ?

Luisa haussa les épaules.

– Que puis-je te répondre, mon garçon ? La volonté de Dieu ? Le destin ? Le travail a duré trop longtemps, ma pauvre Livia souffrait le martyre. L'enfant est mort à la naissance et elle… Seigneur ! Elle a fait une hémorragie. Je n'ai rien pu faire, crois-moi, Lorenzo.

Il hocha la tête. Sa gorge était nouée par l'émotion. Jamais plus… La certitude de ne plus jamais revoir sa mère le crucifiait.

– Et lui ? jeta-t-il. Il est resté à la cabane ?

Luisa secoua la tête.

– Il est devenu comme fou. Ils ont dû s'y mettre à quatre pour le maîtriser. Possédé, te dis-je ! Il s'est saoulé à mort la nuit suivante et, le lendemain, il avait disparu après avoir mis le feu à la cabane.

Lorenzo blêmit. Il n'y avait plus de souvenirs, plus rien.

– Maria ?

– Partie avec lui. On n'a jamais eu de nouvelles, comme s'ils s'étaient évaporés dans la nature.

Il serra les poings.

– S'il lui a fait du mal…

– La petite est débrouillarde, le rassura Luisa.

Elle le considéra avec tendresse. Il ressemblait tant à sa mère. Et il était si jeune encore, malgré sa taille et sa carrure.

Elle le fit entrer dans sa cabane, lui offrit du café. Il retrouva le goût du café de Livia, épais et fort. Il s'essuya les yeux d'un air détaché. Luisa fit celle qui n'avait rien remarqué.

– Tu vas réussir, mon garçon. Pour toi, bien sûr, mais aussi pour ta mère. Tu étais toute sa vie, tu le sais.

La gorge toujours nouée, il inclina lentement la tête.

– Pourquoi est-elle restée avec lui ? parvint-il enfin à articuler.

Luisa n'hésita pas. Elle ne pouvait tout simplement pas lui rapporter ce que Livia lui avait confié. C'était un secret trop lourd pour un gamin de dix-neuf ans. Pourtant, il faudrait bien lui dire un jour la vérité. Elle haussa les épaules.

– Tu reviendras me voir ?

Il lui jeta un regard perdu.

– Laisse-moi un peu de temps.

Elle le raccompagna, le regarda marcher en direction du chêne, le rappela.

– *Dio mio*, j'allais oublier…

Elle fouilla la poche de son grand tablier noir, courut vers Lorenzo.

– Ta mère m'a donné ça pour toi.

Elle lui glissa dans la main une petite breloque qu'il considéra d'un air intrigué.

– Livia l'avait toujours sur elle. Elle m'a demandé de la garder le jour de sa mort. Regarde, on dirait une salamandre. Chez nous, dans la vallée Pellice, on l'appelait *Salamendra Lanzai*, la salamandre de Lanza. Ta mère y tenait beaucoup.

Le bijou était minuscule mais Lorenzo eut l'impression qu'il réchauffait sa main. Il le glissa dans sa poche poitrine.

– Merci, Luisa, souffla-t-il.

Il s'éloigna à grands pas, soucieux de ne pas pleurer devant elle.

9

Apt paraissait trop petite pour satisfaire les ambitions d'Achille Pélissier. Il connaissait la ville par cœur et, malgré le va-et-vient des attelages et l'animation du marché du samedi, il s'y ennuyait très vite.

Les fabriques de fruits confits s'étaient développées depuis une quinzaine d'années, entraînant l'essor d'activités annexes comme les usines d'emballages ou les ateliers de mécanique. Mathieu Wood, un riche Anglais, avait découvert la Haute-Provence en 1868 et apprécié en connaisseur les fruits confits locaux, notamment les cerises, indispensables à la recette des cakes. Grâce à lui, le marché britannique s'était ouvert aux confiseurs aptésiens.

Achille se demandait parfois s'il n'aurait pas préféré travailler dans cette branche pour, l'instant d'après, hausser les épaules : il rêvait de Paris. Être journaliste, critique littéraire, lui aurait certainement apporté la reconnaissance à laquelle il aspirait. Les ocres l'ennuyaient à mourir, et plus encore la tenue des comptes de la mine.

S'il avait eu un peu plus de courage, il aurait claqué depuis longtemps la porte des Terres Brûlées. Cependant, il connaissait assez son père pour savoir qu'Émilien lui couperait aussitôt les vivres.

Or Achille était habitué à vivre sur un certain pied. Il fréquentait le meilleur tailleur d'Avignon, les bons restaurants, achetait de nombreux livres, tout en se sentant ligoté par son père. Et il supportait de plus en plus mal cette situation.

Si seulement Albertine lui avait donné un fils, se dit-il, amer.

Sa jeune femme avait été victime d'une fausse couche cinq mois après leurs noces. Toute la maison avait porté le deuil, d'autant que le docteur Galifant avait révélé qu'il s'agissait d'un garçon. Émilien était parti chasser en jurant. Célestine pinçait les lèvres. Elle avait toujours dit que ce mariage n'apporterait que du malheur aux Pélissier.

– Un mauvais attelage, commentait-elle. Deux mangeurs de lune ne vont pas bien ensemble.

Mangeur de lune… On l'avait affublé de ce sobriquet dès sa petite enfance, alors qu'il passait son temps le nez plongé dans les livres.

– Une occupation de *peresous*[1], s'agaçait Célestine tandis qu'Émilien faisait preuve d'indulgence.

– Laisse donc, nous en ferons un savant.

Achille esquissa un sourire ironique. Son ambition constituait à vivre selon son bon plaisir sans s'encombrer de son épouse.

Elle l'ennuyait. Certes, elle était ravissante, mais un peu trop cérébrale pour lui. Il se défiait des femmes savantes. Achille avait besoin d'une compagne de plaisir. Il avait fui la chambre conjugale dans laquelle flottait l'odeur douceâtre du sang. Depuis la fausse couche,

1. « Paresseux. »

même s'il savait que la pièce avait été durablement aérée, assainie, il lui semblait sentir cette odeur dès qu'il y pénétrait. Il lui avait bien fallu pourtant se résigner à « visiter » sa femme, dans le seul but de lui faire un enfant. Albertine ne se dérobait pas à son devoir mais demeurait raide et crispée. Aussi Achille avait-il été soulagé lorsqu'une deuxième grossesse s'était annoncée. Il fallait du repos à sa jeune femme ; il avait donc une excuse toute trouvée pour déserter le lit conjugal.

La délivrance avait été longue, éprouvante. Dès qu'Albertine avait perdu les eaux, sa belle-mère l'avait entraînée dans la cour et l'avait encouragée à marcher durant une vingtaine de minutes, jusqu'à la route menant à Gargas, et retour.

– Tu dois m'écouter, répétait Célestine. J'ai eu deux fils en bonne santé.

Albertine aurait désespérément souhaité avoir sa mère à ses côtés, Pélagie à la rigueur. Mais Célestine s'y était opposée.

– Veux-tu qu'on me croie incapable de m'occuper de toi ? Il ferait beau voir !

Albertine avait compris depuis déjà un certain temps que la mère d'Achille désirait garder la haute main sur les Terres Brûlées.

Célestine avait fait boire à sa bru une tasse de bouillon d'oignon, puis un petit verre d'*aigo ardènt*, l'eau-de-vie de pays. Émilien faisait les cent pas devant la porte. Achille, lui, lisait le journal dans le bureau. Il trouvait qu'Albertine prenait son temps. « Pourvu que ce soit un fils ! pensait-il. Sinon, père en fera une maladie. »

Des gémissements sourds provenaient de leur chambre. À cet instant, il se demanda quels sentiments il éprouvait pour Albertine. Certes, elle était son épouse, mais peu de choses les liaient. Ils n'aimaient pas les mêmes livres, elle était trop sage pour lui et il était trop joueur pour elle. Ils n'étaient même pas amis. Rien que deux étrangers condamnés par leurs pères à cohabiter. Quelle mauvaise farce !

Cependant, il se sentit soulagé à l'arrivée de Galifant. Le médecin, âgé d'une cinquantaine d'années, se déplaçait dans un boghei tiré par une jument baie.

– Eh bien, eh bien…, fit-il comme pour se donner une contenance.

Il avait confié à Émilien qu'il redoutait des complications. Albertine était menue et avait assez peu grossi malgré les exhortations de ses beaux-parents. « Mange pour deux », lui recommandait-on, alors qu'elle ne pouvait rien avaler.

Le docteur Galifant professait un certain fatalisme pour tout ce qui concernait l'enfantement. « À la grâce de Dieu… », répétait-il souvent.

Achille frissonna. Il savait, bien sûr, qu'Albertine risquait sa vie, même s'il n'avait pas envie d'y penser.

« Le mal joli », disait sa mère. L'idée des souffrances endurées par sa femme révulsait Achille. Il avait eu l'impression qu'il pourrait l'aimer, tandis que ses gémissements allaient crescendo et que sa mère et Yvette, la servante, multipliaient les allées et venues entre l'office et la chambre. Toute la maison avait frémi en entendant le long cri qui s'était répercuté d'un étage à l'autre. Achille avait serré les poings. Seigneur ! Comment pouvait-on souffrir autant ?

– Mon vieux, si c'est un garçon, je double vos honoraires ! lança Émilien à Galifant sorti réclamer de la charpie.

Achille s'était détourné, comme pour signifier qu'il n'approuvait pas son père. Il avait fallu attendre encore une bonne heure avant que Célestine n'apparaisse sur le seuil de la chambre.

– *Es uno fiho*[1] *!* avait-elle laissé tomber, et Émilien était parti à grandes enjambées.

Quand Yvette était sortie à son tour, le bébé dans les bras, les hommes de la maison avaient déserté le petit salon. L'enfant hurlait.

– Pauvre petite, tu ne les intéresses guère, murmura la servante.

« Maman, pensa Albertine, le cœur serré, maman, j'ai tant besoin de toi. » Il lui semblait qu'elle ne savait rien faire, et sa belle-mère ne se gênait pas pour conforter cette impression. Les premiers jours suivant son accouchement difficile, la jeune femme avait dû rester alitée. Elle avait perdu beaucoup de sang et le docteur Galifant avait recommandé de lui faire manger de la viande rouge. Yvette s'était chargée du bébé, et il avait fallu trouver très vite une nourrice car Albertine n'avait pratiquement pas de lait. Elle n'avait pas osé protester quand Célestine s'était acharnée sur ses mamelons, en marmonnant que

1. « C'est une fille ! »

même une chatte était capable de nourrir ses petits. Elle se sentait inutile. Pis, on lui faisait comprendre qu'elle avait failli à sa tâche en donnant naissance à une fille.

– Une pisseuse ! grommelait Émilien Pélissier. Même pas capable d'avoir un gamin !

Il n'en démordait pas ; il lui fallait un héritier. Et, pour bien manifester son mécontentement, il n'était pas allé saluer sa bru.

Albertine supportait mal son isolement. D'autant que son père s'était joint aux lamentations.

– Ma pauvre enfant, ce n'est pas de chance, avait-il soupiré. Tu sais combien ton beau-père est impatient d'avoir un petit-fils !

Lui non plus ne s'était pas intéressé à la petite fille. Guère plus à sa fille, d'ailleurs. Ce n'était plus son problème.

– J'ai pourtant enterré le *nourrimen*[1] sous le plus beau figuier du jardin, soupira Célestine en constatant que le lait de la jeune mère était bel et bien tari.

La tradition voulait en effet que cette pratique assurât un lait abondant à la mère. Mais Albertine ne faisait rien comme tout le monde ! Célestine l'avait assez répété à Émilien : il ne sortirait rien de bon de ce mariage. Il devrait s'estimer heureux si l'enfant n'était pas idiote !

– Tu ne vas tout de même pas *plourounia*[2], reprit Célestine. Tu dois te remettre, vite, pour avoir enfin un fils.

1. Placenta.

2. Pleurer, geindre.

Cette fois, Albertine se révolta.

– Eh quoi ? Laissez-moi le temps de souffler, mère. De plus, j'aimerais prendre le temps de faire baptiser ma fille.

Célestine se signa en toute hâte.

– C'est vrai que cette petitoune n'a pas encore de prénom ! C'est pas chrétien, ça !

Quel prénom lui donner ? Albertine aimait celui de Virginie. Galant, Achille avait laissé son épouse choisir. Après tout, il lui devait bien ça ! Mais sa mère n'avait pas cédé quant à la date du baptême. Ils avaient déjà perdu suffisamment de temps, pas question pour eux d'attendre les relevailles de la jeune accouchée. Albertine avait donc suivi les préparatifs depuis sa chambre.

Hector serait le parrain, son amie Félicité la marraine. Albertine avait fait la connaissance de Félicité Darnaud à une fête de charité organisée par le père Abel.

La jeune femme, vive et gaie, était couturière, ce qui ne plaisait guère aux Pélissier. Chaque fois que son amie arrivait aux Terres Brûlées, Albertine avait l'impression de respirer une grande bouffée d'air piquant.

– Mon bel ange, souffla-t-elle à la vue de son enfant.

Virginie portait la longue robe blanche brodée et garnie de dentelles qui avait été celle des frères Pélissier. Sa grand-mère l'avait enveloppée dans un châle de cachemire et un petit bonnet de dentelle était posé sur son crâne duveteux. Ce duvet avait provoqué l'ire du chef de famille. Il soutenait que l'enfant serait rousse.

– Une graine de sorcière, malheur ! avait-il gémi en portant la main à son cœur.

Achille vint saluer son épouse. Il portait beau dans son costume sombre.

– Ma chère, nous revenons au plus vite. Reposez-vous bien.

Un baiser léger sur son front. Elle aurait pu croire l'avoir rêvé, si les effluves de son parfum n'avaient flotté dans la pièce bien après son départ.

Elle se signa en entendant sonner les cloches de l'église.

Virginie… c'était un beau prénom. Achille n'avait pas émis d'objection.

Albertine se demandait si ce n'était pas par indifférence. Elle ne se faisait plus d'illusions depuis longtemps.

10

Le silence. C'était certainement ce qui avait le plus marqué Élisa durant ses cinq longues années de captivité. Le silence et la violence, sourde mais bien réelle, de ses codétenues. Elle avait serré les dents. Chaque soir, elle se racontait les histoires que Charles lui lisait quand ils se retrouvaient dans sa chambre sous les toits. Charles travaillait sur le port, Élisa servait comme apprentie cuisinière chez des bourgeois bordelais après avoir connu une enfance chaotique, entre un père alcoolique et une mère phtisique.

– Toutes les misères de la terre, résumait sa tante Andrée, qui l'avait en partie élevée.

Élisa posa son regard sur le plafond à l'italienne des appartements de la duchesse d'Epernon.

Malade, elle avait été amenée à l'infirmerie, la seule pièce chauffée du château. Malgré la fièvre et la toux, elle avait l'impression d'avoir changé de monde et de se trouver au paradis. Ici, elle aurait moins à souffrir de la promiscuité, quarante-trois lits seulement, le bonheur… Le plafond était orné de paniers de fleurs et de fruits peints sur fond blanc. La cheminée, de taille impressionnante, tout comme la grande tapisserie la fascinaient. Elle n'avait jamais rien vu de tel.

Le jour de son arrivée, Cadillac était en effervescence ; une détenue s'était jetée dans le puits de la cour.

Par la suite, au cours de ses cinq années d'emprisonnement, la jeune femme aurait connaissance de nombreux suicides, certainement provoqués par la rigueur du régime pénitentiaire de Cadillac. Marcher en silence, travailler en silence, manger en silence... ce silence terrible formait comme un gouffre qui vous aspirait.

– Je deviens folle là-dedans, gémissait Perrine, une gamine de dix-sept ans, en désignant sa tête.

Elle aussi s'était jetée dans le puits et, ce jour-là, les prisonnières avaient fait claquer leurs sabots sur les carrelages usés de Cadillac. En pure perte... Leurs geôlières prêtaient-elles seulement attention à ces mortes-vivantes ? Élisa avait longtemps espéré que Charles reviendrait de la guerre, qu'elle pourrait prouver son innocence. Elle savait sa patronne, Mme Blinet, particulièrement puritaine, mais jamais elle n'aurait imaginé qu'elle porterait une telle accusation contre elle. Comme si elle avait pu tuer l'enfant de Charles !

Ses yeux s'emplirent de larmes. Ici, elle avait le droit de pleurer, l'ignoble Séverine ne la poursuivrait pas de ses railleries. Elle se revoyait hurlant au juge que son bébé était mort dans son berceau, qu'elle l'avait découvert ainsi, au petit matin, mais Berthe Blinet affirmait que cela l'arrangeait bien, son amant n'étant pas revenu de la guerre de septante. Pauvre, sans famille, ayant vécu en concubinage, fille-mère, Élisa ne pouvait qu'être coupable. On l'avait condamnée à cinq ans de travaux forcés dans le château-prison de Cadillac pour infanticide. Et elle n'avait jamais revu Charles.

Elle joignit les mains. Elle devait sortir à la fin du mois, l'aumônier le lui avait assuré. Il l'avait soutenue durant sa détention, même si les plus anciennes prétendaient qu'il n'arrivait pas à la cheville du père Lataste. Un saint homme, en vérité, ce père !

Jeune dominicain membre de la congrégation de Saint-Vincent-de-Paul, le père Lataste était venu à Cadillac prêcher une retraite de quatre jours. Il avait su toucher la plupart des prisonnières en évoquant sa propre expérience, puis en leur parlant de Marie-Madeleine la pécheresse. Il avait aussi été le premier à considérer ces femmes comme ses égales et non comme des filles perdues. Par la suite, le père Lataste avait créé la communauté de Marie de Bethanie, dans laquelle d'anciennes détenues étaient devenues religieuses. L'histoire avait paru presque trop belle à Élisa, mais force lui était de reconnaître que l'aumônier lui ayant succédé faisait lui aussi preuve de compassion à l'égard des prisonnières.

Ainsi, le père Renouard l'avait écoutée. Il croyait en son innocence. Il lui avait même conseillé de partir s'installer dans une autre région afin d'entamer une nouvelle vie. Élisa se demandait si elle en serait capable. Confrontée à des voleuses et à des criminelles aguerries, elle avait dû endurer brimades et humiliations multiples. Séverine, une fille des barrières qui revendiquait haut et fort l'empoisonnement de son vieux mari, était la plus acharnée. Chaque nuit, dans la salle glaciale où deux cents lits se serraient les uns contre les autres, où un seul seau dans la cheminée était destiné aux besoins nocturnes des prisonnières, Élisa redoutait une agression de sa part. Aussi appréciait-elle le confort de l'infirmerie. Sous les effets conjugués du froid et de l'humidité, les détenues de Cadillac se recroquevillaient, se fanaient sous le mouchoir étroitement serré autour de leur tête qui dissimulait leurs cheveux coupés très court. Dans la pièce bien chaude, Élisa avait l'impression de reprendre des forces malgré la mauvaise toux qui lui déchirait la poitrine. Elle ne voulait pas mourir !

La vie, la société ne lui devaient-elles pas une revanche ?

« Curieux destin que celui du château de Cadillac », se dit le père Renouard, admirant, comme à chaque fois qu'il s'y rendait, l'élégance du corps principal de l'édifice. Lorsqu'on avait décidé de transformer la résidence du duc d'Epernon en maison de force, on y avait ajouté deux ailes et une conciergerie afin de fermer la cour d'honneur, utilisée pour la promenade des prisonnières. Son cœur se serrait chaque fois qu'il apercevait les femmes vêtues d'habits en toile grossière, chaussées de sabots, au regard vide, aux lèvres fermées sur un cri de désespoir muet.

Sa foi lui soufflait que même les plus coupables pouvaient se racheter, mais il devait batailler avec les religieuses et l'administration pénitentiaire. Il avait effectué des recherches sur l'histoire du château et découvert qu'Henri IV avait incité ce cadet de Gascogne altier, devenu un peu trop puissant à son goût, à bâtir Cadillac afin de l'éloigner de Paris.

Désormais, on y enfermait de pauvres filles dans le but de s'en débarrasser. Certes, les religieuses se dévouaient à leur tâche mais elles manquaient parfois singulièrement de compassion et de charité chrétienne.

L'aumônier effectua un détour afin de ne pas passer devant le puits. Chaque suicide constituait pour lui un terrible échec. Il sauverait la petite Élisa. Il était persuadé de son innocence. Lorsqu'il le lui avait dit, la lueur d'espoir éclairant le regard de la jeune femme l'avait ému. Cette lueur était pour lui le sel de la vie, le sens même de son apostolat.

11

1880

Le ciel, très bleu, accentuait par contraste la couleur chaude des falaises d'ocre, creusées à la pelle et à la pioche dans le champ de l'Étoile. Les cheminées des fées, créées par l'érosion, conféraient un aspect fantasmagorique au site.

Félicité se retourna vers son amie.

– Viens donc ! lui enjoignit-elle.

Albertine soupira en regardant ses bottines.

– Nous allons salir nos chaussures. Seigneur, serais-tu aussi passionnée que mon beau-père ?

Chez les Pélissier comme chez les Darnaud, tout tournait autour des ocres.

Félicité sourit.

– Chez nous, du côté de Rustrel, nous exploitons l'ocre à ciel ouvert. C'est…

– Moins rentable, paraît-il, la coupa Albertine.

– Certes, mais plus accessible aux petits agriculteurs manquant de capitaux. De toute manière, nous ne cherchons pas à rivaliser avec les Pélissier.

Le ton dont elle usait laissait penser tout le contraire. Lorsqu'elle était revenue au pays après avoir travaillé comme couturière à Paris, Félicité avait tout naturellement fait sien le combat de son frère Amédée. À trente-deux ans, elle n'avait rien de la vieille fille telle qu'on se la représentait. Beauté brune aux yeux verts, silhouette mince et nerveuse, sourire contagieux, Félicité Darnaud rêvait d'ouvrir boutique à Apt. Pour le moment, elle aidait sa belle-sœur Mireille à faire face à leur nouvelle situation.

Amédée se consacrait à l'exploitation et ne passait plus qu'en coup de vent à la Brémonne. Malgré ses efforts, Mireille se sentait dépassée. Elle avait donné naissance à deux enfants à moins d'un an d'intervalle. Des garçons, Joseph et Jean-Clément, à la grande satisfaction de leur père.

Tous deux étaient particulièrement vivants, et désobéissants. Ils n'écoutaient guère leur mère. Avec Félicité, ils filaient droit.

– Regarde ! s'écria la jeune femme, désignant de la main la roche entamée par des dizaines et des dizaines de coups de pioche.

Le cadre différait en tout point des mines Pélissier, même si la couleur des falaises était la même. À Rustrel, on attaquait la carrière en plein air suivant une tradition millénaire. Les ouvriers habitaient des cabanes en bois le temps de la saison.

Bébert, le contremaître, occupait, lui, une maison en pierre devant laquelle Amédée avait planté un chêne.

– Chez vous, à Gargas, le sable est beaucoup plus riche en ocre qu'à Rustrel, déclara Félicité. De l'ordre du double, vingt pour cent au lieu de dix.

Albertine soupira.

– Pourquoi cette fièvre de l'ocre ? Achille est le premier à s'interroger.

– Mon petit, Achille n'est pas le meilleur juge ! Il ne rêve que de Paris et se moque bien des carrières de son père. Cependant, ce sont les ocres, et ta dot, qui financent l'usine.

L'usine… On qualifiait ainsi ce qui n'était qu'un projet mais promettait de bouleverser la vie de la région.

Albertine fronça les sourcils.

– Il y aura encore un peu plus d'ocre autour de nous ! À croire qu'il s'agit de quelque malédiction antique… Toute leur vie, ils erreront dans la poussière…

– Tu devrais faire du théâtre, Albertine, fit remarquer Félicité. Ou bien écrire. Tu as tant de talents.

– Sauf celui de donner un fils à la famille Pélissier ! la coupa son amie, le cœur lourd. On me le reproche assez.

Au cours des dernières années, après la naissance de Virginie en 1876, Albertine avait fait deux nouvelles fausses couches. Désespérée, humiliée par les remarques de plus en plus cruelles de son beau-père, elle avait effectué plusieurs pèlerinages, en vain.

De toute évidence, Achille s'en souciait peu. Il menait sa vie comme il l'entendait, rentrant tard le soir aux Terres Brûlées ou, le plus souvent, découchant. Blottie dans le grand lit, Albertine lisait en guettant l'écho de ses pas dans l'escalier. Elle n'était pas heureuse mais ne voyait pas comment sa situation pourrait s'améliorer.

Célestine ne l'avait jamais vraiment fait participer à la tenue de la maison, lui réservant les tâches les moins intéressantes. Émilien faisait peser sur elle la responsabilité de ses fausses couches. On lui reprochait d'être trop menue, trop fragile. « Sa mère, déjà... », avait glissé un jour Célestine et Albertine s'était mise à frissonner. Que savaient donc les Pélissier à propos d'Edmée ?

Heureusement, l'amitié la liant à Félicité était pour elle comme une embellie. Lorsqu'elle se souvenait des rêves caressés avant son mariage, elle était prise de vertiges. Comment aurait-elle pu imaginer le genre de vie qu'elle mènerait dans sa nouvelle famille ? Elle restait une étrangère aux Terres Brûlées et n'avait plus sa place à Fontrouge. Maître Sautel se consacrait à son travail, sans chercher à savoir si sa fille était heureuse.

– Mon père a transmis le fardeau que je représente aux Pélissier, avait-elle confié un jour à Félicité. Désormais, il s'en lave les mains.

Son amie savait que c'était la vérité. Elle, si attachée à sa liberté, avait le cœur serré pour Albertine. Aussi l'emmenait-elle de temps à autre en promenade. Virginie aurait dû les accompagner mais, souffrant d'un coup de froid, la petite fille était restée à la bastide sous la garde d'Yvette, en qui Albertine avait toute confiance. Elle avait voulu reporter leur sortie, mais Félicité s'était insurgée. « Pour une fois que j'ai la jardinière à disposition ! » Elle entraîna son amie vers le fond de la carrière.

– Tu vois, lui dit-elle, quand il y a beaucoup de racines d'arbres, tu peux être certaine que le sol ne contient pratiquement pas d'ocre. Mon frère veut planter de nombreux chênes, les charbonniers épuisent la forêt. Les confiseurs d'Apt ont toujours besoin de plus de charbon.

– Tout cela me dépasse, avoua Albertine. J'aimerais...

Elle s'interrompit, incapable d'achever sa phrase. Elle aurait désiré quitter le pays ou, tout au moins, la région, découvrir le bord de mer, ainsi que les Alpes. Surtout, elle aurait souhaité avoir encore sa jument auprès d'elle. Après sa première fausse couche, Émilien avait vendu Iseut, arguant que l'équitation constituait une activité beaucoup trop dangereuse pour une jeune mariée. Albertine était alors trop abattue pour s'y opposer. Par la suite, elle l'avait amèrement regretté et ne l'avait pas pardonné, ni à son beau-père ni à son époux.

Félicité lui prit le bras d'un geste amical.

– Tu as ta fille, ma belle. Virginie vaut bien tous les sacrifices, non ?

Sacrifices… Comment son amie avait-elle deviné ? Albertine se troubla.

– Tu as bien de la chance d'être une femme libre, souffla-t-elle.

– Libre ?

Félicité esquissa un sourire ironique.

– Oui, bien sûr, je n'ai pas de mari à qui rendre des comptes, mais j'ai un frère et, crois-moi, il s'y entend pour se mêler de mes affaires ! Mais toi, ma belle, tu ne dois pas te laisser enfermer par ta belle-mère. Accompagne ton époux dans ses sorties. On m'a dit qu'il fréquentait les félibres…

– Ces messieurs préfèrent se réunir entre eux.

Le ton d'Albertine était lourd d'amertume. La jeune femme secoua la tête.

– Je ne suis pas l'amie d'Achille, reprit-elle. Nous sommes deux étrangers l'un pour l'autre et j'en souffre, profondément. Mais je n'avais pas le choix.

Sa résignation, sa soumission à un destin scellé par son père révoltaient Félicité. Elle sourit à son amie.

– Si tu as un fils, Émilien Pélissier ne te refusera pas un nouveau cheval. Réfléchis-y.

– Je me ferais honte si je me livrais à ce genre de marchandage ! se récria Albertine, choquée.

L'amitié avait ses limites. Elle s'imaginait mal confier à Félicité ses soucis féminins. Bien sûr, il aurait fallu s'en ouvrir auprès du docteur Galifant, mais elle ne s'en sentait pas le courage. Au fond d'elle-même, ne s'était-elle pas déjà résignée à l'idée d'être devenue stérile ?

12

– Mademoiselle Albertine… Il fallait me prévenir.

Pélagie, visiblement contrariée, ouvrit la porte de la demeure Sautel comme à regret. Elle ressemblait de plus en plus à une souris effrayée. Tout, chez la gouvernante, était gris, à commencer par ses cheveux, tirés en un chignon sévère, jusqu'aux vêtements en satinette.

Donnant la main à Virginie, la fille du notaire pénétra dans le vestibule. Elle reconnut avec un petit pincement au cœur la grande armoire en noyer et la radassière, une banquette de bois foncée de paille.

Elle se rappelait que, l'été, sa mère y posait souvent leurs chapeaux.

Virginie, qui se rendait rarement à Fontrouge, tout comme Albertine, ouvrait de grands yeux. Pélagie lui proposa de l'accompagner à l'office. Elle venait de confectionner des croquets aux amandes.

La petite acquiesça d'un sourire.

– Mon père est à l'étude ? s'enquit Albertine.

L'hésitation, la gêne même, de Pélagie étaient palpables. Vite, elle reprit :

– Maître Sautel s'est rendu en Avignon. Il avait à y faire.

– Dommage. J'aurais aimé déjeuner avec lui. Il connaît si peu Virginie.

Albertine avait d'ailleurs l'impression que le notaire ne se sentait guère impliqué dans son rôle de grand-père. Depuis son mariage, elle le voyait de loin en loin et n'avait pas le sentiment de lui manquer. C'était un triste constat qui renforçait son isolement.

Elle secoua la tête.

– Allons ! nous nous verrons une autre fois.

– Vous restez déjeuner, bien sûr, suggéra Pélagie.

Albertine fronça les sourcils.

– Oui, je ne veux pas décevoir ma fille. Dis-moi, j'étais venue chercher une poupée de cire dont je me souvenais. Tu n'as pas touché à mes jouets ?

De nouveau, la gouvernante parut mal à l'aise.

– Euh… non, je ne crois pas, balbutia-t-elle. Mais le ménage n'est pas terminé à l'étage, ajouta-t-elle précipitamment, et…

Albertine balaya cette objection d'un revers de la main.

– Voyons, Pélagie, ce n'est pas un peu de poussière qui va me gêner !

– Mademoiselle Albertine, je ne sais pas si…, reprit la gouvernante, de plus en plus embarrassée.

Cela suffit pour aiguiser la curiosité de la fille du notaire.

– J'aimerais aussi récupérer ma dînette. Tu sais, celle qui me venait de maman.

Elle était déjà dans l'escalier, Virginie sur ses talons.

Le visage de Pélagie se crispa. « Après tout… », se dit-elle. Elle avait répété durant des années à maître Sautel qu'Albertine était capable d'entendre la vérité. Il avait toujours refusé de l'écouter. « Ma fille doit être protégée », affirmait-il. De l'hérédité maternelle ou de ses propres tabous ? se demandait Pélagie.

Le cœur battant, Albertine ouvrit la porte de sa chambre d'enfant. Les volets étaient à demi fermés afin de préserver la pièce de la chaleur. Elle ouvrit la fenêtre, repoussa les persiennes.

– Regarde, dit-elle à sa fille, c'est là que je dormais quand j'avais ton âge.

Tout était impeccablement rangé. Le lit étroit à litoche, recouvert d'un boutis bleu et blanc, l'armoire en bois peint, la commode en noyer, le fauteuil paillé sur lequel étaient posées deux poupées au regard étonné, vêtues de velours passé.

– Oh ! fit Virginie, émerveillée, recevant dans ses bras tendus Vénétia, qui avait été la plus aimée.

La veille, Albertine s'était querellée avec ses beaux-parents qui refusaient d'acheter des jouets coûteux à sa fille.

– Vous n'avez qu'à lui confectionner un poupon de chiffon ! avait lancé Célestine, la fielleuse.

Elle savait sa bru incapable de coudre fût-ce un bouton. Albertine avait vu rouge. N'avait-elle pas apporté aux Pélissier une dot plus que conséquente ? Elle avait d'ailleurs compris depuis longtemps que cette dot avait décidé Achille à l'épouser. Un marché… Si elle l'avait aimé, elle aurait été désespérée.

Dieu merci, Achille lui était devenu presque indifférent. Tous deux menaient des vies parallèles. La plupart du temps, ils se contentaient d'échanger quelques mots polis. Il ne s'intéressait pas vraiment à leur fille, ce qui peinait Albertine. Heureusement, Virginie avait de la personnalité à revendre !

– Regarde, maman…

La petite fille caressa d'un air extasié les boucles blondes de Vénétia.

– Tes cheveux sont au moins aussi jolis, lui assura sa mère.

Virginie était rousse. Un roux flamboyant et chaud, contrastant avec ses yeux bleu turquoise. Sa couleur de cheveux lui avait déjà valu des remarques aigres-douces et des quolibets. Célestine la première avait marmonné à plusieurs reprises que les cheveux roux, comme les taches de rousseur, étaient la marque de relations avec le diable. La dernière fois, sa bru lui avait enjoint de se taire d'un ton si résolu que Célestine se l'était tenu pour dit.

Albertine pensa avec une pointe de regret aux rêves qu'elle avait caressés dans cette chambre ouvrant sur le campanile de l'église.

À vingt-cinq ans, elle ne croyait plus vraiment en l'amour et n'attendait plus grand-chose de la vie. Seule Virginie comptait pour elle.

– Maman, viens voir…

Virginie s'était éclipsée sur la pointe des pieds et se tenait sur le seuil de la chambre du notaire.

– N'entre pas ! ordonna-t-elle à sa fille d'une voix pressante.

Virginie secoua la tête en riant et fit tourner le bouton de porte. Albertine s'élança pour la rattraper et resta figée à l'entrée de la pièce.

– Oh ! fit-elle, médusée.

Les volets, mi-clos, laissaient filtrer quelques rayons de soleil. Un mannequin d'osier portait une robe en velours vert, en vogue une quinzaine d'années auparavant. Sur la commode marseillaise de style Louis XV, des photographies, un portrait représentaient la même jeune femme à la beauté presque inquiétante. Sa mère, Edmée. Albertine ne se rappelait pas qu'elle avait les cheveux roux elle aussi. À moins que ceux de sa mère n'aient pâli avec les années ? Sur la toile, ils étaient presque rouges. Virginie la désigna d'un doigt.

– Comme moi, fit-elle.

Elle ne reconnaissait pas vraiment la chambre de ses parents. Deux châles étaient négligemment posés sur l'une des deux bergères face à la fenêtre. Une robe d'été bouillonnait sur le lit à côté d'un costume appartenant à son père. Un parfum légèrement éventé flottait dans la pièce, entretenant l'illusion qu'Edmée allait y pénétrer d'un instant à l'autre.

Mal à l'aise, Albertine se demanda pour quelle raison le notaire avait ainsi conservé les vêtements de son épouse. Qu'espérait-il donc ? Entretenir l'illusion de sa présence ? Était-ce pour cette raison que Pélagie avait tenté de la dissuader de monter à l'étage ? Albertine ne savait que penser.

Et puis elle découvrit cet autre cliché, sur la table de nuit, et elle eut peur de devenir folle. La photographie avait été prise dans un parc. Son père donnait le bras à une femme aux cheveux grisonnants, portant une robe claire. Sa mère, avec quelques années de plus que dans son souvenir. Mais ce qui choqua Albertine, ce fut de voir maître Sautel avec son crâne dégarni et sa bedaine. Ces changements dans son apparence physique étaient intervenus moins de deux ans auparavant. Fallait-il donc penser qu'Edmée était toujours en vie ?

Le cœur au bord des lèvres, Albertine se détourna de la table de nuit et courut vers le palier.

– Pélagie ! cria-t-elle.

En bas, la gouvernante se signa.

Elle pressentait qu'elle allait devoir s'expliquer quant à une décision ne dépendant pas d'elle.

13

La jeune femme remontait la rue des Marchands. Elle aimait Apt. Ou, plutôt, elle s'y sentait bien. En sécurité. Les premiers temps, après un voyage éprouvant, alors qu'elle était à peine remise de sa pleurésie, Élisa avait été tentée de rebrousser chemin. Comparée à Bordeaux, en effet, Apt lui apparaissait comme un village et elle comprenait mal l'accent de ses habitants. Heureusement, un ami du père Renouard, le père Blondeau, l'avait prise sous sa protection.

Il lui avait expliqué qu'il ne pouvait l'engager comme servante. À vingt-cinq ans, Élisa était loin d'avoir l'âge canonique[1] requis. En revanche, le prêtre l'avait recommandée à un fabricant de fruits confits, M. Louis, qui avait repris et développé l'entreprise familiale.

Chaque matin, Élisa se rendait vers l'ancien cloître du couvent de la Visitation où était installée l'usine.

Suivant la saison, elle dénoyautait les fruits ou bien confectionnait des boîtes de carton. Un travail monotone et répétitif, qui lui plaisait cependant. Au moins, elle se sentait libre. Elle envoyait de ses nouvelles au père

1. Âge minimum (quarante ans) requis par le droit canon pour qu'une femme puisse entrer au service d'un prêtre.

Renouard par l'intermédiaire du père Blondeau car elle se défiait de son orthographe.

Élisa logeait en ville chez une vieille demoiselle, Eugénie Laplace, qui avait bien voulu rendre service à l'abbé. Chaque dimanche, Élisa se rendait à la messe de sept heures afin de pouvoir ensuite profiter de sa journée de repos. Elle ne savait pas si elle avait encore la foi, mais s'acquittait de ce qu'elle considérait comme un devoir à l'égard des deux prêtres. Elle allait se promener du côté du plateau des Claparèdes, ou encore vers le pont Julien ou Gargas.

Elle qui venait d'un pays obstinément plat prenait plaisir à parcourir la montagnette. Les parfums – lavande, thym et romarin mêlés – la grisaient. Il lui semblait qu'elle reprenait chaque jour des forces et retrouvait le goût de vivre. Certes, pas question pour elle d'oublier Charles ni leur bébé, mais elle estimait que la vie lui devait une revanche après ces cinq années d'enfer passées à Cadillac.

Finalement, Apt lui plaisait. Elle appréciait surtout son anonymat dans la cité marchande. Mlle Laplace ignorait tout de son passé, Dieu merci, sinon elle la chasserait de sa maison séance tenante.

Élisa esquissa un sourire teinté d'amertume. Il lui semblait qu'elle avait laissé sa jeunesse et sa candeur loin, dans le château transformé en maison de force. Elle était désormais bien décidée à profiter de chaque jour. Et surtout des dimanches.

La ville était en travaux. On élargissait le Postel, on avait édifié une halle aux grains tout près de la cathédrale.

Le chemin de fer allait participer au développement d'Apt. Pour le moment, charrettes, tombereaux et autres attelages constituaient les principaux moyens de transport.

– Place ! beugla un charretier.

– Attention !

Élisa se sentit entraînée en arrière par une poigne solide. Elle eut juste le temps de se blottir dans l'encoignure d'une porte cochère. Un attelage, passant à toute allure, la frôla.

Blême, elle se tourna vers la personne qui l'avait sauvée.

– Merci, déclara-t-elle. Je… je ne sais pas quoi vous dire.

– Eh bien, ne dites rien !

La personne en question était un grand gaillard aux cheveux sombres et aux yeux verts. Il portait un tablier de cuir marron et elle se demanda quel était son métier.

Il lui sourit.

– À l'avenir, soyez plus prudente, mademoiselle…

– J'essaierai, répondit-elle, feignant de ne pas avoir compris qu'il cherchait à connaître son nom.

Embarrassée, elle lui jeta un coup d'œil incertain. Il paraissait être un homme honnête, mais elle était devenue trop méfiante pour accorder sa confiance à un inconnu. Elle poursuivit donc son chemin en se disant que c'était dommage. Il était temps de rentrer dans son logement, chez Mlle Laplace. Le lendemain, elle embauchait à six heures trente.

« Une jeune personne séduisante », se dit Lorenzo en suivant du regard la silhouette sombre qui s'éloignait à pas pressés. Elle portait une cape sombre, l'*envelopo*, en mérinos violet, sur une robe en cadis[1] mauve à imprimé ramoneur. Des vêtements passe-partout, signant l'appartenance aussi bien à la domesticité qu'à la paysannerie. Pourtant, il était persuadé qu'elle était habituée à vivre en ville. Cela tenait peut-être à sa façon de marcher. En tout cas, elle l'intéressait.

Il pénétra dans l'échoppe. Il travaillait aussi le dimanche afin de pouvoir satisfaire ses clients. Il s'était engagé à réaliser une commode et une armoire sous deux semaines pour la fille de Mme Rauby et se demandait comment il pourrait honorer sa promesse. Depuis son installation, un an auparavant, le bruit s'était vite répandu dans Apt que le nouveau menuisier avait du talent. Il avait longuement hésité, pourtant, à franchir le pas ; son maître d'apprentissage lui avait répété qu'il allait au-devant des ennuis.

– Tu es trop jeune, petit, les clients ne te feront pas confiance. Reste encore à mon service quelques années.

Son caractère indépendant l'avait guidé dans sa prise de décision. Cela faisait près de douze ans que Lorenzo apprenait son métier. Il avait hâte, à présent, de devenir son propre patron. Les premiers temps, il avait survécu grâce aux quelques commandes de Vadon, son ancien maître d'apprentissage, et réalisé une panetière pour une cliente pressée.

1. Étoffe de laine, proche de la serge.

Cette première cliente avait fait jouer le bouche-à-oreille et lui avait envoyé plusieurs pratiques. Très vite, l'atelier situé à l'entrée du Portalet avait connu une affluence croissante et Lorenzo avait pu s'acheter de nouveaux outils. Il aimait tout ce qui touchait au bois, éprouvant une satisfaction presque charnelle à caresser du plat de la main les différentes essences.

Il se plaisait à Apt. L'échoppe qu'il louait donnait sur le Calavon. Lorenzo occupait une soupente au-dessus. Elle manquait de confort, on y cuisait l'été et on y gelait l'hiver, mais cela n'avait pas vraiment d'importance. De toute manière, son logement était toujours plus accueillant que la cabane dans les bois de Lagarde-d'Apt.

Une ombre passa sur son visage. Il retournait rarement là-haut, seulement pour se recueillir au pied du grand chêne. Il avait eu beau interroger les rouliers et les charbonniers, personne ne savait ce que Giuseppe Lupo était devenu. Chaque fois qu'il prononçait son nom, Lorenzo éprouvait une bouffée de haine. Il n'avait rien oublié des insultes et des coups reçus. Il se rappelait la peur dans les yeux de sa mère dès que sa brute de mari poussait la porte de la cabane. Durant toute son enfance, lui-même avait vécu dans la crainte. À croire que Giuseppe lui reprochait jusqu'à sa naissance.

Il crispa les poings. Si Lupo était encore en vie, il finirait bien par croiser à nouveau le chemin de Lorenzo. Ce jour-là, il le tuerait.

14

« Ne pas pleurer », se répéta Albertine.

Devant la gêne manifeste de Pélagie, elle avait eu une explication houleuse avec son père. Virginie cueillait des fleurs dans le jardin. Le notaire et sa fille discutaient sous la treille.

– Parlez-moi de ma mère, avait attaqué Albertine.

Elle avait ajouté d'un ton résolu :

– J'exige la vérité.

Bien sûr, maître Sautel avait rétorqué qu'il n'avait pas de comptes à lui rendre. Il était chez lui et Albertine n'était qu'une effrontée. Elle était restée calme, lui exposant point par point ses découvertes, jusqu'à cette photographie de toute évidence récente.

Il y avait eu un silence. Albertine, effrayée, avait vu le visage de son père se décomposer. Il avait tiré sur son faux-col, comme s'il était victime d'un malaise. Brusquement, le notaire avait perdu pied. Il s'était effondré et, d'une voix lasse, avait raconté. Son amour éperdu, la naissance de leur fille, l'altération du caractère d'Edmée. Extrêmement jalouse, en proie à des crises nerveuses, sa jeune femme effrayait les domestiques par son comportement. Seule Pélagie était restée dans la demeure du notaire. Les servantes ne tenaient pas longtemps dans cette atmosphère lourde de suspicion. Et puis il y avait eu ce jour d'orage.

La voix de maître Sautel s'était brisée. Edmée avait bousculé pour une broutille une cliente plutôt jolie sortant de l'étude. Elle s'était ruée sur la jeune femme, un coupe-papier à la main. La cliente du notaire avait été blessée au visage et aux mains, le scandale avait été terrible. Le médecin avait parlé de délire, de grave atteinte des nerfs. Edmée avait échappé à la prison à condition d'être internée.

De nouveau, Albertine avait remarqué à quel point son père était bouleversé.

– J'ai préféré te dire que ta mère était morte, lui avait-il alors expliqué. C'était déjà assez difficile à vivre…

Elle avait, naturellement, établi le lien avec la suspicion dont elle avait été victime, durant son enfance et son adolescence. Compris aussi pourquoi son père l'avait placée en pension à Cavaillon. Il convenait de l'éloigner de Fontrouge, de la préserver du scandale. Elle avait fait front.

– Je veux voir ma mère.

Le notaire avait laissé échapper un sanglot.

– Ma pauvre petite, c'est impossible désormais. Edmée a sombré dans une nuit totale, elle ne me reconnaît même plus.

Albertine avait eu beau insister, Sautel n'avait pas cédé. Il s'était borné à répéter des phrases lénifiantes. Tout n'était-il pas mieux ainsi ? On finirait par oublier.

« Mais moi, Albertine ? » avait-elle eu envie de crier. On faisait peu de cas de sa souffrance, de ses interrogations. Pouvait-elle avoir hérité de la maladie d'Edmée ?

Sa mère l'avait-elle longtemps réclamée ? Elle-même ne l'avait jamais oubliée.

Accablée, la jeune femme avait regagné les Terres Brûlées en compagnie de sa fille. Virginie cherchait à capter son attention, à lui arracher un sourire ; Albertine en avait été touchée.

À la bastide, Célestine houspillait les deux servantes. La vie reprenait son cours. Albertine avait fait face, en s'efforçant de ne pas laisser voir son trouble.

Après le dîner, pris en silence, sous le regard indifférent d'un ancêtre perruqué dont Émilien s'était procuré le portrait dans une vente aux enchères, elle avait couché Virginie puis était sortie. Achille était resté à Avignon pour une réunion de félibres. D'une certaine manière, son absence arrangeait Albertine. Elle n'aurait pas supporté devoir soutenir une conversation ce soir-là. La température était encore élevée. Le temps rêvé pour marcher au bras de l'homme aimé en devisant gaiement. Mais Albertine n'éprouvait pas d'amour pour Achille. Leur mariage avait été arrangé par leurs pères, eux-mêmes y avaient perdu leur âme. De nouveau, elle pensa à Edmée. Elle revoyait la photographie de ses parents. Malgré les années écoulées, malgré la maladie d'Edmée, ils étaient deux.

– Pourtant…, murmura-t-elle.

Jamais encore elle ne s'était sentie aussi seule. La folie de sa mère – elle refusait d'avoir peur des mots, aussi terribles fussent-ils – l'inquiétait moins qu'elle ne la frustrait. D'une certaine manière, pensait-elle, son père lui avait volé sa mère. Elle avait perçu dans la chambre interdite l'intensité de l'amour qui les liait. Un amour qu'elle-même ne connaîtrait jamais.

Cette idée la glaçait. Elle se rappelait ses rêves de jeune fille. Était-il vraiment trop tard ? Elle n'avait jamais rencontré l'homme séduisant qu'elle attendait, n'avait pas cherché à se libérer de l'emprise des Pélissier. Elle s'était résignée à un destin qu'elle n'avait pas choisi.

Elle marcha encore un bon moment, alors que le soleil embrasait le ciel, au-dessus de la cime des arbres. Lorsqu'elle regagna la bastide, à la nuit, elle avait arrêté sa décision.

Il fallait monter, bien au-dessus de Rustrel, vers les collines couvertes de chênes et de pins, puis les hêtraies du mont Saint-Pierre.

C'était un autre monde, se dit Élisa en se retournant vers Rustrel pour mesurer le chemin parcouru. Chacune de ses randonnées lui offrait un moment de bonheur intense. Ce jour-là, le bonheur était décuplé. Elle marchait en compagnie de Lorenzo. Leurs chemins s'étaient croisés à deux reprises dans Apt. Il l'avait reconnue, l'avait saluée. Elle lui avait répondu d'un bref signe de tête. La seconde fois, alors qu'une pluie aussi brutale qu'intense s'était abattue sur la cité, il lui avait proposé de venir s'abriter sous l'auvent de son échoppe. Élisa avait économisé plusieurs mois pour s'acheter un châle en cachemire et, craignant de l'abîmer, elle avait accepté l'offre du menuisier. Tous deux avaient échangé quelques mots tandis que la pluie ruisselait sur les toits et qu'un petit torrent dévalait la ruelle caladée.

Elle avait éprouvé une sensation bizarre, alors que l'humidité les cernait. Depuis Cadillac, elle supportait mal de se trouver dans un espace restreint, confiné.

Il lui avait souri.

– Je m'appelle Lorenzo. Lorenzo Lupo.

Élisa avait décliné elle aussi ses nom et prénom, en se demandant si elle ne commettait pas une erreur. Cela faisait plusieurs années qu'elle vivait à Apt en tentant de se fondre dans la masse des ouvrières. Il lui semblait retrouver son identité et elle en était fière.

– Vous n'êtes pas d'ici, avait-il repris.

Elle avait eu peur, soudain, comme s'il avait pu tout deviner de son passé. N'était-ce pas stupide ? Elle était redevenue une femme libre, comme le père Renouard le lui rappelait dans ses lettres. Les premiers temps, son soutien indéfectible l'avait aidée à rester debout. À présent, elle reprenait confiance en elle.

Le menuisier lui avait à nouveau souri.

– Il ne faut pas avoir peur de moi.

Il était de haute taille et avait du charme. Un visage aux traits réguliers, des yeux verts, une bouche aux lèvres bien ourlées… Élisa avait noté ces détails sans même en prendre conscience, pour s'en souvenir ensuite, de retour dans sa chambre. À vrai dire, c'était la première fois qu'elle prêtait attention à un homme depuis le départ de Charles, dix ans auparavant.

Ils s'étaient revus, à la sortie de la messe du dimanche. Élisa aimait à se rendre dans l'ancienne cathédrale, dont elle admirait tout particulièrement l'autel en marbre décoré de petits angelots. Malgré les nombreux fidèles, elle avait tout de suite reconnu la haute silhouette du menuisier. Il se tenait un peu à l'écart. Touchant de deux doigts sa casquette, il l'avait saluée.

– Mademoiselle Élisa…

Elle avait eu envie de rire.

– Appelez-moi Élisa, tout simplement.

Et il avait joint son rire au sien. C'était ainsi que tout avait commencé.

Elle s'arrêta quelques instants pour reprendre son souffle. Lorenzo se retourna.

– Tu traînes, paresseuse !

Il l'enveloppa d'un regard tendre qui bouleversa la jeune femme. Chaque jour, elle se demandait combien de temps ce qu'elle qualifiait de « miracle » durerait. Elle ne parvenait plus à croire au bonheur et se le reprochait. Paradoxalement, elle pressentait que Lorenzo lui ressemblait sur ce point. Il s'isolait parfois et Élisa avait alors l'impression d'être invisible. Lorsqu'il reprenait pied dans la réalité, il la regardait d'un air étonné avant de lui sourire.

Ce jour-là, il lui avait proposé de l'emmener dans les bois de Lagarde-d'Apt.

La forêt se faisait moins dense. Des zones clairsemées révélaient l'importance de l'activité charbonnière. « Comment s'en étonner ? » pensa Lorenzo. Les industries aptésiennes exigeaient toujours plus de charbon de bois. De nouveau, il se demanda s'il avait eu raison d'entraîner Élisa sur les chemins de son enfance. Pourtant, il le fallait !

Il éprouvait le besoin d'exorciser le passé afin de pouvoir construire une famille.

Il observa Élisa à la dérobée. Elle l'avait séduit dès le premier jour avec son air décidé et son regard profond. La jeune femme avait souffert, elle aussi, il le devinait, et il s'était senti proche d'elle. Il lui tendit la main.

– Attention, le sol est pentu. Tu vois, quand j'étais gamin, je débardais le bois débité à l'aide d'une chèvre. Imagine une branche fourchue, d'environ un mètre vingt de haut, en forme de Y, sur laquelle j'entassais les bûches. Ensuite, je prenais le pied de la chèvre que je plaçais contre moi. Les bûches pesaient sur mon épaule gauche. Il fallait compter six voyages pour transporter un stère de bois sec. C'était… éreintant.

– Ton père t'avait appris ?

Une ombre voila le regard de Lorenzo.

– Oui, mais je ne veux plus le considérer comme mon père.

Il était trop tôt pour se confier à Élisa. Trop tôt ou bien trop tard ? De toute manière, avec la prescience de ceux qui ont connu des jours difficiles, elle ne lui posait aucune question. Tout viendrait en temps et heure. Élisa lui pressa la main. Elle partageait jusqu'à ses silences et cette proximité lui faisait presque peur.

« Je ne veux pas le perdre », pensa-t-elle.

Il l'entraîna vers le grand chêne de Livia. Il le lui présenta en ces termes : « Le grand chêne de Livia » et elle se demanda que répondre avant de réaliser que cela importait peu.

Lorenzo était loin, perdu dans ses souvenirs. Lui avait un endroit où se recueillir, se dit-elle. Elle-même ignorerait toujours où Charles avait été enterré et elle avait été arrêtée le lendemain même de la mort de son enfant. Un goût amer lui emplit la bouche. Elle ne voulait plus y songer, sous peine de sombrer dans le désespoir.

Élisa se signa. Lorenzo, lui, restait figé, bras croisés, dans une attitude de défi. Lorsqu'il recula de deux pas, son visage était fermé.

– J'aurais tant voulu la revoir, la serrer dans mes bras, souffla-t-il.

Élisa lui effleura le bras, comme pour lui dire qu'elle comprenait.

– Tu vois, reprit-il, ma mère m'a souvent raconté qu'elle était venue du Piémont alors que je poussais dans son ventre. Elle a vécu durant des années dans une cabane rudimentaire, sans eau, où elle trouvait pourtant le moyen de nous préparer de délicieux repas. Un jour, pour son anniversaire, je lui ai déniché un livre en italien auprès du colporteur qui passait avec sa balle. Elle en a pleuré de joie ! Mais Giuseppe, ce maudit, l'a jeté au feu le soir même.

– Giuseppe… ton père ?

Il se borna à hocher la tête.

– Qu'il brûle en enfer ! ajouta-t-il.

Élisa frissonna. La haine de Lorenzo était palpable, effrayante. Pourvu, pensa-t-elle, que les deux hommes ne se revoient jamais ! Il reprit sa main.

– Viens, j'aimerais te présenter Luisa.

L'épouse du charbonnier préparait sa soupe de bâton dans la salle. Elle cligna des yeux, avant de se porter au-devant des visiteurs.

– Lorenzo, mon garçon ! s'écria-t-elle, le pressant contre sa poitrine. *Dio mio*, si je m'attendais ! Tu ne viens jamais me voir ! lui reprocha-t-elle en piémontais.

Il se retourna vers Élisa, lui adressa un sourire d'excuse.

– Luisa m'a vu naître et part du principe que j'ai encore cinq ans, lui expliqua-t-il en français.

Il reprit à l'intention de la Piémontaise :

– Luisa, je te présente ma fiancée, Élisa.

Luisa joignit les mains.

– Ta fiancée ! Quelle joie ! Viens, ma fille, que je t'embrasse.

Tout paraissait simple avec Luisa. Pourtant, en les observant, Élisa songea que quelque secret devait les unir. Cela se voyait dans leur regard, parfois hésitant, dans la façon dont ils se taisaient dès qu'ils prononçaient le prénom de Livia.

Luisa savait. Et Lorenzo n'était pas prêt à se confier. Le serait-il jamais ?

Peu importait à Élisa. Dans la forêt, devant la cabane de Luisa, elle se promit de rendre Lorenzo heureux.

15

1882

Ce jour-là, le mistral soufflait avec force, chassant les nuages dans le ciel. Les arbres se courbaient dans la plaine, rien ne semblait pouvoir arrêter la course folle du « maître », le vent descendu du nord.

Emmitouflée dans sa polonaise, une cape de velours doublé au grand volant, Albertine se cramponna au bras de son beau-frère.

– Je te remercie d'avoir bien voulu m'accompagner jusqu'ici, lui dit-elle.

Hector lui tapota la main.

– Je n'allais tout de même pas t'abandonner !

Depuis plusieurs mois, la jeune femme bataillait pour rendre visite à sa mère dans l'unique asile du département, Montdevergues. Son père avait poussé les hauts cris. Jamais il n'accepterait pareille folie ! De guerre lasse, Albertine s'était tournée vers son époux, à qui elle avait raconté la triste vérité. Fidèle à lui-même, Achille avait refusé de s'en mêler.

– Ma chère, ceci est une affaire de famille concernant les Sautel. Règle cela avec ton père. Franchement, je ne vois pas l'intérêt d'y aller.

Il n'avait pas eu un mot pour la réconforter et s'était replongé avec une belle indifférence dans la lecture d'une plaquette du félibrige.

Écœurée, Albertine s'était alors adressée à Hector.

Artiste, son beau-frère s'était installé comme peintre à Avignon. Sans la pension versée à regret par son père, il aurait tiré le diable par la queue. Passionné par le nouveau mouvement impressionniste, Hector travaillait sur le motif et réalisait aussi quelques portraits. Il avait du talent, estimait Albertine, tout en reconnaissant sa propre ignorance. Émilien, pour sa part, ne décolérait pas, menaçant régulièrement de couper les vivres à ce « feignant ». Sa mère lui faisait passer en cachette des œufs, des légumes et des fruits frais. On racontait que Hector s'était mis en ménage avec un jeune modèle. Il n'en avait jamais parlé à sa belle-sœur.

Albertine se souciait peu de sa vie soi-disant dissolue. Hector avait été le seul à l'écouter et à lui venir en aide, à l'exception de Félicité. Il lui pressa la main.

– On y va !

Depuis sa création en 1816, la Maison royale de santé de la ville d'Avignon avait pour rôle de prendre en charge des névrosés. Devenue très vite trop exiguë, on avait émis l'idée d'ouvrir un hôpital à la campagne, « dans l'intérêt de la salubrité et du traitement des malades[1] ».

En 1839, une ordonnance royale autorisait la Maison de santé à acheter une importante portion du domaine

1. Rapport daté de 1835 du préfet au conseil général du Vaucluse.

de Montdevergues, ce qui représentait environ dix-neuf hectares, ainsi que des corps de ferme et d'habitation. À la fin de 1848, une délibération du conseil général du Vaucluse décida le transfert total de la Maison royale de santé à Montdevergues. Pour ce faire, on lança de grands travaux suivant les idées d'Esquirol[1] et de Desportes[2]. Ainsi, on bâtit des « quartiers », pour séparer les curables des incurables, les calmes des agités, les femmes des hommes, et ce de façon extrêmement stricte. Albertine apprit tout cela du directeur, qui avait accepté de la recevoir dans son bureau. Le nom de Sautel lui avait ouvert les portes de l'asile, comme il fallait appeler désormais l'établissement, et ce toujours conformément au souhait d'Esquirol :

> *Il existe dans la plupart des maisons où sont reçus les aliénés des dénominations humiliantes [...]. Je voudrais qu'on donnât à ces établissements un nom spécifique qui n'offrît à l'esprit aucune idée pénible, je voudrais qu'on les nommât asile*[3].

En revanche, il se montra plus circonspect quand Albertine lui demanda l'autorisation de rencontrer sa mère. Il se retrancha derrière des arguments médicaux,

---

1. Médecin (1640-1722) à l'origine des instituts psychiatriques en France.

2. Administrateur, auteur en 1824 du *Programme pour un hôpital consacré au traitement de l'aliénation mentale.*

3. Source : *Montdevergues, les mémoires d'un hôpital,* Éditions Œuvres sociales locales.

lui rappela qu'Edmée Sautel pouvait faire preuve de violence, aussi bien contre autrui que contre elle-même. Albertine secoua la tête.

– Je n'ai pas effectué ce déplacement en vain. On m'avait assuré que ma mère était morte. J'ai besoin de la voir.

Elle était touchante. Le directeur se racla la gorge.

– Nous allons voir avec sœur Saint-Constant, la responsable du pavillon de Mme Sautel.

Albertine et Hector apprirent ainsi que les religieuses de Saint-Charles de Lyon avaient, depuis 1859, la charge du service intérieur de la section des femmes et la direction secondaire des services économiques : la cuisine, l'office, la buanderie, la lingerie et les ateliers des femmes.

Au-dehors, des cris, atroces, exprimant une souffrance et une désespérance infinies, les firent tressaillir. Albertine pâlit.

– La rumeur, madame Pélissier, déclara le directeur. Les habitants de Montfavet estiment la force du mistral à la manière dont elle leur parvient. Certains ne voudraient habiter par ici pour rien au monde. À croire que Montdevergues est hanté ! Ce n'est rien d'autre que la souffrance mentale, la pire qui soit.

Albertine serrait ses mains l'une contre l'autre pour les empêcher de trembler. Les questions se bousculaient. Quelle était la gravité de l'état de sa mère ? Pouvait-elle être, non pas heureuse, mais sereine à l'asile ?

Une servante, Sylvette, les conduisit dans un pavillon proche de la chapelle. En chemin, elle leur confia qu'elle venait de la Lozère. Même si le fait de côtoyer de pauvres folles était dur, elle s'estimait plutôt chanceuse.

Albertine regardait partout, en ayant l'impression de ne rien voir. Comment, se disait-elle, Edmée avait-elle pu passer toutes ces années dans cet environnement, avec cette rumeur dans les oreilles ? Cris, gémissements, pleurs vous serraient le cœur, jusqu'à vous donner la sensation de faire partie intégrante de vous.

Sylvette les présenta à une religieuse imposante qui était en train de distribuer ses ordres dans la lingerie.

Sœur Saint-Constant se tourna vers les visiteurs.

– Monsieur, vous n'avez rien à faire dans cette partie de l'établissement, déclara-t-elle froidement à Hector.

Il s'éclipsa en balbutiant une excuse. Albertine, demeurée seule, éprouva la tentation de lui emboîter le pas. Elle se redressa. Elle n'allait tout de même pas fuir aussi près du but !

– Je suis la fille d'Edmée Sautel. M. le directeur m'a autorisée à rencontrer ma mère, si vous le voulez bien, ma sœur.

Elle se sentit rougir sous l'examen de la religieuse. Rien, semblait-il, ne devait échapper à son regard incisif sous ses lourdes paupières.

– Je ne vous ai jamais vue à Montdevergues, laissa tomber sœur Saint-Constant.

Le trouble d'Albertine s'accentua.

– À vrai dire, je croyais ma mère morte, expliqua-t-elle. Dès que j'ai appris la vérité, j'ai entamé des démarches pour la voir.

– Mme Sautel est gravement atteinte, insista la religieuse. Je ne sais si…

De nouveau, elle examina la jeune femme, cherchant la faille. Celle-ci se raidit.

– C'est important, ma sœur.

– Pas question de vous évanouir ni de hurler, reprit sœur Saint-Constant. Mme Sautel est très fragile et…

Elle soupira.

– Venez, décida-t-elle.

L'une derrière l'autre, les deux femmes traversèrent la grande cour, se dirigèrent vers la chapelle qu'elles laissèrent sur leur droite. La religieuse désigna un pavillon d'un signe de tête.

– Mme Sautel fait partie de nos pensionnaires, elle est une malade « payante ». À ce titre, elle bénéficie d'une grande chambre et d'un petit salon. Elle y est comme chez elle.

« Comme chez elle, vraiment ? » s'interrogea Albertine, notant les barreaux aux fenêtres. Elle avait chaud, elle avait froid et elle tremblait. L'intérieur du pavillon était meublé avec goût et la jeune femme fut surprise de reconnaître certains meubles, semblables à ceux de leur maison de Fontrouge. Salon de velours Restauration, commode Louis XV…

– Mme Sautel est gâtée par son époux, fit remarquer sœur Saint-Constant avec un claquement de langue.

Albertine l'observa sans mot dire. Était-ce de la jalousie ? La religieuse lui paraissait peu accessible à la compassion, ce qui la navrait.

Et puis elle aperçut une silhouette recroquevillée auprès de la cheminée, et il lui sembla que son cœur s'arrêtait de battre. Celle-ci leva la tête vers les visiteuses avant d'émettre des bruits sourds.

– Bonjour, Edmée, déclara la religieuse. Votre fille est venue vous voir.

Sa fille… Face à cette démente au visage creusé, au regard vide, Albertine éprouva un sentiment de terreur irrépressible. Elle ne reconnaissait pas la belle Edmée, il ne pouvait s'agir de la même personne ! La femme du pavillon portait une robe de coton grossier évoquant un sarrau, et des galoches. Elle serrait les bras devant sa poitrine, dans un geste de protection et de défense. Elle se redressa lentement… Ses cheveux étaient blancs.

– Je n'ai pas de fille, déclara-t-elle d'une voix cassée.

Albertine, main tendue, fit un pas vers elle.

– Maman…

– N'approchez pas ! hurla Edmée.

Elle saisit un vase sur la cheminée, le lança dans leur direction.

– Arrière, voleuse ! Vous n'avez rien à faire chez moi !

Le visage blême, les yeux fous, elle était effrayante. Albertine pensa à son père, qui avait tenté de la mettre en garde, et regretta d'être venue à Montdevergues.

Désormais, l'image de cette « insensée » se substituerait à celle qu'elle avait gardée d'Edmée. Elle s'enfuit sans un regard en arrière.

16

Les cloches de l'ancienne cathédrale d'Apt sonnaient à la volée. Pourtant, il n'y avait pas foule pour assister au mariage célébré ce lundi-là. N'affirmait-on pas souvent : « *Maridage dan dilun, au bout de l'an ou tres ou un*[1] » ?

Les jeunes mariés n'en avaient cure ! Radieuse dans sa robe neuve en cadis, Élisa souriait au bras de Lorenzo. Lui portait un pantalon de drap sombre, une chemise en toile de lin écru, un gilet et une veste de velours ras noir.

Sans famille l'un et l'autre, les *novis* ne comptaient que des amis dans le cortège se dirigeant vers Saignon.

Luisa et son époux Sergio avaient fait le déplacement jusqu'à Apt, ainsi que M. Léon. Mlle Laplace avait tenu à offrir à sa locataire un châle grenadine. Son amie Alice, avec qui elle travaillait à la fabrique de fruits confits, avait proposé la ferme de ses parents, en bas de Saignon, pour le repas de noces. La veille, Élisa et Alice avaient préparé le déjeuner : des volailles, des tourtes, des légumes frais, des tartes.

– J'aurais aimé cuisiner du poisson, avait confié Élisa à son amie. Comme chez moi, en Aquitaine.

1. « Mariage du lundi, au bout d'un an, ou un enfant ou un décès. »

Son regard s'était fait rêveur. Comment aurait-elle pu ne pas songer à Charles et à leur fils ? Ils faisaient partie d'elle.

Pourtant, elle ne voulait pas jeter d'ombre sur la fête. La vie avait repris ses droits et elle avait accepté sereinement d'épouser Lorenzo. Les quatre années qui les séparaient lui importaient peu. De toute manière, la peine qu'elle avait purgée à Cadillac lui avait donné une âme de vieille femme ! Le père Blondeau avait balayé d'un revers de la main ses derniers scrupules.

– Soyez heureuse, mon enfant, vous l'avez bien mérité. Mon ami Renouard vous croit innocente, tout comme moi. Dans ces conditions, vous avez droit à une revanche sur cette terre.

Curieux personnage, dont le discours aurait fait se pâmer Mlle Laplace ! Élisa l'estimait beaucoup car, à la différence des sœurs de Cadillac, il croyait en l'homme. Elle n'était pas encore parvenue à raconter ses années de détention à Lorenzo. Elle avait seulement évoqué une période difficile et il avait respecté sa discrétion. Le respect, c'était certainement ce qui caractérisait leur couple.

Chacun conservait sa part d'ombre suivant un accord tacite. Élisa avait compris que de terribles secrets étaient enfouis dans les bois de Lagarde-d'Apt. Elle attendait que Lorenzo éprouvât le besoin de lui en parler. Ce temps-là viendrait, elle en était persuadée. Avec beaucoup d'amour.

Les mariés échangèrent un regard empreint de tendresse. Ce soir, ils dormiraient ensemble dans le logement du jeune homme. Une nouvelle vie, pensa Élisa.

Un soleil radieux baignait le village de Saignon, perché sur son rocher.

« Merci, mon Dieu, pour ce bonheur que vous m'offrez », se dit Élisa. Lorenzo et elle seraient heureux, elle en était convaincue. Sa couturière, Félicité, lui avait fait la surprise de venir la saluer à la fin de la messe. Installée place du Septier à Apt, elle avait désormais une importante clientèle, attirée par le bouche-à-oreille. Félicité avait du chic et ses créations se reconnaissaient à un je-ne-sais-quoi indéfinissable qui vous donnait confiance en vous.

Elle avait confectionné pour Élisa un jupon en nansouk blanc. Une merveille, ce jupon orné des initiales E. et L. pour Élisa et Lorenzo, de deux colombes et d'une corne d'abondance. Le simple fait de le porter sous sa robe conférait à Élisa l'aisance d'une reine.

Les parents d'Alice, aidés par les jeunes gens, avaient bien fait les choses. Les tables, dressées sur des tréteaux dans la grange, étaient recouvertes de grandes nappes de fil blanc et décorées de rameaux d'olivier.

– C'est beau, souffla Luisa, terriblement émue.

À cet instant comme dans l'église, elle pensait à son amie Livia. Celle-ci aurait été si fière de conduire son fils jusqu'à l'autel de Sainte-Anne. « Comme une revanche », songea-t-elle.

Parfois, le secret que lui avait confié la mère de Lorenzo lui paraissait si lourd qu'elle aurait désiré pouvoir s'en libérer. L'instant d'après, elle se morigénait. Certes, elle en serait soulagée, mais Lorenzo risquait fort de mal le supporter. Or elle ne voulait pas jeter d'ombre sur son bonheur.

Elle jeta un coup d'œil en direction d'Élisa. La jeune femme était quelqu'un de bien, elle en était persuadée, même s'il se trouvait quelques mauvaises langues pour faire remarquer qu'elle n'était plus une jouvencelle.

– A beau mentir qui vient de loin, avait glissé Mlle Laplace, et Luisa était partie d'un grand rire.

– Moi aussi, je viens de loin !

Mais son interlocutrice avait secoué la tête.

– Non, ce n'est pas la même chose. Élisa, elle, a un passé.

Luisa haussa les épaules. C'étaient bien des idées de vieille fille ! Grenouille de bénitier, de surcroît. De nouveau, elle songea à Livia. Elle s'était occupée d'elle dès que le couple Lupo était arrivé dans les bois. La petite lui faisait peine avec son gros ventre et ses yeux cernés. Courageuse, avec ça, mais ne sachant pratiquement rien faire ! À croire qu'elle était née avec une cuillère d'argent dans la bouche avant de partir sur les chemins…

Luisa lui avait appris à cuisiner, à faire la lessive, à coudre. Les premiers temps, Livia l'appelait sans cesse à l'aide. Ç'avait été pire quand l'enfant s'était annoncé. Affolée, la jeune femme répétait qu'elle voulait accoucher dans une vraie maison et non dans cette cabane dépourvue de confort. Luisa avait assisté bien involontairement à une scène pénible. Livia, courbée en deux, se tenait le bas-ventre en gémissant, tandis que Giuseppe se moquait d'elle, disant qu'elle avait perdu sa beauté. Choquée, la Piémontaise avait voulu chasser le mari, mais il avait ricané avant de hurler qu'il était chez lui et que, si elle n'était pas satisfaite, la princesse n'avait qu'à accoucher dehors. Luisa, en femme énergique, avait conduit Livia dans sa propre cabane, ce qui avait mis fin à la discussion.

Elle tendit la main, caressa d'un geste timide les cheveux sombres de Lorenzo.

– Ta maman est là, avec nous. Elle nous regarde, lui dit-elle avec tendresse.

Elle le pensait sincèrement, et ce même si les confidences de son amie Livia l'avaient effrayée. Ce monstre de Giuseppe n'était-il pas le premier pécheur ?

Luisa avait la foi chevillée à l'âme. Mais elle avait tant vu Livia souffrir qu'elle estimait que ses péchés lui avaient été pardonnés. Après tout, elle avait aimé.

Les invités firent honneur au menu et complimentèrent Élisa pour ses talents de cuisinière. Elle rougit de plaisir. Elle n'avait jamais imaginé vivre une journée aussi magique.

Elle eut l'impression que le ciel s'obscurcissait d'un coup quand un grand bruit retentit à l'entrée de la grange. Elle vit Lorenzo pâlir et posa la main sur son bras dans un geste apaisant. Il l'ignora, se leva brusquement. Sa chaise bascula en arrière avec fracas.

– Malheur ! s'écria Luisa en se signant précipitamment.

Son époux se leva à son tour pour rejoindre Lorenzo sur le seuil de la grange. Élisa jeta un regard éperdu autour d'elle. Que se passait-il donc ?

– Bâtard ! rugit une voix furieuse. Sale bâtard ! Je te maudis, toi, ta gourgandine et votre descendance.

De nouveau, Luisa se signa. Elle était blême.

– *Il monstro, il demone*, souffla-t-elle. Comment a-t-il su ?

– De qui parlez-vous donc ? reprit Élisa.

Luisa désigna la silhouette trapue campée sur le seuil.

– Lupo le charbonnier. Le père de Lorenzo.

Les deux hommes se faisaient face. Le père, ramassé sur lui-même, poings serrés, exsudait la haine.

– C'est toi qui aurais dû mourir à la place de ta mère ! jeta-t-il en piémontais. Toi, le bâtard.

Lorenzo se rapprocha de Giuseppe.

– Bâtard ? répéta-t-il. C'est mon souhait le plus cher. Ne pas être votre fils... Quel soulagement !

Le poing de Giuseppe, lancé à toute vitesse en direction de son menton, le prit par surprise. Il tint bon cependant. Il n'était plus un enfant terrorisé.

Déjà, les hommes présents, Sergio en tête, tentaient de maîtriser le charbonnier. Élisa, la main plaquée sur la bouche, exhala un petit cri de détresse. Giuseppe lui lança, en français cette fois :

– C'est toi, la mariée ? Alors, écoute-moi bien, ton mariage est maudit. Ce bâtard, là, à qui j'ai donné mon nom par amour pour sa mère, n'est rien d'autre que le fils d'un prêtre.

Un murmure courut le long de la table. Luisa s'élança, se planta en face du charbonnier.

– Au nom de Livia, tais-toi ! l'exhorta-t-elle.

Giuseppe secoua la tête avec entêtement. Sa barbe en broussaille, ses vêtements verdis par l'usure, son vieux chapeau cabossé lui conféraient un aspect patibulaire.

– Pourquoi me taire ? répliqua-t-il. Livia est morte, je n'ai plus rien à perdre.

– Et Maria ? Qu'as-tu fait de Maria ? hurla Lorenzo.

Élisa ne reconnaissait pas celui qui était désormais son époux. Il lui inspirait presque de la crainte.

Giuseppe le défia du regard.

– J'ai fait ce que j'avais à faire. La gamine a été placée.

– Cela vaut certainement mieux pour elle, commenta Lorenzo.

Une lassitude infinie pesait sur ses épaules. Il fallait que cette horrible scène prenne fin. Lorenzo brandit un poing menaçant sous le nez de son père.

– Où as-tu abandonné la petite ? Tu vas me le dire !

De nouveau, Giuseppe ricana.

– Trop facile ! Tu ne la retrouveras pas. Le temps a passé, elle t'a oublié.

La haine qui émanait de lui était palpable, effrayante.

Élisa s'apprêtait à se lever pour courir rejoindre Lorenzo.

– Élisa, reste à table ! ordonna-t-il en se tournant vers elle.

Il avait baissé la garde durant quelques instants seulement. Cela suffit à Giuseppe pour lui plonger un couteau dans le cœur. Lorenzo s'effondra à genoux.

Son coup fait, Giuseppe se fondit dans la nuit qui tombait sans que personne ne cherche à le rattraper. Élisa vola vers son mari.

– Lorenzo…, gémit-elle.

Déjà, Luisa prenait les choses en main.

– Débarrassez-moi la table ! ordonna-t-elle. Et toi, Alice, file chercher le docteur de Saignon. Vite !

Élisa se cramponna au bras de la Piémontaise.

– Dites, il ne va pas mourir ? balbutia-t-elle.

Le visage grave, Luisa se dégagea.

– Je n'en sais rien, petite. Vraiment rien.

17

Le cœur dilaté de fierté, Émilien considéra les locaux neufs de l'usine d'ocres, son usine. Grâce à la dot d'Albertine, il avait acquis, plusieurs années auparavant, des terrains bien placés entre Roussillon et Gargas. Il y avait fait élever plusieurs bâtiments abritant un four, un moulin et un blutoir à la taille impressionnante.

Désormais, il traitait directement l'ocre extraite de ses carrières à l'usine Pélissier. Il avait éprouvé un sentiment indéfinissable au moment de placer dans le four les gros parpaings jaunes. Comme s'il avait eu peur de toucher au but, enfin. Seule Célestine avait deviné ce qu'il ressentait. Elle avait posé la main sur son bras, fait peser sur lui son regard sombre.

– Tu es bien sûr de toi, mon homme ? Nous ne risquons pas de tout perdre ?

Il avait ri, se disant qu'il convenait de ne pas trop irriter les dieux en cet instant.

– Que vas-tu chercher, ma femme ? Tu déraisonnes !

Pourtant, tous deux savaient qu'ils risquaient gros. En l'espace de quelques années, les entrepreneurs, attirés par la demande croissante d'ocre, s'étaient multipliés. La poudre d'ocre s'exportait vers l'Amérique du Sud ou le Canada et la ligne de chemin de fer Avignon-Forcalquier avait encore facilité l'expansion du commerce. Auparavant, en effet, les ocriers, pour livrer leur production à Marseille, devaient faire emprunter à leurs mulets la combe de Lourmarin.

« Si seulement j'étais mieux secondé ! » pensa Émilien. Ses deux fils le décevaient de plus en plus. Achille, s'il consacrait encore un peu de son temps à la tenue des comptes de l'entreprise, ne faisait plus mystère de ses ambitions littéraires. Il se déplaçait souvent pour se rendre à Avignon, à Maillane ou à Châteauneuf-de-Gadagne. Hector, qui avait renoncé à ses études d'architecture pour peindre, ne survivait que grâce à la pension versée par ses parents. Émilien l'appelait « le barbouilleur » avec mépris tout en souffrant horriblement de sa défection. Bon sang, il était bien content de travailler avec des pigments tirés de l'ocre ! Ses fils se croyaient-ils d'une essence supérieure qui leur interdirait de se salir les mains ?

Émilien ne supportait pas leur attitude. Il avait conscience d'avoir beaucoup sacrifié, de sa vie et de sa famille, à sa passion pour l'ocre. Célestine ne le lui avait jamais reproché. Mais, à cinquante-huit ans, Émilien se demandait avec une angoisse grandissante à qui il pourrait passer la main. Il lui fallait un héritier ! Achille et Albertine n'avaient toujours pas de fils. L'un et l'autre n'étaient pas stériles, Virginie en témoignait. Pourquoi tardaient-ils tant ? Émilien n'en pouvait plus d'attendre. Il multipliait les allusions fielleuses, sans résultat. De toute manière, Albertine paraissait ailleurs. Depuis plus d'un an, elle souffrait d'une sorte de maladie de langueur qui faisait soupirer le docteur Galifant.

– Les jeunes femmes sont si difficiles à comprendre, marmonnait-il.

Émilien, lui, enrageait. Albertine était trop oisive. Si elle avait travaillé sans relâche comme sa pauvre mère, oui, elle aurait eu des raisons de se plaindre, mais elle menait la belle vie. Achille n'y trouvait rien à redire ; il avait toujours quelque fredaine à se faire pardonner. Quelle idée, aussi, de s'investir autant dans ce mouvement littéraire ! Encore une invention de feignants !

Émilien fit quelques pas en direction des fours. Deux ouvriers y chargeaient un nombre important de parpaings jaunes qui, une fois cuits, deviendraient rouges. Émilien aimait le rouge, la couleur de la vie, du sang, de l'amour.

Il esquissa un sourire teinté d'autodérision. L'amour était depuis longtemps passé au second plan, loin derrière ses ambitions. Célestine s'en accommodait, devinant qu'il n'avait ni le temps ni le loisir de courtiser d'autres femmes. Il se rendait de temps à autre dans une maison accueillante à Cavaillon où il prenait soin de choisir une fille différente à chaque fois. Ainsi, il n'avait pas l'impression de tromper sa femme. De toute manière, se disait-il, cela ne comptait pas avec les filles de joie.

– Ne dépassez pas les quatre cent cinquante degrés, recommanda Émilien aux ouvriers.

C'était inutile ; ils connaissaient les consignes. Les parpaings allaient cuire environ trente-cinq heures à une température comprise entre trois cent cinquante et quatre cent cinquante degrés avant de ressortir rouges. Ils passeraient ensuite dans d'autres bâtiments où ils seraient réduits en poudre.

– Pierson n'est pas là ? s'étonna Émilien qui s'enorgueillissait de connaître chacun de ses ouvriers.

Le contremaître, la casquette à la main, s'avança vers lui.

– Pierson est malade, monsieur Pélissier. Les poumons. Le docteur ne sait pas s'il pourra revenir travailler.

– Bien ennuyeux, commenta Émilien.

Il refusait d'écouter ceux qui affirmaient que la poussière était dangereuse. Que diable ! Les ouvriers étaient de solides gaillards et ils se protégeaient d'un grand mouchoir à carreaux. Que pouvait-il faire de plus ? Les gars s'obstinaient à sortir dehors sans se couvrir après plusieurs heures de labeur. Un coup de froid était vite arrivé. C'était trop facile, ensuite, de rejeter la responsabilité sur la poussière.

– S'il n'est pas revenu d'ici à lundi, il faudra embaucher un remplaçant, dit-il à Vallat, le contremaître.

Dans la salle de tamisage, la poussière était omniprésente et s'insinuait jusque sous les ongles. On y blutait l'ocre suivant un système traditionnel, inspiré des moulins à farine. Déjà réduites en bloc dans le concasseur, les mottes d'ocre étaient ensuite déversées, *via* une goulotte, dans le broyeur.

Des meules en fonte, reliées entre elles par un axe horizontal, tournaient autour d'un axe vertical et écrasaient les fragments d'ocre. Ceux-ci passaient alors au blutoir dont les parois de soie retenaient la poudre d'ocre et renvoyaient les morceaux plus gros dans le broyeur. Lorsqu'elle était bien tamisée, l'ocre descendait dans un tonneau.

Il fallait passer dans l'atelier suivant pour voir la poussière conditionnée dans des barils de bois.

Chaque fois qu'il sortait du bâtiment, Émilien secouait ses vêtements, ses grosses chaussures, jusqu'à ses cheveux. L'ocre Pélissier serait acheminée à la gare d'Apt, puis expédiée vers l'Amérique du Sud, la Russie, les États-Unis, la Turquie ou même l'Afrique. Il en était fier. Profondément.

« Tout cela pour quoi ? » s'interrogea-t-il, l'instant d'après, désenchanté.

Il s'était endetté, avait bâti cette usine pour la transmettre à son petit-fils qui n'était pas né. Fan de lune ! Leur famille était-elle maudite ? À moins que…

Des bruits fâcheux couraient à propos d'Albertine. On racontait que sa mère était encore vivante mais qu'elle avait perdu l'esprit. Folle… Cette seule idée faisait dresser les cheveux sur la tête d'Émilien. Il avait essayé d'en toucher quelques mots au notaire mais Sautel avait esquivé. D'ailleurs, les deux hommes se fréquentaient de moins en moins. Le père d'Albertine s'absentait souvent. Il se murmurait qu'il avait réalisé des placements désastreux.

Avait-on idée ? pestait Émilien. Albertine était l'héritière du notaire, il ne pouvait le laisser dilapider ses biens. C'était assez fréquent d'ailleurs, ce côté dispendieux, pensait l'ocrier. Les Sautel étaient fortunés depuis plusieurs générations. Ils avaient perdu l'habitude de compter.

Émilien salua les ouvriers à la cantonade et prit la direction du bureau. Logiquement, il devrait y trouver Achille. Lorsqu'il arriva en vue des locaux, son fils fumait nonchalamment un cigare sur le seuil. Il paraissait las, et vieilli, remarqua Émilien, étonné. Pourtant, Achille n'avait jamais accompli de travail physique. C'était pour son père un paresseux dénué d'ambitions autres que littéraires. Avait-on jamais vu un scribouillard faire vivre grassement sa famille ?

– Tu n'as rien d'autre à faire ? attaqua Émilien.

Achille s'inclina légèrement.

– Bonjour, père. Vous portez-vous bien ?

– Pas de temps à perdre, grommela Pélissier. Tes livres sont à jour ?

Achille, réprimant un soupir, l'invita à pénétrer dans le bureau. La pièce, plutôt vaste, était aménagée de façon spartiate. Une table à écrire, deux sièges de part et d'autre. Des étagères couraient sur le mur du fond, chargées de registres. Seul un tableau coloré, accroché face au bureau, attirait l'œil.

– C'est nouveau, ça, fit Émilien, le désignant du bout de sa canne.

Achille sourit.

– Un cadeau d'Hector. L'île de la Barthelasse, à Avignon. Nous nous y réunissons autour de M. Mistral.

– Ça ne nourrit pas son homme, commenta son père, impitoyable.

Parviendraient-ils à se comprendre un jour ? Achille avait conscience de décevoir l'ocrier, mais la poésie constituait pour lui l'essentiel de sa vie.

Il fit face.

– Nous n'avons pas les mêmes ambitions, père, reprit-il d'une voix apaisante.

– Dis plutôt que tu n'as pas envie de travailler dans les ocres ! gronda Émilien. Pourtant, c'est grâce à cette poussière, que tu méprises tant, que tu vis à ta guise.

Saisissant sur le bureau un sachet d'échantillon, il l'ouvrit d'un coup sec et le jeta au visage de son fils. Achille, suffoqué, se mit à éternuer.

– Petite nature ! fit Émilien d'une voix chargée de mépris.

À cet instant, il se sentit vieux.

18

1884

Marseille donnait l'impression de ne jamais dormir. Et, cependant, Élisa s'y plaisait. La mer, miroitant sous le soleil, et l'ambiance du port l'avaient séduite d'emblée. Il n'y avait pas de villes plus dissemblables que Bordeaux et Marseille. Pourtant, Élisa avait reconnu les odeurs d'épices sur les quais et eu envie de partir, loin, en compagnie de Lorenzo. On racontait qu'il était possible de s'installer en Algérie si l'on ne craignait pas de travailler durement. Mais Lorenzo refusait de quitter la France.

Élisa croyait deviner pourquoi. À cause de l'horrible Giuseppe et de sa jeune sœur, Maria. N'avait-il pas juré de se venger ?

Un officier de santé aptésien, le docteur Pastour, avait sauvé le menuisier. Prévenu par le frère d'Alice, il était arrivé très vite sur les lieux. Il avait arrêté l'hémorragie, rapproché les lèvres de la plaie. Le couteau de Lupo était passé à moins d'un centimètre du cœur. Élisa, en larmes, avait promis à Dieu de se rendre à la messe chaque matin si son mari s'en sortait. Tremblante, elle ne parvenait pas à se rassurer et ce même si le docteur Pastour lui affirmait qu'il tirerait Lorenzo d'affaire.

Durant plusieurs jours, il était venu matin et soir changer le pansement du blessé. C'était un homme d'une soixantaine d'années, qui avait œuvré sur les champs de bataille de Sébastopol et de Solférino ; il possédait une solide expérience. Élisa lui accordait sa confiance. En revanche, elle s'était montrée plus distante avec la maréchaussée.

Les gendarmes dépêchés sur place – c'est-à-dire à la ferme des parents d'Alice puisque Lorenzo était intransportable – réclamaient des précisions qu'Élisa était incapable de leur fournir. Tout s'était passé si vite !

Pourvu, avait-elle pensé, qu'ils ne cherchent pas à en savoir plus sur son compte ! Elle avait payé pour un crime qu'elle n'avait pas commis ; Élisa se défiait de la maréchaussée. Heureusement, le père d'Alice, un fermier des plus respectables, avait témoigné. Il lui avait ensuite raconté que Lupo était recherché pour plusieurs forfaits. On savait le charbonnier violent et prompt à jouer du couteau. Pour l'instant, il avait toujours réussi à échapper aux gendarmes.

Le jour où Lorenzo avait enfin pu faire quelques pas autour du lit, Élisa avait laissé libre cours à ses larmes.

– J'ai eu si peur, avait-elle soufflé.

À compter de ce jour, Lorenzo s'était rétabli à une vitesse surprenante. Il avait hâte de reprendre son travail. L'argent manquait, bien qu'Élisa ait repris le chemin de la fabrique de fruits confits.

Pourtant, il avait choisi de quitter Apt. De bonnes âmes comme Mlle Laplace, présentes le jour du drame, avaient parlé. Lorenzo s'était vu stigmatisé en tant que « fils de prêtre », sans posséder les éléments lui permettant de se justifier. Se justifier de quoi, d'ailleurs ? Le fait de savoir que Giuseppe n'était pas son père lui avait procuré soulagement et bonheur. Il aurait aimé en savoir plus cependant sur son mystérieux géniteur. S'agissait-il réellement d'un prêtre ? Pourquoi sa mère ne lui avait-elle jamais parlé de lui ?

Las de soutenir des regards curieux ou malveillants, désireux de protéger Élisa, Lorenzo avait fini par proposer à sa jeune femme de s'installer à Marseille. Le port attirait les Français comme les étrangers et on y trouvait facilement du travail. Le père Blondeau les avait encouragés.

– Partez, mes enfants. Il faut laisser aux gens le temps d'oublier.

Oublier ? Lorenzo avait réprimé un ricanement amer. Il se souvenait de tout, de son enfance plus que rude, des coups de Giuseppe et de ce jour funeste où il avait tué sa chienne Alba. Il se rappelait le beau visage douloureux de sa mère, ses gestes de tendresse et sa voix douce. Pourquoi, se répétait-il, avait-elle épousé Giuseppe ? À cause de lui, assurément, le fils du prêtre, pour étouffer le scandale. Plus il y réfléchissait, plus la conscience politique de Lorenzo s'aiguisait. Il y avait eu son enfance, puis la fusillade du Brûlé à laquelle il avait assisté, impuissant. Ensuite, durant ses années d'apprentissage et son tour de France, il avait rencontré des personnes d'exception qui lui avaient permis de développer son sens de la justice.

La France changeait en cette année 1884. Le 21 mars, la loi Waldeck-Rousseau avait autorisé la création de syndicats.

À Marseille, où il travaillait dans un atelier de menuiserie, Lorenzo fréquentait un cercle ouvert aux idées nouvelles. Les camarades se prêtaient des livres, confrontaient leurs opinions, se transmettaient leurs connaissances.

Lorsqu'il rentrait de ses réunions, Lorenzo en rapportait le contenu à Élisa. Sa jeune femme était avide d'apprendre, même si elle avait une préférence pour les romans. Elle lisait aussi avec passion les feuilletons, avouant un faible pour les œuvres d'Alexandre Dumas et de Ponson du Terrail.

Une ombre voila le regard de Lorenzo. Certes, il éprouvait beaucoup d'affection et de tendresse pour Élisa, mais il savait au fond de lui qu'il aspirait à autre chose. Était-ce à cause de leurs destins tourmentés, de l'irruption de Giuseppe à leurs noces ? Tous deux partageaient une sorte de compagnonnage. Cela valait peut-être mieux, se disait Lorenzo, pressentant que sa mère avait payé au prix fort son amour pour un prêtre. Lui se défiait de la passion et préférait se consacrer à la lutte sociale. Il correspondait avec plusieurs communards revenus en France grâce à la loi d'amnistie de 1880.

Lorenzo rêvait d'un autre monde, sans misère ni inégalités. Il en parlait avec ses camarades, au travail comme au cercle.

Son engagement inspirait une certaine crainte à Élisa. Elle lui avait parlé de ses années passées à Cadillac avec infiniment de pudeur et de retenue. Elle avait refusé toute marque de compassion.

– Ne penses-tu pas avoir autant, sinon plus, souffert de l'attitude de Giuseppe ? lui avait-elle dit.

Tous deux étaient des rescapés et ils apprivoisaient timidement une certaine idée du bonheur. Lorenzo avait parfois l'impression de désirer plus, beaucoup plus, sans parvenir à déterminer ce à quoi il aspirait. L'instant d'après, il se morigénait. Le bonheur n'était pas fait pour des gens comme eux. « Des petites gens », disait Élisa en esquissant une drôle de moue.

Élisa vendait des poissons sur le marché. Elle rêvait d'intégrer la confrérie des bouquetières ; les fleurs incarnaient pour elle la beauté suprême. Elle aimait tout particulièrement les œillets, mais aussi les roses, et les pivoines joufflues. Son visage s'illuminait quand elle rapportait du marché un petit bouquet. Lorenzo ne pensait jamais à lui en offrir. Dans la forêt, les fleurs relevaient du superflu. Il avait gardé cette habitude de son enfance.

Il se demandait parfois s'il pourrait s'en libérer un jour.

19

On attrapait vite chaud à travailler sous le soleil de juin. Amédée Darnaud s'essuya le front à l'aide d'un grand mouchoir à carreaux, contemplant d'un air satisfait l'étendue de son exploitation. En un peu plus de quinze ans, celle-ci était devenue l'une des plus importantes de Rustrel. Il avait gagné son pari.

Nombre d'ocriers avaient suivi son exemple et entrepris de creuser des carrières à la pioche et à la pelle. Amédée avait vite compris qu'il s'enrichirait en vendant du matériel et avait ouvert à Rustrel une épicerie-bazar. Propriétaire de trois sources sur ses terres, il revendait aussi une partie de l'eau à ceux qui étaient moins bien lotis.

Les premiers temps, Bébert et lui avaient travaillé seuls sur le champ de l'Étoile. Au bout de trois ans, Darnaud avait pu embaucher du personnel saisonnier. Mireille lui répétait régulièrement : « Es-tu sûr que nous pouvons nous le permettre ? » et lui riait, sûr de son fait.

– L'ocre est là, ma belle. Depuis le temps que je te le dis !

L'extraction à ciel ouvert nécessitait moins d'investissements que les mines. Amédée et Bébert avaient vite appris à attaquer le minerai par gradins après avoir enlevé la couche de matériau stérile.

Amédée était toujours émerveillé lorsqu'il découvrait les trois couleurs – blanc, jaune, rouge – révélant une qualité exceptionnelle. Quand il usait de son pic, il se souciait peu de la poussière, fragments de silice et de quartz mêlés. À présent, il ne maniait plus les outils, se contentant de gérer la logistique.

Les tombereaux, tirés par de solides mulets, emportaient leur chargement vers le site de lavage où le minerai était déchargé en tas.

À l'automne, le tas était arrosé abondamment. Les mottes formées sous l'action de l'eau étaient dirigées vers le malaxeur. Celui-ci, une cuve métallique de un mètre de profondeur sur un mètre de diamètre, équipée de deux pales fixées sur un axe vertical tournant en sens inverse l'une de l'autre, cassait les mottes de terre pour obtenir un mélange homogène. Le mélange eau-minerai ocreux rejoignait alors le batardeau, un bassin tout en longueur, profond d'un mètre vingt environ, en légère déclivité, fermé à son extrémité et sur toute sa hauteur par une pierre calcaire, percée de trous obturés provisoirement par des bouchons de bois. C'était Jean-Amédée Astier qui avait mis au point le principe de lévigation[1]. Avec ce système, le sable, plus lourd, tombait rapidement au fond de l'eau par gravité alors que les grains les plus légers demeuraient plus longtemps en suspension. Les bouchons de bois étaient alors retirés, toujours du haut vers le bas, ce qui permettait à l'ocre d'être évacuée progressivement

1. Séparation, par entraînement dans un courant d'eau, des constituants d'un mélange préalablement réduit en poudre.

vers les batardeaux successifs pour finalement arriver aux bassins de décantation.

Amédée insistait sur l'obligation de prévoir un bassin intermédiaire, appelé reposoir, situé juste avant le bassin de décantation. En pente légère, il ralentissait le mélange pour exercer un dernier filtrage des grains de sable les plus fins qui pouvaient subsister.

Amédée se retourna vers son fils, Jean-Clément, qui observait, fasciné, toutes les opérations des ouvriers. Âgé de treize ans, le garçon rêvait de travailler aux carrières. Son père ne voulait rien entendre. « Tu feras de grandes études, mon fils », s'obstinait-il.

– Il faudrait fabriquer la poudre d'ocre nous-mêmes, glissa Jean-Clément.

Amédée exhala un soupir. Depuis plusieurs années, il mesurait la supériorité de Pélissier. Non content d'exploiter des mines importantes à Gargas, l'ocrier avait créé sa propre usine. Il réalisait de bonnes affaires, chuchotait-on. Mais ses deux fils se désintéressaient de l'ocre, se dit alors Amédée, fier de son gamin. Que ferait Pélissier de sa fortune s'il n'avait personne à qui transmettre son entreprise ?

Amédée se pencha au-dessus du batardeau. Il savait choisir le moment exact où il devait ouvrir les bouchons. C'était juste une question d'expérience. En effet, s'il les ouvrait trop tôt, tout le sable ne se serait pas déposé au fond du bassin. En revanche, s'il les ouvrait trop tard, l'ocre serait tombée au fond de l'eau. Pour ce faire, il prélevait un peu du mélange en surface et le goûtait. Si celui-ci crissait, il restait encore du sable mais, s'il collait aux dents, c'était la preuve qu'il convenait de retirer les bouchons.

Il s'appuya sur l'épaule de son fils.

– Tu viens manger la biasse, mon garçon ? Allons voir ce que ta mère nous a donné.

Malgré l'amélioration de leur situation, Mireille continuait de préparer chaque matin le casse-croûte de son époux. Elle cuisinait elle-même, suivant les recettes de sa mère et de sa belle-mère. Elle avait fini par apprivoiser la Brémonne et s'y sentir chez elle.

Amédée et elle formaient un couple uni et Mireille aurait aimé lui donner d'autres enfants. Ils avaient perdu Joseph, puis une fille, Rosemonde, morte à quinze mois du croup. Mireille, folle de chagrin, avait inquiété les siens jusqu'à ce que sa belle-mère lui mette d'autorité Jean-Clément, âgé de quatre ans et demi, dans les bras. « Il vous reste celui-ci, lui avait-elle dit durement. Ne l'oubliez pas ! »

Même si elle pleurait toujours son petit Joseph et sa petite Rosemonde, Mireille avait repris goût à la vie. Cependant, elle avait été incapable de procréer par la suite. À croire qu'elle refusait de vivre une nouvelle tragédie en perdant un autre enfant…

Amédée affirmait qu'il était très heureux ainsi et Mireille, indulgente, souriait. Elle savait que son époux caressait de grands espoirs pour leur fils.

Seule dans la grande salle aux meubles imposants, Mireille grignota un peu de pain et de fromage, une belle poignée de cerises. Elle avait de l'ouvrage dans le verger, des fruits à cueillir en compagnie de Manette, la petite servante. Ensuite, elle irait ramasser le linge qui séchait, puis préparerait le souper. Une vie rythmée par les travaux de saison, qui la satisfaisait.

Même si elle songeait toujours à Joseph et à Rosemonde…

– Bientôt, j'irai travailler à la carrière, annonça Jean-Clément à son camarade, Max.

Celui-ci fit la moue.

– Que tu crois ! Ton père ne sera pas d'accord.

– Du moment que c'est pendant les vacances, il n'y verra pas d'inconvénient.

– Ouais ! fit Max, peu convaincu.

Tout le personnel avait eu vent des ambitions d'Amédée Darnaud. Il rêvait de voir son fils avocat, ou médecin, pourquoi pas ? Sans se rendre compte que Jean-Clément s'en moquait éperdument.

– Attention ! s'écria Max. Tu ne dois pas passer en dessous de la cheminée des fées.

– Pourquoi ? Tu redoutes un mauvais sort ?

– Idiot ! plastronna Max. Tu sais bien que cela risque de s'écrouler.

Pris en flagrant délit de distraction, Jean-Clément recula de trois pas. Il savait, pourtant, que les cheminées des fées, ainsi nommées pour désigner la séparation progressive d'un pan de la falaise sous l'action de l'érosion naturelle, avaient déjà été à l'origine d'accidents graves. Max lui pressa le bras.

– Enfermé toute la journée… Moi, je ne pourrais jamais ! dit Max, accentuant sans le vouloir le désenchantement de son ami.

Jean-Clément était persuadé de perdre son temps au collège d'Apt et manifestait un goût des plus modérés pour l'étude.

– Il faut bien que je m'y résigne, répliqua-t-il, plus amer que fâché.

Sa vie était là, au pied des falaises d'ocres, parmi les chênes blancs et les chênes verts. Comme la plupart des habitants de Rustrel, Jean-Clément savait que les racines des arbres s'enfonçaient là où il y avait moins d'ocres, servant ainsi de points de repère pour la recherche des meilleurs gisements.

Dans leur dos, Amédée Darnaud hélait son fils. Il devait réviser son latin.

– Je ne supporte pas le latin ! fanfaronna Jean-Clément.

– Mais tu dois obéir à ton père, glissa Max. C'est la règle.

Au fond de lui, il était plutôt satisfait de voir le fils Darnaud malheureux. Non par vengeance, mais plutôt par souci de justice. Lui aurait aimé étudier les mathématiques et les sciences afin de devenir ingénieur. Quand il avait osé s'en ouvrir à son père, il avait reçu une gifle magistrale. « On ne cherche pas à sortir de son rang, lui avait rappelé Lucien Pichon. Tu es un fils d'ocrier, tu seras ocrier ! »

Max avait l'impression que ce constat sonnait comme une condamnation. Il soupira tandis que Jean-Clément, redressant la tête, plastronnait :

– Il doit bien exister une solution !

Lui n'imaginait même pas que cela pût être. Les dés n'étaient-ils pas jetés dès la naissance ?

20

La chaleur martelait les tempes d'Albertine, victime d'une nouvelle migraine. Elle tituba sur le seuil, se réfugia à l'intérieur en portant la main à son front.

– Maman, ça ne va pas ? s'inquiéta Virginie.

À huit ans, elle avait pris le pli de s'occuper de sa mère tant celle-ci paraissait être inadaptée à la vie quotidienne. Depuis son retour de Montdevergues, trois ans auparavant, Albertine avait profondément changé. Choquée par l'état d'Edmée, elle avait sombré dans une sorte de maladie de langueur. Souffrant de cauchemars, Albertine ne s'intéressait plus à grand-chose, hormis à sa fille. Elle vivait en semi-recluse dans sa chambre, n'en sortant que pour se promener avec Félicité ou Virginie. Son amie était la seule à pouvoir la dérider un peu. Achille, pour sa part, fuyait sa jeune femme triste et abattue.

Conscient du gâchis, maître Sautel avait tenté de discuter avec sa fille, en vain. Hantée par la déchéance de sa mère, Albertine vivait dans la peur panique de basculer à son tour dans la folie. Galifant lui avait avoué son impuissance. S'étant intéressé comme tout un chacun aux travaux de Claude Bernard et étant préoccupé par le poids de l'hérédité, il avait été incapable de rassurer sa patiente.

En revanche, faisant bon marché du secret professionnel, il s'était ouvert de ses interrogations auprès d'Émilien Pélissier. Depuis, celui-ci en voulait à mort à maître Sautel. « On nous a trompés ! avait-il vociféré à l'intention de Célestine. La mère d'Albertine est internée à Montdevergues. »

Toute la région connaissait l'asile, au moins de réputation. Certes, les Pélissier avaient bien entendu quelques rumeurs, sans vraiment y prêter attention. Ils croyaient de bonne foi que le notaire de Fontrouge était veuf.

L'ambiance aux Terres Brûlées était devenue encore plus oppressante. Achille fuyait de plus en plus la demeure familiale. Il invoquait toujours de bonnes raisons : une réunion de félibres, la Sainte-Estelle à fêter…

Hector, lui, avait fait sa vie à Avignon. Camille, son modèle, partageait son appartement situé tout près de la place Pie.

Devant le refus de son fils de mener une vie rangée en épousant quelque beau parti, Émilien avait fini par lui couper les vivres. Hector commençait à se faire un nom et fréquentait des artistes.

Quand Albertine ne pouvait plus supporter l'atmosphère lourde des Terres Brûlées, elle se rendait à Avignon chez son beau-frère et Camille. Il lui semblait qu'elle respirait mieux en ville. À tout le moins, elle échappait au regard suspicieux de son beau-père. Émilien lui inspirait même parfois une certaine crainte. Il l'observait d'un air indéfinissable et Albertine se sentait alors fautive. Elle n'avait osé en parler à personne. Ne risquait-on pas de la traiter de folle, elle aussi ?

Albertine se débattait dans ces contradictions sans parvenir à déterminer ce qu'il convenait de faire. Il lui était impossible de se confier à son père. Le notaire passait la plus grande partie de son temps à Montdevergues, auprès d'Edmée. De toute manière, qu'aurait-il compris ? Il avait cristallisé sur Edmée tout l'amour dont il était capable. Au fond, le sort de sa fille et celui de sa petite-fille lui importaient peu.

Face à ce constat, Albertine se sentait perdue et impuissante. Elle était prisonnière d'un mariage décevant, d'une belle-famille indifférente, d'une situation qui la dépassait. Parfois, le soir, elle sanglotait désespérément de longues heures avant de trouver le sommeil. Si seulement Iseut était encore auprès d'elle… Sa jument lui manquait encore, malgré les années écoulées.

À vingt-neuf ans, Albertine avait le sentiment d'être à demi morte.

Sa mère était internée à Montdevergues.

Elle, elle tentait de survivre aux Terres Brûlées.

Félicité claqua de la langue afin d'inciter son cheval bai, Vaillant, à gravir la côte menant à Gargas. Des embarras à la sortie d'Apt l'avaient retardée. Elle espérait qu'Albertine ne lui en tiendrait pas rigueur.

L'état de son amie l'inquiétait. Elle avait beaucoup maigri, au point que Félicité avait dû reprendre toutes ses toilettes. Des cernes bistre soulignaient ses yeux clairs.

– Je n'en peux plus, déclara-t-elle d'emblée à sa couturière.

Elle invita Félicité à l'accompagner dans sa chambre. Virginie rentrerait de l'école d'un instant à l'autre. Il faudrait prendre ses mesures, elle avait encore grandi.

– Que t'arrive-t-il ? s'enquit Félicité.

Albertine soupira.

– Rien de bien nouveau, j'en ai peur. Je m'ennuie ici, je redoute jusqu'à mon ombre, je revois sans cesse ma mère, là-bas, à l'asile. Si tu savais... C'est atroce ! J'ai l'impression de devenir folle à mon tour.

– Il faut partir d'ici, lui conseilla Félicité. On raconte dans la région que les Terres Brûlées ne portent pas bonheur à leurs habitants. Un homme s'est pendu dans le grenier, au début du siècle. Une femme s'est rompu le cou dans l'escalier. Cette maison ne te convient pas, pas plus que la vie que tu y mènes.

– Et que veux-tu que je fasse ? s'emporta Albertine, élevant la voix. Divorcer en profitant de la loi Naquet toute récente ? Mon beau-père en ferait une attaque ! Pour lui, les femmes divorcées sont des monstres impies.

– L'histoire est en marche, ma belle ! Les femmes ne vont plus tarder à conquérir le pouvoir.

Albertine laissa échapper un drôle de rire, qui se brisa en sanglot.

– Le pouvoir, comme tu y vas ! Chez les Pélissier, le rôle d'une femme se limite à la reproduction et à la bonne tenue d'une maison. En réalisant des économies, de surcroît, pour que tout soit investi dans les ocres !

L'amertume de la jeune femme était perceptible. Félicité l'observa sans mot dire. Elle n'osait plus lui répéter que la situation s'arrangerait bien un jour, l'une et l'autre n'étaient pas dupes. La greffe n'avait pas pris entre la fille du notaire, romanesque et fragile, et le fils de l'ocrier, dilettante et avide de gloire littéraire. Achille était trop égocentrique pour mesurer la détresse de son épouse et le père Pélissier exerçait une pression trop forte sur le couple. Achille trouvait son salut dans la fuite mais Albertine était prisonnière des Terres Brûlées. Brusquement, Félicité eut peur pour son amie.

– Parfois, je me demande s'il ne vaudrait pas mieux que tu partes.

Albertine secoua la tête.

– J'y ai déjà pensé, mais je ne veux pas leur laisser Virginie. Si je quitte Achille, je serai la réprouvée, la Jézabel. Mon père lui-même me rejettera, je le sais.

Elle se tordit les mains.

– Il n'existe pas d'issue, crois-moi.

– À moins que tu n'aies un fils, osa lui suggérer Félicité. Émilien serait peut-être alors plus enclin à faire des concessions.

Albertine éclata de rire.

– Un fils... D'abord, Achille et moi nous voyons de moins en moins. De plus, quand j'ai appris pour ma mère, j'ai fait le nécessaire.

Félicité écarquilla les yeux.

– Tu as... quoi ? Toi ?

C'était elle, Félicité, l'aînée, la rebelle, qui s'étonnait de l'audace de son amie. Femme libre, elle professait une défiance certaine à l'égard du mariage. Mais elle imaginait mal son amie se rendre chez une matrone pour lui demander un pessaire.

Albertine soutint son regard étonné.

– J'ai parlé avec Pélagie. Elle a bien connu ma mère, elle a compris mes craintes. Grâce à elle, j'ai pu rencontrer une guérisseuse qui m'a expliqué comment procéder. Je…

Elle releva la tête, décocha un regard chargé de défi à Félicité.

– Je ne veux plus d'enfant, plus jamais. C'est trop risqué. J'ai déjà tellement peur pour Virginie…

– Je te comprends, ma belle, acquiesça Félicité, profondément émue. Je ne jurerais pas, en revanche, que ton beau-père réagirait comme moi…

Albertine crocheta le bras de son amie.

– Il ne doit pas savoir. Jamais, entends-tu ?

La couturière se dégagea doucement de son emprise.

– C'est ton secret, Albertine, pas le mien. Je ne te juge pas. Je suis et demeure ton amie.

Les deux jeunes femmes échangèrent un sourire un peu tremblé.

– Bien, reprit Félicité, si tu allais chercher Virginie, que nous prenions ses mesures ?

Quand Albertine ouvrit la porte, le couloir était plongé dans la pénombre, mais elle aperçut Célestine dans l'escalier. Une sueur froide l'envahit. Sa belle-mère avait-elle pu entendre leur conversation ? Cette seule idée la glaçait. Prenant sur elle, elle héla Virginie comme si de rien n'était. Sa fille jaillit de l'office, où elle passait beaucoup de temps en compagnie de Rosette, la cuisinière.

– J'arrive, maman ! cria-t-elle.

Albertine tenta de se rassurer. Célestine n'avait pas pu les entendre.

21

Le lundi matin constituait un moment privilégié dans la vie plutôt monotone d'Élisa. Ce jour-là, elle se rendait au lavoir, son panier d'osier plaqué contre la hanche. Elle y retrouvait Coralie et Jacinthe, deux voisines âgées comme elle d'une bonne trentaine d'années.

L'ambiance était sympathique dans leur immeuble, situé montée des Accoules, une rue à chaussée fendue[1] du vieux Marseille.

Le mari de Coralie travaillait dans une savonnerie, celui de Jacinthe était docker. Les trois ménages tiraient le diable par la queue, tout en s'estimant encore presque privilégiés : ils avaient du travail.

Ce lundi-là, Élisa s'étonna de l'absence de Jacinthe au lavoir.

– Son homme est malade, lui expliqua Coralie. Ça ne ressemble pas à Antoine, reprit-elle.

Le ciel bleu qu'elles apercevaient entre les toits de tuiles suscitait en elle le désir d'aller se promener, vers l'Estaque ou dans les collines. Élisa soupira en considérant son linge.

– J'aime bien la lessive d'ordinaire, mais aujourd'hui… je me sens si fatiguée.

1. Rue traversée par un ruisseau central.

– Chantons, ça nous donnera du courage, suggéra Coralie.

Donnant l'exemple, elle entonna « Bonhomme, n'entends-tu pas le bourgeois railler ta misère[1] ? » tout en plaquant une grande chemise blanche contre sa planche de bois.

Elle entreprit de savonner le col et les poignets. Elle procédait vite, avec efficacité. Élisa l'observait sans mot dire.

– J'ai l'impression que tu as fait ça toute ta vie, déclara-t-elle enfin.

Coralie laissa filer entre ses lèvres un joli rire.

– Je n'ai pas eu le choix, ma belle ! Aînée de sept gosses, mère de trois… Le linge, ça me connaît ! Je te dirai même que j'aime ça. Pour moi, le lavoir, c'est un rendez-vous entre filles, l'occasion de sortir.

La chemise, roulée en boule, était déjà remplacée par une autre, tachée sur le devant. Le battoir s'activa. Toujours soupirant, Élisa l'imita.

– Pas encore de petitoun ? s'enquit Coralie, voyant que sa voisine entreprenait de laver ses linges mensuels.

Élisa secoua la tête.

– Rien ne se présente ! J'ai bien peur…

Elle n'acheva pas sa phrase, il n'en était pas besoin.

Coralie lui décocha un coup d'œil amusé.

– Oh ! ne te plains pas, va ! J'ai connu une époque où j'aurais bien aimé être stérile. Heureusement que René m'a mariée, sinon j'aurais été déshonorée !

---

1. Chanson des années 1880 écrite en souvenir de la Commune.

Coralie sourit.

– Les enfants, crois-moi, c'est une vraie calamité ! Toujours faim, jamais sommeil, des fils à la patte !

– Tu dis ça alors que tu les adores.

– Certes, mais j'aurais préféré que leurs naissances soient moins rapprochées. J'ai eu beau allaiter mon aîné, rien n'y a fait. Si seulement…

La plupart des femmes, en effet, payaient un lourd tribut à la maternité. Les décès en couches ou suite à un avortement effectué dans de mauvaises conditions et les grossesses trop rapprochées provoquaient des coupes sombres chez les femmes âgées de moins de quarante-neuf ans. On se confiait sous le manteau des adresses qui inspiraient la crainte, on se transmettait des recettes de bonne femme, on racontait avec pudeur quelques-uns des nombreux « soucis de femmes » qu'on avait vécus au cours de sa vie. Le lavoir constituait l'endroit idéal pour ce genre de rendez-vous, même si le développement des fontaines créait une sorte de concurrence. Pour sa part, Élisa aimait l'atmosphère du lavoir, la proximité entre femmes, l'odeur du savon, la touffeur humide qui vous faisait perler la sueur au front. Avec ses voisines, elle commentait les événements majeurs tout comme les menus faits et gestes du quartier. On savait tout, au lavoir.

– Tu n'as pas de famille, par ici ? s'enquit Coralie.

Élisa se raidit. Longtemps, Charles avait été pour elle son unique point de repère, puis Lorenzo. Sa solitude l'avait handicapée dans ses relations avec autrui, la rendant vulnérable. Elle secoua la tête.

– Non, je n'ai que Lorenzo et il n'a que moi.

Elle ajouta d'un ton chargé de défi :

– Et cela nous convient fort bien.

– La famille, c'est bien aussi, reprit Coralie. Mes parents restent à Aubagne. Nous allons les voir l'été et à Noël. C'est la fête pour les petits, tu peux me croire ! Ma mère se jetterait au feu pour eux. Comme lui dit mon frère, elle n'a pas fait autant d'histoires pour nous ! Mais va, devenir grand-mère, ça vous attendrit le cœur.

– Je ne sais pas, fit Élisa d'une drôle de voix.

Elle n'avait pas le moindre souvenir de sa propre mère et son père se résumait pour elle à une silhouette immense et une voix forte. Elle n'avait pas connu ses grands-parents.

Coralie lui jeta un coup d'œil aigu.

– Sans famille, c'est bien triste, commenta-t-elle. Il faut que tu aies un petitoun.

Elle ne pouvait pas savoir, se dit Élisa. Personne ne pouvait se rendre compte de ce qu'elle vivait. Le prix du secret.

– Coralie ! Élisa !

La voix affolée de Jacinthe les fit sursauter. Leur amie dévalait la rue Fontaine-Saint-Laurent menant au lavoir. Son visage était gris de terreur.

– Vite, un médecin ! cria-t-elle. Mon homme se vide, j'ai peur. On parle du choléra, à Toulon.

Le choléra… Les habitants des ports comme Marseille ou Toulon redoutaient ces épidémies semeuses de mort.

La dernière en date remontait à 1868 mais avait suffisamment marqué les esprits pour qu'on l'évoquât encore en se signant.

Sa lessive achevée, Élisa remonta chez elle d'un pas lourd. Leur pâté de maisons bruissait de rumeurs. Des femmes à leur fenêtre rappelaient les enfants qui jouaient dans la rue. La chaleur lourde de début juillet accentuait la sensation de menace diffuse pesant sur le quartier. On racontait d'horribles histoires à propos du choléra, dont on énumérait les symptômes.

La vieille Fanette, sa voisine, arrêta Élisa au pied de l'escalier. Ses yeux brillaient de larmes contenues.

– J'ai perdu mon homme et mon fils en 68, lui confia-t-elle. J'espère ne jamais avoir à revivre ça.

– Il s'agit peut-être d'une fausse alerte, temporisa Élisa.

La vieille femme se signa.

– La bonne Mère t'entende, petite ! Le docteur Faure est chez Jacinthe. Ça me rappelle de bien mauvais souvenirs.

« Cela ne peut pas être », se répéta Élisa en gravissant la double volée de marches menant à leur logis. La fatigue pesait. Elle se serait volontiers allongée sur le lit, malgré l'ouvrage qui l'attendait. Le linge à étendre à la fenêtre, le souper à préparer, le ménage… Élisa faisait en sorte que leur deux-pièces soit d'une propreté irréprochable. Comme si les religieuses de Cadillac pouvaient arriver d'un instant à l'autre… comme dans l'immense dortoir, se disait-elle parfois. Les cinq années passées dans la maison d'arrêt l'avaient marquée plus encore qu'elle ne l'aurait pensé.

À vie.

Elle étendit son linge, délaça son caraco. Elle avait l'impression d'étouffer. L'instant d'après, des frissons parcoururent tout son corps.

Lorsqu'elle dut courir pour se soulager de violentes coliques, elle prit peur. Était-elle malade, elle aussi ?

22

Pourquoi cela leur arrivait-il à eux ? se demanda Lorenzo, entre désespoir et colère.

Il était rentré du travail la veille au soir pour découvrir Élisa alitée, Fanette à son chevet. La vieille femme ne craignait pas la contagion. Elle ne redoutait plus rien, d'ailleurs, depuis le grand malheur qui l'avait frappée.

Venue donner des nouvelles d'Antoine à Élisa, elle avait trouvé la jeune femme évanouie. Fanette n'avait pas perdu de temps et alerté le docteur Faure, qui ne savait plus où donner de la tête depuis deux jours.

Lui ne cherchait même plus à se cacher la vérité : après Toulon, Marseille était touchée par l'épidémie de choléra. On en parlait en ville depuis la fin juin. On évoquait des Toulonnais partis à Marseille dans l'espoir d'échapper à la maladie bleue, mais, dans le quartier du Panier, on ne se sentait pas vraiment concerné.

Une sorte de fatalisme paralysait les familles. Où auraient-elles pu trouver asile, de toute façon ?

Lorenzo serra les poings. En l'espace de quelques heures, l'aspect d'Élisa était devenu effrayant. Les yeux profondément enfoncés dans les orbites, le visage hâve, la jeune femme était victime de nausées et de diarrhées. D'une faiblesse extrême, elle se plaignait de fortes douleurs dans le ventre et gémissait sourdement.

Le docteur Faure avait avoué son impuissance. Face au choléra, il convenait de tenter plusieurs thérapies puisqu'on ne pouvait garantir l'efficacité d'aucune.

Le médecin avait fait transporter Antoine au palais du Pharo, transformé en hôpital vu l'ampleur de l'épidémie qui s'annonçait. Nombre de Marseillais fuyaient la ville, cherchant un refuge à la campagne. Marseille se vidait peu à peu de ses habitants les mieux lotis.

– Pousse-toi, petit, dit Fanette, apportant du linge propre.

La vieille femme faisait preuve d'un sang-froid et d'un dévouement admirables.

Lorenzo se tordit les mains, revint vers le lit où gisait Élisa. Comment son état avait-il pu se dégrader en aussi peu de temps ? Une peur atroce lui broyait le cœur. Il la sauverait, se promit-il. Il devait bien exister un moyen.

À cet instant, il songea à Luisa. Sa vieille amie connaissait l'art des plantes, mais il n'aurait jamais le temps de monter jusqu'à Apt et de revenir.

On frappa à la porte. Coralie passa la tête dans l'entrebâillement.

– Comment va-t-elle ? souffla-t-elle.

– File !

Lorenzo lui jeta un coup d'œil sévère.

– Tu as trois mômes, ne viens pas attraper le mal ! insista-t-il. Élisa est mal en point mais nous nous en sortirons.

– Embrasse-la pour moi. Courage !

Elle se retira, à son profond soulagement. Durant son tour de France, Lorenzo s'était intéressé aux différentes épidémies du choléra-morbus. Il en avait lu assez pour savoir que l'eau et la voie aérienne constituaient les meilleurs milieux de propagation de la maladie.

Devait-il demander à ce qu'Élisa soit hospitalisée au Pharo ? Serait-elle mieux soignée là-bas ? La peur panique qu'il éprouvait l'empêchait de raisonner calmement. Il aurait voulu être conseillé, épaulé. Le constat de sa propre impuissance le rendait fou d'angoisse et de rage.

Agenouillé au pied du lit, il soutint Élisa qui vomissait à nouveau.

La peau de ses mains était sèche. Elle s'évanouit à deux reprises.

« Élisa, mon ange, bats-toi ! » pensa-t-il avec force.

Les sanglots nouaient sa gorge. Il lui essuya le front, le coin des lèvres, essaya de lui faire avaler un peu d'eau sucrée, en vain. La déshydratation constituait le risque principal pour les malades.

– Élisa, ne meurs pas, pria-t-il, au désespoir.

Le Pharo, érigé sur le promontoire de la Tête-de-Maure, dominait une crique de sable. Un cadre enchanteur, presque choquant en cette période d'épidémie.

Certains moments, Lorenzo ne pouvait plus supporter l'atmosphère régnant à l'hôpital. Il sortait de la grande salle dans laquelle les lits étaient alignés, faisait quelques pas dans les jardins, s'approchait de la mer, respirant à pleins poumons. Il se le reprochait aussitôt après, comme s'il avait trahi Élisa.

L'état de la jeune femme ne s'améliorait pas. Il y avait à présent quatre jours qu'elle délirait et elle s'affaiblissait de plus en plus. Lorenzo espérait encore. On ne pouvait lui arracher Élisa ainsi ! En même temps, malgré son esprit cartésien, il ne pouvait s'empêcher de se remémorer la malédiction de Giuseppe. Était-il donc maudit parce qu'il était le fils d'un prêtre ? Dans ce cas, pourquoi frapper Élisa et pas lui ?

L'épuisement, l'angoisse obscurcissaient son jugement.

– Élisa..., gémit-il.

Une main se posa sur son épaule. Il se retourna brusquement, se retrouva face à un prêtre dont le visage exprimait de la compassion.

– Si je puis vous aider...

Lorenzo lui jeta un regard chargé de haine. Un anticléricalisme primaire l'animait alors.

– Allez au diable ! lança-t-il en s'éloignant à grands pas.

Titubant sous le coup de la douleur, Lorenzo marcha jusqu'au promontoire. C'était une superbe journée de juillet. La Méditerranée ne lui avait jamais paru aussi belle. Elle miroitait sous le soleil.

Pourtant, à cet instant, il aurait voulu mourir, ne plus penser que le sort s'acharnait contre les siens. Après sa mère, il allait devoir enterrer sa femme et il ignorait ce qu'était devenue sa petite sœur.

Une longue plainte monta à ses lèvres. Au fond de lui, il avait compris qu'Élisa était perdue à l'aube du cinquième jour, alors que, d'une pâleur cadavérique, sa peau s'était totalement desséchée. Malgré les efforts des médecins, elle ne gardait rien et avait pris l'aspect d'une vieille femme.

– Déshydratation classique, avait soupiré le docteur Italo, qui se dévouait sans compter au chevet des malades. Il faudrait…

Il n'avait pas achevé sa phrase. Il pensait à des piqûres intraveineuses, destinées à réhydrater les patients, mais il ne savait comment procéder. De toute manière, cette femme était condamnée, comme la moitié environ des cholériques du Pharo. Question de résistance physique, de malchance… Lorenzo, lui, pressentait que les cinq années passées à Cadillac avaient affaibli l'organisme d'Élisa. Il avait serré une dernière fois sa main entre les siennes, pour lui donner la force de se battre. Il l'avait exhortée à ouvrir les yeux, à lui parler, en vain. Une religieuse lui avait tapé sur l'épaule.

– La pauvre est partie.

Partie… Pour ne pas dire morte, après une existence de misère et de malheur. Il ne pouvait supporter cette idée. Une semaine auparavant, Élisa, retroussant ses jupes, avait marché dans la mer, du côté de l'Estaque.

Il la voyait encore se retournant vers lui, rieuse. Elle agitait la main pour l'inciter à la rejoindre. Était-ce l'eau qui l'avait contaminée ? Une véritable psychose agitait Marseille. Les bourgeois avaient fui la ville. Comme toujours, les pauvres étaient restés en première ligne.

Lorenzo allait partir, lui aussi. Il ne supportait pas l'idée de rester là où elle venait de mourir.

Il reprendrait la route.

Pour rester en vie.

23

– Maman, ne pleure pas, je t'en prie.

La voix décidée de Virginie fit tressaillir Albertine, qui se tamponna rapidement les yeux. Elle avait espéré que personne ne remarquerait sa détresse si elle se retirait au fond du jardin. Elle aurait dû se douter que rien n'échappait à la vigilance de Virginie.

Du haut de ses huit ans, la fillette veillait sur sa mère, n'hésitant pas à la défendre face aux attaques de ses beaux-parents. Ceux-ci, Émilien en tête, ne désarmaient pas. Il leur fallait un héritier. Les premiers temps, Virginie avait protesté.

– Je suis là, moi !

La réponse de son grand-père l'avait profondément blessée.

– Toi ? Tu n'es qu'une fille !

Elle leur montrerait, avait-elle pensé, qu'une fille valait largement un garçon. Mais les ocres ne l'intéressaient guère. Peut-être pour prendre le contre-pied de son grand-père.

Elle observa discrètement sa mère. Albertine n'avait pas trente ans mais donnait l'impression de s'être étiolée, d'être devenue transparente. Son extrême minceur lui attirait des remarques particulièrement désagréables de la part de son beau-père.

– Tu es trop plate ! lui reprochait-il. Comment veux-tu porter mon petit-fils ?

Albertine baissait la tête sans répondre. Elle avait compris qu'il était inutile de se rebeller. Émilien entendait agir en maître chez lui et n'admettait pas la contradiction. Ses fils avaient pris le parti de fuir les Terres Brûlées, elle les comprenait. Mais elle… Elle n'avait plus la force de se protéger, et peut-être lui en manquait-il le désir. Seule Virginie la rattachait encore à la vie.

Virginie qu'elle chérissait, sans oser lui parler d'Edmée. C'était trop lourd ; Virginie n'avait que huit ans. « Plus tard, se promettait Albertine. Je lui expliquerai plus tard. »

Parfois, la tâche lui paraissait insurmontable. Félicité venait la voir une ou deux fois par mois ou l'invitait chez elle à Apt, mais, le plus souvent, Albertine trouvait une excuse. Cette façon de s'isoler, de se couper du monde extérieur inquiétait son amie. Elle avait tenté d'aborder le sujet avec Achille Pélissier, un samedi matin où elle l'avait croisé sur le marché d'Apt, mais elle avait vite compris qu'il se désintéressait de la question. Comme s'il avait refusé d'affronter sa propre responsabilité.

– Albertine souffre de mélancolie, voilà tout, lui avait-il répondu d'un ton désinvolte.

Félicité aurait voulu l'attraper par le col de son habit et le secouer avec force. « Ne vous rendez-vous donc pas compte qu'Albertine est en train de sombrer ? » auraitelle voulu hurler. Parce qu'elle savait que c'était inutile, elle avait choisi de se taire.

Félicité avait parfois l'impression d'être cernée par les ocres. Son frère et le beau-père d'Albertine en perdaient l'entendement. La fièvre de l'ocre se répandait à Rustrel, Gargas et Roussillon.

L'argent brassé, enrichissant ocriers et transporteurs, arrangeait les affaires de Félicité qui voyait affluer une clientèle plus aisée. Après plusieurs mois d'hésitations, elle avait décidé d'ouvrir boutique à Apt plutôt que de continuer à se rendre chez ses pratiques. Elle avait déniché le local de ses rêves place de la Bouquerie, l'un des lieux les plus fréquentés de la ville avec la rue des Marchands.

Consulté, son frère avait accepté d'avancer les fonds.

– Le vent tourne, Félice, lui avait-il dit. Nous participerons au renouveau de notre région.

« Ton frère me fait peur, parfois », lui avait confié Mireille. Sa belle-sœur peinait à suivre les ambitions d'Amédée.

Mireille Darnaud aurait rêvé d'une vie paisible, exclusivement consacrée à son époux et à leur fils. Fine et sensible, elle comprenait la frustration de Jean-Clément qui poursuivait ses études à contrecœur. Les deux belles-sœurs en parlaient de plus en plus souvent, sans parvenir à convaincre Amédée. Pour lui, son fils devait avoir accès à tout ce qui lui avait manqué.

Félicité haussa les épaules. Il devait bien exister un moyen de faire pression sur Amédée ! Avec le temps…

Elle se tira un sourire pour recevoir la cliente qui pénétrait dans sa boutique. Elle ne pouvait s'offrir le luxe de paraître soucieuse ou préoccupée. Félicité n'était-elle pas réputée pour sa bonne humeur ?

La journée avait été longue et pénible. L'un des meilleurs clients des ocres Pélissier n'avait pas été livré en temps et heure à cause d'un retard dans la production. Émilien avait piqué une violente colère, qui s'était déchaînée lorsqu'il avait constaté l'absence d'Achille. Que croyait-il donc ? vociférait-il, menant son tilbury à un train rapide. Que l'usine et les mines avaient pour seul but de financer ses fredaines ?

– Même pas capable de me donner un petit-fils ! soliloquait-il en sautant à terre dans la cour de la bastide.

S'étonnant de trouver la maison déserte, il se rappela brusquement la kermesse organisée par le père Abel. Célestine avait promis d'y tenir un stand et Virginie devait participer à la chorale des enfants. Les servantes les avaient-elles accompagnées ? Le vestibule était silencieux. Il y faisait plus frais qu'au-dehors. La chaleur lourde des deux derniers jours annonçait un orage redoutable, comme souvent après le 15 août. Émilien ôta sa veste, desserra son col de chemise avant de passer dans son bureau se servir un verre d'alcool. Il appréciait tout particulièrement le cognac, qu'il faisait venir de Jarnac. Il vida son verre ballon d'un trait, se servit une seconde fois. Il avait l'impression de bouillir de colère. S'il perdait ce client, Seigneur ! Achille n'aurait pas assez de toute une vie pour le lui payer.

« Au fait… », se dit-il. Son aîné se trouvait peut-être là-haut, dans la belle chambre qu'Émilien avait fait aménager à grands frais.

Il posa son verre vide sur le bureau, se dirigea vers l'escalier qu'il gravit pesamment. Il marcha vers la « chambre des *novis* », comme disait la servante.

– Chambre des *novis*..., marmonna-t-il. Quelle farce !

Il ouvrit la porte d'un coup de pied, eut la surprise de découvrir sa bru allongée sur son lit, en jupon et caraco. Elle était belle, la garce, bien que trop maigre à son goût !

Pâle, les traits tirés, Albertine lui fit face en tirant à elle une matinée[1] en basin.

– Que faites-vous ici ? Vous voyez bien que je suis souffrante.

L'ocrier haussa les épaules.

– Vous êtes toujours souffrante ! répliqua-t-il d'un ton mordant.

Il fit peser sur la jeune femme un regard empreint de rancune.

– Quand vous déciderez-vous à mettre au monde mon petit-fils ? N'importe quelle femme en est capable. Pourquoi pas vous ? Pour me contrarier ?

Albertine fit la moue. Il la fatiguait avec ses exigences.

– Je ne veux pas d'un autre enfant, répondit-elle froidement. Il y a trop de risques.

Pélissier se rapprocha d'elle. Ses yeux étaient injectés de sang.

– Oui, cette fameuse hérédité, grinça-t-il. Une mère folle à lier, je comprends que ça vous fasse peur. Mais tout est de la faute de votre père, il aurait dû me prévenir.

---

1. Vêtement d'intérieur féminin.

– Vous me comprenez, répéta Albertine, soudain pleine d'espoir. N'insistez pas, dans ce cas.

Pélissier ricana.

– Ma fille, vous rêvez ! Ces histoires ne veulent rien dire. Virginie est une petite tout à fait saine et intelligente. Vous n'avez qu'à recommencer.

– Non !

Debout face à lui, elle lui jeta un regard chargé de défi. L'ocrier et sa belle-fille s'affrontèrent, chacun refusant de baisser la garde. D'une certaine manière, Albertine avait le sentiment de lutter pour sa propre survie et celle de sa fille.

Un mauvais rictus déforma le visage de Pélissier. Il tendit la main vers Albertine.

– Si c'est Achille qui te rebute... ou qui n'est pas à la hauteur, je peux fort bien le remplacer, lança-t-il, goguenard.

Une nausée tordit l'estomac de la jeune femme. Parlait-il sérieusement ? Oui, semblait-il. Avec un gémissement étouffé, elle chercha des yeux une issue. La silhouette massive de Pélissier l'empêchant de prendre la porte, elle opta pour la fenêtre. Il tendit la main pour la rattraper, Albertine se dégagea d'un coup sec.

– Tu n'es pas de taille, ricana-t-il.

Par la suite, il penserait qu'il n'avait pas vu arriver le drame. Sous les effets mêlés de la colère, de la chaleur et de l'alcool, il était incapable de se maîtriser.

Il ne pouvait plus supporter d'attendre. Il venait de braver l'interdit de l'inceste en paroles ; à présent, il lui fallait aller jusqu'au bout, soumettre sa bru pour qu'elle lui donne enfin l'héritier qu'il appelait de toute son âme.

– N'approchez pas ! souffla Albertine.

Elle avait lu sa résolution dans les yeux de Pélissier.

Elle recula sur le balcon sans baisser le regard. « Faire face », se répétait-elle.

– N'aie pas peur, voyons, fit Pélissier d'une voix trop douce en se rapprochant.

– Laissez-moi, implora Albertine.

Elle sentait contre ses jambes la balustrade de fer forgé. Elle était acculée, tous deux le savaient. Pélissier savourait déjà sa victoire. Il touchait au but !

– Plutôt mourir ! reprit Albertine.

Elle était belle, se dit-il. Belle et vulnérable. À cet instant, il maudit son fils aîné. Fichu imbécile ! Il tendit la main vers Albertine.

– Je vous en prie, reprit-elle, suppliante. Attendons ensemble le retour d'Achille. Nous…

Elle s'interrompit brutalement. Pélissier vit une expression de stupeur intense se peindre sur son visage. L'instant d'après, elle basculait dans le vide en poussant un hurlement horrifié. Émilien s'élança, trop tard pour rattraper Albertine. Son corps tournoya avant de s'écraser sur les pavés de la cour intérieure.

24

Décembre 1887

– Nous avons un nouveau président, déclara posément Félicité, en tendant le *Mercure aptésien* à sa filleule.

Virginie la remercia d'un sourire.

– Mlle Pichon nous en a parlé cet après-midi. On l'appelle M. Sadi Carnot. C'est un prénom bien curieux. Tu ne trouves pas ?

Félicité opina du chef. L'une de ses clientes, épouse de notable, lui en avait fait la remarque une heure auparavant. Sadi ? Quelle drôle d'idée ! Ne dirait-on pas un prénom persan ? S'agirait-il d'un étranger ?

– Mlle Pichon nous a lu un poème intitulé *Les Roses de Saadi*, reprit Virginie.

Fermant à demi les yeux pour mieux se concentrer, elle cita :

J'ai voulu ce matin te rapporter des roses ;
Mais j'en avais tant pris dans mes ceintures closes
Que les nœuds trop serrés n'ont pu les contenir.

Elle marqua une hésitation avant de reprendre :

Les roses se sont envolées.

– Non, flûte, ce n'est pas ça ! Oh ! Félice, tu crois que maman avait ce livre ?

Le cœur de la couturière se serra comme chaque fois qu'elle entendait Virginie évoquer sa mère. Plus de trois années s'étaient écoulées. Pourtant, la peine était toujours là.

Félicité avait bataillé pour obtenir la garde de sa filleule.

Elle ne voulait pas laisser la fillette sous la coupe de ses grands-parents paternels. Si elle avait fait grand bruit dans la région, la mort brutale d'Albertine avait permis à Achille de s'affranchir de la tutelle d'Émilien.

Virginie n'oublierait jamais la vue de sa mère, étendue sur les pavés de la cour. Le docteur Galifant tournait autour du corps en poussant de longs soupirs.

– Je ne pense pas qu'elle ait eu le temps de souffrir, avait entendu Virginie avant que Josépha, la servante, ne l'entraîne à l'intérieur de la demeure.

Les trois adultes – Galifant, Émilien et Célestine – étaient restés pétrifiés auprès du corps.

– Laisse-moi voir maman ! répétait Virginie en se débattant dans les bras de Josépha.

Célestine les avait alors rejointes et avait déclaré brutalement :

– Ta mère est morte.

Ce jour-là, Virginie avait détesté sa grand-mère. Par la suite, leurs relations ne s'étaient pas vraiment améliorées. Plutôt que de chercher à réconforter sa petite-fille,

Célestine se lamentait car Albertine était morte sans avoir reçu les derniers sacrements. Qu'allaient dire voisins et connaissances ? Et le père Abel ? Accepterait-il d'enterrer sa bru à l'église ? Quelle honte ce serait si elle était reléguée dans le carré des indigents et des mères célibataires !

Heureusement, il y avait Josépha, la doyenne des servantes, qui avait pris les choses en main.

Dès que Galifant l'avait permis, elle avait fait transporter le corps d'Albertine dans sa chambre et prévenu la maîtresse de maison qu'elle s'occuperait de la toilette de la jeune dame. Prévenu par un coursier, Achille, rentré en toute hâte aux Terres Brûlées, avait emmené Virginie dans le jardin. Elle se souvenait encore de l'embarras de son père, de sa gêne et de cette manière qu'il avait d'effiler les extrémités de sa moustache. Mal à l'aise, Achille ne savait qu'expliquer à sa fille. Celle-ci avait fini par dire :

– J'ai bien compris, tu sais, que maman est morte mais je voudrais savoir pourquoi.

Cette question l'obsédait toujours car, bien entendu, personne ne lui avait vraiment répondu.

Josépha n'avait pu empêcher Célestine d'amener Virginie devant le lit de sa mère. Elle lui avait montré comment bénir le corps avec un rameau d'olivier. La fillette, en larmes, avait caressé la joue de sa mère.

– Je ne jurerais pas que la maîtresse la regrette, avait marmonné Josépha en remuant sa terraille.

Elle avait ajouté :

– Pourtant, devant la mort tout s'arrête.

Mais la rancune de Célestine était tenace.

Pendant que la vieille Sidonie parcourait les rues de Gargas en agitant une clochette et en annonçant : « Il est mort Albertine Pélissier. On l'enterre après-demain à onze heures », Josépha confectionnait de quoi nourrir tout le village et Émilien allait prévenir le prêtre.

Une heure plus tard, le défilé des villageois commençait. Virginie se rappelait les murmures, les embrassades, la phrase traditionnelle : « *Lou bouan Dièu vous counserve*[1] », les bénédictions et le gros cierge brûlant dans la chambre. Elle ne parvenait toujours pas à croire à la réalité de ce qu'on lui disait. Sa mère ne pouvait pas être morte, voyons ! Elle l'avait embrassée après le déjeuner, alors qu'elle se préparait pour la kermesse. Elle avait su que c'était vrai à l'arrivée de son grand-père Sautel et de Pélagie. Grand-père Charles avait grondé grand-père Émilien un peu à l'écart.

En revanche, elle gardait un souvenir confus de l'enterrement. Trop de monde dans l'église, trop de bougies, trop de fleurs… Félicité l'avait accompagnée dehors avant la fin de la cérémonie ; les sanglots l'étouffaient. Elle savait qu'elle pouvait compter sur Félicité.

Son père le savait lui aussi, puisqu'il avait accepté assez facilement de confier la petite à la couturière. Curieusement, les Pélissier n'avaient pas protesté. « Sûrement parce que je ne suis qu'une fille ! » avait-elle pensé. C'était la vérité.

Félicité n'avait jamais regretté sa décision. Virginie et elle s'entendaient bien et, à Apt, la fillette fréquentait désormais

1. « Le bon Dieu vous conserve. »

l'institution de la Providence. Sa soif d'apprendre étonnait Félicité. Pourtant, la couturière aimait à lire, à se tenir informée et était assez fière de sa bibliothèque.

Virginie sourit à sa marraine.

– Tu sais, je veux être maîtresse, moi aussi. Comme Mlle Pichon.

Félicité lui sourit à son tour.

– Je m'en doutais un peu, ma belle. Tu sais ce qu'il te reste à faire : travailler. Encore plus que tu ne le fais déjà.

– Oh ! ce n'est pas un souci, répliqua la fillette avec enthousiasme.

Elle promettait de devenir une beauté. Ses cheveux roux, qui lui valaient encore quelques quolibets, étaient fournis et lustrés comme le pelage d'une renarde. Ils encadraient un visage menu, aux traits bien dessinés, mettant en valeur d'étonnants yeux couleur turquoise. La bouche était gourmande, impatiente.

– Verras-tu ton père à Noël ? s'enquit Félicité.

Virginie secoua la tête.

– Je ne sais pas. Il est de plus en plus impliqué dans le félibrige. Si M. Mistral l'invite à Maillane, il s'empressera de s'y rendre, tu t'en doutes.

Il n'y avait pas d'amertume dans la voix de la fillette. Seulement un constat lucide.

– De toute manière, nous sommes invitées toutes les deux à la Brémonne. Mireille tient à respecter la tradition. C'est peut-être le meilleur moyen de maintenir un lien dans notre famille.

Elles échangèrent un sourire contraint. Depuis trois ans, en effet, la situation s'était aggravée entre Amédée et

Jean-Clément. Le fils Darnaud, pourtant brillant élève, avait séché les cours et s'était fait renvoyer du collège d'Apt.

Comme Mireille l'avait expliqué à sa belle-sœur, il n'avait trouvé que ce moyen pour tenter de convaincre Amédée de l'embaucher. Face au refus catégorique de son père, Jean-Clément avait claqué la porte de la Brémonne. Personne ne savait où il se trouvait et, naturellement, Amédée ne décolérait pas.

Félicité prit appui sur la table pour se lever. Elle souffrait d'une méchante sciatique, ce qui l'exaspérait. Chez les Darnaud, en effet, on se couchait pour mourir, comme son père l'avait fait lors de la crise du phylloxéra. Elle allait finir par devoir consulter un médecin, ce qui ne lui plaisait guère. À trente-neuf ans, Félicité aimait à se croire invulnérable. De plus, elle ne pouvait pas se permettre d'être malade. Virginie avait besoin d'elle. Certes, les Pélissier lui versaient une pension pour l'entretien de la petite, mais la couturière la mettait de côté pour l'avenir. Douée comme elle l'était, Virginie poursuivrait de longues études. Émilien consentirait-il à les payer ? Rien n'était moins sûr, vu les idées qu'il professait vis-à-vis des femmes.

Félicité fronça les sourcils. Elle vouait une rancune farouche à l'ocrier. Depuis plus de trois ans, une douloureuse question l'obsédait. Albertine s'était-elle défenestrée volontairement, s'agissait-il d'un accident, ou bien Pélissier l'avait-il poussée au cours d'un accès de colère ? Lors de ses dernières visites aux Terres Brûlées, elle avait trouvé l'atmosphère irrespirable. Elle se souvenait aussi des confidences d'Albertine, et de ses craintes. Émilien la harcelait au sujet de cet héritier qui lui faisait toujours défaut. Malgré les reproches paternels, Achille, échaudé, refusait de convoler une seconde fois. Camille avait donné une petite fille à Hector. L'enfant était morte avant même d'avoir été baptisée. Émilien, toujours prompt à critiquer ses fils, avait estimé qu'il s'agissait du prix du péché. Félicité en avait été profondément bouleversée. Comment cet homme pouvait-il se montrer aussi dur et insensible ? Elle ne le comprenait pas.

– Je vais mettre le couvert, proposa Virginie.

Leur appartement, situé au-dessus du magasin, comprenait trois pièces s'articulant autour de la cuisine. Le salon et les deux chambres étaient aménagés avec goût. Des meubles de famille s'harmonisaient avec des bibelots achetés au hasard de coups de cœur. Maître Sautel avait proposé à sa petite-fille de prendre les affaires de sa mère, mais Virginie ne se sentait pas prête. Elle se contentait de choisir des livres dans la chambre d'Albertine, ce qui faisait sourire Pélagie.

– Tu es bien la même que ta mère, lui disait-elle en l'embrassant et en lui donnant des pots de confiture de figues, dont elle la savait gourmande.

Virginie se rendait parfois à Fontrouge en compagnie de Félicité, qui effectuait encore quelques tournées l'été. Si elle s'entendait bien avec Pélagie, elle souffrait de l'indifférence de Charles Sautel. Le notaire, qui donnait l'impression de survivre seulement grâce à son travail, se désintéressait de sa petite-fille. Pélagie avait confié à Félicité qu'il lui faisait parfois presque peur. Depuis la mort d'Edmée et d'Albertine, le notaire partait dans la garrigue, pour en revenir un ou deux jours plus tard, pâle, les traits tirés. À son retour, Pélagie se signait discrètement.

– On dirait qu'il est emmasqué, chuchotait-elle, faisant allusion à la crainte ancestrale des sortilèges.

D'un mouvement instinctif, Félicité caressa les cheveux de Virginie. Elle aimait tendrement la fillette, comme l'enfant qu'elle n'avait pas eue, et la protégeait farouchement contre les ombres du passé.

– Nous aurons un beau Noël, lui promit-elle.

25

Virginie jeta un coup d'œil à son reflet dans le miroir, recula d'un pas.

– Ces cheveux ! gémit-elle.

Félicité sourit.

– Une somptueuse parure. Regarde…

Elle fouilla parmi ses exemplaires de *La Revue de la mode*, finit par mettre la main sur ce qu'elle cherchait. Une reproduction du *Printemps* de Botticelli.

– Tu as exactement la même chevelure, reprit-elle, désignant de l'index le personnage central. Et on la considérait comme l'une des plus belles femmes de son temps.

Virginie fit la moue.

– Nous ne vivons plus à la Renaissance ! Et ce n'est pas toi qu'on appelle Roussote !

Félicité considéra sa filleule durant deux bonnes minutes sans répondre avant de l'attirer contre elle.

– Que puis-je te dire, ma chérie ? Que la différence suscite moqueries et jalousie ? Que tes camarades t'envient ton originalité ? Tu ne me croirais pas et tu aurais certainement raison. Patiente, tu verras, d'ici à quelques années, on ne te surnommera plus Roussote.

L'adolescente aurait aimé la croire. Elle se détourna du miroir, soupira.

– Pour l'instant, préparons Noël, suggéra-t-elle.

Félicité lui avait raconté à plusieurs reprises l'histoire de la crèche familiale, qui lui avait été transmise par sa mère, gardienne des traditions. Sous la Révolution, les crèches avaient été interdites dans les églises, tout comme chez les particuliers. De 1793 à 1801, de la fermeture des églises au Concordat, ce fut la nuit des crèches. Dès la signature du Concordat, profondément soulagée, la mère de Margarido s'était rendue sur le premier marché des santons, à Marseille, où elle avait fait l'acquisition de figurines en argile.

Chaque année, la maîtresse de maison achetait de nouveaux santons. Au fil du temps, la crèche familiale s'agrandissait, devenant un véritable spectacle. Margarido, puis Félicité avaient acquis un joueur de vielle, une femme au gibassier, deux bohémiens, des chiens, des moutons, des bergers, un meunier, des anges, Pistachié, le brave valet de ferme, et la Margarido sur son âne, coquette avec son grand chapeau à la bérigoule, apportant les treize desserts dans son panier.

La corbeille en osier contenant les santons, enveloppés dans du papier de soie, renfermait aussi de la mousse, du papier bleu pour la voûte du ciel et du papier gris, du sable et du gravier, collés ensemble et ingénieusement froissés pour constituer le décor.

Félicité et Virginie la dressèrent sur le manteau de la cheminée, s'ingéniant à figurer le village, le ciel et les Provençaux venus adorer le nouveau-né dans la grotte abritant ses parents. Des bouquets de thym symbolisaient les oliviers. Virginie recula d'un pas pour admirer l'ensemble.

– Joli, apprécia-t-elle.

Félicité lui avait appris qu'il ne fallait jamais passer derrière une crèche. Celle-ci, en effet, devait s'appuyer contre le mur. Derrière la crèche, il n'y avait rien que le froid et le vent extérieurs. Virginie assimilait parfois ces éléments aux Terres Brûlées. On ne dressait pas de crèche chez les Pélissier. « Je n'ai pas d'argent à perdre avec ces bondieuseries ! » plastronnait Émilien.

Virginie frissonna, se tourna vers Félicité.

– Marraine, tu promets de me garder toujours chez toi ?

Le visage encore enfantin reflétait l'angoisse. La couturière déposa un baiser léger sur les cheveux fauves.

– Et comment, petite ! Qu'est-ce que je deviendrais sans toi ?

Toutes deux, même si elles en parlaient peu, savaient que Virginie souffrait encore de cauchemars. Il lui arrivait de se réveiller en hurlant au milieu de la nuit. Elle courait alors se réfugier dans le lit de Félicité et se blottissait contre son corps tiède et doux.

– Allons, reprit Félicité, si tu allais surveiller la soupe ?

La cuisine était chaleureuse avec sa pile de terre cuite, surmontée de carreaux vernissés et d'étagères contenant la terraille et les tians.

Virginie apprenait à cuisiner sur le potager jouxtant la cheminée.

L'élaboration d'une recette relevait pour elle de l'alchimie, mêlant produits et senteurs.

– Tu crois que mon père viendra à Apt avant Noël ? demanda-t-elle brusquement à sa marraine.

Félicité haussa légèrement les épaules.

– Nous verrons bien. Il n'a pas encore écrit.

Achille prenait des nouvelles de sa fille de loin en loin. Ou, plutôt, il parlait de sa vie parmi ses compagnons du félibrige. Il était fier que ses textes soient publiés dans *L'Armana prouvençau*, tout comme il aimait à côtoyer « M. Mistral », comme il disait, à Maillane. Achille était parvenu à s'éloigner des Terres Brûlées, de la mine et de l'usine. Il n'y reviendrait jamais. Émilien lui-même avait fini par le comprendre, sans pour autant l'accepter.

Virginie secoua la tête.

– Nous verrons bien ! répéta-t-elle avec une désinvolture feinte.

Elle aimait et admirait son père, tout en ayant conscience de ne pas tenir la première place dans son existence. De toute manière, depuis la mort brutale d'Albertine, elle ne se considérait plus comme une enfant mais plutôt comme une adulte en devenir. Parce que l'enfance en elle était morte ce jour-là.

La lampe-tempête de la jardinière éclairait le chemin menant à la Brémonne. Virginie aperçut les amandiers et les oliviers familiers. Elle était attachée à la demeure des Darnaud, bien qu'elle ne fît pas vraiment partie de leur famille. Elle avait une âme.

Mireille sortit sur le seuil pour les accueillir. Elle portait une jupe à imprimé ramoneur couleur aubergine, un corsage uni réchauffé d'un grand châle en mérinos. Contrairement à sa belle-sœur, elle ne suivait pas la mode de Paris, restant fidèle aux traditions.

Un jeune valet courut dételer la jument. Félicité rassembla ses jupes pour sauter à terre. Virginie l'avait devancée.

– Soyez les bienvenues ! s'écria Mireille, les embrassant.

Elle avait acquis de l'assurance et de la sérénité. Elle avait trouvé sa place à la Brémonne, peut-être plus encore depuis la mort de Margarido, survenue en 1880. Elle était heureuse et fière de recevoir Félicité et Virginie chez elle. Ou, tout au moins, l'aurait-elle été en d'autres circonstances… Elle s'efforça de maîtriser le tremblement de ses mains, observa son époux à la dérobée. Depuis plusieurs jours, elle craignait de le voir s'effondrer, victime d'un malaise.

Pour le moment, Amédée faisait plutôt bonne figure. Il invita sa sœur et Virginie à entrer, les débarrassa de leurs capes. Le temps était encore doux en cette veille de Noël, même s'il risquait de geler durant la nuit. Félicité se dirigea d'emblée vers la salle et se frotta les mains devant la cheminée.

– Quelle belle table ! s'écria-t-elle en se tournant vers Mireille, qui rougit de plaisir.

La maîtresse de maison avait en effet respecté la tradition ; trois nappes étaient posées l'une au-dessus de l'autre sur la table en référence au symbole de la Trinité. De même, trois bougeoirs portaient trois bougies et, dans trois assiettes blanches, le blé de la Sainte-Barbe, semé le 4 décembre, symbolisait par ses jeunes pousses vert tendre le renouveau.

Virginie se rappelait que sa mère nommait ce blé « un plat à regarder ».

La crèche de Mireille était dressée sur une maie. Si elle la trouvait moins belle que la leur – les santons étaient moins nombreux et plus récents –, Virginie reconnaissait qu'elle avait une certaine allure. Mireille avait en effet reproduit en mie de pain et en carton-pâte les maisons hautes de Rustrel, avant de figurer la montagne de Lagarde-d'Apt et les Roches Rouges.

Elle félicita « tante Mireille ». Celle-ci lui tapota la joue.

– J'aime à préparer la crèche, lui confia-t-elle.

Derrière elle, Amédée haussa les épaules.

– Habitude de bonne femme, marmonna-t-il.

Les deux belles-sœurs et Virginie s'entre-regardèrent.

– Bien, fit Félicité, tout le monde vient à la messe de minuit ?

Son frère grommela quelque chose qu'elle n'entendit pas. De toute manière, elle était bien décidée à agir selon son bon plaisir et à suivre les traditions familiales.

– Maman tenait à ce que nous nous rendions à l'église en procession, glissa-t-elle de son ton le plus innocent.

S'il esquissa une moue, son frère ne protesta pas.

Mireille s'affaira, leur proposant une boisson chaude. Virginie tournait déjà autour du potager, humant les arômes du « souper blanc ».

– Tu joues au chien truffier ? se moqua gentiment Mireille.

L'atmosphère à la Brémonne était chaleureuse, même si le maître de maison continuait à faire grise mine. Une fois le café bu, on se rhabilla et l'on prit le chemin de l'église, un fanau[1] à la main.

Cette procession serpentant dans la nuit de décembre avait un caractère symbolique émouvant. Parvenus devant la façade ouest de l'église, les fidèles posaient leurs lanternes à l'extérieur de l'édifice et pénétraient dans le bâtiment.

On se serra les uns contre les autres pour se tenir chaud. De vieilles femmes avaient apporté une sorte de petit brasero, des enfants couraient en direction de la chapelle Saint-Romain. Virginie se dévissa le cou pour apercevoir la crèche.

– Il y a une surprise, cette année, lui chuchota Mireille.

En effet, brusquement, un air de rigodon résonna sous la nef romane. Le chef des bergers apparut. Il portait un gros cierge de la main droite et tenait, couché sur son bras gauche, un agneau blanc. Sur sa tête était fixé un rond de bois garni de cinq chandelles. Un murmure ravi parcourut l'assistance. Un deuxième berger suivait, menant un bélier décoré de rubans rouges. Le redon à son cou émettait un son grave. Une dizaine de bergers tenant des cierges fermait la marche.

– Le pastrage, comme dans l'ancien temps, murmura Amédée, plus touché qu'il n'aurait voulu le laisser voir.

Comment, à cet instant, aurait-il pu ne pas songer à son père, qui avait été berger avant de se consacrer à la vigne ? Félicité lui sourit.

1. Lanterne.

– C'est une nuit de paix, souffla-t-elle.

Mais tous, même Virginie, pensaient à Jean-Clément, le fils révolté qui n'avait toujours pas donné de ses nouvelles.

26

1888

« Un autre monde », pensa Lorenzo, contemplant le gigantesque chantier du haut du deuxième étage de la tour. Il aimait cette heure très matinale, au lever du soleil, où il avait l'impression d'être seul sur l'armature de la « pyramide inversée », comme disait le poète François Coppée. Lorenzo appréciait d'y travailler, même si ce n'était pas sa vocation première. Au moins, là-haut, il oubliait le passé pour quelques heures.

Après plusieurs mois d'errance sur les chemins, il était revenu à Lagarde-d'Apt. Il fallait qu'il voie Luisa, qu'il lui parle. Sa vieille amie confectionnait des fagots de petit bois dans la forêt. Son visage s'était éclairé à sa vue.

– Petit, qu'as-tu fait d'Élisa ? s'était-elle écriée.

Il avait raconté la tragédie à mots prudents. Marseille, le choléra, l'hôpital du Pharo…

Luisa écoutait avec attention, ponctuant certaines phrases d'un « *Dio mio !* » compatissant.

– Je n'ai pas pu rester à Marseille, avait conclu Lorenzo. Trop de souvenirs… Et puis je voulais te parler.

À cet instant, Luisa s'était raidie. Elle avait compris, bien sûr. Et son attitude ne laissait guère d'illusions au fils de Livia.

– Ce prêtre..., avait-il repris. L'as-tu connu ?

Luisa s'était signée. Lentement. Son geste avait quelque chose d'inéluctable. « Laisse-moi encore un peu de temps », semblait-elle dire. Mais Lorenzo n'était pas disposé à lui accorder ce délai supplémentaire.

– Cette histoire m'obsède, avait-il insisté. Fils de prêtre... C'est plutôt lourd à porter, non ? Même si je suis libre-penseur.

De nouveau, Luisa s'était signée. Elle paraissait lasse. Lorenzo l'avait déchargée de son fardeau. Ils avaient regagné la cabane d'un même pas.

Lorenzo avait froncé les sourcils en constatant les taches d'humidité sur les murs.

– Vous devriez habiter au village, Sergio et toi, avait-il suggéré.

Ce qui lui avait valu un sursaut scandalisé de sa vieille amie.

– Au village ? Comme des paysans ? Nous ne cultivons pas la terre, nous ! Et puis nous sommes libres ! Je ne survivrais pas dans l'une de ces ruelles étroites où l'on voit à peine le soleil. Moi, il me faut la forêt, le chant des oiseaux et le ciel par-dessus ma tête.

Il comprenait ce qu'elle voulait dire. Lui aussi, à Saint-Étienne, avait eu de la peine à habiter dans une maison.

– Chez toi, au Piémont, tu vivais aussi en pleine nature ? avait-il demandé.

Toutes ces années passées ensemble dans la forêt en ignorant l'essentiel... Mais, à l'époque, il fallait travailler, sans relâche, sous les ordres d'un Giuseppe perpétuellement furieux.

Luisa avait alors commencé à parler, d'une voix lointaine, détimbrée.

– Nous ne venions pas de la même région, Livia et moi. J'étais son aînée de presque dix ans. Nous nous sommes tout de suite entendues. Elle savait parler le français, moi pas. Elle m'a appris. Elle était si belle. Et déjà si malheureuse. Il lui a fallu du temps pour me parler de Federico. Elle m'a tout raconté la nuit de ta naissance, entre deux contractions. Son récit était haché, elle pleurait tout en affirmant qu'elle payait le péché commis.

– Elle me le disait à moi aussi, avait glissé Lorenzo, profondément bouleversé.

Il revoyait Livia le serrer contre elle, le réconfortant après un accès de colère de Giuseppe. Tous les deux unis contre lui, l'autre, la brute. Tous les deux liés par un amour infini.

– C'était une belle histoire d'amour, avait repris Luisa. Triste parce que interdite. Livia avait été élevée par sa grand-mère, au pied du mont Viso. Elle était différente de ses frères et sœurs restés dans la vallée de la Verbegna. À la mort de sa grand-mère, elle a dû regagner sa famille et se séparer de Federico.

– Pourquoi ne l'a-t-il pas épousée ?

– Tsst, tsst, avait soufflé Luisa. Federico était séminariste, il allait être ordonné. Ses parents n'auraient pas supporté qu'il abandonne la prêtrise. Son oncle, prêtre lui-même, avait payé ses études. Il était ligoté. Alors, la mort dans l'âme, les amoureux se sont dit adieu. Mais Livia était enceinte. Elle s'en est aperçue en arrivant à Limone. Une catastrophe, un scandale incroyable. Elle était l'étrangère pour sa famille. On la surnommait la *principessa*, la princesse. Elle est allée se confier à un vieux prêtre parce qu'elle ne pouvait pas en parler à son père. Et il a arrangé très vite un mariage avec Giuseppe, qui partait pour la France. Ainsi, personne n'apprendrait la vérité.

– Mais Giuseppe l'a su…

Luisa avait rougi.

– C'était la condition : il exigeait de savoir qui était le père. L'héritage de la grand-mère de Livia a payé le voyage. Quand ta mère est arrivée ici, nous sommes tout de suite devenues amies, elle et moi. Elle disait qu'elle ne savait rien faire, excepté lire, et c'était vrai. Giuseppe était fou de rage. Il se montrait tellement exigeant avec elle, alors qu'elle était perdue et au désespoir.

Luisa s'était interrompue. Lorenzo avait lu dans son regard qu'elle ne lui dirait pas tout et il n'avait pas insisté. Il n'imaginait que trop bien ce que sa mère avait enduré sous la férule d'une telle brute. Il s'était borné à demander à sa vieille amie si elle connaissait le nom du séminariste. Elle avait secoué la tête. Non, Livia ne le lui avait jamais confié. Elle ne l'évoquait pratiquement jamais, comme si elle avait voulu protéger ses souvenirs. Et, cette fois, Lorenzo avait su que c'était vrai. Livia n'aurait pas admis qu'on critiquât l'homme qu'elle aimait.

Il était reparti après être allé se recueillir au pied de leur chêne. Luisa n'avait jamais revu Maria et ignorait ce qu'elle était devenue. C'était une autre souffrance pour le compagnon. En quittant la forêt, il avait dit adieu à son enfance. Définitivement.

Il jeta un regard prudent autour de lui. Même s'il ignorait le vertige, il ne s'exposait pas à des risques inconsidérés. Il avait entendu parler du chantier de la tour alors qu'il revenait d'Italie et avait été embauché au vu de ses compétences en menuiserie. Il avait d'ailleurs rencontré quelques autres compagnons, spécialisés eux dans le travail du fer. Ceux qu'on appelait les « ramoneurs » par opposition aux « gars du plancher des vaches » recevaient un salaire plus important, de l'ordre de soixante-dix centimes de l'heure.

La plupart vouaient une grande admiration à « M. Eiffel » qui avait fait installer une cantine au premier étage de la tour et payait près du tiers du repas de chacun de ses ouvriers.

Même s'ils entendaient parler des critiques véhémentes lancées contre la tour – des célébrités comme Bonnat, Gounod, Sardou, Maupassant ou Leconte de Lisle avaient rédigé une lettre ouverte au directeur des travaux de l'Exposition dans laquelle ils vilipendaient « une tour vertigineusement ridicule, dominant Paris ainsi qu'une noire et gigantesque cheminée d'usine, écrasant de sa masse barbare Notre-Dame, la Sainte-Chapelle, le dôme des Invalides [...]. Tous nos monuments humiliés, toutes nos archives rapetissées disparaîtraient dans ce rêve stupéfiant » –, les ouvriers avaient conscience de participer à une véritable œuvre d'art. Et ils en étaient fiers.

– Salut, camarade !

Guillaume, un lève-tôt lui aussi, venait de rejoindre Lorenzo sur la plate-forme. Ouvrier du fer chevronné, il avait participé au chantier du viaduc de Garabit. Âgé d'une trentaine d'années, il était célibataire.

Ils échangèrent une solide poignée de main avant de contempler la plaine du Trocadéro.

– Je me demande ce que les étrangers penseront de notre tour, réfléchit Guillaume à voix haute. Tu imagines ? Tout ce monde qu'on attend pour l'Exposition, l'an prochain ? On est quand même en train de bâtir la plus haute tour du monde !

– Oh moi, tu sais… Du moment que je touche ma paie ! répliqua Lorenzo avec cynisme.

Guillaume lui jeta un coup d'œil acéré.

– Tu joues au dur ? Moi, j'aime être fier de mon boulot.

Brusquement, Lorenzo se sentit stupide et rompit les chiens.

– Oui, tu as raison, confirma-t-il. Moi aussi, j'aime la belle ouvrage mais…

Il n'acheva pas sa phrase. Il n'allait tout de même pas lui confier qu'il avait perdu le goût de vivre depuis la mort de sa femme.

– Il n'y a pas de « mais » ! le coupa Guillaume. On a la chance de travailler ici, on ne va pas se plaindre, quand même !

Que savait-il des vies de ses camarades ? Ils étaient certainement nombreux à avoir perdu une compagne, un enfant, des parents et leur existence ne s'était pas arrêtée pour autant. Ils continuaient d'avancer, sans se poser trop de questions, parce qu'ils n'avaient pas le choix. Même s'ils rêvaient d'une autre vie…

Pourtant, Lorenzo était persuadé qu'il devait exister une autre voie. Même si les ouvriers travaillant à la tour de M. Eiffel étaient privilégiés par rapport à leurs camarades, leurs conditions de travail demeuraient difficiles et ils avaient déjà dû recourir à la grève pour faire entendre leurs doléances.

Près de vingt ans après, Lorenzo n'avait rien oublié de la fusillade du Brûlé, de la haine opposant les deux parties et du désespoir des femmes et des enfants des mineurs.

Il fallait que ça change ! Les sacrifices du petit peuple n'avaient que trop duré.

27

1890

Sous le ciel d'un bleu profond, les carrières de Rustrel déclinaient toute une gamme de tons, allant du jaune presque blanc au rouge violacé.

« J'aime ma terre », pensa Amédée Darnaud, debout à côté des bassins de décantation.

Il était heureux sur ses terres. Enfin, heureux n'était pas le mot juste. Apaisé, plutôt.

Deux ans après, il n'avait toujours pas accepté la défection de son fils. Amédée avait appris par la rumeur publique que Jean-Clément avait été embauché chez Pélissier. Il n'avait pas voulu le croire. Son fils ne pouvait se comporter aussi mal !

Au fil du temps, il avait dû se rendre à l'évidence. Jean-Clément avait bel et bien déserté pour passer à l'ennemi… chez Pélissier qui cherchait à maîtriser toute la filière de l'ocre. Comble d'infamie, son fils logeait aux Terres Brûlées. Bafoué, Amédée avait songé abandonner la partie. Son amour-propre l'en avait empêché. N'avait-il pas bataillé pour extraire l'ocre du champ de l'Étoile ? Même s'il s'était opposé à son propre père, Amédée restait farouchement attaché à la terre qu'ils se transmettaient de génération en génération depuis un siècle.

Mireille et Félicité avaient plaidé la cause de Jean-Clément. Il y avait beau temps, en effet, que le garçon réclamait le droit de travailler l'ocre. Amédée avait refusé de reconnaître ses torts. Ne désirait-il pas le meilleur pour son fils ?

Ce qu'il s'obstinait à appeler « la trahison » l'avait aigri. Il travaillait encore plus dur et, tôt le matin ou tard le soir, il arpentait ses terres en se demandant qui reprendrait le flambeau. Il se sentait encore jeune, pourtant, et vaillant. Pas question pour lui d'abdiquer ! Mais la seule idée de savoir Jean-Clément chez Pélissier lui donnait des palpitations.

Bien sûr, lui avait Max, qui se passionnait pour les carrières à ciel ouvert, mais ce n'était pas pareil. Max n'était pas de son sang.

Il jeta un coup d'œil au chêne planté devant la maison du contremaître, qui avait bien poussé. Il avait offert la jouissance de cette maison à Max au départ de Bébert pour l'Algérie. Ce dernier avait décidé sur un coup de tête de quitter le pays. Mireille pensait plutôt que sa jeune épouse avait désiré se rapprocher de ses parents, partis s'installer dans la plaine de la Mitidja. En tout cas, sa décision subite avait fort contrarié Amédée.

Il encouragea de quelques mots les ouvriers qui ratissaient les bassins de décantation. Alors que la terre commençait à se craqueler sous les effets conjugués du soleil et du vent, formant des mottes de taille plus ou moins régulière, les ouvriers quadrillaient les bassins à l'aide de traîneaux. Il s'agissait de cadres métalliques triangulaires munis d'un clou à chaque angle. En procédant à ce quadrillage sur une quinzaine de centimètres de profondeur, la terre était ainsi « prédécoupée » et, en séchant, se fissurait jusqu'au fond. Une fois les briques d'ocre sorties du bassin, on les empilait en murs de deux mètres de hauteur tout autour. La base de ces murs était plus large que leur sommet afin de résister au ruissellement de la pluie. Les briques pouvaient ainsi sécher complètement.

Il les conduirait lui-même à l'usine de Roussillon. Il était resté fidèle au rival de Pélissier, Gardone. D'abord parce qu'il avait l'habitude de travailler avec lui depuis des lustres et ensuite parce qu'il ne souhaitait pas croiser le chemin de Jean-Clément.

La blessure était là, intacte, profonde. Amédée haussa les épaules. Il fallait avancer, sans trop se poser de questions. Tel qu'il connaissait son fils, celui-ci ne ferait pas amende honorable. Il poursuivrait la route qu'il avait choisie.

Comme chaque fois qu'elle revenait aux Terres Brûlées, Virginie sentit son cœur se serrer. Félicité avait dû insister pour que l'adolescente se décide à venir saluer ses grands-parents.

Pascal, le roulier, l'avait conduite avec sa charrette car sa marraine était retenue à Apt par les derniers essayages d'un grand mariage.

– Te voici rendue, petite, lui dit Pascal, s'arrêtant à l'entrée de la grande cour.

Virginie hocha la tête avant de poser un baiser sur sa joue.

– Merci, Pascal. Mon grand-père me fera raccompagner.

– Ta marraine y compte bien !

Un chien de chasse s'élança vers elle en jappant. Elle caressa le sommet de sa tête. Il courba l'échine en gémissant de plaisir.

– Ici, Brutus ! cria sa grand-mère depuis le seuil.

Virginie réprima un sourire. Ledit Brutus n'avait rien de belliqueux et paraissait plutôt craintif. Célestine inspecta sa petite-fille avant de lui tendre la joue.

– Tu as encore grandi ! fit-elle.

C'était dit de telle façon qu'il n'y avait pas à s'y tromper : il ne s'agissait pas d'un compliment.

– Bonjour, grand-mère, répondit simplement Virginie.

– Tu as fait bon voyage ? Tu dois avoir soif. Va donc voir Josépha à l'office.

Rien n'avait changé aux Terres Brûlées. L'adolescente parcourut la maison à la recherche de la servante. Josépha laissa échapper un petit cri de joie en la voyant surgir dans sa cuisine et l'étreignit. Rieuse, Virginie dénoua son grand tablier bleu.

– Petite pestouille ! fit Josépha en riant. Tu m'as manqué, ajouta-t-elle.

– Toi aussi ! Comme tes gâteaux.

– C'est bien pour ça que je t'en ai préparé. Petitoune, ça me fait plaisir de te revoir. Alors comme ça, il paraît que tu vas devenir une grande dame ?

Virginie sourit.

– Comme tu y vas ! Je veux être institutrice, voilà tout !

– Tu as réussi le concours. M. Achille était fier de l'annoncer aux maîtres.

– Vraiment ? s'étonna-t-elle.

Elle voyait son père de loin en loin. Il se présentait chez Félicité, les bras chargés de cadeaux, embrassait sa fille, l'emmenait au restaurant avant de repartir, toujours pressé.

« Comme s'il avait peur de moi », avait remarqué Virginie, et sa marraine avait souri tristement. Elle avait cru comprendre que Virginie rappelait à Achille l'échec de son mariage. Malgré les exhortations d'Émilien, il avait refusé avec force de se remarier et, pour Félicité, c'était une sorte d'hommage rendu à Albertine. « Il est bien temps ! » se disait-elle, furieuse.

La couturière ne regrettait pas vraiment d'être restée célibataire. Les différents couples autour d'elle lui prouvaient qu'elle était beaucoup plus libre sans époux. Elle avait pris l'habitude de mener sa barque à sa guise, sans rendre de comptes à quiconque. Certes, elle payait son indépendance d'une certaine insécurité financière, mais elle était fière d'avoir pu rembourser rapidement son frère. Son atelier tournait bien, ses clientes étaient fidèles.

À quarante-deux ans, Félicité s'estimait une femme chanceuse.

Elle avait vécu une histoire d'amour. Une histoire malheureuse, à laquelle elle avait mis fin, en se disant que l'homme qu'elle avait aimé ne quitterait jamais sa femme. Avait-on déjà vu un magistrat épouser une couturière ? Mieux valait trancher dans le vif, avant que la rancœur, le chagrin et les reproches n'altèrent les beaux souvenirs…

Félicité avait fui, donc. Et refusait de se laisser aller aux regrets.

– Sois exigeante dans ta quête d'amour, avait-elle recommandé à sa filleule.

Virginie avait ri en secouant sa chevelure fauve. Elle se moquait bien de l'amour ! Pour l'instant, seule sa carrière l'intéressait.

– Eh bien, ce concours ? reprit Josépha. C'était aussi dur qu'on le dit ?

Virginie réfléchit durant une petite minute avant de répondre :

– Dur ? Je ne sais pas. J'avais tellement envie de réussir que j'ai donné le meilleur.

Mlle Geneviève, sa maîtresse au cours complémentaire, l'avait aidée à prendre confiance en elle. Virginie se passionnait pour les lettres, l'histoire, l'anglais et la géographie. Elle travaillait longtemps, le soir au salon, jusqu'à ce que Félicité lui enjoigne d'aller dormir. Grâce au soutien de Mlle Geneviève, l'adolescente avait osé se présenter au fameux concours de l'école normale. À quatorze ans, elle était l'une des plus jeunes admises. À la rentrée, elle intégrerait l'école normale d'Avignon et ne reviendrait à Apt qu'à l'occasion des vacances, quelques jours pour Noël, puis deux longs mois cet été.

S'adapterait-elle à l'internat ? De toute manière, elle n'avait pas le choix, il lui fallait avancer. Suivre sa voie…

– Tu verras, promit-elle à Josépha, d'ici à quatre ans, je serai institutrice.

Josépha se signa.

– Le Ciel t'entende, petite ! Je savais que tu irais loin. Toujours plongée dans tes livres, comme ta maman.

Le visage de Virginie se ferma.

– Elle me manque, tu sais, chuchota-t-elle.

La servante opina du chef.

– J'imagine.

Elle ouvrit la bouche comme pour ajouter quelque chose, avant d'y renoncer. Qu'aurait-elle pu dire à l'adolescente ? Qu'elle ne croyait pas, n'avait jamais cru à un geste de désespoir de la part d'Albertine ? Il était inutile de remuer le passé.

Virginie appartenait à l'avenir.

28

1891

Lui, l'homme du Sud, n'aurait pas pensé éprouver un tel attachement pour une région aussi éloignée du Luberon.

Le ciel, couleur d'ardoise, n'avait rien de commun avec celui de sa Provence natale. Pourtant, Lorenzo s'était trouvé une famille de cœur dans les Ardennes.

Comme souvent, le hasard avait guidé ses pas. Quand la tour Eiffel avait été terminée, Guillaume lui avait proposé de rendre visite à Jean-Baptiste Clément, un ancien communard se battant pour les droits des ouvriers. Lorenzo avait eu envie de le rencontrer.

Empruntant routes et chemins, il avait gagné les Ardennes, terre de labeur et de révolte. Le travail ne lui suffisait plus, il avait envie de s'investir dans la défense de ses compagnons. La mort d'Élisa, les confidences de Luisa avaient suscité chez lui ce désir. En cette fin de siècle, les ouvriers étaient encore trop souvent bafoués, humiliés, exploités.

Grâce au réseau des compagnons, Lorenzo avait trouvé du travail chez un menuisier de Charleville. La ville, bâtie autour d'une place harmonieuse, à l'élégance classique, possédait un charme indéfinissable. Il s'y était vite intégré. Plusieurs camarades réfléchissaient comme lui à l'évolution du monde du travail. Dans la vallée de la Meuse, à seulement quelques kilomètres de Charleville, des cloutiers maniaient une quinzaine d'heures par jour un énorme marteau tandis que leur chien, le moteur à puces, faisait tourner la roue afin d'actionner le soufflet de la forge. Dans les villages du Sedanais, réputés pour leurs draperies, des milliers de tisserands s'épuisaient pour un salaire dérisoire tandis que la production se recentrait en ville autour des métiers mécaniques.

Lorenzo, qui lisait avec avidité tous les livres qu'il trouvait, adhérait aux idées de Jules Vallès, pour la liberté de la presse, contre tous les arbitraires. Et, surtout, il partageait les conceptions de Jean-Baptiste Clément, surnommé le Vieux. L'homme lui avait plu dès leur première rencontre. Fils d'un meunier aisé, Clément, apprenti repousseur sur cuivre puis trimardeur, manœuvre et journaliste, avait écrit pour *Le Cri du peuple* de Jules Vallès, siégé à la Commune avant de se réfugier en Angleterre.

Il se battait contre la machine broyeuse d'hommes, attaquait sans répit le patronat égoïste, mais seuls les ouvriers l'écoutaient. Les autres se défiaient de lui tout en le vilipendant. Son journal, *L'Émancipation*, gênait.

Lorenzo fréquentait volontiers L'Étincelle, le cercle d'études socialiste de Charleville, ainsi que le groupe anarchiste des Sans-Patrie. Il prenait sur ses heures de sommeil pour vendre *Le Père peinard*, un hebdomadaire anarchiste créé en 1889 à Paris.

En revanche, depuis l'emprisonnement de Clément, suite à la manifestation du 1er mai 1890 à Charleville, et surtout aux attentats de Revin et de Charleville en juin, Lorenzo avait suivi les appels à la modération du Vieux, s'opposant en cela aux anarchistes. La situation était explosive, il en avait conscience. Pourtant, comment ne pas comprendre le désespoir et les revendications des ouvriers ?

Il était de bon ton d'ironiser dans la bourgeoisie et le patronat : « Que deviendraient-ils sans nous ? », mais la réciproque était vraie.

Lorenzo avait conscience de se trouver à une époque charnière.

La France était sclérosée, prisonnière de son désir de revanche. Pour avoir eu des contacts positifs avec des camarades italiens, belges et anglais, Lorenzo professait l'internationalisation, en référence à la chanson d'Eugène Pottier sur une musique originale de Pierre Degeyter, l'un des membres de la chorale lilloise du parti ouvrier français. Cependant, par fidélité à Clément et aussi parce qu'il se rappelait l'avoir fredonnée plusieurs fois à Élisa, le fils de Livia préférerait toujours *Le Temps des cerises* à *L'Internationale*.

– Camarade, il ne faut pas être trop sentimental, lui avait fait remarquer un jour Guillaume.

Lorenzo n'avait rien répondu. Était-il sentimental parce qu'il songeait chaque jour à sa mère et à Élisa ? Parce que l'esprit de vengeance l'animait encore ? Ce n'était pas son enfance gâchée qui le motivait mais bel et bien les souffrances endurées par Livia.

Il réprima un soupir. Il allait assister à une réunion à Nouzonville et espérait que celle-ci déboucherait sur des avancées. Depuis 1887, Clément faisait paraître une brochure, *Questions sociales à la portée de tous*, dans laquelle il invitait les travailleurs à témoigner de « ce qu'ils ont vu, de ce qu'ils ont souffert, pour dresser ensemble le dossier des capitalistes, des exploiteurs, des parasites et constituer ainsi les archives saignantes du prolétariat ».

Il aimait chez Clément sa sincérité et son altruisme. Lui-même éprouvait comme le besoin de se racheter. Il avait longtemps cherché pourquoi, avant de se demander si cela ne tenait pas à sa bâtardise et à la mort prématurée d'Élisa. Tout comme celle de Livia, la vie de sa jeune femme avait été écourtée. Avec le recul, il mesurait qu'il ne l'avait pas aimée d'un amour passionné mais plutôt avec une tendresse attentive. La première fois qu'il avait croisé son chemin dans Apt, il avait éprouvé de l'attirance pour elle, mais aussi de la compassion. Élisa paraissait si fragile. Le scandale provoqué par Giuseppe à leur repas de noces avait jeté une ombre noire sur leur couple, au point que Lorenzo s'interrogeait parfois au sujet de sa malédiction. L'instant d'après, il haussait les épaules. Lui-même était libre-penseur, estimant que la religion n'avait pas à mener la vie des hommes.

Des lambeaux de brume se déchiraient au-dessus de la Meuse languide. « Le pays du fer et de l'eau », songea Lorenzo. Un pays d'hommes rudes à la peine, comme l'étaient les charbonniers du Luberon, les mineurs de La

Ricamarie ou les ébénistes de la Bastille. Ces travailleurs parviendraient-ils un jour à faire valoir leurs droits ?

C'était désormais le but qu'il poursuivait.

Le Vieux l'avait annoncé : la manifestation du 1er mai à Fourmies constituerait une sorte de ballon d'essai. En effet, depuis le massacre de Haymarket Square à Chicago, en 1886[1], la Seconde Internationale avait décidé, en juillet 1889, de créer une Journée internationale de revendication des travailleurs.

Or, à Fourmies, on réclamait dans les usines textiles la journée de huit heures ainsi qu'une augmentation des salaires. Le gendre de Marx, Paul Lafargue, avait fondé en 1880 avec Jules Guesde le Parti ouvrier français. Cette organisation socialiste préparait avec fièvre des manifestations dans toutes les villes d'une certaine importance. On le savait, on en parlait, dans les réunions, au journal, si bien que Lorenzo avait eu envie d'aller voir sur place de quoi il retournait. Soixante-dix kilomètres seulement séparaient Fourmies de Charleville, une belle promenade pour un marcheur comme lui.

Lorenzo était parti de Charleville le 28 avril, empruntant la route du Nord. Il s'était arrêté aux Ardoisières de Rimogne, le temps de s'enquérir des conditions de travail des mineurs avant de reprendre la route. Il avait toujours aimé marcher, ce qui lui permettait de réfléchir.

1. Date clef de la lutte pour la journée de travail de huit heures aux États-Unis qui s'est soldée par le procès des anarchistes et du mouvement ouvrier.

L'air était vif, l'herbe haute. Les haies vives fermant les champs l'avaient étonné ; il n'y avait rien de tel chez lui. Chez lui… comme c'était étrange !

Il avait passé la nuit du 30 avril dans une auberge tenue par Pauline, une Mère qu'il connaissait de réputation. On la disait dévouée, sage et excellente cuisinière. D'une beauté sereine avec ses cheveux tirés en chignon haut et ses yeux clairs, Pauline dirigeait une maison aux murs chaulés de frais, aux chambres d'une propreté méticuleuse.

– On m'a déjà parlé de toi, avait-elle déclaré à Lorenzo.

Chez elle, on devisait devant l'âtre, on jouait aux cartes ou aux dominos, on refaisait le monde. Prudent, Lorenzo n'avait pas mentionné son intention de se rendre à Fourmies le lendemain. Les relations, au cours des dernières semaines, s'étaient tellement tendues entre patrons et ouvriers qu'il convenait de rester discret.

– Tu viens de loin, Brûlé le Résolu, lui avait fait remarquer Pauline en lui proposant un fromage à l'arôme corsé, du maroilles.

Il avait esquissé un sourire.

– De plus loin que tu ne puis l'imaginer.

Dans sa tête, défilaient des images de Paris, de Marseille, de Saint-Étienne.

Pauline avait souri.

– Tu as beaucoup trop de gris dans les yeux.

Il aurait pu penser qu'elle cherchait à le séduire mais pressentait que ce n'était pas le cas. Elle s'intéressait seulement à lui, comme s'il avait fait partie de ses proches.

Ils avaient parlé, des voyages de Lorenzo, de son expérience comme ramoneur sur la tour Eiffel, de la vie à Marseille, et Pauline avait laissé échapper un petit soupir.

– Avec tout ce que les garçons me racontent, eh bien, je voyage aussi un peu, à ma façon.

Il avait bu un petit verre d'eau-de-vie, après son dernier café, était monté dans sa chambre et avait dormi d'un trait. Le lendemain matin, sur la route de Fourmies, il échangea des impressions avec plusieurs ouvriers. Tous évoquaient l'appel de la section locale du Parti ouvrier, dirigée par Culine, un Sedanais représentant de commerce :

Le grand jour de fête des prolétaires approche. Le devoir de chacun est de venir en masse en ce jour du 1er mai apporter par sa présence son droit à discuter ses intérêts et à les soumettre aux pouvoirs publics par voie de délégués. À dix heures du matin, les délégués désignés en assemblée générale des travailleurs se rendront à la mairie. Toutes les communes sont invitées à manifester chacune dans leurs localités […].

– Il va bien falloir que les patrons nous écoutent ! lança un jeune homme d'une vingtaine d'années, Eugène.

Basile, quadragénaire, tenta de tempérer son enthousiasme.

– Ils ont placardé un avis dans les usines de Fourmies pour annoncer que le mouvement de grève serait sévèrement réprimé.

– Qu'est-ce qu'ils peuvent nous faire ? plastronna Eugène.

Lorenzo écoutait sans mot dire. À l'entrée de Fourmies, il fit remarquer à ses camarades la présence de deux compagnies d'infanterie.

– Gaffe ! murmura-t-il.

Ils étaient environ mille cinq cents grévistes, à chanter « C'est huit heures, huit heures, c'est huit heures qu'il nous faut » devant les grilles d'une filature, la Sans Pareille, dont les ouvriers n'avaient pas cessé le travail. Dès dix heures, six gendarmes à cheval, sabre au clair, chargèrent et procédèrent à quelques arrestations. Dès lors, les manifestants réclamèrent en chantant non seulement une réduction du temps de travail mais aussi leurs camarades prisonniers.

L'ambiance était encore bon enfant. Mais pour combien de temps ? se demandait Lorenzo, inquiet.

L'après-midi, alors que la foule s'était massée sur la place de l'Hôtel-de-Ville pour demander la libération des grévistes, la situation bascula d'un coup. Les manifestants commencèrent à lancer des pierres sur les gendarmes. Sommés de se disperser, ils refusèrent. Pour la deuxième fois de la journée, les gendarmes à cheval chargèrent. Lorenzo protégea une fillette qui faillit être piétinée. Les jets de pierre s'intensifièrent. La tension était palpable. Trois compagnies du régiment d'infanterie se positionnèrent de façon à fermer les accès. Pendant ce temps, une colonne d'environ trois cents hommes prit la direction de la place de l'Hôtel-de-Ville en réclamant : « C'est nos hommes, nos hommes, nos hommes, c'est nos hommes qu'il nous faut ! » Culine marchait en tête avec un conscrit, Giloteaux, qui brandissait un drapeau tricolore. Quelques-uns s'armèrent de bâtons et de pierres afin de pouvoir se défendre face aux gendarmes. À six heures, ils étaient près de cinq cents. Le choc était inévitable.

La colonne se heurta à la compagnie du 145e régiment d'infanterie, barrant l'entrée de la place. Les soldats donnèrent l'impression d'être débordés. Aussitôt, le commandant Chapus leur ordonna de faire feu. Sans la moindre sommation. Le porte-drapeau Giloteaux tomba le premier. Le feu de peloton, tiré à l'aveugle, frappa indifféremment, dans un vacarme incroyable, grévistes, femmes et enfants.

Lorenzo, sous le choc, eut le réflexe de se coucher sur les pavés. Les soldats continuaient de tirer alors même que la foule s'était dispersée en direction des estaminets bordant la place.

Un silence horrifié succéda au tumulte. Devant Lorenzo gisait une jeune fille au corsage teinté de sang. Il se pencha au-dessus d'elle. Le pouls ne battait plus. Une nausée lui tordit l'estomac. Partout, des cris, des gémissements et cette odeur de poudre, insoutenable.

Durant deux heures, il se démena, portant secours aux blessés, recensant les victimes. Deux jeunes filles avaient été tuées à l'intérieur d'un cabaret. Un enfant de onze ans, Émile Cornaille, avait été atteint d'une balle alors qu'il venait de se réfugier dans le café La Bague d'or.

Vingt-deux ans après la fusillade du Brûlé, la tragédie se renouvelait. Avec, encore une fois, des femmes et des enfants pour victimes.

– Ils n'ont rien compris, murmura Lorenzo.

29

Il était impossible de recenser la foule massée dans la région industrielle de Thiérache. Dix, vingt mille personnes, peut-être plus. L'afflux était continu depuis le matin. Des ouvriers en vêtements de travail, arborant une cravate rouge, arrivaient des environs mais aussi de petites villes laborieuses telles que Saint-Michel ou Hirson. Une tristesse stupéfaite pesait sur Fourmies, comme si témoins et habitants n'avaient pas encore pris toute la mesure de la tragédie.

Lorenzo, qui n'avait pas quitté la région depuis trois jours, était venu soutenir ses camarades. Pauline lui avait prêté une cravate rouge.

– Tu es plutôt bel homme, avait-elle remarqué en souriant.

Il lui avait caressé la joue sans répondre. Lorsqu'il était rentré, livide, à la cayenne de Pauline, vers vingt-trois heures, la Mère était déjà au courant de la fusillade. Elle l'avait serré contre elle, comme elle l'eût fait avec un enfant, et il avait écrasé une larme.

– Mon frère est ouvrier à Fourmies, lui avait-elle confié. Dieu merci, il ne fait pas partie des victimes, mais c'est égal. Ces jeunes gens, cet enfant de onze ans… Et la pauvre Maria Blondeau, dix-huit ans à peine, abattue à bout portant d'une balle dans la tête. On m'a dit qu'elle tenait à la main un rameau d'aubépine que lui avait offert son fiancé…

Pauline avait secoué la tête.

– Il faudra bien qu'ils paient un jour, ces maudits patrons ! Qu'est-ce que nous sommes pour eux ? Même pas des chiens !

Sa colère faisait écho à celle de Lorenzo.

Il se répétait ses paroles, quarante-huit heures plus tard, perdu parmi la foule. Les autorités locales n'avaient rien compris ; elles avaient réclamé en haut lieu plusieurs régiments de cavalerie afin que les funérailles se déroulent dans le calme.

– Comme si on pouvait faire insulte à nos morts, grommela Basile, qui avait fait lui aussi le déplacement.

En première ligne durant la fusillade, il avait nettement entendu le commandant ordonner : « Feu ! Feu ! Feu rapide ! Visez le porte-drapeau ! »

– Si ce n'est pas malheureux, reprit-il. Un gamin de vingt ans à peine, ce pauvre Kléber !

Tous les visages reflétaient la consternation, le chagrin et l'incompréhension. De nombreux journalistes étaient venus de Paris et de Lille. Ils prenaient des notes dans leurs carnets, posaient des questions, s'intéressant plus particulièrement aux jeunes filles tuées. Le cas de Maria Blondeau, notamment, les interpellait. Cette curiosité paraissait presque malsaine à Lorenzo. Il comprenait, cependant, que le drame devait être relayé afin que le pays tout entier apprenne comment on avait traité des manifestants innocents. On parlait à voix basse, comme pour ne pas déranger les morts. On commentait, aussi, le rôle joué par l'abbé Margerin, le prêtre de Fourmies, qui s'était interposé pour faire cesser la fusillade. Sans son intervention, combien de victimes supplémentaires aurait-on déploré ?

Lorenzo jeta un regard sombre aux détachements de cavalerie impressionnants qui bordaient l'itinéraire du cortège. En lui, la colère le disputait à l'écœurement. Les prenait-on pour de redoutables assassins ? Il revoyait l'atmosphère joyeuse de la matinée du 1er mai, et, en contrepoint, tous ces corps foudroyés. Comment le patronat et l'armée avaient-ils pu perpétrer un tel massacre ?

Ils étaient environ trente mille – ouvriers, militants, sympathisants – à défiler. Pas un mot plus haut que l'autre, pas une revendication, rien, que le silence, grave et digne. Plusieurs portaient des couronnes, d'autres des pancartes. Le cortège s'étirait sur deux kilomètres, sous un soleil insolent.

Culine, tenant un drapeau rouge voilé de crêpe, prononça un discours émouvant. D'autres militants suivirent son exemple. En les entendant affirmer que les martyrs de Fourmies n'étaient pas morts en vain, Lorenzo éprouva un profond sentiment de découragement. Le monde industriel était-il prêt à changer ? Il en doutait fort.

Deux jours plus tard, sa lassitude se fit révolte. Il venait d'achever la lecture des journaux chez la Mère. Dans *Le Dix-neuvième Siècle*, on pouvait lire : « Les mesures militaires prises sont folles… Une armée ennemie serait signalée qu'on ne prendrait pas d'autres mesures », tandis que *Le Petit Journal* constatait : « On dirait une ville qui s'apprête à repousser un assaut ; les rues qui aboutissent à celles où doit passer tout à l'heure le cortège funèbre sont barrées par d'énormes effectifs de cavalerie ; cela ressemble bien à de l'affolement de la part de l'autorité. » Ces deux journaux reflétaient assez bien l'atmosphère régnant à Fourmies le jour des funérailles. Cependant, l'analyse politique de la presse de droite était quasi unanime : on félicitait les responsables, notamment le sous-préfet d'Avesnes, et on accusait les militants de Fourmies et du nord de la France. On estimait en effet qu'ils étaient seuls responsables du massacre ; ils avaient troublé l'esprit des ouvriers.

Mû par un réflexe de pauvre, il se contraignit à replier posément les pages du journal alors qu'il les aurait volontiers déchirées. Il se tourna vers Pauline qui l'observait.

– Sommes-nous donc des moitiés d'hommes, comparés aux « messieurs » ? s'enquit-il d'une voix enrouée.

– La société finira bien par changer, répondit Pauline, apaisante. Garde ta révolte, reprit-elle, mais utilise-la à bon escient, sinon elle risque de se retourner contre toi.

Était-ce dû à la sérénité émanant de la Mère, au climat de tragédie, aux questions qui se bousculaient dans sa tête ? Brusquement, Lorenzo sut qu'il pouvait se confier à Pauline. Et il lui raconta tout, pêle-mêle : son enfance dans les bois, l'amour de sa mère, la haine de Giuseppe, son apprentissage, le choléra à Marseille… Pauline écoutait, en se gardant bien de tout commentaire. Elle songeait à tous ces autres gars qui avaient mené eux aussi des vies difficiles et se disait que, malgré les progrès technologiques dont on faisait grand cas, rien n'avait vraiment changé. Le peuple n'en pouvait plus de supporter des conditions d'existence toujours aussi rudes et revendiquait une amélioration de son sort.

– Tu sais désormais ce que tu refuses avec force, déclara-t-elle. Il est grand temps de construire, à présent, ne crois-tu pas ?

Lorenzo haussa les épaules.

– À quoi bon ? J'ai l'impression que ma vie est un champ de ruines !

Pauline secoua la tête.

– Seulement si tu t'y résignes. Tu es un homme du Sud, tu n'as rien à faire par chez nous. Les temps changent, ou vont changer. Tu as un rôle à jouer là où tu es né. La Commune a été étouffée dans le sang il y a tout juste vingt ans. Mais d'autres hommes, d'autres femmes sont prêts à se battre pour leur idéal.

Pourquoi les femmes tenaient-elles une place aussi importante dans sa vie ? se demanda Lorenzo. Il y avait eu sa mère, Luisa, Élisa et à présent Pauline. La Mère savait trouver les mots pour le bousculer, l'inciter à reprendre le combat.

– Tu es un compagnon, reprit Pauline, tu as un rôle de transmission à jouer. À quoi cela te servira-t-il de traîner de cayenne en cayenne en soutenant les actions des ouvriers ? Tu appartiens à un autre monde, qui va connaître lui aussi une période de transition. Que deviendra le compagnonnage quand les syndicats seront bien implantés, à ton avis ?

La passion qui l'animait était contagieuse.

– Promets-moi de me présenter un jour, quand tu l'auras rencontrée, la femme qui saura te révéler et que tu aimeras, follement, conclut Pauline, dans un grand éclat de rire.

Et Lorenzo se sentit rougir.

Parce qu'elle avait compris qu'Élisa avait seulement constitué une étape de sa vie.

30

1892

« Une nouvelle rentrée », pensa Virginie, cochant à l'aide d'un crayon de mine la liste des effets demandés par l'école normale d'Avignon.

C'était devenu une habitude, et Félicité mettait un point d'honneur à lui confectionner une nouvelle garde-robe chaque année.

Les élèves avaient besoin de trois paires de draps de coton, d'un couvre-pieds, de six serviettes de table, de douze serviettes de toilette, six essuie-mains, douze chemises de jour, huit pantalons, six chemises de nuit, douze paires de bas opaques, vingt-quatre mouchoirs, des chaussons blancs en tricot pour les nuits d'hiver, trois jupons de dessous, une paire de pantoufles sans talons, un dessus-de-lit en coton blanc en nid-d'abeilles avec franges. À cela s'ajoutaient une robe pour la semaine, un tailleur bleu marine ou noir, un manteau bleu marine ou noir, trois jupes, un chapeau noir, deux sarraus noirs, aussi longs que les jupes, une paire de souliers montants noirs, deux paires de bottines à talons.

Comme Félicité le lui avait fait remarquer, toutes les conditions semblaient être réunies pour transformer les futures institutrices en éteignoirs ! Dans le dortoir, les jeunes filles s'amusaient parfois de l'austérité de leurs tenues. Elles étaient bien éloignées de la mode féminine avec tournure, taille étranglée et manches gigot !

Les élèves se devaient d'avoir une attitude et une mise irréprochables. Pas question pour elles de se coiffer d'un chapeau orné de plumes ou de fleurs ! Le règlement de l'école normale l'interdisait formellement. Elles s'en consolaient en gardant leur belle humeur et, durant l'été, portaient des blouses de couleur. Les plus audacieuses avaient même osé tremper leurs pieds dans l'eau du côté de Bandol. Si elle l'avait appris, Mme Dorval, la directrice, en aurait assurément pris ombrage. Virginie se pencha pour boucler ses valises en fredonnant *La Barcarolle* des *Contes d'Hoffmann*.

Elle avait hâte de rentrer, même si elle étouffait parfois à l'école. L'été écoulé lui laissait un goût amer. Son grand-père Pélissier avait essayé de la fiancer à Jean-Clément, son bras droit.

– Voyons, elle n'a que seize ans ! s'était insurgée Félicité, et Émilien avait ricané :

– Une belle fille comme elle, rousse, de surcroît… Croyez-moi, il ne faut pas traîner.

Virginie et sa marraine, profondément choquées, avaient haussé les épaules. L'expérience leur avait enseigné, en effet, qu'il était inutile de discuter avec le vieux Pélissier. Elles fréquentaient le moins possible les Terres Brûlées. Achille passait à Apt une à deux fois par mois. Durant ses vacances, il invitait sa fille au restaurant, lui donnait un peu d'argent, comme pour se procurer bonne conscience. Ils devisaient littérature, leur passion commune, évitant d'aborder des sujets susceptibles de susciter des tensions, comme Albertine ou l'usine d'ocres. Grâce à ces rencontres, Virginie suivait d'un peu plus près les travaux des félibres. Son père l'avait emmenée en août à Maillane. La prestance, les connaissances, la passion de Mistral l'avaient impressionnée. Le maître et son épouse l'avaient accueillie comme si elle avait fait partie de leur famille, ce qui l'avait touchée. Elle avait aussi découvert un Achille différent chez les Mistral. Souriant, à l'aise, détendu, libéré de la tutelle paternelle. Son ressentiment contre Émilien s'en était accru. Ne pouvait-il donc comprendre à quel point il faisait souffrir les siens ? À croire que sa passion pour les ocres avait balayé tout le reste…

Cette visite à Maillane avait permis à Virginie de se sentir un peu plus proche de son père. Achille n'était pas un raté comme le proclamait volontiers Émilien, mais un homme qui s'était battu pour mener la vie dont il rêvait. Du haut de ses seize ans, Virginie comprenait mieux les choses. Si elle admirait toujours autant sa mère, elle avait décidé de faire ses propres choix.

– Nini !

Sa marraine la hélait depuis le vestibule.

– Maître Sautel est là, ma grande.

Cette visite impromptue étonna la jeune fille. Elle tenta de lisser ses cheveux, frotta ses mains l'une contre l'autre et descendit saluer son grand-père.

Elle le trouva tel qu'elle l'avait toujours connu, grand, bedonnant, vêtu de noir. Il l'attendait dans le salon et lui tendit sa joue à baiser.

– Quelle surprise ! s'écria-t-elle.

Maître Sautel esquissa un sourire.

– Je ne voulais pas te laisser partir sans te souhaiter un bon trimestre, mon petit. Continue de bien travailler, comme tu l'as fait jusqu'à présent.

Il les accompagna dans le minuscule jardin dont elles disposaient. À l'ombre d'une treille, Félicité avait installé du mobilier en fer forgé. Virginie proposa au notaire de la citronnade et du sirop d'orgeat.

– Va pour la citronnade, acquiesça-t-il.

Il s'installa sur un siège, laissa son regard errer sur les lauriers-roses en pots avant de le poser sur l'adolescente.

– Eh bien, plus que deux années d'études avant de devenir institutrice, reprit-il, un peu mal à l'aise, comme chaque fois qu'il se trouvait face à sa petite-fille.

Félicité en avait parlé avec Virginie ; la jeune fille ressemblait à Albertine. Plus qu'une réelle similitude de traits, ses gestes, son attitude lui rappelaient sa fille.

Elle sourit.

– Je l'espère. On nous a prévenues : cette troisième année sera déterminante. Nous avons intérêt à « cravacher », pour reprendre le mot de Mlle Dorval.

Le notaire tiqua.

– Quelle curieuse façon de s'exprimer ! Tu es bien certaine de vouloir travailler ? Tu te retrouveras nommée je ne sais où, alors que tu auras à peine dix-huit ans. Pour une jeune fille respectable…

Félicité vola au secours de sa filleule.

– Vous savez, maître Sautel, les jeunes institutrices ont une excellente réputation. De plus, Virginie pourra effectuer un voyage à la fin de ses études. Nous en avons les moyens, précisa-t-elle, mue par un réflexe de fierté.

Maître Sautel fronça les sourcils.

– Je n'en doute pas, mademoiselle Darnaud. De toute manière, à ma mort, Virginie disposera d'un petit héritage. La maison de Fontrouge te reviendra, mon petit, ainsi que les meubles et les livres.

Pouvait-elle avouer qu'elle n'aimait guère cette demeure, trop austère à son goût ? Elle se contenta de sourire et de répondre qu'elle ne se préoccupait guère de son héritage, ce qui était vrai. Le visage de son grand-père se ferma.

– Mon temps est révolu, lui dit-il. Je n'attends plus rien de la vie à présent.

Il ne pouvait lui faire comprendre plus clairement qu'elle n'avait jamais beaucoup compté pour lui, se dit-elle en s'efforçant de ne pas se laisser attrister par ce constat. Était-ce à cause de son état de fille ? Il estimait qu'une femme devait se consacrer à son époux et à ses enfants et se défiait des suffragettes, ainsi qu'il appelait celles qui revendiquaient plus de droits pour les femmes. À une certaine époque, Albertine s'était intéressée aux femmes félibres et avait manifesté quelques velléités d'indépendance. Les Pélissier s'étaient chargés de la faire rentrer rapidement dans le rang. S'il regrettait d'avoir favorisé cette union désastreuse, Charles Sautel ne voyait pas comment il aurait pu agir autrement. Il avait voulu marier Albertine le plus vite possible, car il redoutait que sa fille ne développe les mêmes troubles qu'Edmée. Peut-être aurait-il été préférable pour elle de demeurer célibataire ? Comment savoir ? En tout cas, Virginie était intelligente et posée. Belle, aussi, d'une beauté insolente, incandescente. Cela lui faisait peur pour elle. Il lui était impossible de passer inaperçue avec de tels cheveux !

Il but son verre d'un trait, ce qui ne lui ressemblait guère, se leva pesamment.

– J'y vais, petite, j'ai à faire chez maître Fontaine. Donne-moi de tes nouvelles.

Il effleura le front de Virginie, serra la main de Félicité avant de se retirer.

Il ne pouvait tout de même pas leur avouer qu'il éprouvait une impression d'horrible gâchis chaque fois qu'il croisait le regard de Virginie…

31

1893

Cernée de montagnes, baignée de lumière, la vieille ville de Digne se resserrait sous le campanile de la cathédrale Saint-Jérôme.

– Tu verras, avait promis Jeannette d'une voix gourmande, l'hiver, à Digne, est magique.

Les filles ne s'étaient pas réjouies à la perspective de s'installer dans les Basses-Alpes. Elles quittaient la rue de l'Hôpital, à Avignon, où elles avaient leurs habitudes, pour une préfecture isolée qui leur paraissait loin de tout.

De plus, l'idée que les garçons allaient étudier dans leur ancienne école en faisait enrager plus d'une. À Avignon, elles bénéficiaient d'un vaste hôtel particulier ouvrant sur une cour ombragée de platanes. Certes, le dortoir, avec son sol carrelé, ses lits métalliques et ses grandes fenêtres, était spartiate et glacial, mais les élèves s'en accommodaient grâce à leurs vêtements de nuit bien chauds et à leurs bouillottes.

Ce serait certainement plus facile pour les classes suivantes qui ne connaîtraient que Digne.

Sans vouloir se montrer injuste ou partiale vis-à-vis de la préfecture bas-alpine, Virginie regrettait Avignon.

Dieu merci, elle aimait l'étude et avait l'impression de maîtriser de mieux en mieux le programme. Certains jours, pourtant, elle éprouvait un sentiment proche de la panique. Comment se déroulerait sa première année d'enseignement ? Serait-elle à la hauteur ? Serait-elle nommée dans un village perdu ? L'institutrice se devait d'être exemplaire en tout point et il n'était pas question pour elle de montrer le moindre signe de faiblesse. On le leur répétait souvent à l'école normale : « Vous êtes en première ligne, mesdemoiselles. Le fer de lance de l'instruction publique et laïque. »

Une sourde rivalité opposait l'école de la République aux écoles religieuses. L'école du diable et celle du bon Dieu… Virginie, malgré son éducation catholique – sa grand-mère Célestine fréquentait assidûment les églises de Roussillon et de Gargas –, se revendiquait athée.

Elle avait cessé de croire le jour de la mort d'Albertine et n'éprouvait aucun désir de renouer avec la religion pratiquée dans son enfance. Félicité, qui avait eu deux amants, n'allait pas se confesser et ne se rendait à la cathédrale d'Apt que le dimanche de Pâques. « Une fois dans l'année, c'est bien assez ! » affirmait-elle en souriant.

Dans ces conditions, l'idéal républicain prôné à l'école normale ne posait pas de problèmes existentiels à Virginie.

Un froid de gueux régnait à Digne durant les mois d'hiver. Les grandes fenêtres des dortoirs non chauffés se couvraient de givre dès les premiers frimas. Les jeunes filles superposaient les couches de vêtements. Un soir, Gaby avait désigné l'espèce de bonnet sous lequel elle protégeait ses cheveux nattés et avait pouffé. « Si nos collègues garçons nous voyaient ! » Autorisées à sortir le jeudi et le dimanche, les élèves respectaient une discipline quasi militaire, comme l'attestait leur emploi du temps.

Levées à cinq heures l'été, six heures l'hiver, elles commençaient la journée par une heure d'étude, prenaient leur petit déjeuner, puis avaient cours de huit heures à douze heures avec quinze minutes de récréation. Le déjeuner prenait à peine une demi-heure. Elles reprenaient les cours à quatorze heures. À dix-sept heures, elles partageaient un frugal goûter, puis de dix-sept heures trente à dix-neuf heures, elles étudiaient. À dix-neuf heures, elles disposaient de une heure de temps libre pour dîner et se consacrer à la lecture ou à la musique. Après la dernière étude, de vingt à vingt et une heures, toilette, souvent rudimentaire, puis coucher. Les jeunes filles se chuchotaient alors des confidences, évoquaient leurs rêves.

Chloé, la meilleure amie de Virginie, venait d'Orange. Issue d'une lignée d'instituteurs, elle se demandait encore si elle avait vraiment le feu sacré. De toute manière, ajoutait-elle aussitôt, elle désirait travailler afin de conquérir son indépendance. Elles étaient nombreuses à revendiquer cet idéal. Elles avaient en effet trop souvent constaté dans leurs familles les ravages des mariages arrangés. Les jeunes filles, en cette fin du XIXe siècle, s'intéressaient aux combats des suffragettes britanniques.

Elles se prêtaient des livres et Mlle Brochet, leur professeur de littérature, leur faisait découvrir des auteurs progressistes, comme Séverine et Hubertine Auclert, la première suffragiste.

Mlle Brochet, âgée d'une trentaine d'années, était unanimement admirée. Même si elle était elle aussi vêtue de sombre, elle restait élégante grâce à un foulard savamment noué ou à un collier d'ambre. Elle était belle avec ses cheveux blond vénitien coiffés en bandeaux, ses yeux vert pâle et son teint clair. Chloé la suivait du regard en soupirant :

– Oh, être moitié aussi belle qu'elle !

Virginie s'en amusait.

– Tu es toi, Chloé, lui disait-elle. Tu n'as pas besoin d'imiter Mlle Brochet.

Cependant, rien n'y faisait, Chloé restait sous le charme de leur professeur. Les deux amies espéraient que leurs affectations ne seraient pas trop éloignées l'une de l'autre. Elles avaient attaqué les « mises en situation » au deuxième trimestre, ce qui leur causait parfois des insomnies. Le fossé entre théorie et pratique était de taille !

Virginie jeta un coup d'œil par la fenêtre. Le ciel d'un bleu pur annonçait une belle journée. Chloé et elles avaient projeté de se rendre à Courbons. Les jeunes filles supportaient mal d'être enfermées toute la semaine et la petite sortie du jeudi après-midi ne suffisait pas à leur dégourdir les jambes. Durant les vacances, Virginie parcourait les collines, comme pour se gorger de liberté. Elle avait espéré, naïvement, que les cours de gymnastique lui permettraient de se dépenser. En fait, il s'agissait seulement de quelques exercices dans la cour de l'école. Marche au pas cadencé, marche sur la pointe des pieds, sur les talons, en balançant les bras… On était bien éloigné de l'idéal de la Grèce antique ! Sophie, une condisciple venue de Carpentras, se plaisait à répéter qu'à l'école normale on exigeait des têtes bien pleines sans vraiment se soucier de l'état physique des élèves. L'hiver avait été particulièrement rigoureux et le régime alimentaire était plus que frugal. À chaque retour de vacances, les filles rapportaient des douceurs et des fruits. Pour le goûter, elles devaient se contenter d'un morceau de pain sec. Une soupe à la semoule leur était servie au petit déjeuner et, faveur insigne, un petit morceau de fromage leur était distribué un soir par semaine au dîner.

Comment s'étonner, dans ces conditions, de leur minceur ?

– On nous affame, grommelait Sophie, qui avait toujours faim.

« Bah ! pensa Virginie, notre apprentissage sera bientôt terminé. » Elle avait hâte de quitter le monde fermé de l'école, souvent comparé à un séminaire laïc, tout en appréhendant le moment où elle devrait se frotter à la « vraie vie ». Elle se posait de nombreuses questions.

Serait-elle une bonne enseignante ? Pourrait-elle mener la vie libre dont elle rêvait ? Instruite par l'expérience familiale, elle n'avait pas la moindre envie de se marier. Devenir une épouse soumise, passer sous la tutelle d'un mari et d'une belle-famille, très peu pour elle ! Félicité, qui n'avait de comptes à rendre à personne, n'était-elle pas la plus heureuse ?

– Virginie, ça t'ennuie beaucoup si je ne t'accompagne pas cet après-midi ? lui demanda Chloé. Tu comprends, Mlle Brochet m'a proposé de m'emmener.

La jeune fille avait le visage chiffonné des mauvais jours.

– Tu fais comme tu veux, répondit la fille d'Albertine en s'efforçant de ne pas laisser voir sa contrariété.

Même si elle admirait l'institutrice, elle se défiait de son ascendant sur Chloé. Son amie, écrasée par la personnalité d'un frère aîné particulièrement brillant, manquait de confiance en elle. Agacée, Virginie partit seule aussitôt après le déjeuner. Les élèves avaient campo de douze heures trente à dix-sept heures. Elle s'engagea d'un bon pas sur la route de la gare. Elle portait un châle en mérinos bleu paon et noir sur une jupe et un corsage noirs eux aussi. Ses souliers montants lui permettraient de marcher sans problème sur les chemins. Après avoir hésité, elle avait arrêté son choix sur un canotier de paille – noire, évidemment ; il faisait si beau ! Elle ôta son châle après avoir grimpé entre vignes et oliviers. Le soleil d'avril était chaud et lui rappelait son Luberon natal. Elle se retourna afin de contempler Digne, dominée par la cathédrale Saint-Jérôme. Seule Félicité savait à quel point elle s'ennuyait dans cette ville. Lorsqu'elle écrivait à son père, elle ne parlait que de son travail, sans se plaindre du manque d'activités. Il lui envoyait assez souvent des livres, ils en discutaient ensuite, ce qui leur permettait de ne pas aborder d'autres sujets de conversation.

Virginie se pencha, froissa entre ses doigts des brins de thym qu'elle huma goulûment.

En pension, tout lui manquait : couleurs, sensations, parfums. « Plus qu'une semaine avant les vacances de Pâques », se dit-elle. Félicité lui avait promis de l'emmener à Avignon et Virginie comptait bien se promener dans les collines. Elle se rendrait une fois aux Terres Brûlées, même si cette perspective ne l'enthousiasmait guère. Là-bas, elle se heurtait à l'ombre d'Albertine.

Virginie se mordit les lèvres. Elle avait tenté à plusieurs reprises d'évoquer sa mère avec Achille, en vain. Il éludait, ou se fermait. De guerre lasse, la jeune fille avait fini par renoncer.

Elle s'essuya le front. La pente était raide, les cailloux glissaient sous ses souliers. Elle aperçut un lézard, sourit en songeant à M. Mistral, l'ami de son père. Elle avait aimé la façon dont il leur avait parlé de la maison du Lézard, à Maillane, où il avait vécu en compagnie de sa mère jusqu'à son mariage, en 1876.

Chemin faisant, elle se récitait les vers d'un poème lu récemment qui l'avait profondément marquée, *Cri perdu* :

Ce cri fit frémir l'air, ébranla l'éther sombre,
Monta, puis atteignit les étoiles sans nombre
Où l'astrologue lit les jeux tristes du sort ;
Il monte, il va, cherchant les dieux et la justice,
Et depuis trois mille ans sous l'énorme bâtisse,
Dans sa gloire, Chéops inaltérable dort[1].

La poésie lui était indispensable. Elle n'était pas toujours d'accord avec les choix de Mlle Chabert, la directrice. Virginie avait des goûts plus élitistes.

De nouveau, elle s'essuya le front.

1. Extrait du poème de Sully-Prudhomme.

– Beau temps, n'est-ce pas ?

La voix provenant du rocher au-dessus d'elle la fit tressaillir. Elle était persuadée que l'endroit était désert.

– Par ici, reprit la voix tombée du ciel.

Virginie regarda à droite, puis à gauche, avant de hausser les épaules. Elle n'avait plus l'âge de jouer à cache-cache ! Il surgit sur le sentier au moment où elle s'y attendait le moins. Il lui parut immense, et beaucoup trop élégant pour Digne.

– Bonjour, dit-il, son chapeau à la main. J'étais certain que personne ne monterait jusqu'ici aujourd'hui.

– Ne vous en déplaise, monsieur, répliqua Virginie, agacée.

Elle aussi recherchait la solitude.

L'inconnu lui sourit.

– Désolé, mademoiselle, je ne voulais pas être impoli. Judicaël Joannet, pour vous servir.

Elle le gratifia d'un bref signe de tête sans pour autant décliner son identité. Mlle Chabert ferait une attaque si elle la voyait adresser la parole à un inconnu !

Il pouvait avoir trente ans, pensa-t-elle en observant à la dérobée son profil net, ses traits bien dessinés. Ses cheveux bruns, coiffés avec soin, révélaient le talent de son barbier. De nouveau, elle se dit qu'il venait d'une grande ville. Nice ? Marseille ? Il portait des souliers vernis, peu adaptés à la marche, un costume de serge gris perle, un gilet broché et une chemise blanche à col cassé. « Un gandin », aurait dit son grand-père, maître Sautel.

– Vous êtes attirée par les vieilles pierres ? demanda-t-il.

Elle sourit.

– J'ai surtout besoin de prendre l'air.

Elle s'interrompit, confuse. Elle avait failli ajouter qu'elle étouffait à l'école normale.

– Je découvre la région, dit-il. Mon journal m'a envoyé à Digne.

Cette fois, Virginie ne put dissimuler son intérêt.

– Vous êtes journaliste ?

– En effet, mademoiselle.

Elle lui aurait volontiers posé nombre de questions. Pour quel journal travaillait-il ? Pourquoi était-il à Digne ?

Elle n'osa pas l'interroger et se dit qu'elle le regretterait toute la nuit.

Il lui offrit son bras alors qu'elle venait à nouveau de trébucher sur un caillou pointu.

– Venez, mademoiselle, nous avons accompli plus de la moitié du chemin. Courbons nous attend !

On aurait dit un paladin du Moyen Âge prêt à embrocher une armée d'infidèles. Le sourire de Virginie s'accentua.

– Qui vous dit que je suis disposée à vous accompagner ?

– Vous en mourez d'envie, répondit-il simplement. Vous verrez, je suis un excellent sigisbée. Et je sais faire rire les jolies demoiselles.

C'était pure folie que de suivre cet homme joyeux et anticonformiste, Virginie le savait.

Mais, ce jour-là, elle n'avait pas l'intention de se montrer raisonnable. Aussi accepta-t-elle le bras de Judicaël Joannet.

Elle n'imaginait pas, alors, quelle serait son importance dans sa vie.

32

1894

Durant la journée, elle parvenait sans trop de peine à ne pas évoquer le passé. Elle avait tant de travail qu'elle avançait comme une bête de somme.

La nuit, en revanche, cauchemars et souvenirs lui laissaient peu de répit. Maria dormait peu et mal. La chambre qu'elle occupait ne ressemblait pourtant pas au galetas qu'elle avait habité jadis. Elle se rappelait la terreur que lui inspirait la grosse voix de père Arsène et avoir souhaité disparaître sous terre chaque fois que mère Honorine, sa nourrice, découvrait son forfait. Mère Honorine la traitait de sale fille, de cochonne et accrochait à son cou une pancarte sur laquelle était écrit : « Je ne suis pas propre. » Sur le chemin de l'école, les autres enfants encerclaient Maria en la traitant de « pisseuse ». Ces jours-là, elle aurait voulu mourir. La honte la submergeait. Pourtant, elle ne le faisait pas exprès, contrairement à ce que pensait mère Honorine. Maria ne buvait rien le soir, hormis une soupe de légumes.

Elle se relevait jusqu'à deux fois la nuit afin de vider sa vessie derrière la ferme, tout cela en vain. Lorsque l'humidité entre ses cuisses la réveillait, elle se frottait avec de la paille, mais l'odeur de l'urine la trahissait.

– Satanée pisseuse, grommelait mère Honorine. Tu ne crois pas que j'ai déjà assez de travail comme ça ?

Et Maria baissait la tête. Pourquoi se comportait-elle aussi mal ? Elle savait bien que ses parents nourriciers l'avaient recueillie alors qu'elle traînait dans Manosque et que, sans eux, elle aurait connu les bas-fonds de Marseille.

Elle le savait. Mais n'était pas convaincue pour autant de leur altruisme.

D'abord, le conseil général payait Honorine et Arsène. Ensuite, Maria travaillait dur à la ferme, située près de Dauphin. Elle ne leur devait rien, s'était-elle souvent répété, comme pour se persuader que son destin n'était pas tout tracé. Les enfants abandonnés faisaient l'objet d'une défiance quasi généralisée. N'étaient-ils pas considérés comme porteurs de tares et, de ce fait, soumis à une obligation de surveillance ? Maria avait souvent serré les poings en entendant insulter sa mère et s'était battue plus d'une fois. À quoi bon leur répéter que Livia était morte et qu'elle, Maria, était une enfant légitime ? Abandonnée par son père, elle était une réprouvée. Depuis son placement chez les Salmon, elle n'avait même pas pu se raccrocher à l'espoir que Giuseppe viendrait un jour la réclamer. Elle haïssait Giuseppe. Elle avait quelques souvenirs de sa petite enfance. Elle se rappelait la cabane dans les bois, la douceur et la tendresse de sa mère et les cris du père. Jamais satisfait, il hurlait en permanence, à moins qu'il ne lève la main sur sa femme et sa fille.

Maria avait vu Livia se voûter et s'étioler en éprouvant un horrible sentiment d'impuissance. Toutes deux se réfugiaient parfois chez Luisa qui les accueillait sans poser de question.

– Pars, répétait-elle à Livia, quitte-le.

Livia secouait la tête.

– Je ne peux pas. Il me retrouvera et me tuera. De toute façon, je dois rester pour la petite.

Maria se rappelait aussi un jour de fête, dans la clairière. Sa mère avait confectionné un gâteau pour son anniversaire et invité les autres enfants de charbonniers. Cet après-midi-là, Giuseppe était parti livrer ses couffes de charbon de bois à Rustrel. Les enfants riaient et jouaient à cache-cache. Le soleil jetait de grandes flaques dorées sur le sol. Brusquement, l'ombre avait gagné du terrain et Maria avait vu sa mère blêmir. « Tu as du travail en retard », avait beuglé Giuseppe, saisissant Livia par le bras et la jetant à terre. Maria s'était ruée sur son père. Il l'avait envoyée bouler contre un arbre et elle était tombée, assommée sous le choc. Elle devait avoir six ans, alors. Elle n'avait jamais oublié l'expression de haine déformant le visage de Giuseppe. Qu'avait-elle donc fait pour lui inspirer un tel sentiment ?

Elle se retourna sur sa paillasse, cherchant en vain le sommeil qui la fuyait. Elle ne voulait plus songer à son père. Elle était heureuse d'épouser Antonin ; elle ne porterait plus le nom honni de Lupo. Antonin… L'aimait-elle ?

Ils s'étaient rencontrés à la bravade de Volx. Exceptionnellement, on avait autorisé Maria à s'y rendre pour accompagner une nièce des Salmon. Père Arsène avait bramé qu'il n'avait pas de temps à perdre avec ces amusements et mère Honorine souffrait trop de ses jambes pour marcher jusqu'à Volx. Maria et la jeune Aurélie étaient donc parties de bon matin, la petite juchée sur le mulet.

La fête les avait ravies l'une et l'autre, même si les décharges de mousquet avaient effrayé Aurélie. La fillette avait fait deux tours de carrousel, tandis que Maria lui adressait de petits signes de la main. C'était à ce moment-là qu'un jeune homme endimanché l'avait abordée.

– Mademoiselle, viendrez-vous au bal de ce soir ?

Maria avait reculé d'un pas. Comment expliquer à cet inconnu qu'elle ne savait pas danser, ne participait jamais aux fêtes et que les hommes lui inspiraient une sorte de terreur ? Mais il avait insisté.

– Je vous en prie ! Je ne connais personne ici et j'ai envie de mieux vous connaître, vous.

Elle avait fini par accepter, à condition de quitter le bal avant sept heures. Aurélie et elle ne devaient pas rentrer à la nuit. Elle ne pouvait confier à Antonin qu'elle avait toujours vécu dans la crainte. Peur d'être battue, moquée, renvoyée sur les routes, abandonnée une nouvelle fois… Ces terreurs avaient modelé son caractère, la transformant en jeune personne soumise. « Toute ta vie tu devras rendre des comptes ! » lui avait lancé un jour un inspecteur de l'Assistance.

Elle n'avait pas douze ans alors et elle avait eu l'impression d'être la victime de quelque obscure malédiction.

Quand Antonin l'avait entraînée sur la place du village, elle avait éprouvé une sensation curieuse. Elle n'était plus seule. Il la soutenait fermement, la portant presque, et elle osait relever la tête.

– Vous êtes jolie, lui avait-il dit en l'accompagnant sur le chemin de la ferme.

Aurélie dormait sur le mulet. Sa tête dodelinait, et Maria la soutenait de la main. Elle-même se sentait flotter dans une sorte d'apesanteur.

Elle avait revu Antonin à plusieurs occasions. Agriculteur du côté de Banon, il était venu prêter la main à son grand-père, handicapé par un mal de dos persistant.

– Je veux vous épouser, avait-il dit à Maria lors de leur troisième rencontre.

Elle avait incliné la tête en signe d'acquiescement. De toute manière, se disait-elle, elle ne risquait rien à saisir sa chance. Elle n'avait pas d'avenir chez les Salmon qui continuaient à la considérer comme une fille de ferme. Antonin, lui, la respectait et prenait soin d'elle.

C'était d'ailleurs une impression étrange. Auprès de son fiancé, Maria se sentait digne d'intérêt, ce qui ne lui était jamais arrivé. Elle se surprenait à faire des projets, à rêver d'enfants. Antonin était gentil et disait l'aimer. Or Maria avait soif de bonheur.

Ses parents nourriciers tentèrent de la convaincre d'abandonner ce projet de mariage. Elle ne connaissait pas vraiment Antonin, il ne lui avait jamais montré sa ferme. Était-il seulement sincère ? Maria secouait la tête en riant. Elle voulait croire à son rêve.

« Demain, se dit-elle. Je me marie demain. »

Elle avait arrangé une robe noire ayant appartenu à mère Honorine. Ses parents nourriciers offriraient le repas de noces. Il n'y aurait pas grand monde, juste Antonin et elle, les Salmon, leur fils Victor et sa femme Émilienne, Blaise le valet, les voisins les plus proches et le grand-père d'Antonin.

– C'est bien peu, avait commenté le fiancé, et père Arsène avait fait la moue.

– Déjà bien assez pour une gamine que nous avons élevée !

Leur devait-elle vraiment gratitude et reconnaissance ? Maria se rappelait les avanies et les coups subis, les humiliations répétées à propos de son énurésie, le harcèlement de Victor avant qu'il ne s'installe chez sa jeune épouse. Il fallait toujours travailler, sans se plaindre, avancer, encaisser. Elle avait souvent pleuré, le soir, dans la grange. Jusqu'au jour où elle n'avait plus eu de larmes. Elle avait attendu, longtemps, que Lorenzo vienne la chercher. Pour finalement se dire, alors qu'elle avait douze ou treize ans, que Lorenzo l'avait peut-être oubliée. D'ailleurs, était-il encore en vie ?

Elle avait compris qu'elle ne pouvait compter que sur elle-même.

Elle se tourna sur le côté et ferma les yeux. Elle voulait croire que le bonheur était encore possible.

33

« Tout cela peut être à toi. »

Jean-Clément contempla l'usine Pélissier en éprouvant des sentiments contradictoires.

Il savait qu'il avait contribué, par son travail acharné, au succès de l'entreprise mais, en même temps, il ressentait toujours une certaine culpabilité vis-à-vis de son père. Culpabilité qui s'exacerbait chaque fois qu'il avait l'occasion de constater les difficultés des petits ocriers. L'évolution était logique, affirmait Émilien d'un air satisfait. Seuls les plus forts survivraient. Déjà, plusieurs petits propriétaires avaient dû jeter l'éponge, faute de commandes. Un début de surproduction de l'ocre au niveau international accentuait la concurrence entre les producteurs.

Pélissier était fier d'avoir sauvegardé son indépendance. La dot d'Albertine lui avait permis de faire construire l'usine de traitement de l'ocre dont il rêvait. Il avait ainsi acquis une position de force sur le marché local. Désormais, les ocres Pélissier exportaient aussi bien en direction de l'Amérique latine que de la Russie.

Deux rouliers effectuaient le transport des sacs et des tonneaux de poudre jusqu'à la gare d'Apt, et ce plusieurs fois par jour. Cette activité emplissait de fierté Émilien. N'était-il pas devenu une personnalité importante du Luberon ?

De nouveau, Jean-Clément l'entendit lui dire : « Tout cela peut être à toi. » Il avait compris depuis déjà un moment ce que l'ocrier exigeait de lui, qu'il tourne définitivement le dos aux siens. Si son père l'avait mis dehors lorsqu'il était venu lui rendre visite, espérant une réconciliation, il voyait encore sa mère et sa tante. Il allait chez Félicité environ une fois tous les mois. La couturière ne le sermonnait pas, ce n'était pas dans sa nature. Elle lui demandait simplement s'il était heureux. En conscience, il ne pouvait que répondre par l'affirmative. L'entreprise Pélissier lui permettait de donner libre cours à sa passion pour l'ocre. Pourquoi, pensait-il souvent, son père ne pouvait-il le comprendre, alors qu'il avait sacrifié de bonnes terres à l'exploitation du minerai ? C'était… sidérant ! Son fils unique travaillait pour l'une des plus grandes entreprises de la région. Jean-Clément aurait vivoté à la Brémonne. Chez Pélissier, il avait les moyens de ses ambitions. Au risque de perdre sa famille…

Émilien le lui avait dit sans ambages le mois précédent.

– Pour moi, l'ocre passera toujours avant tout le reste. Mes fils ne s'y intéressant pas, ils ne recevront de moi que le strict minimum. La maison, les terres… L'entreprise peut te revenir, mon garçon. À toi seul. Pas aux Darnaud.

Mais Jean-Clément était un Darnaud. Et son père… Il ne pouvait tout de même pas contribuer à sa ruine.

– C'est toi que ça regarde, avait conclu Pélissier. Toi seul. Mais dis-toi bien que je n'attendrai pas cent sept ans !

Quand il laissait couler la poudre d'ocre tamisée entre ses doigts, Jean-Clément éprouvait un sentiment de bonheur et de fierté intense. N'était-ce pas ce dont il avait toujours rêvé ? Pourquoi son père s'était-il obstiné à creuser le champ de l'Étoile, beaucoup moins riche que les mines de Gargas ?

« Je suis un homme de plein air, répétait Amédée Darnaud. Je ne fais pas trimer de pauvres diables comme des esclaves sous terre. » Mais il n'y avait pratiquement plus d'ocre sur ses terres. L'exploitation intensive avait appauvri les sols. Les arbres mouraient les uns après les autres. On parlait de replanter des pins, réputés pour pousser vite, mais, en attendant, ces terres pratiquement nues serraient le cœur de Jean-Clément. Le rêve ocrier coûtait cher au Luberon.

Il se rapprocha des deux fours. Des ouvriers chargeaient le plus ancien de mottes en quinconce, par le devant. Une opération un peu fastidieuse, récompensée par la teinte vibrante obtenue au terme de deux journées de calcination. Suivant les conseils de Pélissier, le fils d'Amédée Darnaud avait lu avec une grande attention le *Traité de la couleur* de Goethe.

Il savait que les mottes d'ocre jaune se transformaient en ocre rouge à quatre cent cinquante degrés. Le rouge était sa couleur préférée. Mme Pélissier avait froncé les sourcils quand il le lui avait confié. « C'est un peu… commun, non ? » avait-elle fait remarquer, et il s'était senti stupide.

Il apprenait, cependant. D'ailleurs, le vieil Alphonse, un ouvrier revenu amputé d'une jambe de la guerre de septante, affirmait que les Pélissier ne valaient pas mieux que les autres familles d'ocriers. « Ils ont juste eu un peu plus de chance, voilà tout ! » estimait-il.

Lui, Jean-Clément, avait choisi son camp. Tout en éprouvant des bouffées de remords. Pourtant, quand il se rappelait l'entêtement paternel, il n'avait plus de regrets mais bel et bien de la colère. Il ne serait jamais parti si Amédée l'avait laissé travailler avec lui.

– Tu rêves, mon garçon ?

La voix forte d'Émilien fit sursauter le fils d'Amédée.

– Non, bien sûr, s'empressa-t-il de démentir.

La main puissante de l'ocrier s'abattit sur son épaule.

– Nous avons une commande importante à expédier pour le Brésil. Dépêche-toi, c'est urgent.

Il hocha la tête et s'éloigna en direction du moulin. Les mottes d'ocre jaune ou rouge étaient placées dans une grande cuve. Au rythme de la rotation des axes, les marteaux les écrasaient. Remontée dans un coffrage vertical, la poudre grossière ainsi obtenue était acheminée par godets jusqu'à une meule de meunier qui parachevait le broyage. La poudre était ensuite tamisée dans un énorme blutoir dans la salle mitoyenne. On y respirait peu et mal à cause de toute la poussière d'ocre en suspension dans l'air. Les ouvriers ne disposaient que de leurs grands mouchoirs pour se protéger. Une mesure bien insuffisante ; nombre d'hommes mouraient alors qu'ils n'avaient pas encore cinquante ans. Les ouvriers savaient la poussière d'ocre dangereuse pour les poumons, sans être en mesure de trouver des solutions. Elle s'insinuait partout, recouvrait leurs vêtements, leurs cheveux, leur peau.

Jean-Clément pénétra dans la salle de conditionnement où l'on ensachait l'ocre finement tamisée en sacs de papier kraft de vingt-cinq kilos ou en barriques de deux cents kilos.

Il s'enquit auprès du contremaître du détail de la commande, se rendit au bureau afin de remplir lui-même les papiers nécessaires. Le navire appareillerait de Marseille le lendemain en fin de journée.

– J'accompagne le chargement, décida-t-il.

Il fallait faire vite, descendre à Apt avant le départ du train. Jean-Clément fit le nécessaire. Deux ouvriers l'aidèrent à charger les barriques sur la voiture bâchée qu'il lança à vive allure sur la route du pont Julien. Le paysage était serein en cette fin d'après-midi, des cyprès en sentinelle montaient la garde au pied d'une tour en ruines. Il se signa machinalement en passant devant un oratoire surmonté d'une croix de pierre.

– Plus vite ! lança-t-il aux chevaux, faisant claquer son fouet.

Il aimait l'ocre comme il aimait la vie qu'il menait.

De nouveau, il songea à la phrase prononcée par Émilien Pélissier : « Tout cela peut être à toi. » Il serait fou de laisser passer sa chance.

34

Était-ce une fatalité ? Ou bien quelque obscure malédiction ? se demandait Maria en rajustant son caraco afin de dissimuler l'ecchymose bleuissant son épaule.

Elle avait cru, pourtant, en une nouvelle vie mais déchanté dès le soir de ses noces.

Antonin, en effet, après avoir bu plus que de raison, s'était montré brutal. Le cœur lourd, la jeune femme avait pensé que c'était dans l'ordre des choses. Elle avait déjà eu maille à partir avec le fils de ses parents nourriciers. Quand ils étaient ivres, les hommes ne valaient plus grand-chose et son mari ne dérogeait pas à la règle.

Par la suite, elle avait pensé à mère Honorine et à ses mises en garde. La ferme tant vantée par Antonin tombait en ruines.

« A beau mentir qui vient de loin », lui avait répété sa mère nourricière. Maria s'était attelée à la tâche, nettoyant l'intérieur, noir de suie et de graisse. Elle avait aménagé un lit correct grâce à la paillasse donnée par père Arsène, lessivé puis chaulé les murs. Antonin la regardait faire d'un air goguenard.

– Cette maison tient à peine debout, c'est une tanière.

Mais elle voulait s'accrocher à son rêve. Si elle travaillait dur et faisait preuve de patience, peut-être seraient-ils heureux.

Elle avait vite compris qu'Antonin avait vu en elle une servante bon marché. Il faisait preuve d'exigence, sans lui donner le moindre sou. Pour améliorer l'ordinaire, il chassait et braconnait, jetant à son retour le gibier sur la table grossière de la salle. Maria avait bêché derrière la ferme, constitué un embryon de potager. Sa voisine la plus proche, une veuve nommée Aglaé, lui avait donné des semences.

– Petite, la terre est ingrate par chez nous, mais puisque l'ouvrage ne te fait pas peur…

Aglaé possédait quelques chèvres. Elle avait consenti à en céder deux à Maria, contre de menus travaux dont la jeune femme s'acquittait volontiers.

– Pourquoi te compliquer la vie avec des *cabro* ? grommelait Antonin.

Le soir, il besognait Maria avant de sombrer dans un sommeil lourd. Elle, les yeux grands ouverts sur la nuit, songeait à sa mère et à son frère aîné. Pourquoi était-ce si difficile de vivre ?

Elle fut heureuse, cependant, lorsqu'elle comprit qu'elle était enceinte. Sa vie prenait un sens, enfin. Antonin se montrait presque gentil. Il espérait un fils. Sa déception n'en fut que plus grande quand Maria fit une fausse couche à quatre mois.

– Incapable ! s'emporta-t-il. N'importe quelle bête arrive à faire des petits !

Maria crispa les mâchoires. Elle n'avait plus de larmes depuis longtemps. Et, surtout, elle n'avait plus de rêves.

De nouveau, Virginie éprouva l'impression d'arriver sur le toit du monde en atteignant le village de Courbons. Elle aimait cet endroit, peut-être parce qu'elle s'y sentait libre. Elle avait pris l'habitude d'y monter chaque dimanche, seule ; Chloé lui faisait faux bond pour aller herboriser dans la campagne en compagnie de Mlle Brochet. D'une certaine manière, sa promenade solitaire lui permettait de mettre de l'ordre dans ses idées, d'envisager son avenir. Elle avait mûri au cours des dernières années, affermi ses souhaits. Elle se sentait faite pour l'enseignement, même si elle redoutait parfois de se montrer trop élitiste. La directrice la mettait régulièrement en garde : « Mademoiselle Pélissier, il faudra vous mettre à la portée de vos élèves. »

Cela paraissait simple en théorie. La pratique se révélerait assurément plus ardue mais Virginie avait confiance. Elle écrivait des lettres enthousiastes à Félicité.

Je sais qu'il s'agit de ma voie. J'ai hâte, à présent, même si j'ai aussi un peu peur.

La peur, son frein principal. Longtemps, elle avait craint de perdre sa mère. Quand le drame était survenu, elle avait redouté d'être obligée de vivre aux Terres Brûlées. Par la suite, grâce à la tendresse et au soutien de Félicité, elle s'était sentie rassurée. Même si elle se disait parfois que la menace était toujours là. Son grand-père Pélissier lui inspirait de la crainte. Elle s'en défiait.

Elle haussa légèrement les épaules. Elle fêterait bientôt ses dix-huit ans et recevrait sa première affectation à la rentrée. Émilien ne pouvait plus lui faire de mal.

De nouveau, elle admira le paysage. Appuyée contre le parapet, juste sous la tour de l'horloge, elle contemplait le quadrillage des champs et les toits de tuiles des maisons en contrebas. La cloche retentit brusquement, un son profond qui la fit tressaillir. Elle laissa échapper un petit cri de surprise.

– Eh ! seriez-vous impressionnable ?

Elle se retourna lentement, le temps de reprendre contenance car, naturellement, elle avait reconnu la voix de son interlocuteur.

– Vous venez donc régulièrement à Courbons, monsieur Joannet ?

– Dans l'espoir de vous revoir.

Virginie secoua la tête.

– Quelle remarque banale ! Je crois que vous pouvez faire beaucoup mieux.

C'était presque facile de plaisanter avec lui. Il lui donnait envie de se dépasser, de faire ses preuves.

– J'ai lu l'un de vos articles la semaine passée, reprit-elle. À propos des amants diaboliques de Mallemoisson. Passionnant, certes, mais un peu trop orienté. À vous lire, la seule responsable est la jeune femme, la belle Emmeline. Pourtant, c'est son amant, Fortuné, qui a tiré sur le mari. Je me suis demandé si vous pensiez réellement ce que vous aviez écrit.

– Comment cela ?

Virginie esquissa un sourire.

– Je ne sais pas… C'est peut-être présomptueux de ma part, mais il me semble que vous avez retenu votre plume.

Elle ne se troubla pas sous le regard aiguisé du journaliste.

– Voilà qui est intéressant, fit-il remarquer.

Il lui offrit son bras.

– Acceptez-vous mon hospitalité ? Je vous offrirais bien volontiers un verre de citronnade bien fraîche.

– Comment cela ? Par quelque tour de magie ?

– Figurez-vous que j'ai loué la maison juste à côté. Une sorte de retraite. Ici au moins, je suis tranquille pour travailler.

Virginie n'hésita pas. Certes, Mlle Chabert désapprouverait ce comportement, si elle en avait connaissance, mais elle n'avait pas le sentiment de commettre quelque faute.

– Quelle bonne idée ! s'écria-t-elle.

Il suffisait de descendre six marches, de pousser une grille, pour pénétrer dans un jardin ombragé d'oliviers. Une table et trois chaises en fer forgé composaient un cadre privilégié, propice à la réflexion et à l'écriture.

Virginie s'assit alors que son hôte allait chercher à l'intérieur de la maison verres et pichet. Elle arrangea les plis de sa jupe noire. Brusquement, elle eut envie de porter des couleurs vives, de se libérer de ce carcan sombre. Le journaliste l'impressionnait. N'était-ce pas curieux ? Elle avait pourtant fréquenté depuis l'enfance des auteurs aussi importants que M. Mistral.

– Eh bien, reprit Judicaël en apportant un plateau chargé. Que devenez-vous, mademoiselle Pélissier ? Vous passionnez-vous toujours autant pour la littérature ?

– Plus que jamais. Tout en m'intéressant aux articles d'une journaliste nommée Séverine.

Il fit la grimace.

– Peste ! Apporteriez-vous votre soutien aux suffragettes ?

Virginie lui dédia un sourire angélique.

– J'aimerais simplement que les femmes aient autant de droits que les hommes.

Une ombre voila son regard. Elle revoyait sa mère, condamnée à l'oisiveté par la volonté de son grand-père. Elle entendait encore Émilien Pélissier rugir qu'il exigeait un héritier. Elle s'était sentie niée, rejetée et avait pris les ocres en aversion tout simplement parce que Pélissier ne vivait que pour ses mines et son entreprise.

Il se pencha vers elle.

– Racontez-moi.

Virginie secoua la tête.

– Nous ne nous connaissons pas suffisamment, voyons ! Mais vous, comment faites-vous pour travailler dans votre refuge ? Vous avez des pigeons voyageurs ?

Il s'esclaffa de bon cœur.

– Je descends à la gare envoyer mes articles. Un peu moins de cinq kilomètres... L'exercice idéal pour réfléchir, chemin faisant. Si je suis vraiment pressé, j'attelle la jument à la jardinière.

– Et vous ne vous ennuyez pas ?

– Jamais ! Je crois que j'avais besoin de me retirer un peu du monde.

Il y avait une autre raison, se dit-elle. Elle l'imaginait en effet brillant, mondain presque, et se demandait comment il pouvait se satisfaire de cette vie en retrait.

En lui tendant un verre de citronnade, il lui sourit d'un air gentiment moqueur.

– Ça vous intrigue, n'est-ce pas, vous qui vivez dans ce qu'on surnomme un « séminaire laïc » ? Vous verrez, le poste d'institutrice n'est guère enviable. Tout le village aura les yeux fixés sur vous et vous n'aurez droit à aucun faux pas. De plus, vous risquez fort d'avoir maille à partir avec le prêtre et l'école confessionnelle. Vous serez la représentante de la république, rendez-vous compte… Si, pour arranger le tout, vous professez des idées progressistes…

– On me brûlera pour sorcellerie ? ironisa Virginie.

Elle se sentait jolie sous son regard. Une chaleur inattendue lui monta au visage. La cloche sonna cinq coups. La jeune fille sauta sur ses pieds.

– Cinq heures ! Ce n'est pas possible ! Et moi qui dois être rentrée à l'école pour dix-sept heures trente dernier délai. Je n'y arriverai jamais.

Paniquée, elle se demanda comment elle avait pu s'attarder aussi longtemps. Judicaël se leva à son tour, s'éloigna en direction de la remise en jetant par-dessus son épaule :

– Vous voulez bien ouvrir la grille en grand ? Perséphone et moi allons vous reconduire.

– Perséphone ? répéta-t-elle, se sentant stupide.

– Ma jument préférée. Vite ! Ne perdons pas de temps.

En chemin, alors que Perséphone trottait allègrement, Virginie pensa qu'il tenait déjà une grande place dans sa vie. Mais elle… en quoi pouvait-elle l'intéresser ?

Elle était beaucoup trop jeune et manquait d'aisance en société.

35

La pleine lune éclairait le parquet blanchi de la chambre et les vêtements de femme jetés à la va-vite sur le fauteuil crapaud.

Lorenzo avait passé un bon moment avec Marie-Renée, bien qu'il ne partageât avec elle qu'une affectueuse complicité.

À croire, se dit-il, qu'il était incapable d'aimer. À cause de la fameuse malédiction de Giuseppe ?

Depuis trois ans, depuis la tragédie de Fourmies, il était revenu dans le sud de la France où il s'était installé. Il avait volontairement évité Apt comme Marseille, choisissant de s'établir à Saint-Firmin où l'on avait besoin d'un menuisier. Le village lui avait tout de suite plu avec son cours ombragé de platanes et ses fontaines.

« Ici ou ailleurs… », avait-il pensé, mais ce n'était pas tout à fait vrai. Il avait besoin de retrouver la lumière incomparable de son Sud natal, de marcher sur les chemins caillouteux fleurant bon la sarriette et le poivre d'âne. Il avait eu l'impression de rentrer chez lui après un long voyage. Pourtant, il n'avait jamais eu de maison à lui. Il s'était toujours senti nomade, en transit.

Son atelier, situé au bas du village, ouvrait sur la plaine. Il s'installait volontiers dehors aux beaux jours, certainement parce que son enfance en forêt ne l'avait pas accoutumé à rester des journées entières enfermé. Si les deux premiers mois avaient été des plus calmes, il s'était constitué peu à peu une clientèle fidèle. On lui demandait encore souvent de fabriquer des meubles – des armoires et des commodes, notamment – à la naissance d'une petite fille. Les parents payaient l'arbre et exprimaient leurs souhaits. À charge ensuite pour le menuisier de les réaliser.

Il avait rapporté de ses nombreux périples des cartons à dessin dans lesquels il gardait la plupart de ses esquisses. Celles-ci lui permettaient de faire des propositions originales à ses clients. Ils y étaient sensibles.

Lorenzo passa ses vêtements et, pieds nus, marcha sur les tomettes fraîches pour aller se désaltérer à la pompe de l'office. Sa maison, composée de trois niveaux, était empreinte de charme. Même si elle n'était pas très pratique – il y avait des marches un peu partout –, il l'aimait bien et s'y sentait à l'aise, grâce essentiellement à la terrasse qui dominait le pays. Il lisait, écrivait, dessinait en contemplant les étoiles qui s'allumaient les unes après les autres sur le fond de velours du ciel d'été. Ces soirs-là, Lorenzo songeait à sa mère et à sa sœur.

Marie-Renée dormait toujours, le drap de métis enroulé autour d'elle. Elle se réveillerait au petit matin, s'étirerait avec grâce et boirait le café qu'il aurait préparé avant de filer ouvrir son auberge. Veuve accorte, elle était courtisée par plusieurs célibataires. Lorenzo ne lui avait jamais demandé si elle accordait ses faveurs à d'autres soupirants. Au fond, cela lui importait peu. Marie-Renée et lui passaient ensemble de bons moments, sans pour autant croire au grand amour.

– Mon défunt mari a tout emporté avec lui, lui avait-elle confié un jour, avec une gravité rare chez elle.

Elle avait secoué la tête, comme pour chasser ses pensées moroses.

– Heureusement, j'aime la vie ! s'était-elle exclamée avec un enthousiasme contagieux, et il l'avait fait basculer sur le lit.

Et lui, aimait-il la vie ? Comment l'aurait-il pu, avec ce secret qui pesait sur lui ? Fils de prêtre… Il n'osait imaginer le poids de la culpabilité éprouvée par sa mère et se posait nombre de questions, condamnées à demeurer sans réponse. Pourquoi Livia avait-elle défié les interdits ? Comment savoir ? Comment, surtout, dépasser son statut de fils maudit ? Il comprenait désormais, sans pour autant la partager, la résignation de sa mère. Livia s'était soumise à la violence bestiale de Giuseppe par désir d'expiation. Lorenzo avait parfois l'impression que ces interrogations obsédantes allaient le rendre fou.

Il retourna dans la chambre. Marie-Renée dormait toujours. Lorenzo se pencha, remonta le drap sur son corps dévêtu.

Existait-il de par le monde une femme capable de lui faire oublier toutes les questions qu'il se posait ? Il finissait par en douter.

C'était une tradition familiale chez les Darnaud. Chaque printemps, Félicité grimpait sur la colline Saint-Michel jusqu'à la chapelle Notre-Dame-de-la-Garde, en mémoire de ses ancêtres épargnés par l'épidémie de peste de 1720. Petite fille, elle accompagnait sa mère

Margarido pour ce pèlerinage. Même si elle n'était pas certaine d'avoir conservé sa foi, Félicité respectait ce qu'elle nommait la « grimpette à la chapelle » et Virginie avait pris le pli de l'accompagner.

– Dis-moi, s'amusa la couturière, on dirait bien que tu t'es entraînée durant l'hiver. Tu montes la côte comme une chevrette !

Virginie sourit sans répondre. Ce sourire intrigua tout de suite Félicité.

– Eh ! reprit-elle, toi, ma belle, tu me caches quelque chose !

– Féli, tu as beaucoup trop d'imagination !

Sa marraine glissa son bras sous celui de Virginie.

– Compris, tu tiens à garder ton secret. N'oublie pas, cependant : un premier amour est souvent décevant.

– Féli !

– Admettons que je n'ai rien dit ! Est-il beau, au moins ?

– Tu ne sauras rien ! s'écria Virginie en accélérant le pas.

Elle n'avait pas envie de se confier parce que Judicaël lui avait recommandé de rester discrète. Elle savait qu'il prenait ainsi soin d'elle. Si la directrice avait eu vent de leur relation, elle aurait renvoyé l'élève institutrice séance tenante.

Le regard de Virginie s'adoucit. Elle aimait Judicaël et Judicaël l'aimait. Depuis plusieurs semaines, elle avait le sentiment d'évoluer en apesanteur. Ils se retrouvaient chaque dimanche dans la maison de Courbons que le journaliste louait. Dès le retour des beaux jours, ils avaient pris l'habitude d'aller pique-niquer dans la montagne. Du pain, du fromage de chèvre, des fruits... Il s'amusait de l'appétit de Virginie. Tous deux bavardaient, de tout et de rien, mais surtout de la situation économique et sociale.

Elle aimait à lire les articles qu'il écrivait. Il avait le sens de la formule et un don d'empathie. Virginie avait l'impression de comprendre beaucoup plus de choses depuis qu'elle le connaissait.

Leur relation avait évolué au fil des semaines et, quand il l'avait embrassée pour la première fois, elle s'était sentie en paix avec elle-même et avec la nature les entourant. C'était une sensation assez curieuse, celle d'être à sa place dans ses bras. Par la suite, même quand elle l'avait suivi dans sa chambre, une pièce au cadre monacal, elle n'avait pas eu le sentiment de commettre un quelconque péché. Elle l'aimait. Il était tendre et fort. Dans ses bras, elle était une autre Virginie. Elle aurait désiré l'entendre former des projets d'avenir pour eux deux, mais ils manquaient toujours de temps. Les heures filaient si vite lorsqu'ils se retrouvaient. Si elle l'avait pu, Virginie ne serait pas revenue à Apt pour les vacances de Pâques. Félicité, cependant, ne l'aurait pas compris.

Elle était partie seulement le dimanche midi, après avoir envoyé un télégramme à sa marraine, prétextant une indisposition. Ce mensonge lui avait permis de passer une nuit chez Judicaël. Une nuit entière dans ses bras, à rêver qu'ils étaient mari et femme. Pourtant, Virginie n'était pas vraiment attirée par le mariage. Elle savait par Félicité combien sa mère avait souffert d'une union imposée. Avec Judicaël, ce serait différent. Il partageait ses idées concernant les droits des femmes. Ou, du moins, le lui avait assuré.

– Je ne sais pas vraiment pourquoi je grimpe jusqu'à cette chapelle chaque printemps, souffla Félicité en s'appuyant contre la porte, mais je le fais en mémoire de Margarido, ma mère. Tu l'as à peine connue mais je me dis souvent que vous vous seriez bien entendues toutes les deux. C'était une femme forte, doublée d'une belle âme. Elle aurait certainement tenté de convaincre Amédée de renouer le contact avec Jean-Clément. Pour Margarido, les liens familiaux étaient sacrés.

En sortant de la chapelle, les deux femmes clignèrent des yeux. Félicité prit le bras de Virginie.

– Tu me le présenteras bientôt ? questionna-t-elle en souriant.

Sa filleule inclina la tête.

– Bientôt, assura-t-elle.

36

L'été stridulait au rythme des cigales. La canicule épuisait les bêtes et les gens.

En attente de son affectation, Virginie, institutrice fraîchement émoulue de l'école normale de Digne, aurait dû passer des vacances idylliques après ses années d'études. Au lieu de quoi, elle errait dans la maison, la mine longue, ou bien restait enfermée dans sa chambre.

Félicité avait dû insister pour qu'elle l'accompagne à la Brémonne où les Darnaud recevaient à l'occasion de la fête votive.

Malgré ses efforts, Virginie ne parvenait pas à être à l'unisson. Elle gardait un sourire poli qui n'atteignait pas ses yeux.

– Vous faites la paire, Mireille et toi ! grommela Amédée, les voyant rester indifférentes à l'ambiance joyeuse.

Mireille passa affectueusement son bras sous celui de Virginie.

– Laisse-nous donc ! lança-t-elle à son époux. Tu n'es pas dans nos cœurs ! Eh bien, reprit-elle à l'intention de la filleule de Félicité, quelque galant t'aurait-il fait de la peine ?

La jeune fille sourit en secouant la tête. Si elle avait su la vérité, Mireille se serait pâmée à coup sûr. Comment, se demandait Virginie, pourrait-elle lui expliquer que l'homme qu'elle aimait allait en épouser une autre ? Elle-même avait manqué s'évanouir le jour où elle l'avait compris.

C'était une enveloppe de vélin ivoire, posée sur la cheminée de la salle, qui le lui avait appris. Virginie l'avait saisie presque machinalement et ne se serait jamais permis d'aller plus loin si Judicaël avait réagi différemment.

– Laissez cette lettre, je vous prie ! lui avait-il ordonné d'une voix cassante.

Interdite, elle lui avait jeté un coup d'œil sidéré avant d'ouvrir l'enveloppe. Un mois plus tard, elle était toujours incapable d'expliquer son geste. C'était comme un défi qu'il lui aurait lancé. Et elle avait eu l'impression que le temps s'était suspendu. Sous le regard assombri de Judicaël, elle avait sorti de l'enveloppe une carte imposante. Elle avait pressenti que l'heure était particulièrement grave. Les mots « Mariage avec M. Judicaël Joannet » lui avaient serré le cœur. Elle les avait relus, posément, comme pour s'accorder un répit, ou repousser le drame.

L'homme qu'elle aimait restait tétanisé. À cet instant, elle l'avait haï avec une force dont elle ne se serait jamais crue capable.

– Henrietta Vidal-Stenot, avait-elle repris, d'une voix dangereusement calme. C'est donc le nom de la femme que vous allez épouser.

Elle ne posait pas de question. De toute manière, la pâleur de Judicaël lui suffisait. De plus, qui aurait eu l'idée de faire imprimer un faux faire-part ?

Il avait tendu la main vers elle. Un geste si dérisoire, avait-elle songé. Comment avait-il pu la trahir ainsi ? Quoique… à bien y réfléchir, ils n'avaient jamais envisagé l'avenir ni fait de projets communs. Ils s'aimaient. Ou, tout au moins, le croyait-elle. Comment avait-elle pu se montrer aussi naïve ?

– Pourquoi ? avait soufflé Virginie.

Il avait haussé les épaules.

– Parfois, on planifie son existence, on s'arrange pour faire coïncider vie privée et vie professionnelle et puis… le grain de sable… Je vous ai rencontrée et je me suis senti perdu.

– Pourquoi ? avait-elle répété en se raidissant.

Elle comprenait ce qu'il voulait dire. Il y avait Henrietta, ce mariage prévu de longue date. Et puis il y avait elle, Virginie, l'imprévue.

Elle avait secoué la tête.

– Vous avez parlé de vie professionnelle. Si je vous suis bien, vous avez besoin d'Henrietta Vidal-Sténot ?

Il s'était alors lancé dans un vibrant plaidoyer. Le père d'Henrietta, Henri Vidal-Sténot, dirigeait un grand journal parisien. Si Judicaël épousait la jeune fille, sa carrière serait assurée. Or il était venu se réfugier à Digne parce que l'un de ses articles lui avait valu les foudres de son précédent rédacteur en chef.

– Si je veux pouvoir continuer à faire entendre ma voix, je dois me marier avec Henrietta, avait-il conclu.

Qu'aurait-elle pu lui répondre ? Qu'il l'avait trahie et qu'elle le méprisait ?

Elle s'était contentée de le fixer jusqu'à ce qu'il baisse les yeux.

– Qu'étais-je donc pour vous ? Un passe-temps ? Une amusette ?

Elle ne voulait pas pleurer. Surtout pas. Qu'avait-elle donc cru ? Qu'il l'épouserait, alors qu'elle ne lui serait jamais d'aucune aide pour sa carrière de journaliste en vue ? Dire qu'elle était certaine de l'aimer…

– Je ne veux jamais vous revoir, avait-elle lancé, blême, avant de faire demi-tour et de claquer la porte derrière elle.

Elle avait couru tout le long de la pente menant à Digne. Les larmes ruisselaient sur son visage sans qu'elle prenne la peine de les essuyer. Comment avait-elle pu se tromper aussi lourdement à son sujet ? Sur le moment, elle bouillonnait de colère et d'amour-propre blessé.

Plus tard, une fois de retour à l'école normale, le désespoir et les souvenirs l'avaient submergée. Elle était parvenue à faire à peu près bonne figure dans la salle d'études et le réfectoire avant de s'effondrer dans son lit.

Chloé était venue la retrouver, l'avait serrée dans ses bras.

– Ce n'est pas facile d'aimer, avait-elle chuchoté.

Depuis ce dimanche de juin, Virginie avait l'impression qu'elle ne serait plus jamais la même. Elle avait perdu ses illusions et ne comprenait toujours pas pourquoi Judicaël s'était comporté ainsi. Était-il un vil séducteur ? Elle ne parvenait pas à l'admettre, même si Chloé, tenue informée de sa mésaventure, l'affirmait. Elle s'était donnée sans se poser de questions, persuadée qu'il l'aimait comme elle l'aimait. Avec le recul, lui revenaient en mémoire des silences, des dérobades, auxquels elle n'avait pas voulu prêter attention.

Elle se demandait encore comment elle avait réussi ses examens de fin d'études. Quoique, en y réfléchissant bien, le travail avait constitué pour elle un exutoire, une façon de surmonter son chagrin.

De retour à Apt, elle s'était lancée dans de longues promenades, marchant jusqu'à l'épuisement, pour oublier. Discrète, Félicité ne l'avait pas interrogée, se contentant de glisser :

– Je serai toujours là pour toi, ma grande. Le jour où tu désireras te confier…

Virginie avait beau être une « femme savante », comme disait Mireille, elle s'était laissé séduire comme la première fille venue. C'était peut-être cela le plus humiliant : le sentiment d'avoir été piégée. Non pas abusée, mais emportée par la passion, les compliments, l'amour qu'elle pensait partagé…

Judicaël s'était joué d'elle et elle n'avait rien vu venir, rien compris.

De quoi vous dégoûter à jamais de l'amour !

Le violoneux joua un premier air entraînant, sur son estrade.

Les pieds de Félicité s'agitèrent sous sa chaise.

– Viens que je t'apprenne à danser ! lança-t-elle.

Virginie la suivit sans manifester beaucoup d'enthousiasme. Peu à peu, cependant, elle eut l'impression que la musique la portait.

Lorsqu'elles s'immobilisèrent, essoufflées, au pied de l'estrade, le violoneux les salua en touchant son chapeau cabossé du bout de son archet.

– Vite, un cavalier pour cette dame et cette demoiselle ! lança-t-il, attaquant une polka.

Virginie tenta de se dérober lorsqu'un jeune homme s'inclina légèrement devant elle.

– Je ne sais pas danser, fit-elle.

– Je vous apprendrai !

Son cavalier était trapu, avait des mains larges, un torse puissant, un foulard noué autour du cou. Elle s'appliqua à suivre ses conseils avant d'éprouver du plaisir à se laisser emporter par la musique.

– Vous voyez, c'est facile ! lui dit-il, la soulevant presque.

Le gaillard la reconduisit cérémonieusement auprès de Félicité à la fin de la danse.

– Merci, demoiselle.

Pour la première fois depuis sa rupture avec Judicaël, Virginie sourit sans se forcer.

– Merci à vous, monsieur.

Sa bonne humeur reprenait le dessus. Sa marraine la serra contre elle.

– Je suis ravie que tu saches danser, ma belle ! Tu aimes ça, ça se voit ! Ta maman n'a jamais pu apprendre, la pauvrette !

– Il faudra que tu me parles d'elle à nouveau.

Le visage de Félicité s'assombrit.

– Elle a été si malheureuse… C'est pour cela qu'il convient de se défier des hommes. De certains, en tout cas.

Elle se tourna ostensiblement vers Émilien Pélissier qui venait d'arriver sur la place du village. Un murmure courut le long de l'assistance.

– Il y a eu un nouvel accident à la mine, reprit Félicité. Pélissier veut gagner toujours plus. Il n'admettra jamais que sa passion pour les ocres est déraisonnable. Comme mon frère… S'il n'y prend garde, il va se faire manger par les maîtres ocriers. Les temps changent, je le vois bien dans ma boutique. Les fortunes récentes sont fragiles.

– Regarde, c'est Jean-Clément qui accompagne mon grand-père.

– Il ne manquait plus que lui ! soupira Félicité.

Résolument, elle se dirigea vers son neveu, se frayant un passage à l'aide de son ombrelle.

– Viens par ici, toi ! fit-elle à l'adresse de Jean-Clément.

Elle l'entraîna derrière un énorme platane au tronc blanchi.

– Mon garçon, reprit-elle, il est temps pour toi de faire la paix avec ton père. Ton patron est en train de l'étrangler et mon pauvre frère ne lutte pas avec lui à armes égales.

Jean-Clément portait beau dans son costume clair. Il ne ressemblait plus au fils d'un paysan. Il se dégagea de la main de sa tante pesant sur son épaule.

– Je suis désolé, nous n'avons plus rien à nous dire, mon père et moi, répondit-il froidement.

Félicité perdait rarement son calme. Cette fois, pourtant, elle jeta un regard chargé de commisération à Jean-Clément.

– Mon pauvre garçon, je te plains de tout mon cœur, laissa-t-elle tomber.

Elle ajouta :

– J'espère simplement pour toi qu'il ne sera pas trop tard quand tu mesureras le poids de ta trahison.

« Trahison toujours... », pensa Virginie, qui avait suivi sa marraine et surpris ces paroles.

Un flot de bile remonta dans sa gorge. « Il convient de se défier des hommes », lui avait dit Félicité.

Elle, Virginie, s'efforcerait désormais de suivre cette ligne de conduite.

37

Pélagie avait fait appeler Félicité et Virginie dès qu'elle avait compris que maître Sautel vivait ses dernières heures.

Le notaire avait travaillé jusqu'à la semaine précédente, continuant de recevoir ses pratiques. Ensuite, il avait rangé ses dossiers, transmis ses instructions à M. Gallo, son clerc, presque aussi âgé que lui, et était rentré chez lui.

– Pélagie, je compte sur vous pour prévenir Mlle Virginie, avait-il déclaré d'une voix unie, exactement comme s'il avait commandé une omelette aux truffes pour le souper.

Il avait repoussé d'une main encore ferme la gouvernante qui s'empressait autour de lui. Devant son teint cireux, sa démarche chancelante, Pélagie avait pris peur et couru jusque chez le médecin. Le docteur Mazeraud et maître Sautel se fréquentaient autrefois, au cercle. Il avait promis de se rendre chez le notaire dès qu'il serait rentré de sa tournée. En l'attendant, Pélagie avait astiqué la maison, qui n'en avait pas besoin. Son imagination battait la campagne. Quel âge avait donc le notaire ? Soixante-douze, soixante-quinze ans ?

Elle avait accueilli Virginie et Félicité avec soulagement. Enfin, elle ne serait plus la seule à devoir prendre des décisions.

– Est-ce qu'il souffre ? s'était inquiétée Virginie.

Pélagie s'était signée.

– Non pas ! Il donne plutôt l'impression d'une chandelle sur le point de s'éteindre.

L'avait-elle déçu ? s'était alors demandé la jeune fille. Son grand-père et elle n'avaient jamais été proches. Maître Sautel impressionnait sa petite-fille et Virginie, qui lui rappelait trop Albertine, ravivait les remords du vieil homme.

Les deux femmes n'avaient pas touché au dîner préparé par Pélagie et s'étaient contentées d'une tisane de tilleul.

– Que dit exactement le docteur Mazeraud ? avait interrogé Virginie.

Pélagie avait haussé les épaules.

– Il est usé, au bout du chemin. Le cœur n'en peut plus et je me demande s'il a encore envie de vivre.

Envie de vivre… L'expression avait fait tiquer Virginie. Elle-même, plusieurs mois auparavant, avait pensé que Judicaël avait tout emporté avec lui. Même si la blessure était toujours là, béante, elle avait décidé qu'un chagrin d'amour ne lui gâcherait pas la vie. Elle se souvenait trop du regard éteint de sa mère, de sa mélancolie. Pas question pour elle de l'imiter ! Elle était forte, et rebelle. Elle survivrait à Judicaël.

Elle s'était efforcée de ne songer qu'à son grand-père. Pourtant, il comptait peu pour elle.

Quand elle pénétra dans la chambre du vieil homme, elle marqua une hésitation. Le désir de fuir la tenaillait. Félicité lui tenait la main.

Maître Sautel reposait sur son lit. Il portait encore l'un de ses habits noirs, dans lesquels Virginie l'avait toujours connu. Avec son teint livide et ses yeux enfoncés dans leurs orbites, il ressemblait déjà à un cadavre. Virginie frissonna et serra un peu plus fort la main de sa marraine.

– Approche, petite, dit-il d'une voix sifflante, à peine audible.

Elle obéit, à contrecœur. Il s'empara de sa main libre.

– Pardon, Albertine, souffla-t-il.

Et elle ressentit l'envie irraisonnée de s'enfuir.

Le notaire mourut dans la nuit, alors que Virginie et Félicité dormaient dans la chambre de jeune fille d'Albertine.

Félicité le découvrit au petit matin. Elle lui ferma les yeux avant d'aller quérir Pélagie.

– Laissons dormir encore un peu la petite, lui dit-elle. Elle l'apprendra bien assez tôt.

À cet instant, la couturière éprouvait une profonde rancune. Elle n'avait toujours pas accepté, en effet, la mort injuste de son amie Albertine et considérait le notaire comme en partie responsable.

Pélagie se signa avant d'aller quérir le prêtre.

Les gestes de la gouvernante étaient mécaniques, elle ne semblait pas vraiment concernée par le sort de maître Sautel.

– Il n'y a jamais eu que son épouse qui comptait pour lui, déclara-t-elle. Cet amour l'a rendu égoïste, étranger à tout le reste. Ma pauvre Albertine en a terriblement souffert.

Elle se redressa avec difficulté. Elle paraissait son âge, tout à coup.

– Je vais prévenir la vieille Alphonsine, reprit-elle. Elle ira annoncer le deuil chez les habitants de Fontrouge. Quoi que nous pensions, il faut respecter la tradition.

– Bien entendu, fit Félicité d'un ton indéfinissable.

Parfois, elle se demandait si tout cela avait un sens. Les usages, les coutumes. Sauvegarder les apparences, toujours…

N'était-ce pas ce que le notaire avait fait durant toute sa vie ? Et ce qui avait tout détruit autour de lui…

Si les visages reflétaient une certaine tristesse, les commentaires allaient bon train le jour de l'enterrement de maître Sautel. On se rappelait les crises de son épouse, la mort brutale de sa fille et les regards se tournaient vers Virginie. Elle en sentait le poids, dans la petite église romane de Fontrouge. Elle redressa la tête. Son chapeau noir ne parvenait pas à éteindre la flamme de ses cheveux roux. Son allure, son attitude même constituaient un défi lancé aux personnes bien-pensantes du village.

Elle, Virginie, avait l'âme d'une rebelle, et elle en prit tout particulièrement conscience ce jour-là. Son père était venu d'Avignon, ainsi que ses grands-parents. Émilien Pélissier arborait une mine sombre. Pourtant, il portait encore beau, malgré ses soixante-dix ans.

« Un roc », pensa Virginie. À côté de lui, Célestine se ratatinait. Félicité l'avait comparée un jour à un serpent. Tout comme les vipères, même si elle paraissait inoffensive, elle était encore capable de piquer. Virginie se défiait d'elle et de sa langue acérée.

Même au cimetière, agrippé à la pente, il n'y eut pas vraiment d'émotion. Pélagie se moucha, ce qui attira les regards sur elle. Confuse, elle recula de deux pas. Émilien saisit Virginie par le bras.

– Passons aux choses sérieuses, l'ouverture du testament, dit-il d'une voix un peu trop forte.

Elle se dégagea en lui jetant un regard chargé de reproches. Ne pouvait-il faire preuve d'un peu de décence ?

– Eh bien, l'affaire est entendue ! commenta Félicité en sortant de l'étude de maître Lafitte, notaire aux Baumettes. Heureusement que nous ne comptons sur personne, toi et moi ! ajouta-t-elle.

En effet, la lecture du testament de maître Sautel avait révélé que le grand-père de Virginie avait réalisé de mauvaises affaires. Débiteur vis-à-vis d'Émilien Pélissier, il lui laissait en guise de dédommagement des terrains situés à Fontrouge et à Rustrel, ainsi qu'une ferme aux Baumettes. Virginie héritait de la maison, des meubles qu'elle contenait ainsi que d'une petite somme d'argent. Une rente minime était versée à Pélagie.

– Si peu pour plus de cinquante ans de dévouement ! avait ragé Félicité.

Décidément, elle ne regretterait jamais son indépendance !

– Tu vois, murmura Virginie, ce qui me désole le plus, c'est que je ne vais pas pouvoir aider Amédée.

Elle eut un rire sans joie.

– J'aurais dû me douter qu'Émilien se servirait le premier. Quelle idée de lui emprunter de l'argent ! J'aurais cru grand-père Sautel plus avisé.

– Et surtout plus riche ! Cette histoire de prêt me paraît bizarre. Mais tous les actes sont en règle. Pélissier ramasse la mise, une fois de plus. Oh ! il faudra bien un jour qu'il paie pour toutes ses mauvaises actions !

La couturière, confuse, s'interrompit.

– Pardonne-moi, petite, ne le prends pas en mauvaise part. C'est juste que je ne supporte pas sa façon de faire.

– Rassure-toi, tu n'es pas la seule ! Bah, il nous reste la maison.

Elle tint à s'y rendre seule la première fois. Il lui fallait apprivoiser la vieille demeure, afin d'y chercher le souvenir d'Albertine. Mais Albertine avait-elle seulement vécu là-bas ? Toute trace de sa présence avait été effacée, au profit d'Edmée.

Virginie passa plusieurs jours en compagnie de Pélagie à nettoyer la maison et à trier les meubles dont elle ne tenait pas à s'encombrer. Elle proposa à Pélagie de rester habiter à Fontrouge, en affirmant que cela lui rendrait service de savoir la propriété occupée. Pélagie fondit en larmes.

– Parle-moi de ma mère, la pria Virginie.

La gouvernante sortit deux malles du grenier. Elle y avait gardé les livres d'enfance d'Albertine, deux poupées, une dînette, ainsi que des vêtements de couleur vive.

– J'ai tout gardé, dit-elle d'une voix émue. J'aimais beaucoup Albertine, elle était si attachante. Mais c'était comme si elle n'avait jamais eu sa place ici. Maître Sautel ne vivait que pour son épouse.

Curieusement, Virginie se sentit mieux quand elle regagna Apt. Elle avait l'impression de s'être rapprochée de sa mère.

Pélagie à Fontrouge, c'était la vie qui continuait.

38

1895

« Libre, enfin ! » pensa Maria, à la tête du maigre cortège cheminant en direction du cimetière. Elle avait laissé son bébé à la garde d'Aglaé. Depuis la naissance de Laurette, et ce malgré les insultes d'Antonin qui lui reprochait d'avoir mis au monde une fille, elle avait retrouvé le goût de vivre.

Antonin était mort de façon stupide, en tombant d'une échelle, mais existait-il une belle façon de mourir ? Il voulait monter sur le toit afin de vérifier que le dernier coup de mistral, particulièrement violent, n'avait pas emporté trop de tuiles. Avait-il bu ? Avait-il mal assuré son échelle ? Elle avait entendu un grand cri alors qu'elle donnait le sein à Laurette et s'était précipitée dehors. Antonin gisait sur l'herbe sèche, inconscient.

Elle avait pensé : « Si seulement il pouvait s'être tué ! », sans parvenir à se reprocher cette idée qui lui avait traversé l'esprit. Elle avait tenté de le ranimer, en vain. Aglaé, attirée par le cri, s'était penchée à son tour sur le corps d'Antonin. Elle avait cherché son pouls. Se redressant péniblement, elle avait annoncé à Maria :

– Te voilà veuve, petite.

Puis avait ajouté :

– T'inquiète pas, je t'aiderai.

Aglaé avait fait prévenir le maire et M. le curé. Comme ce dernier l'avait fait remarquer, il arrivait un peu tard pour confesser un mécréant comme Antonin. Le père Léonce avait enveloppé Maria et son bébé d'un air songeur.

– Ce sera dur mais je pense que tu arriveras à te débrouiller.

Elle se l'était promis ce jour-là.

Un soleil radieux faisait chanter les corolles blanches des amandiers en fleur. Une dizaine de personnes seulement suivaient le convoi funèbre. Le père Léonce avait béni le cercueil au terme d'une brève cérémonie. Grâce à Aglaé, Maria avait appris que la famille d'Antonin possédait un caveau au cimetière. Ils étaient tous morts, même le grand-père de Volx, rencontré une seule fois, mais il demeurait une place. Celle d'Antonin.

– Ça sera toujours ça d'économisé, avait commenté Aglaé, toujours pratique.

Maria trébucha sur une dalle à moitié brisée, se rattrapa au bras du maire.

– Faites attention, marmonna-t-il.

Elle se rappelait toutes les belles paroles prononcées par Antonin deux ans auparavant. À l'entendre, il était l'un des fermiers les plus importants de Banon. Quand elle avait découvert sa masure, elle avait eu envie de s'enfuir. Pourquoi l'avait-elle cru ?

Maintenant, elle était libre, comme elle ne l'avait jamais été. Elle avait vingt-huit ans. Pour Laurette, elle se sentait tous les courages. Le travail ne lui avait jamais fait peur. Elle garderait la ferme, il le fallait, pour son bébé. Elle qui n'avait rien reçu de ses parents rêvait de transmettre un bien à sa fille.

Chaque soir, c'était la même chose. S'il buvait suffisamment, il sombrait dans un sommeil lourd et sans rêves. Exactement ce dont il avait besoin. Les cauchemars lui faisaient peur. Il ne supportait plus de voir Livia dans ses rêves.

Il serra les poings. Il l'avait aimée. Seigneur, il l'avait tant aimée, sans jamais le lui avouer. Il refusait de lui donner barre sur lui. De toute manière, il n'avait su lui inspirer que de la reconnaissance et de la crainte. À la longue, la violence avait pris le pas sur tout le reste. C'était sa façon à lui de lui dire qu'il l'aimait.

S'il fermait les yeux, il la revoyait telle qu'elle lui était apparue la première fois, alors qu'elle remontait la rue principale de Limone.

Elle était si différente des autres filles. On aurait dit une princesse, même si elle semblait triste. Lui, le travailleur itinérant qui se louait de place en place avait voulu tout savoir d'elle. Finalement, on la connaissait peu au village. Sa grand-mère l'avait élevée et elle était revenue au pays à la mort de la vieille dame. « Elle a de grands airs », chuchotait-on dans le dos de Livia et ses frères et sœurs ne se gênaient pas pour la critiquer. La jeune fille s'acquittait de ses corvées sans sourire. Le surnom donné dans son enfance – *principessa* – reprenait tout son sens. On lui reprochait d'être fière, peu liante, hautaine.

Giuseppe, lui, ne remarquait que sa beauté et sa mélancolie.

Il avait noté, deux semaines après son arrivée, sa pâleur soudaine et sa grande nervosité. Ensuite, tout était allé très vite.

Un matin, il avait entendu des cris, puis des pleurs dans la maison haute au toit de lauzes des Neri. Il avait vu Livia en sortir en larmes.

Tout naturellement, il l'avait suivie. Il l'avait rejointe devant la chapelle dédiée à San Pancrazio, fleurie de petits bouquets de verveine.

Il se rappelait les battements précipités de son cœur lorsqu'il avait osé effleurer son bras de la main. Elle avait tressailli, s'était retournée vers lui.

– Éloignez-vous, lui avait-elle lancé sur un ton chargé de défi. Je porte malheur.

Giuseppe avait ri. Le rire d'un homme sûr de sa force, qui n'a rien à redouter. Il avait lu comme de l'admiration dans le regard de Livia. À moins qu'il n'ait rien compris… Avec le recul, il s'était souvent dit qu'elle devait penser à tout autre chose ce jour-là. Certainement à l'autre, celui qu'il vouait au diable depuis près de quarante ans.

Il n'avait pas tenu compte de sa mise en garde, lui avait tendu la main pour l'aider à se relever. Gauche, il avait voulu lui essuyer la joue.

– Il ne faut pas pleurer.

Le regard qu'elle lui avait alors décoché lui avait fait presque peur. Il reflétait un désespoir incommensurable.

– J'ai déshonoré ma famille et notre nom, lui avait-elle confié dans un souffle.

Malgré ses vingt-deux ans, Giuseppe avait déjà suffisamment vécu pour deviner ce qui se passait. Il l'avait enveloppée d'un regard incrédule sous lequel Livia avait rougi.

– Il vaudrait mieux que je me jette dans le torrent, avait-elle poursuivi. Ajouter un péché mortel à un autre, pour faire bonne mesure.

Cette perspective était intolérable pour Giuseppe. Il avait avancé d'un pas, saisi la jeune fille aux épaules.

– Il ne faut pas, voyons ! Épousez-moi.

Il n'oublierait jamais sa réaction. La main posée sur son ventre dans un geste instinctif de protection, elle l'avait regardé avec effroi.

– Nous ne nous connaissons pas, avait-elle protesté.

– Peu importe.

Il aurait dû comprendre, à cet instant, en éprouvant une bouffée de jalousie intense vis-à-vis du père de l'enfant, qu'il n'oublierait jamais que Livia ne l'aimait pas. Mais il se souvenait du soleil dans ses cheveux, de la sensation de bonheur paisible qu'il avait ressentie et de cette lueur d'espoir dans ses yeux clairs. Comme s'il lui avait offert une échappatoire.

Il avait brusqué les choses. Surtout ne pas lui laisser la possibilité de réfléchir, de refuser sa demande.

– Venez, avait-il déclaré, je dois rencontrer votre père.

Tout était allé très vite. Le père Neri, grand, sec, le visage sévère, avait reçu Giuseppe avec raideur. Les deux hommes étaient allés s'entretenir dans le pré jouxtant la maison. Giuseppe avait eu l'impression qu'il n'était pas digne d'y pénétrer et sa colère s'en était accrue. Pourquoi cet homme se croyait-il supérieur à lui ? Mais, finalement, le père de Livia s'était un peu détendu en l'entendant faire sa demande. Il avait juste glissé d'une voix sinistre :

– Réfléchissez bien, Giuseppe Lupo, car ma fille a fauté avec un prêtre. Comment effacer ce péché mortel ?

Lui n'était pas sûr de croire, bien que le curé de son village natal n'ait pas ménagé ses efforts, ni les coups de pied et de règle, afin de le ramener dans le droit chemin. Giuseppe ne connaissait qu'une loi, la sienne. Il se montra assez rusé, cependant, pour rassurer le père de Livia en lui parlant rédemption et mariage.

En moins d'une heure, il avait obtenu la main de la jeune fille. Alors qu'il croyait toucher au bonheur, tout avait été gâché.

Parce que Livia et lui n'avaient jamais pu oublier l'autre. Le prêtre coupable.

39

« La dernière saison », pensa Amédée Darnaud, le cœur lourd, en contemplant les bassins de décantation. Beaucoup de travail pour un résultat médiocre. Pierrot, le plus jeune ouvrier, évacuerait le surplus d'eau de lavage. Ensuite, grâce à l'action du soleil et du vent, le séchage de l'ocre se poursuivrait durant plusieurs semaines.

Max se rapprocha d'Amédée.

– Ça va comme vous voulez, patron ?

Darnaud haussa les épaules.

– Que te dire, mon pauvre Max ? J'ai l'impression que tout se ligue contre moi. Les terres ont donné ce qu'elles pouvaient. Il faudrait creuser toujours plus profond, utiliser plus d'eau… Il est trop risqué d'attaquer les gros blocs de roche déjà érodés. Regarde, les racines sont nombreuses par ici, c'est le signe qu'il y a moins d'ocre, tu le sais aussi bien que moi. Les frais de transport augmentent. Bientôt, nous allons perdre de l'argent…

Il ôta sa casquette, passa la main dans ses cheveux.

– Mon père avait raison, j'aurais dû continuer de cultiver la terre plutôt que de courir après un rêve d'enfance.

– Vous savez, fit Max, je n'ai pas de gros besoins. Si cela vous arrange de me payer moins…

Profondément ému, le maître ocrier posa la main sur l'épaule de celui qui le secondait depuis tant d'années.

– Tu es un bon gars, Max, et cela me touche beaucoup mais, vois-tu, il faut savoir s'arrêter.

Son regard se fit lointain. Si Jean-Clément était resté à ses côtés, s'il avait bénéficié de capitaux supplémentaires... Félicité lui avait déjà donné plusieurs centaines de francs. Au fond de lui, il pressentait qu'il était inutile de s'entêter. Les jeux étaient faits. Pélissier avait gagné. À son niveau, il n'avait plus à redouter la concurrence des petits ocriers.

Si c'était à refaire, il aurait embauché Jean-Clément, mais cela aurait-il changé quelque chose à sa situation ? Jean-Clément avait plus d'ambition. Finalement, son poste chez Pélissier lui assurait un avenir. Lui avait tout raté.

– Il y a quand même encore du travail, insista Max.

Amédée soupira sans répondre. Max ne comprenait pas – ou ne voulait pas comprendre – que lui, Amédée Darnaud, avait rêvé de faire fortune grâce aux terres jouxtant le champ de l'Étoile. Il avait eu beau travailler dur, il lui manquerait toujours des capitaux, du personnel, des voitures... Agriculteur modeste, il était devenu un ocrier modeste. « Un homme de peu, se dit-il, qui a voulu grimper dans l'échelle sociale. »

Il se sentait las. Pis encore, il avait l'impression d'avoir trahi ses ancêtres. Mireille le lui avait assez répété, il prenait trop de risques. Mais s'il avait écouté sa femme, il aurait végété.

« Advienne que pourra », pensa-t-il.

De nouveau, il songea que tout aurait été différent si Jean-Clément ne l'avait pas abandonné.

« Une nouvelle année scolaire », se dit Virginie en suivant sur la carte du Vaucluse la route menant au hameau de Lorgnes, sa deuxième affectation.

Elle n'osait imaginer l'état de la maison d'école. L'année dernière, elle avait passé neuf mois de purgatoire dans une habitation insalubre.

« Je t'écris de ma prison », avait-elle annoncé d'emblée à son amie Chloé avec qui elle était restée en relation épistolaire.

Fraîche émoulue de l'école normale, elle avait éprouvé un choc en découvrant une sorte de cave seulement éclairée par une étroite meurtrière barrée de fer. Dès le retour des beaux jours, elle avait pris le pli de maintenir la porte d'entrée ouverte, sans se soucier des garçons qui, eux, bénéficiaient d'un local plus agréable. Une planche scellée dans le mur servait de siège. Virginie ne disposait que d'un tableau noir et d'un bâton de craie. Elle n'était pas parvenue à dissimuler son profond découragement au maire qui avait bredouillé quelques excuses. « Je vous apporterai un peu de peinture », avait-il promis, en voyant son affolement face aux deux pièces mansardées pompeusement appelées « logement de l'institutrice ». La cuisine ne fermait pas. Autour d'une table demi-lune, deux chaises paillées, un poêle, semblable à celui de la classe, quelques ustensiles de cuisine. Le réduit baptisé « chambre » comportait un étroit lit de fer, une chaise et une table de toilette à la garniture ébréchée. Virginie avait songé à partir, tout en sachant que c'était impossible.

Vaille que vaille, elle avait tenu bon et s'était attachée à ses sept petites élèves. Les journées passaient vite, entre la classe, la préparation des leçons, la tenue des registres et les tâches ménagères. Les soirées, en revanche, s'étiraient. L'hiver, elle avait souffert du froid et s'était blottie dans le lit, sous le gros édredon, tandis que le mistral soufflait au-dehors. Dans ces moments-là, elle ne parvenait pas à chasser Judicaël de ses pensées. Elle se rappelait ses mains, longues et fines, sur son corps. Elle tentait d'endiguer les souvenirs trop évocateurs, en se répétant qu'il s'était joué d'elle. Elle avait espéré, les premiers temps, recevoir une lettre lui annonçant la rupture de ses fiançailles. Par la suite, elle s'était moquée de sa propre naïveté. Elle était trop jeune, trop insignifiante pour Judicaël.

De plus, elle ne pouvait rien pour sa carrière.

Elle avait fini par se confier à Félicité à la veille de sa première rentrée. Sa marraine l'avait serrée contre elle.

– Oh ! Nini, j'aurais tant voulu que tu ne vives pas ça !

Virginie avait alors secoué la tête.

– Ne dis pas ça. Finalement, je me demande si je ne dois pas me réjouir de cette mésaventure. Au moins, je ne suis pas soumise à un homme, comme l'a été ma pauvre maman. J'ai aimé, j'ai souffert… Je devrais être plus forte à présent.

Félicité pensait comprendre ce qu'elle voulait dire. Et elle était fière de sa filleule. Très fière.

À la veille de sa nouvelle rentrée, Virginie avait l'impression d'être mieux préparée. Elle appréhendait, pourtant, la découverte de sa nouvelle école et de ses élèves. Le hameau de Lorgnes se situait dans le Comtat, non loin de Villes-sur-Auzon. Elle s'y rendrait en empruntant la diligence et ne rentrerait que pour les vacances de Noël. Elle emportait avec elle vêtements, livres et linge. Le cocher, qu'elle connaissait de vue, lui adressa un clin d'œil.

– C'est la rentrée, mademoiselle ! On charge la malle.

– S'il vous plaît, merci.

Félicité la serra contre elle.

– J'attends tes lettres, ma Nini. Tu verras, ce sera une bonne année.

Virginie l'espérait de tout son cœur.

40

Levée dès six heures trente, Virginie avait un emploi du temps qu'elle suivait à la lettre chaque matin. Après avoir préparé son café à la bohémienne sur le poêle, elle déjeunait, un peu de pain, du fromage, puis procédait à une toilette rapide. Il fallait faire vite dans la chambre non chauffée. De toute façon, elle avait été habituée à l'école normale de Digne à des conditions spartiates. Une fois habillée – corsage à carreaux, jupe sombre, châle jeté sur les épaules –, elle se coiffait, tirait ses cheveux en arrière et les attachait en un chignon rond. Lit de fer fait au carré, vêtements de nuit rangés dans la commode, les deux pièces balayées, elle descendait dans sa salle de classe où sa première tâche consistait à allumer le poêle.

Sa maison d'école lui avait paru d'emblée plus agréable que la précédente mais, le froid venant, elle avait constaté qu'elle était difficile à chauffer. Les grandes fenêtres laissaient pénétrer les vents coulis et s'ourlaient de givre dès les premiers frimas. Avec l'accord du maire, M. Jouveau, Virginie avait demandé aux parents de lui fournir une bûche par semaine, moyennant quoi elle parvenait à maintenir une température acceptable dans la grande salle de classe.

Cependant, tout n'était pas parfait à Lorgnes, loin s'en fallait ! Elle s'était vu attribuer une classe mixte, ce qui avait soulevé les hauts cris dans le village. Seulement onze élèves, des conditions optimales d'enseignement si tous avaient été du même niveau ! Entre Alphonse, Delphine, Marcel et Marinette, qu'elle préparait pour le certificat d'études, la petite Zoé, qui ne savait pas encore lire, et les six moyens, âgés de huit et neuf ans, les différences étaient considérables.

C'était un défi pour Virginie qui appréhendait la venue de « M. l'inspecteur ». Elle s'était intégrée assez facilement à la vie du hameau mais ne s'illusionnait pas pour autant. Elle savait que plusieurs fillettes avaient été inscrites par leurs parents à l'école catholique de Saint-Firmin. Ceux-ci craignaient l'influence néfaste de cette institutrice anticléricale et d'une classe mixte sur leur progéniture. N'assistant pas à la messe du dimanche à l'église de Saint-Firmin, Virginie était forcément considérée comme une tenante de « l'école du diable » par les ultras.

Elle haussa les épaules, s'assura que la classe était impeccable. Elle la balayait avec soin le soir après l'étude, dépoussiérait les pupitres, nettoyait le tableau noir. Durant ses quatre années d'études, on lui avait répété combien il était important de donner l'exemple en matière d'hygiène. Salle de classe convenablement aérée, puis chauffée… Elle était fière d'avoir pu, contrairement à sa première année, obtenir des cartes de géographie en couleurs et avait orné les murs badigeonnés de blanc de gravures représentant oliviers et mûriers.

Elle écrivit au tableau le sujet de la leçon du matin : « La Loire », vérifia que le registre était prêt. Chaque jour, en effet, l'effectif de ses élèves était soumis à des variations. Il suffisait qu'une mère soit souffrante pour que la fille aînée reste au foyer s'occuper de ses frères et sœurs et se charge des tâches ménagères. Début octobre, le grand Marcel avait manqué trois jours ; il avait été mordu par une vipère. L'hiver, rhumes et bronchites retenaient souvent les plus fragiles à la maison. Dotée d'une constitution robuste, Virginie s'en agaçait tout en sachant que certains devaient marcher durant plusieurs kilomètres pour se rendre à l'école. Elle se rendait compte qu'à dix-neuf ans elle avait encore beaucoup à apprendre.

Elle jeta un coup d'œil à son réveil qu'elle descendait chaque matin pour le poser sur le bureau. Huit heures quinze. Les premiers élèves arriveraient bientôt. Ils racleraient leurs galoches sur le paillasson en fer, entreraient dans la classe, le visage rougi, ôteraient leur casquette ou leur bonnet et se dirigeraient vers le poêle après l'avoir gratifiée d'un sonore « Bonjour, mademoiselle ! »

La journée allait commencer.

Appuyée sur sa canne qui lui venait de son aïeule, Aglaé se traîna jusqu'à la salle. Elle trouva Maria affairée devant ses fromages. Aglaé lui avait appris à mouler à la louche son lait de chèvre, à le retourner deux fois dans sa faisselle et à le saler avant de le laisser « pré-affiner » durant quatre à six jours.

Désormais, Maria se rendait chaque mardi au marché de Banon où elle vendait sa production. Elle cultivait des pommes de terre, entretenait un petit potager et s'occupait du cochon qu'Aglaé et elle avaient acheté à deux.

Laurette dormait dans son moïse, veillée par la chatte Mine.

Aglaé se laissa tomber lourdement sur le banc.

– Ça sent bon, fit-elle avec un claquement de langue.

Son visage était si ridé sous le bonnet jauni qu'il était difficile de lui donner un âge – quatre-vingt-trois, quatre-vingt-cinq ans. Elle-même perdait le fil parfois, se rappelant juste qu'elle était née quand l'empereur était revenu de l'île d'Elbe. Le regard, cependant, était resté vif, et les mains agiles. Aglaé cousait et tricotait pour Laurette. « Ça me donne un but », répétait-elle. De cette façon, elle se sentait encore utile. Mariée à vingt ans à Silvère, un paysan plus âgé qu'elle d'une bonne dizaine d'années, Aglaé avait mené une vie de labeur, marquée par la perte successive de leurs trois enfants.

Silvère et elle s'entendaient bien, même si l'époux rentrait de l'estaminet un peu trop gai, le samedi soir. Il était mort en 82. Il était tombé d'un coup dans le champ qu'il labourait. « Le cœur », avait déclaré le médecin avant d'ajouter : « Une belle mort. » Aglaé ne lui avait jamais pardonné ce commentaire.

Elle avait survécu tant bien que mal, après avoir vendu son unique cheval. Elle gardait un petit troupeau de chèvres. Elle aimait ses cabrettes, douces et têtues. Elle avait toujours ignoré son voisin Antonin qu'elle considérait comme un vaurien.

– Il a eu bien de la chance d'avoir ses parents qui sont nés avant lui ! avait-elle commenté, rieuse.

Elle avait proposé à Maria de venir vivre avec elle, ce qui permettrait à la jeune femme de louer sa ferme. Les deux femmes avaient mis en commun leurs quelques économies afin de pouvoir acheter un cochon et un mulet. Aglaé appréciait de ne plus souffrir de la solitude et sa présence rassurait Maria. Ainsi, elle pouvait partir vendre sa production sans se soucier de Laurette.

La jeune femme osait à peine se dire que sa vie avait changé, enfin, et qu'elle était indépendante. Elle songeait souvent à Livia, plus encore depuis qu'elle était devenue mère à son tour. Elle avait fort peu de souvenirs heureux, et ceux-ci concernaient exclusivement Livia. Sa mère lui parlait parfois de sa propre grand-mère, Susanna, et de sa maison, blottie sous son toit de lauzes.

Elle lui chantait aussi des berceuses que Maria aurait aimé transmettre à Laurette. À la mort de Livia, Maria avait souhaité disparaître elle aussi. Elle était certaine que Giuseppe ferait de sa vie un enfer. Elle n'avait pas gardé de souvenirs de son frère Lorenzo, mais sa mère l'évoquait chaque jour. C'était sa façon de continuer à le faire vivre dans la cabane de la forêt.

D'un geste précis, Maria posa les petits fromages sur les feuilles de châtaignier qu'elle avait préparées.

– Y a pas à dire, t'as le coup de main ! apprécia Aglaé.

Elle sourit à sa jeune amie.

– Ma mère m'a raconté un jour qu'elle utilisait des feuilles de figuier quand elle manquait de feuilles de châtaignier. Le figuier est toujours là, tête au soleil, pied près de la source.

– Je sais, Aglaé, nous lui avons même pris une bouture l'an passé.

– C'est de la belle figue noire, tu verras.

La vieille femme soupira.

– Va savoir si je serai encore là à la récolte des figues... Je ne me fais plus toute jeune ! Mardi prochain, je viendrai avec toi à Banon, je veux aller voir le notaire.

Elle avait déjà évoqué son projet devant Maria. Elle tenait à lui léguer la ferme et les champs. Comme la jeune femme avait protesté, Aglaé s'était presque fâchée.

– Laisse-moi donc décider de ce que deviendront mes biens après ma mort ! Le seul qui va tordre le nez, c'est l'abbé Grandserres ! Il guigne mes terres depuis la mort de mon pauvre Silvère !

Elle riait, la mâtine, en imaginant la déception du prêtre.

Maria l'appréciait aussi pour son heureux caractère. Aglaé savait apprécier la vie et, à ses côtés, la fille de Livia se sentait plus légère. N'était-ce pas paradoxal qu'une femme très âgée lui communique un certain bonheur de vivre ? Ce que son père n'avait jamais été capable de faire.

Son père... Elle crispa les mâchoires. Elle se rappelait ses coups, ses insultes, son ivrognerie. Même si elle avait souffert de son abandon, Maria avait presque été soulagée lorsqu'il l'avait laissée rue Grande à Manosque. Elle le haïssait.

Brusquement, elle éprouva le besoin de se confier à Aglaé. Comme si elle s'autorisait à raconter ce qu'avait été sa vie.

Elle avait confiance en Aglaé et il était important pour elle de se libérer de ce passé. Pour pouvoir envisager de vivre, enfin, et non plus survivre.

41

1896

« Serre les dents, se répétait Virginie. Ma fille, tu y arriveras à la longue. »

Rien n'y faisait, cependant. Elle ne parvenait pas à accepter le semi-échec de cette première inspection. Ce jour-là, Marcel, son meilleur élève, souffrant d'une mauvaise grippe, avait manqué l'école. Quand elle l'avait appris, Virginie avait perdu une bonne partie de ses moyens. Elle croyait en effet pouvoir compter sur Marcel pour répondre aux questions. En voyant arriver dans son école un quadragénaire vêtu de sombre, au visage sévère, elle avait eu l'impression de se retrouver face à une sorte de caricature. Il ne s'agissait pas d'une plaisanterie, cependant.

– Surtout, mademoiselle Pélissier, lui avait recommandé M. Lebeille, faites la classe exactement comme si je n'étais pas là.

Comme si c'était facile ! Virginie avait l'impression d'avoir oublié tout ce qu'elle savait. Elle avait procédé à une dictée avec les élèves du cours élémentaire tandis que les plus âgés planchaient sur un exercice d'arithmétique, avant de s'atteler à une rédaction traitant du paysage d'hiver.

Tout s'était plutôt bien passé, elle tenait bien sa classe et les élèves étaient attentifs. Pourtant, à l'issue de la journée, M. Lebeille lui avait adressé plusieurs reproches. Les exercices étaient trop difficiles, tout comme la dictée.

– Pas trop de zèle, mademoiselle Pélissier, lui avait répété l'inspecteur. Ne cherchez pas à transformer vos élèves en bêtes à concours, mais à leur donner l'instruction indispensable.

Le pire était qu'il avait raison, estimait Virginie, confuse. Elle ne se rendait pas compte du niveau réel des élèves, exigeait parfois trop d'eux. M. Lebeille avait aussi glissé quelques mots sur la vocation agricole de la région.

– La plupart des garçons prendront la suite de leurs pères, tandis que les filles tiendront le ménage, avait-il précisé. Vos exercices de calcul doivent être adaptés aux problèmes que vos élèves seront susceptibles de rencontrer.

Elle avait accepté ces remarques, se disant qu'elles étaient justifiées. En revanche, elle avait beaucoup moins apprécié la conclusion de l'inspecteur.

– Ce n'est pas parce que votre père est félibre, investi dans le monde littéraire, que vous devez exiger de vos élèves des connaissances très livresques !

Saisie, elle n'avait pas trouvé les mots pour se défendre. Cela valait peut-être mieux, d'ailleurs !

Cependant, comme tout se savait à Lorgnes, Virginie avait vite compris que ce revers ne l'aiderait pas à mieux s'intégrer dans la communauté. On murmurait sur son passage quand elle traversait le village ou se rendait à Saint-Firmin, distant de cinq kilomètres.

Le maire lui avait demandé d'un ton patelin si tout se passait bien ; elle avait acquiescé en ayant envie de l'envoyer au diable.

En tant qu'institutrice de l'école laïque républicaine, elle devait déjà mener une existence au-dessus de tout soupçon. Si, de surcroît, on lui reprochait les écrits de son père…

Elle quitta le hameau à grands pas. Le printemps était en chemin. Ciel bleu à peine estompé d'une brume légère, luminosité faisant chanter le vert des prés et le sommet du mont Ventoux…

À cet instant, Virginie songea à la promenade qu'elle effectuait souvent, en compagnie de Félicité, le long du Calavon, et son cœur se serra. Sa marraine lui manquait, comme la maison d'Apt et les monts du Luberon.

Elle bifurqua devant un oratoire fleuri de genêts, s'engagea sur la route de Saint-Firmin.

La marche lui avait toujours permis de se détendre. Elle respirait mieux au contact de la nature. Au fur et à mesure qu'elle s'éloignait de Lorgnes, il lui semblait qu'elle se libérait de ses soucis.

Ne plus penser à l'inspecteur, se dit-elle. Oublier qu'il avait osé lui reprocher de ne pas consacrer de temps à l'apprentissage de la couture. « Rappelez-vous, mademoiselle, que les jeunes filles doivent apprendre en priorité à bien tenir leur foyer. » Selon lui, les filles devaient rester à leur place, un pas derrière les garçons. Et c'était l'école républicaine qui défendait ce point de vue ?

Et les femmes ? Quel était leur rôle ? Leur importance était-elle proportionnelle au montant de leur dot ?

Albertine, Henrietta avaient été réduites à cette fonction. Elle, Virginie, refusait avec force ce destin.

Elle était en sueur lorsqu'elle atteignit une fontaine surmontée d'un mascaron. Elle était furieuse, non contre l'inspecteur, mais contre la société. Elle s'essuya le front, prit une longue inspiration.

Un caillou roula derrière elle. Elle se retourna, fut surprise de découvrir la haute silhouette d'un homme qui grimpait la côte, à un rythme plus soutenu que le sien. Elle réprima mal un soupir de contrariété. Il n'était plus question pour elle de lier connaissance avec quelque marcheur ! Judicaël lui avait appris à se défier des hommes.

L'inconnu, parvenu à sa hauteur, la salua avant de poursuivre son chemin. Virginie, qui s'était préparée à l'ignorer, en fut presque blessée. L'instant d'après, l'incohérence de sa réaction la fit sourire. Décidément, son inspection l'avait bel et bien perturbée !

Elle reprit sa marche, attentive à la flore et à la géologie.

Elle avait entrepris la constitution d'un herbier et une collection de pierres. Il faudrait qu'elle déniche un meuble pour la ranger, qu'elle organise aussi des sorties afin de familiariser ses élèves avec la botanique. Son père l'avait emmenée durant l'été 94 chez M. Fabre, en son domaine de Sérignan-du-Comtat, et la passion du vieil entomologiste l'avait émerveillée. Achille l'avait amusée en lui racontant que Mistral, le grand Mistral, avait proposé à Jean-Henri Fabre de rejoindre le félibrige et de publier ses œuvres sous le nom de Félibre di Tavan, le Félibre des Hannetons. Cette rencontre avait marqué Virginie et lui avait permis de se rapprocher de son père.

De nouveau, elle s'essuya le front. Allons, si elle songeait au sort de M. Fabre, injustement accusé d'être un dangereux élément subversif fin 70 parce qu'il avait eu le front d'expliquer la fécondation des fleurs à des jeunes filles, elle se disait que son inspecteur n'était pas si terrible.

Le sommet blanchi du Ventoux la fascinait. M. Fabre leur en avait parlé avec tant de fougue et d'enthousiasme qu'elle se promit une nouvelle fois d'en tenter l'ascension. Le nez en l'air, elle suivit le vol d'un oiseau de proie avant de faire demi-tour. Il lui restait de nombreux cahiers à corriger, et la leçon du lendemain à écrire au tableau. Elle poussa un léger soupir ; elle aurait préféré poursuivre sa promenade. À cet instant, elle pensa à Judicaël. Elle savait qu'elle ne l'oublierait jamais. La rancune, le dépit étaient passés. Il restait le chagrin, heureusement atténué par le temps. Il avait fait partie de sa vie l'espace de trois mois, trois mois gravés dans sa mémoire.

Lors des vacances de Noël, Émilien était revenu à la charge.

– Qu'attends-tu pour te marier ?

Elle avait secoué la tête.

– Avec Jean-Clément, par exemple ? Très peu pour moi ! Je tiens à rester une femme libre.

Son grand-père, vexé, ne lui avait plus adressé la parole de la soirée.

– Nous appartenons décidément à des mondes différents, avait soupiré Achille.

Perdue dans ses pensées, elle ne remarqua pas le gros caillou pointu au milieu du chemin, trébucha. Elle tenta de se rattraper, tomba dans l'herbe rase. Une douleur fulgurante lui traversa la cheville. Elle essaya de se relever, retomba en arrière.

– Oh non ! gémit-elle.

Elle se retrouvait immobilisée à une bonne heure de marche du hameau, dans un endroit désert. Elle frictionna sa cheville, malgré la douleur, et entreprit de déchirer le bas de son jupon afin de se confectionner une sorte de bandage. Le soleil, encore haut dans le ciel, s'abîmerait dans un peu plus d'une heure et demie. Elle serait seule, alors, et condamnée à passer la nuit dehors. Une perspective qui ne la réjouissait guère.

Une fois encore, elle tenta de se mettre debout, en s'appuyant sur sa jambe valide. Si seulement elle avait eu la bonne idée de prendre un bâton de marche ! Les lèvres serrées sur une plainte, elle parvint à faire un pas, puis deux. À ce rythme, même si sa cheville tenait, elle ne serait jamais rentrée avant la tombée de la nuit.

– Besoin d'aide ?

Elle reconnut la voix du marcheur inconnu, haussa les épaules.

– Ça se voit, non ? lança-t-elle, de mauvaise humeur.

Il la rejoignit.

– Asseyez-vous et laissez-moi voir cette cheville.

Elle obéit, en se demandant pourquoi elle lui faisait confiance. Il se pencha au-dessus d'elle, remonta légèrement jupe et jupon, défit les lacets de sa bottine. La cheville apparut, déjà gonflée.

Virginie, soudain gênée, voulut rabattre ses vêtements sur sa jambe.

– Chut ! fit-il. Dites-vous que je suis médecin.

– Vous ne l'êtes pas !

– Et alors ? Personne d'autre que vous et moi ne le sait !

En toute logique, elle aurait dû éprouver de l'inquiétude en pareille situation, mais elle se souciait seulement de pouvoir rentrer à l'école.

Ses mains aux doigts longs et spatulés explorèrent sa cheville avec douceur. Étonnée, Virginie eut l'impression que la douleur s'atténuait. Il poursuivit son massage avec des gestes lents et sûrs, puis confectionna un bandage sommaire à l'aide de son grand mouchoir blanc.

– Je vous apporterai une pommade ce soir, proposa-t-il. Nous allons redescendre. Appuyez-vous à mon bras.

Elle s'étonna.

– Vous me connaissez ?

Un sourire éclaira ses yeux.

– La jeune institutrice qui ne va pas à la messe le dimanche et a ouvert une bibliothèque dans son école ? Vous êtes célèbre, mademoiselle Pélissier !

Elle sentit ses joues s'empourprer et s'en irrita.

– Je ne connais même pas votre nom.

Son sourire s'accentua.

– Lorenzo. Je suis menuisier à Saint-Firmin.

Il l'aida à se relever.

– Allons, venez. Vous n'avez rien à craindre de moi.

Et, curieusement, elle était certaine qu'il disait vrai.

42

Il aimait les dimanches d'été passés à Maillane, en compagnie des Mistral. Le maître l'impressionnait toujours autant, même si Achille faisait désormais partie du premier cercle de ses amis.

Mistral était resté d'une simplicité remarquable, recevant à sa table ceux dont il appréciait la compagnie, sous le regard bienveillant de Mme Mistral, autour de savoureux plats préparés par Marie du Poète, la servante.

Il plissa les yeux en jetant un coup d'œil amusé à Achille.

– Quand nous ramènerez-vous votre délicieuse fille ?

Le fils aîné d'Émilien esquissa une moue dubitative.

– Nous nous sommes peu vus ces derniers temps. Elle est fort occupée par les dernières révisions avant le certificat.

– J'ai ouï dire qu'elle écrivait, elle aussi, glissa Mistral de son air le plus innocent.

La surprise d'Achille n'était pas feinte.

– Elle écrit ? Première nouvelle ! Elle ne m'en a jamais parlé. Comment ?

Mistral leva la main pour endiguer ce flot de paroles.

– Doucement, mon ami, ne prenez pas feu ainsi ! Virginie a eu la bonté de nous adresser, à Mme Mistral et à moi, un exemplaire de la revue *Au féminin*. Un article progressiste, comme vous vous en doutez certainement, mais, ma foi, plutôt bien troussé. La petite a une plume, croyez-moi.

– Elle ne m'en a pas parlé, répéta Achille, consterné. Pourquoi ?

Mistral se pencha et lui tapota le bras. Son chien, Pan Panet, posa son museau sur le genou de son maître.

– Allons, mon ami, ne soyez pas accablé. Votre fille, je pense, redoutait votre jugement. Mais le fait de m'envoyer son article était une façon détournée de vous le faire parvenir. Vous pourrez en parler tous les deux durant les vacances d'été.

C'était si difficile… Face à sa fille, Achille revoyait Albertine et se reprochait amèrement ses propres manquements. Longtemps, il avait cadenassé sa mémoire, par égoïsme et par lâcheté. Ce mariage lui avait été imposé par son père. Lui n'avait jamais maltraité Albertine. Il l'avait respectée tout au long de leurs dix années de vie commune.

Mais il ne l'avait pas aimée et l'avait laissée seule face à Émilien et Célestine, se disait-il de plus en plus souvent. Il était bien placé pour mesurer la capacité de nuisance de son père. Hector et lui avaient choisi la fuite. Albertine n'avait pas eu la possibilité de s'éloigner des Terres Brûlées. Comment pourrait-il se pardonner un jour cet abandon ?

Mme Mistral, attentive et douce, lui sourit amicalement.

– Nous aimons beaucoup votre Virginie, lui glissa-t-elle.

Et, de nouveau, Achille se sentit coupable.

Il était assez satisfait de ses négociations avec le gouvernement de Jules Méline. Du moins était-il parvenu à éviter le pire. Pour le moment.

Le pape Léon XIII, qu'il avait rencontré à trois reprises au Vatican, l'avait envoyé, fin 1890, en Belgique en qualité de nonce. Il s'agissait d'une mission délicate, destinée à assurer une reprise des relations entre la Belgique et le Saint-Siège.

Le chanoine Spezio s'en était assez bien sorti et, de retour à Rome, s'était entretenu avec le pape.

L'encyclique de ce dernier, *De Rerum Novarum*, critiquait le libéralisme et son régime de concurrence effrénée qui conduisait les ouvriers à la misère. Il se défiait aussi du marxisme qu'il qualifiait de « peste mortelle ». De plus, Léon XIII redoutait une montée de l'anticléricalisme en France et œuvrait pour un ralliement des catholiques français au régime de la IIIe République.

Il avait donc de nouveau dépêché le chanoine Spezio en France.

Ces mois de rencontres et de négociations laissaient au prêtre une impression mitigée. Certes, il existait chez certains une volonté d'apaisement, mais la tension demeurait bien présente. On s'affrontait de plus en plus violemment entre tenants de l'école privée et de l'école laïque.

Le chanoine Spezio n'était pas vraiment optimiste.

Il marcha jusqu'à la fenêtre de sa chambre, d'où il apercevait la basilique de Vézelay, perchée sur sa butte. Il aimait particulièrement le site, empreint de spiritualité. Il avait l'impression de s'y ressourcer.

Arrivé la veille chez son ami Franchet, un lettré bibliophile dont il avait fait la connaissance à la Bibliothèque vaticane, le chanoine Spezio se réjouissait à l'idée des discussions philosophiques qui allaient les opposer, tandis qu'ils marcheraient dans la campagne. Le prêtre italien éprouvait le besoin de prendre un peu de repos en Bourgogne après tous les efforts engagés pour mener à bien la politique du ralliement. Tout comme Léon XIII, il s'inquiétait des progrès de l'industrialisation. Il ne concevait pas que la machine puisse prendre le pas sur l'homme. Ses études universitaires, après son ordination, lui avaient permis non seulement d'approfondir ses connaissances théologiques et philosophiques, mais aussi sa réflexion.

Il estimait en effet qu'il ne fallait pas se montrer trop exigeant avec l'être humain, déjà soumis à de nombreuses tentations. L'humanisme primait chez le père Spezio. Il songeait parfois qu'il l'avait puisé aux sources mêmes de sa vocation et s'assombrissait aussitôt. Il y avait beau temps qu'il avait choisi de tirer un trait sur le passé.

Même si celui-ci revenait le hanter, lorsqu'il baissait la garde. Il se demandait alors s'il n'était pas un monstre.

– Voilà, fit Amédée Darnaud en posant un regard embué sur les bassins de décantation.

Max allait conduire le dernier chargement de briques d'ocre à l'usine Gardone. Pas question, en effet, de faire travailler Pélissier !

Il avait appris, par les bonnes langues du pays, les fiançailles de Jean-Clément. Sa pauvre femme était restée alitée dans l'obscurité une journée entière et, depuis, elle errait dans la maison comme une ombre, en se tamponnant les yeux.

– Notre fils unique…, gémissait-elle. Qu'avons-nous fait au bon Dieu ?

Amédée refusait d'y songer. Pélissier lui avait tout pris… Il ne lui restait que sa haine, ou plutôt son écœurement. Il aurait voulu jeter son mépris au visage du maître ocrier, tout en sachant que c'était vain. Il avait promis à Mireille de garder son calme. Sa femme se rongeait les sangs.

Il allait vendre quelques terres, reconstituer un troupeau de moutons et replanter de la vigne à présent que la crise du phylloxéra n'était plus qu'un lointain souvenir. Il devait bien ça à son père !

Il avait travaillé durant près de vingt-cinq ans sur le champ de l'Étoile, vingt-cinq ans de labeur acharné, de fierté et d'angoisses avec, chevillée au corps, sa passion pour l'ocre.

Il passa la main sur une brique, presque furtivement, comme s'il se demandait comment il pourrait vivre, désormais, sans ce minerai quasi magique. Max, qui venait de surprendre ce geste, détourna les yeux.

Il aurait volontiers assommé Jean-Clément.

43

À vingt-cinq ans, Jean-Clément Darnaud avait, selon la formule consacrée, tout pour être heureux. Bras droit d'Émilien Pélissier, il avait la haute main sur l'usine d'ocre.

Il avait rencontré, l'été précédent, la fille d'un faïencier aptésien, Céleste. Douce et jolie, elle lui avait plu d'emblée. Ils allaient se marier dans deux semaines. Les noces auraient lieu au Grand Café Grégoire, place de la Bouquerie.

Émilien lui avait proposé de faire la réception aux Terres Brûlées, proposition que Jean-Clément avait poliment déclinée. Il avait parfois envie de reprendre sa liberté, de s'affranchir de la tutelle du maître ocrier. Avec le recul et, aussi, le regard neuf de Céleste, il commençait à mesurer qu'il s'était laissé manipuler par Pélissier. Pas question pour lui, cependant, de faire amende honorable auprès de son père ! Son satané orgueil l'en empêchait.

Pourtant, à l'approche de son mariage, Jean-Clément se rappelait l'atmosphère chaleureuse de la Brémonne, la tendresse de sa mère, la complicité l'unissant à sa tante Félicité.

Il se raidissait face à ces souvenirs. N'avait-il pas arrêté son choix depuis longtemps ? Il se disait de temps à autre qu'il aurait suffi de presque rien… Un pas vers l'autre, sans crainte de se voir rejeter.

Il haussa les épaules, retourna vers la salle du blutoir. Le contremaître venait de lui signaler une anomalie.

Il songea à Céleste et esquissa un sourire. Sa fiancée lui manquait. « Bientôt », se dit-il. Il avait hâte de fonder une famille, de tout partager avec elle.

Comme pour exorciser les dernières années.

Curieusement, Virginie se sentit presque déçue le premier jour des vacances. L'année passée à Lorgnes avait été riche d'enseignements, même si elle avait traversé des moments de profond découragement. Les élèves présentés au certificat d'études avaient obtenu tous les quatre le précieux diplôme. Elle en avait pleuré de joie. Le maire était venu la féliciter, les parents de Marcel et de Delphine lui avaient offert des fleurs. Virginie évoluait sur un petit nuage.

– Félicitations, mademoiselle.

Lorenzo, le menuisier, son chapeau à la main, l'attendait sur le chemin du lavoir. Virginie, son panier à linge sur la hanche, le remercia d'un sourire.

– Ce sont mes élèves qui ont fait tout le travail.

Il se proposa pour porter sa corbeille, elle secoua la tête.

– Merci, je ne suis pas en sucre, vous savez. De plus, on m'accusera des pires turpitudes si l'on vous voit porter mon linge sale.

– Je me suis toujours moqué du qu'en-dira-t-on.

– Je vous comprends mais ne puis me le permettre. Vous connaissez ma situation : je dois être irréprochable.

Sa dernière phrase se teintait d'amertume. Elle n'avait pas imaginé, durant ses années d'études, qu'elle ferait l'objet de tant de commérages. Son amie Chloé, qui enseignait dans un village du plateau de Sault, était persécutée par la vieille institutrice retraitée. Celle-ci faisait courir sur elle des rumeurs invraisemblables. Il fallait être forte pour faire face seule dans un environnement hostile.

– Personne ne nous regarde, insista Lorenzo.

De nouveau, Virginie secoua la tête.

– Il n'en est pas question. En revanche, nous pouvons nous retrouver tantôt dans la campagne.

Il l'enveloppa d'un regard pensif.

– Pour herboriser ? Il est grand temps que vous m'accompagniez jusqu'au sommet du Ventoux. Au petit matin, de préférence.

– Je rentre à Apt à la fin de la semaine, le temps de mettre la maison d'école en ordre.

– Eh bien, disons… jeudi. Je passe vous prendre à quatre heures du matin, cela vous convient ?

– Il faudra bien ! dit-elle en riant. Filez, maintenant, j'aperçois le nez pointu de la vieille Sidonie derrière ses volets clos.

Elle ne put s'empêcher de le suivre des yeux alors qu'il s'éloignait en direction de Saint-Firmin. Il marchait vite, d'un pas sûr, et donnait l'impression d'être invulnérable. Au village, le menuisier était apprécié de tous. D'autant qu'il donnait volontiers la main pour écrire des lettres ou soutenir les démarches de ceux qui étaient dans la peine. « Un homme bon », estimait le maire, Gabriel Ranc, opinion que partageaient la plupart de ses administrés. Même si l'on chuchotait aussitôt après : « C'est un rouge. »

Virginie avait appris à mieux le connaître depuis leur première rencontre. Il l'avait aidée à rapporter chez elle un meuble-étagère découvert à la foire de la Saint-Siffrein, à Carpentras, l'avait poncé et ciré. Désormais, il faisait grand effet dans la salle de classe et Virginie y entreposait les différentes pierres ramassées au cours de ses randonnées.

Tous deux discutaient longuement, durant leurs marches. Elle appréciait son engagement social et il avait une façon de parler des femmes qui lui plaisait. Il ne se moquait pas, en effet, des suffragistes. Il avait même fait découvrir à Virginie quelques-uns de ses rapports, comme celui lu au troisième Congrès national ouvrier, à Marseille, en octobre 1879.

– Une république qui maintiendra les femmes dans une condition d'infériorité ne pourra jamais faire advenir l'égalité entre les hommes, avait-il lancé avec fougue.

Virginie avait aussitôt renchéri :

– Nous, les femmes, sommes considérées comme d'éternelles mineures. À commencer par nos propres familles.

Elle n'avait jamais oublié ce commentaire lapidaire d'Émilien la concernant : « Elle ne compte pas. Ce n'est qu'une fille ! »

Elle avait été à bonne école avec Félicité qui, sans connaître les thèses des féministes telles que Hubertine Auclert, Séverine ou Marguerite Durand, défendait les droits des femmes. Margarido n'avait-elle pas été un précurseur, elle qui affirmait : « Nous sommes le vrai sexe fort. C'est bien pour cette raison que les hommes se méfient tant de nous » ?

Même si elle se défiait désormais des hommes, elle aimait ces discussions animées qui lui apprenaient toujours quelque chose. Et, surtout, elle pressentait que Lorenzo l'écoutait vraiment.

Elle s'arrêta au lavoir, soupira. Elle détestait sacrifier au rituel de la bugade et s'arrangeait pour le faire aux heures les plus chaudes, quand la plupart des femmes désertaient ce lieu de rendez-vous.

Elle n'avait aucun goût, en effet, pour le caquetage des villageoises et s'efforçait de se tenir à l'écart. En tant que maîtresse d'école, elle se devait de ne pas prendre part aux querelles internes.

Elle s'agenouilla derrière une planche qui s'enfonçait dans le bassin et l'eau fraîche lui fit du bien. Elle nettoya ses dessous et ses corsages. Elle se surprit à chantonner tout en maniant le battoir. La vieille Sidonie se matérialisa brusquement à ses côtés.

– Vous êtes en vacances, mademoiselle l'institutrice, lui dit-elle sans la saluer.

Elle chiquait.

– Moi, je n'ai jamais eu de vacances, j'ai toujours travaillé. Et je travaille encore, ajouta-t-elle fièrement.

Les vacances… éternel grief. Virginie ne comptait plus les fois où elle s'était fait traiter de paresseuse parce qu'elle disposait de deux mois et demi de congés en été et deux semaines à Noël et à Pâques.

Ne sachant que répondre, elle se contenta de sourire à la vieille femme.

– Vous êtes jeune, reprit Sidonie, vous pensez tout connaître de la vie parce que vous êtes savante mais, en fait, vous ignorez encore beaucoup de choses. Tenez, ce menuisier qu'on voit de temps en temps avec vous… C'est un homme qui attire le malheur.

– Quelle idée ! protesta Virginie.

Cependant, malgré la chaleur, un filet de sueur glacée coulait le long de sa colonne vertébrale. Un homme attirant le malheur, comme si elle avait besoin de ça !

– *Quau n'es pas malurous déu s'espera de l'estre*[1], fit Sidonie, en provençal.

La jeune femme frissonna avant de rejeter les épaules en arrière. Elle n'allait tout de même pas se laisser impressionner par ce genre de remarque !

Ils étaient partis de bon matin, le regard fixé sur la silhouette du géant de Provence.

Virginie avait à cœur de suivre la cadence de son guide. Tous deux grimpaient en silence, comme s'ils avaient redouté l'un et l'autre de parler.

– La marche m'a toujours permis d'aller mieux, lui confia brusquement Lorenzo.

Virginie lui décocha un coup d'œil amusé.

– Vous donnez l'impression d'un homme ignorant tout des doutes et des interrogations. Quelqu'un de fort, d'indestructible même.

Il esquissa une moue dubitative.

– Pourtant ! se contenta-t-il de souffler.

Il n'en dit pas plus, il n'en était pas besoin. Confuse, Virginie n'insista pas. Elle se concentra sur l'ascension,

1. « Qui n'est pas malheureux doit s'attendre à l'être. »

longue, rude, mais faisant naître en elle un sentiment de plénitude.

Parvenue à la chapelle Sainte-Croix, elle eut l'impression que ses poumons allaient éclater. Lorenzo se tourna vers elle et, tirant un gilet de laine de son havresac, le lui posa sur les épaules.

– Commencez à vous couvrir, la température va se rafraîchir de plus en plus.

Elle le remercia d'un sourire.

– Vous n'êtes pas essoufflé ?

Il sourit.

– Je monte jusqu'au sommet au moins trois fois par mois. Je suis entraîné. C'est pour moi une façon de me ressourcer.

Il prenait le chemin du Ventoux quand il sentait que le passé l'empoisonnait. Il commençait à aller un peu mieux à partir du sentier de la combe Fiole, qui longeait des charbonnières.

– Vous avez votre montagne, reprit-elle d'une voix rêveuse.

Elle avait été tentée d'ajouter : « Moi, je n'ai rien ici », s'était retenue à temps. Elle ne voulait pas se plaindre de son sort. De quoi se serait-elle plainte, d'ailleurs ? La vieille Sidonie ne la considérait-elle pas comme une privilégiée ?

– J'ai aussi mes souvenirs, glissa-t-il.

L'instant d'après, il se reprocha cette phrase. Qu'est-ce que cette petite institutrice, âgée d'à peine vingt ans, pouvait comprendre à sa vie ? Elle ignorait tout du monde de la forêt, de l'univers rude des charbonniers et des conditions de travail des ouvriers. Pourtant, son enthousiasme et sa sincérité évidents le touchaient.

Virginie trébucha sur le pierrier menant au sommet, se rattrapa au bras de son guide.

– C'est beau, murmura-t-elle, le souffle coupé, en découvrant la vue sur les Alpes, magique.

Saisie par le froid régnant au sommet, Virginie frissonna. Lorenzo l'enveloppa dans le châle dont elle s'était munie sur son conseil.

– N'allez pas prendre mal, lui recommanda-t-il.

Lui, habitué à vivre au grand air et doté d'une solide constitution, ne redoutait guère les changements de température. Comparé à lui, Judicaël paraissait presque chétif. Mais elle ne voulait plus penser à Judicaël !

– Parlez-moi de vous, suggéra Virginie, d'une voix douce.

Même si elle refusait d'y accorder quelque importance, le jugement de Sidonie continuait de la hanter. « Un homme qui attire le malheur… » Comment pouvait-on prononcer une phrase si définitive ? Comme si, d'emblée, les jeux avaient été faits, le destin tracé…

Lorenzo soutint le regard de la jeune femme.

– C'est trop tôt, répondit-il.

À moins qu'il ne fût déjà trop tard…

44

« J'aurais dû revenir plus tôt », se dit Lorenzo en s'inclinant au pied du chêne de Livia. Il ne le nommerait jamais autrement, le chêne de Livia. L'arbre avait encore pris de l'ampleur. Il ne pria pas, il en aurait été bien incapable, non, il se recueillit simplement, laissant les souvenirs le submerger.

La forêt, jadis si familière, avait bien changé. Les charbonniers avaient poursuivi leur œuvre de destruction. Les rangs des chênes pubescents et des hêtres s'étaient éclaircis sous les coupes sombres des Piémontais. Les meules, destinées à produire le charbon de bois, avaient laissé des traces circulaires sur le sol. Lorenzo se pencha, ramassa une petite bûchette.

– Il y a si longtemps..., murmura-t-il pour lui-même.

Il se revoyait nivelant le terrain à la pelle et à la pioche, le nettoyant à l'aide de l'*escoubadièro*[1], tandis que Giuseppe mesurait l'espace nécessaire à la semelle.

Il entendait encore les insultes dont Giuseppe l'accablait. En revanche, le visage de sa mère se diluait dans une brume floutée. Il rêvait encore parfois d'elle, s'efforçant de la retenir, alors qu'elle s'éloignait inexorablement.

1. Un balai en amélanchier.

Pourquoi ne lui avait-elle jamais parlé de son père, ce prêtre mystérieux qui avait gâché leurs vies ? Par honte ? Par crainte de Giuseppe ?

Tout naturellement, il descendit à la cabane de Luisa et Sergio.

Sa vieille amie tricotait sur le pas de la porte. Il la trouva grossie et voûtée. Vieillie. Et se demanda avec une pointe d'inquiétude si Livia aurait pu lui ressembler en prenant de l'âge.

– Luisa…

Elle sauta sur ses pieds avec une rapidité surprenante au regard de sa corpulence.

– Lorenzo, mon petit ! s'écria-t-elle d'une voix éraillée.

Ils se donnèrent l'accolade.

– Il y a si longtemps que tu n'es pas venu, reprit-elle. Ça me faisait peine. Viens là que je t'admire. Grand et bel homme. Ça te fait quarante ans, c'est ça ?

– En effet. Et toi ? Bientôt septante ?

– Oh, moi !

Elle laissa échapper un rire de jeune fille.

– Je suis agrippée à ma forêt, à ma montagne.

– Tu n'as jamais eu envie de t'installer au village ?

Elle esquissa une moue. Ses cheveux entièrement blancs étaient torsadés en un chignon sévère, mais ses yeux riaient.

– Le métier de charbonnier n'a jamais enrichi personne, mon garçon ! Ça se saurait… Non, je suis plus heureuse ici. Reine en mon domaine. Au moins, je ne dois rien à personne !

– Comment va Sergio ?

La lueur dans ses yeux s'éteignit. Elle serra le bras de Lorenzo.

– Mon Sergio est parti de la poitrine il y aura deux ans à la Sainte-Lucie. Il crachait du sang. J'ai eu beau le soigner avec mes sirops et mes plantes, rien n'y a fait. Je suis seule ici, désormais.

Spontanément, il lui proposa :

– J'ai mon atelier à Saint-Firmin, du côté de Villes-sur-Auzon, là-haut, au pied du Ventoux. Je peux te loger, Luisa, cela me ferait bien plaisir. Une petite maison bien exposée…

Sa vieille amie secoua la tête.

– Tu es un brave petit. Mais à mon âge… On ne déracine pas les vieux arbres. Sans ma forêt, je meurs. Les oiseaux me réveillent le matin, mes os et mes articulations m'indiquent le temps qu'il va faire, je suis encore assez alerte pour aller aux champignons et aux truffes… Je suis heureuse ici. Chez moi.

Il sut qu'elle disait vrai en la voyant tourner la tête en direction du chêne de Livia.

– Si je partais, reprit-elle, qui prendrait soin de mes morts ? Je leur parle chaque jour. Surtout, ne te demande pas si je n'ai pas perdu la tête ! C'est la vie que nous avons choisie il y a bien longtemps, mon Sergio et moi. Je reste à ses côtés parce que je sais qu'il l'aurait fait pour moi.

Profondément ému, il hocha la tête.

– Tu as de bons voisins ?

Luisa sourit.

– Une petite Monica et son mari. Je l'ai aidée à mettre au monde son premier petit, ça crée des liens. Ça m'a rappelé le passé… *Dio mio*, ma pauvre Livia ! Il ne se passe pas un jour sans que je pense à elle.

Lorenzo se racla la gorge.

– Justement, je voulais te demander… Elle ne t'a jamais confié le nom de mon père ? Elle n'avait que toi, ici.

Luisa secoua la tête avec force.

– Jamais, tu peux me croire ! Elle avait honte. Je me rappelle, une fois, elle m'a dit : « À dix-sept ans, je n'avais peur de rien. Après, avec la mort de ma grand-mère et la trahison du père de Lorenzo, je me suis mise à tout craindre. Jusqu'à l'orage ! »

– La trahison…, répéta Lorenzo.

– Oh ! ne va pas te mettre martel en tête, elle avait peut-être employé un autre mot. Elle était si triste… Ce dont je suis sûre, c'est qu'elle ne voulait pas revoir sa famille à elle. C'est tout juste s'ils ne lui avaient pas jeté des pierres…

– Le responsable était avant tout ce prêtre.

– C'est si loin, fit Luisa d'un ton las. Plus de quarante ans… Crois-moi, mon petit, il faut oublier tout ça. Ta mère aurait voulu te voir heureux. Tu ne prévois pas de te remarier ? D'avoir des enfants ?

– Je ne suis pas encore prêt, souffla-t-il.

Le serait-il jamais ? Il lui semblait qu'il ne pourrait pas être père tant qu'il ne connaîtrait pas la vérité. Et, avec le temps, ses chances d'y parvenir s'amenuisaient. Sa mère aurait un peu moins de soixante ans. Et son père ?

– Si seulement je connaissais son nom, murmura-t-il.

Son patronyme le révulsait. Il aurait voulu ne rien avoir reçu de Giuseppe. Luisa se mordit la langue.

– C'est la vie, mon petit ! commenta-t-elle, fataliste. Dis-toi que Livia l'a voulu ainsi.

Tout en parlant, elle croisait discrètement les doigts dans son dos, comme pour conjurer son mensonge. Elle gardait dans sa cabane un recueil de poèmes que Livia lui avait confié, peu après la naissance de Lorenzo. Son amie avait écrit un prénom et un nom sur la page de garde, en lui faisant promettre de les garder secrets. « Je ne voudrais pas provoquer un nouveau drame », avait-elle ajouté.

La nuit où elle était passée, dans un éclair de lucidité, elle s'était dressée sur sa paillasse et avait demandé à Luisa de brûler le livre. La Piémontaise n'avait pu s'y résoudre.

« C'est si loin, maintenant, se dit-elle, comme pour se justifier. Quelle importance ? »

Lorenzo se leva souplement, serra la vieille femme contre lui.

– Porte-toi bien, ma Luisa. Je te promets de revenir plus souvent.

Elle ne découvrit la pièce de dix francs en or qu'il avait discrètement posée sur la table que bien après son départ. Émue, elle s'essuya les yeux. Elle l'avait toujours considéré comme le fils qu'elle n'avait pas eu.

C'était une impulsion qui avait incité Lorenzo à frapper à la porte du père Blondeau. Besoin de se confier, de demander conseil ? Lui-même l'ignorait, comme il l'expliqua au prêtre.

– C'est difficile à assumer, conclut-il.

Il ne s'agissait pas d'affronter le regard d'autrui, non, Lorenzo n'y songeait même pas, mais plutôt de comprendre.

– N'est-ce pas stupide, à mon âge, d'éprouver encore un vide ? Mes racines me manquent, et le plus terrible, c'est de savoir qu'elles me manqueront toujours. Cet inconnu qui est mon père a laissé ma mère affronter seule une situation calamiteuse. Fille-mère au milieu du XIXe siècle, imaginez-vous…

– Les choses n'ont pas vraiment changé, glissa le père Blondeau.

Il estimait le menuisier, qu'il considérait comme un homme droit. Partisan du catholicisme social, le prêtre comprenait le combat mené par Lorenzo et ses amis. De plus, il priait toujours pour la « petite Élisa » dont le destin tragique l'avait ému. Cependant, il pressentait que la quête du fils de Livia était vouée à l'échec. L'Église refuserait toujours de reconnaître l'existence des enfants de prêtres. On étouffait les affaires, on déplaçait l'ecclésiastique et seule la femme était stigmatisée. C'était la règle.

Il essaya de le faire comprendre à Lorenzo avec des mots prudents. Le menuisier secoua la tête.

– J'entends bien, mon père. Seulement, c'est difficile à accepter.

Le prêtre savait que son interlocuteur ne pouvait pas se contenter de phrases lénifiantes incitant à la résignation. La blessure était trop profonde et l'homme trop exigeant.

– J'ai bien conscience de ne pouvoir apporter de réponse, reprit-il. Il serait facile de dire que le charbonnier… Lupo, a menti, mais je crois que l'amie de votre mère a confirmé sa version. Dans ces conditions, franchement, je ne vois pas comment vous pourriez retrouver votre géniteur.

– Il est peut-être déjà mort, remarqua Lorenzo avec une pointe de cynisme.

Le père Blondeau hocha la tête.

– C'est une possibilité, en effet. Sinon, ce prêtre aura enfoui cette histoire profondément dans sa mémoire et peut-être a-t-il fini par l'oublier.

Lorenzo serra les poings.

– Parce qu'il s'est joué de ma mère ?

– Ou parce que le temps a passé et que c'était plus facile de ne plus y penser. L'homme est ainsi fait et la condition de prêtre n'y change pas grand-chose.

– Moi, je ne cesse jamais d'y songer, confia le menuisier.

Il se sentait las, et découragé. Il tendit la main au prêtre.

– Merci pour tout, mon père.

Celui-ci esquissa une bénédiction sur son front.

– Je sais que vous êtes libre-penseur, mais laissez-moi vous bénir, en souvenir de votre mère.

Les cloches de la cathédrale sonnaient quand Lorenzo quitta la demeure du prêtre. Il fit quelques pas et assista à la sortie du cortège. « Une belle noce », se dit-il. Il ne pouvait s'empêcher de penser à son mariage avec Élisa, dans cette même église, quatorze ans auparavant. La mariée portait une robe de soie blanche, au col et aux poignets ornés de dentelle, et le marié un habit sombre. Tous deux paraissaient heureux.

Le cœur de Lorenzo se serra. Quand il songeait à Élisa, il avait l'impression d'un immense gâchis. Il sursauta en reconnaissant Virginie dans le cortège. C'était bien elle, très élégante dans une toilette claire, couleur paille. Un petit canotier était crânement planté sur ses cheveux roux. Elle s'appuyait au bras d'un homme d'une cinquantaine d'années, aux cheveux grisonnants. Elle le reconnut, lui adressa un grand signe de la main.

– Que faites-vous donc à Apt ? questionna-t-elle en le rejoignant.

Elle irradiait la beauté et la jeunesse. Il se surprit à penser qu'elle devait se contrôler en permanence, à Lorgnes, afin de ne pas laisser voir à quel point elle était spontanée et enthousiaste.

Il éluda.

– J'avais à faire en ville. Et vous ?

– Moi, je suis chez moi, ici. Venez, je vais vous présenter à ma marraine et à mon père.

Si Félicité lui plut d'emblée, Lorenzo comprit tout aussi vite qu'Achille Pélissier se défiait de lui. Le félibre lui tendit une main désinvolte avant d'échanger quelques mots avec un homme taillé en force et à la crinière blanche.

– Mon grand-père, lui glissa Virginie.

– Vous intéressez-vous aux ocres ? s'enquit le maître ocrier.

Lorenzo secoua la tête.

– Pas vraiment, je suis un homme du bois.

Émilien Pélissier se détourna alors de lui sans plus de façons.

– C'est toujours comme ça, lui chuchota Virginie. Mon grand-père Émilien ne vit que pour ses mines et son usine d'ocre. Rien d'autre ne compte pour lui.

– Et il trouve des interlocuteurs aussi passionnés que lui ?

– Pas dans la famille, en tout cas ! Le marié, Jean-Clément, est son bras droit. C'est aussi le neveu de Félicité, ma marraine. Elle m'a élevée à Apt après la mort de ma mère. Ça va, vous suivez ?

– J'essaie ! fit Lorenzo en riant.

Il soutint le regard assombri d'une vieille dame toute vêtue de noir.

– On me fusille, de ce côté. Vous voyez ?

– Ma grand-mère Célestine. Quand j'étais petite, elle me terrorisait. À présent, je ne fais plus vraiment attention à elle. Elle est vénéneuse. Ma mère a souffert à cause d'elle. Il paraît que, lorsqu'elle était enfant, Célestine inspirait déjà beaucoup de craintes aux voisins. À cause de ce regard noir, sans doute. Faites comme moi, ignorez-la.

– Je rentre à Saint-Firmin.

Elle posa la main sur son bras d'un geste familier.

– Restez, je vous en prie ! Sinon, je vais m'ennuyer horriblement.

Il se dégagea fermement.

– Virginie, soyez raisonnable. Je ne vais pas m'imposer à une noce où je n'ai pas été invité.

– Personne n'en saura rien ! Et vous m'éviterez de me retrouver au bras de ce pauvre garçon, là-bas, au visage rougeaud et aux oreilles décollées.

– Tant pis pour vous, c'est tout ce que vous méritez !

Il s'éloigna à grands pas après l'avoir saluée brièvement. Virginie, déçue, se retourna vers sa marraine.

– Je désirais tant qu'il reste. Que penses-tu de lui ?

Curieusement, Félicité fut du même avis que la vieille Sidonie.

– Un homme séduisant, laissa-t-elle tomber. Et droit. Mais j'ai peur qu'il n'ait beaucoup souffert.

45

Malgré le soleil, éblouissant, qui chauffait à blanc le village, incitant bêtes et gens à se réfugier derrière les persiennes closes, Lorenzo ruminait de sombres pensées.

Il aimait pourtant travailler à cette panetière commandée par Mme Gelly, de Carpentras, pour sa fille aînée. Elle lui avait parlé de la prédilection de Suzanne pour les arbres, si bien qu'il n'avait pas hésité pour le choix du décor. Des colombes, des feuilles de chêne et d'olivier, une traverse inférieure ajourée et, sur le fronton, un panier sculpté en ronde-bosse.

Il essuya la sueur perlant à ses tempes, tendit l'oreille. Quatre heures sonnaient au clocher de l'église. La chaleur ne diminuerait pas avant deux bonnes heures. D'ordinaire, elle ne le gênait pas vraiment. Mais, ce jour-là, il ne supportait rien.

Furieux contre lui-même, il songea de nouveau à cette rencontre fortuite avec Virginie et à la façon dont il l'avait abandonnée sur le parvis de la cathédrale. Le regard blessé que la jeune fille lui avait jeté lui avait fait mal, mais il n'avait pu se résoudre à revenir sur ses pas. Plus il y réfléchissait, plus il se disait qu'il devait se tenir à distance de l'institutrice. Trop âgé pour elle, appartenant à une classe différente, trop marqué aussi par le passé et par son état de fils maudit, il n'avait rien à lui offrir. Le regard chargé de dédain et de méfiance du père de Virginie avait ravivé chez lui de vieilles blessures.

La gouge de Lorenzo dévia. Il jura. Il ne pouvait s'empêcher de penser à Virginie. Elle lui manquait.

Il haussa les épaules. Que croyait-il donc ? Elle épouserait un instituteur. C'était dans l'ordre des choses. Lui, bien qu'il n'ait rien oublié de ses années itinérantes et de ses rencontres, était un simple menuisier, un travailleur manuel. Il n'avait rien de commun avec la famille Pélissier des Terres Brûlées. Il n'avait même pas de nom propre, puisque Giuseppe lui avait donné le sien à regret.

Une silhouette féminine lui fit soudain de l'ombre. Il tressaillit.

– Je ne te vois plus, déclara la voix chantante de Marie-Renée.

Lorenzo lui sourit gentiment.

– J'ai dû m'absenter. Et puis...

Il esquissa un geste inachevé de la main. L'aubergiste laissa échapper un petit rire.

– Et puis tu ne sais pas comment me dire que toi et moi, c'est fini ? N'aie pas peur, va, j'ai compris.

Il n'avait rien à lui reprocher, pensa-t-il. Marie-Renée était quelqu'un de bien, qui n'avait jamais triché avec lui.

Mal à l'aise, il posa sa gouge, passa la main dans ses cheveux.

– Ça n'a rien à voir avec toi, dit-il.

La jeune femme lui sourit.

– Ne t'inquiète pas, Lorenzo. Je crois que je te connais un peu, même si tu es du genre taiseux. L'amour, le vrai, ça ne se commande pas, tu sais.

Il fit un pas vers elle, lui prit la main, maladroitement.

– Alors, amis ?

– Amis ! répéta-t-elle. Je serai toujours là pour toi.

Elle jeta par-dessus son épaule :

– Pour ce soir, j'ai cuisiné de la daube. Si tu veux venir à l'auberge…

– Merci, je verrai, répondit-il.

Il savait déjà qu'il se contenterait de pain, de fromage et d'abricots cueillis dans son jardin. Il avait du courrier en retard. Il était toujours en contact avec Jean-Baptiste Clément ainsi qu'avec d'autres syndicalistes.

En cette fin de siècle, les bouleversements technologiques se succédaient sans que les ouvriers en profitent. À quarante ans, il se sentait brusquement vieux. À moins que sa différence d'âge avec Virginie ne lui pèse…

Il travaillait depuis l'enfance, s'était toujours battu, pour se retrouver seul, les mains vides. Une prise de conscience douloureuse, qui ne lui ressemblait pas.

Il souffla sur la sciure, balaya son établi d'un revers de la main.

« Nous verrons bien », se dit-il.

Histoire de ne pas se laisser submerger par la désespérance…

Quand sa charge lui en laissait le loisir, le père Blondeau venait prier dans la cathédrale Sainte-Anne. Il se recueillait volontiers dans la chapelle Saint-Jean-Baptiste où se tenait un remarquable sarcophage en marbre des Pyrénées à la beauté dépouillée. Ce sarcophage, fabriqué en Arles vraisemblablement au IVe siècle, l'émouvait tout autant qu'un tableau ou une sculpture eût pu le faire. Trois personnages l'ornaient : au centre, portant la croix, le Christ, entouré de saint Sixte à sa gauche et de saint Hippolyte à sa droite. Chaque fois qu'il le contemplait, il songeait aux Alyscamps d'Arles où il s'était rendu au cours d'un pèlerinage.

Le père Blondeau se passionnait pour l'art chrétien et avait rédigé un opuscule consacré à la cathédrale. Cet après-midi-là, après avoir effectué sa promenade quotidienne dans le jardin, il s'agenouilla dans le chœur de la chapelle royale, trop décoré à son goût, avant de se diriger vers la chapelle Saint-Jean-Baptiste, située tout près. Il réprima un soupir de contrariété en découvrant qu'un inconnu admirait déjà le sarcophage. C'était un ecclésiastique de haute stature. Quand il se retourna vers le père Blondeau et le salua d'un signe de tête cordial, celui-ci éprouva une sensation étrange. Cet homme-là ne lui était pas inconnu.

Il avança de deux pas, se nomma. Son interlocuteur se présenta à son tour. Le chanoine Spezio parlait parfaitement le français, avec une légère pointe d'accent transalpin. Tout, dans son allure, son costume, sa façon de s'exprimer, révélait l'homme d'Église habitué à fréquenter les hautes sphères.

– Je suis à Apt à titre personnel, précisa-t-il au prêtre. J'avais très envie de découvrir votre cathédrale, si belle, si riche d'histoire. Je me suis échappé d'Avignon pour la journée.

Le père Blondeau répondit à son sourire tout en se sentant mal à l'aise. Cette haute taille, ce regard qui vous fixait sans ciller, ces cheveux drus, blancs chez le chanoine...

– C'est la première fois que vous venez à Apt ? questionna-t-il.

Le chanoine inclina la tête.

– J'ai séjourné plusieurs années en France et je rentre au Vatican par le chemin des écoliers.

« Un envoyé extraordinaire du pape », pensa le père Blondeau.

Il savait que Léon XIII mettait tout en œuvre pour sauvegarder les relations entre la papauté et la IIIe République. On le lui reprochait assez, d'ailleurs, dans certains milieux ultratraditionalistes.

– Je puis vous offrir l'hospitalité, proposa-t-il. Je m'intéresse moi aussi à notre cathédrale et...

– Ce serait avec grand plaisir, mais je suis attendu à Avignon ce soir. Je me suis permis cette escapade en souvenir de mes études à la Sapienza[1]. L'antique Apta Julia, la colonie latine ainsi nommée en hommage à Jules César, la cathédrale bâtie sur l'emplacement d'une cour à portiques, les reliques de sainte Anne, le merveilleux vitrail offert par le pape Urbain V, le berceau de sainte Anne...

Il s'interrompit, confus.

– J'ai bien peur d'être intarissable.

Le père Blondeau hocha la tête.

1. La principale université italienne, l'une des plus anciennes et des plus grandes du monde, fondée à Rome par le pape Boniface VIII.

– J'aime moi aussi beaucoup cette cathédrale. C'est un lieu chargé d'histoire, d'émotion et de recueillement.

Il marqua un silence, puis reprit :

– Oserai-je vous poser une question ? Vous ressemblez étrangement à un menuisier d'origine piémontaise que j'ai marié ici en 1882.

Le visage du chanoine se ferma. Déjà, le père Blondeau regrettait sa remarque. N'avait-il pas perdu l'esprit ? Quel lien pouvait-il exister entre Lorenzo et ce haut dignitaire ecclésiastique ? Pourtant, il entendait encore l'époux d'Élisa lui confier : « Mes racines me manquent, et le plus terrible, c'est de savoir qu'elles me manqueront toujours. »

– Je n'ai pas de menuisier dans ma famille, laissa tomber le chanoine Spezio, glacial. D'ailleurs, depuis la mort de mon oncle, lui-même prêtre, je n'ai plus de famille.

– Je suis désolé, marmonna le père Blondeau.

Qu'avait-il dit exactement à Lorenzo quelques semaines auparavant ? Que le temps avait passé et qu'il était plus facile de ne plus y penser.

Avait-il en face de lui le père de Lorenzo ?

Cela semblait totalement fou ! Il n'imaginait que trop la réaction de son évêque s'il lui prenait la fantaisie d'aller lui raconter son histoire.

Parce qu'il voulait, cependant, toujours garder foi en l'homme, le prêtre aptésien ajouta :

– Si jamais vous désiriez me parler, je loge à deux pas, au presbytère.

Un sourire indéfinissable éclaira le visage du chanoine.

– Je ne crois pas que nous soyons destinés à nous revoir. Je vous demanderai une seule faveur. Avant de m'oublier, voulez-vous bien prier pour moi ?

La gorge serrée par l'émotion, le père Blondeau inclina la tête.

À cet instant, il eut la certitude que son intuition ne l'avait pas trompé.

46

Certains souvenirs vous brûlaient jusqu'au cœur, jusqu'à l'âme, songea Giuseppe, tête baissée, sous le chêne où Livia avait été enterrée.

Plus de vingt ans s'étaient écoulés mais il éprouvait toujours le même vide, la même impression que sa vie était dépourvue de sens.

Il releva la tête, contempla la voûte des arbres. Il ne reconnaissait plus vraiment sa forêt. Les charbonniers avaient disparu, à l'exception de la vieille Luisa. Lui-même était un homme du passé. À soixante-cinq ans, il était encore fort et se louait sur les chantiers à la journée. Juste de quoi vivre, se payer son vin, son absinthe du soir… Giuseppe n'avait pas beaucoup de besoins.

Son corps, cependant, se rappelait de plus en plus souvent à lui. De fortes douleurs dans le dos, dans les reins, les jambes qui se dérobaient… L'âge était là. Giuseppe savait que, bientôt, il ne pourrait plus effectuer de travaux de force. Il s'isolerait alors dans un grangeon ou une cabane et s'enivrerait jusqu'à la fin.

Mais, auparavant, il devait s'acquitter d'une dernière tâche.

Pour la première fois de sa vie, Luisa avait emprunté la diligence menant à Avignon. Elle qui n'était jamais allée plus loin qu'Apt ou Saignon avait écarquillé les yeux en découvrant la silhouette imposante du mont Ventoux.

Elle tenait, bien serré dans sa besace, le livre de Livia.

Elle était partie le lendemain de sa rencontre avec le malfaisant. Elle le nommait ainsi, le malfaisant. Elle ne lui avait pas caché son mépris.

Dire qu'elle avait espéré qu'il fût mort, Dieu juste ! À cause de ce démon, elle avait péché.

Il n'avait pas tant changé, même si les années avaient imprimé leur marque sur son visage un peu bouffi, sur son corps alourdi. La même haine faisait brûler son regard. Elle aurait aimé le voir en enfer.

– Toujours là, la vieille ? avait-il grommelé.

Et elle, mauvaise :

– Je te croyais mort.

Il avait marché sur elle, brandi le poing sous son nez.

– Pas tant que je ne l'aurai pas tué, lui, le maudit !

Ses yeux fous lui disaient qu'il ne s'agissait pas d'une menace en l'air. Il avait vraiment l'intention d'assassiner Lorenzo. Pétrifiée d'effroi, Luisa s'était signée. Elle avait menti :

– De toute façon, Lorenzo ne vient plus ici depuis longtemps.

Giuseppe avait ricané.

– Tu n'espères tout de même pas que je vais te croire, vieille sorcière ?

– À ta guise, avait-elle répondu.

Elle s'était demandé, l'espace d'un instant, s'il n'allait pas commettre quelque mauvais coup mais il avait fini par s'éloigner à grands pas en jurant. Luisa savait qu'il reviendrait. Elle avait donc décidé d'aller prévenir Lorenzo. Elle se rappelait son adresse, à Saint-Firmin, et elle avait gardé la pièce de dix francs qu'il lui avait donnée lors de sa dernière visite. Elle avait couru chez ses jeunes voisins et les avait implorés de l'aider. Le mari de Monica avait proposé de l'amener jusqu'à Simiane où elle avait pris la diligence.

« À mon âge… », se dit-elle, un peu effrayée par la vitesse à laquelle le cocher menait ses chevaux. Elle n'avait pas hésité, cependant. Elle savait que Lorenzo était en danger.

– C'est un bel homme, commenta Félicité, tout en appuyant sur la pédale de sa machine à coudre.

Tout comme Virginie, elle avait éprouvé des sentiments contradictoires le jour des noces de son neveu. Amédée, malgré les prières de sa femme, avait refusé de s'y rendre. La mort dans l'âme, Mireille était restée à ses côtés à la Brémonne.

Félicité avait été heureuse de faire la connaissance de Céleste, une jeune Aptésienne de vingt-deux ans, blonde aux yeux bleus. Jean-Clément et elle paraissaient très amoureux. Émilien, cependant, n'avait pu s'empêcher de plastronner en évoquant ses mines, son usine, ses clients internationaux… Une attitude déplorable qui avait exaspéré nombre d'invités.

« N'oublie pas qui tu es ni d'où tu viens », avait glissé Félicité à Jean-Clément, et elle avait eu la satisfaction de voir son neveu se troubler. Il se tenait en retrait et donnait l'impression d'être écrasé par la personnalité d'Émilien.

Célestine, pour sa part, était de plus en plus maigre et sèche. Son teint jaune suscitait quelques commentaires apitoyés bien que la plupart de leurs connaissances ne l'aimaient guère. « Une femme méchante », chuchotait-on.

La journée avait paru longue à Virginie, d'autant que sa rencontre fortuite avec Lorenzo, sur le parvis de la cathédrale, s'était soldée par son départ en forme de fuite. Son trouble n'avait échappé ni à Félicité ni à Émilien qui s'était rapproché d'elle. « Quelque galant, petite ? » s'était-il enquis d'un ton matois.

Virginie avait feint de ne pas l'avoir entendu tout en sentant peser son regard sur elle. Elle n'était jamais vraiment à l'aise en présence de son grand-père. Ils n'avaient pas d'affinités, peu de souvenirs communs puisque, à l'époque où Virginie vivait aux Terres Brûlées, Émilien n'y passait qu'en coup de vent. Elle se rappelait l'aversion qu'Albertine avait pour lui. L'atmosphère à la bastide était si étouffante que la petite fille se réfugiait le plus souvent dans les jupes de Josépha, à la cuisine.

Félicité coupa son fil et se tourna vers sa filleule.

– Tu ne m'as pas répondu, ma grande. Je te disais que tu as parlé avec un homme particulièrement séduisant à la sortie de la cathédrale.

Ses yeux noisette pétillaient. Virginie ne se troubla pas.

– Il habite près de mon école, répondit-elle. Nous avons fait quelques promenades ensemble.

Félicité écarquilla les yeux.

– Seuls tous les deux ? Tes vieilles bigotes ont dû s'en étrangler de dépit !

– Jusqu'à présent, je n'ai pas entendu de remarques.

Les deux femmes échangèrent un coup d'œil dubitatif. Elles savaient en effet que les jeunes institutrices étaient particulièrement surveillées et qu'elle risquait un blâme si elle faisait l'objet de commentaires malveillants.

Virginie haussa les épaules.

– Tu sais, je me demande parfois si le jeu en vaut vraiment la chandelle. Oh ! attention, j'ai désiré devenir institutrice et je ne regrette pas les années passées à l'école normale. Mais c'est dur de se retrouver seule face à tout un village avec son histoire, ses querelles, ses codes… Tu es épiée en permanence… Tiens, c'est comme si j'étais l'un de ces insectes qu'observe M. Fabre !

Félicité lui sourit tendrement.

– Toi, tu as besoin de liberté. Profites-en, tu es en vacances.

– Hum…, fit Virginie d'une voix lointaine.

Félicité, qui la connaissait bien, devina à qui elle songeait. À ce « voisin » qui paraissait avoir beaucoup d'importance pour elle.

« Pauvre vieille », pensa Giuseppe, grimpant d'un pas ferme la côte menant à Bedoin.

Elle s'était crue maligne en empruntant la diligence alors que, ce faisant, elle se jetait tête baissée dans son piège. Giuseppe, en effet, avait escompté que Luisa prendrait peur et le mènerait tout droit au refuge de

Lorenzo. Il lui avait suffi d'interroger Monica. Sans défiance, celle-ci lui avait expliqué que Luisa avait été appelée auprès d'un neveu. Elle s'était rendue à Saint-Firmin et y resterait certainement plusieurs jours avant de regagner la forêt.

Giuseppe s'était mis en route, lui aussi. Il ne se pressait pas, avançait à son rythme.

Cette fois, le maudit ne lui échapperait pas.

Lorenzo maniait le rabot pour préparer un plateau en noyer. Il faisait encore chaud dans son atelier, alors que six heures venaient de sonner au clocher de l'église. Il travaillait sans âme, le cœur étreint de lassitude. Il s'en voulait. Pourquoi avait-il abandonné Virginie devant Sainte-Anne ? Parce que son père l'avait toisé ? Parce qu'il s'était senti de trop ? Il n'avait pas sa place parmi les invités, mais quelle était exactement sa place ? Cette question l'obsédait de plus en plus. Depuis la quarantaine, il avait l'impression que le temps lui était compté, qu'il convenait de donner un nouveau sens à sa vie.

Il savait au fond de lui qu'il brûlait du désir de revoir Virginie, de caresser son corps, de tout partager avec elle. Avec elle, il lui semblait qu'il parviendrait à chasser les ombres du passé. Il l'aimait.

Mais elle… Qu'en était-il d'elle ?

– Lorenzo…

Il sursauta en entendant la voix de femme essoufflée. Il posa son rabot, marcha jusqu'au seuil et eut la surprise de reconnaître sa vieille amie.

– Luisa ! Pourquoi ne m'as-tu pas prévenu ? Je serais venu te chercher.

Elle l'étreignit.

– Mon petit, promets-moi de prendre garde à toi. Giuseppe…

À bout de souffle, elle tituba. Lorenzo eut juste le temps de tirer à lui un tabouret. Il l'aida à s'asseoir.

– Doucement, ma Luisa. Veux-tu boire un peu d'eau fraîche ?

La pâleur de la vieille femme lui fit peur. Il alla quérir le pichet d'eau qu'il gardait au fond de l'atelier, en remplit un gobelet qu'il lui tendit.

– Bois. Reprends ton souffle.

Elle secoua la tête avec obstination.

– Giuseppe, répéta-t-elle.

Il fallait qu'elle prévienne le petit de Livia. Elle avait peur du charbonnier, elle avait vu le désir de meurtre dans ses yeux.

– Il est revenu dans la forêt, reprit-elle. Il te cherche, il veut te tuer.

– Il ne me fait pas peur, tenta-t-il de la rassurer.

Il avait même plutôt envie de se retrouver face à lui. Un véritable affrontement. D'homme à homme, cette fois.

Luisa secoua la tête.

– Tu n'es pas de taille, petit. C'est un malfaisant sans foi ni loi. Regarde… Livia a fini par mourir à ses côtés et, pourtant, il l'aimait. Ce genre d'homme est fait pour causer le malheur où qu'il aille.

– N'aie pas peur, Luisa. Je reste sur mes gardes.

– Le ciel t'entende, petit ! *Vaï !* Je crois que je vais me reposer un peu.

– Tu dors chez moi, bien sûr. Tu y resteras le temps qu'il te plaira.

La vieille Piémontaise sourit.

– Comme tu y vas, mon garçon ! Tu sais bien qu'il me faut ma cabane et mes bois. Je ne saurai vivre ailleurs. Pas question de m'éloigner de mon Sergio ! Ni de Livia !

Il la serra affectueusement contre lui.

– Tu constitues mes racines, Luisa. En as-tu conscience ?

– Des mots, tout ça ! Je me suis contentée d'être là pour ta maman, ta sœur et toi.

Une ombre voila le regard de Lorenzo.

– J'aimerais tant retrouver Maria !

Il avait continué à la chercher tout au long des dernières années, sans succès.

Il se pencha vers Luisa, qui reprenait lentement des couleurs.

– Ma belle, tu vas découvrir mon domaine. Je te ferai aussi apprécier mes talents culinaires.

– Fais attention à ce que je te dis, Lorenzo. Ce démon de Giuseppe te cherche, il va finir par te trouver.

Jadis, elle n'aurait pas eu peur ainsi, se dit-il. Mais les rôles étaient inversés.

C'était lui, désormais, qui protégeait Luisa.

47

Deux jours seulement avaient suffi à Virginie pour réussir à maîtriser l'engin dont elle rêvait depuis un petit moment. Son père le lui avait offert le jour de ses vingt ans. Elle avait sauté de joie. Une bicyclette !

Le symbole, pour elle, de la liberté. Elle pourrait ainsi se rendre à Gargas, à Rustrel ou à Fontrouge sans avoir à réclamer la jardinière de Félicité.

Et peut-être même pousser jusqu'à Saint-Firmin dès qu'elle se serait suffisamment entraînée. Cette perspective l'enthousiasmait tout en l'inquiétant. Quelle serait la réaction de Lorenzo s'il la voyait arriver au village durant les grandes vacances ?

Elle devait le revoir, lui parler. Elle avait été déçue, et blessée, par la brusquerie dont il avait fait preuve à Apt. Elle voulait comprendre la raison de son attitude. Si seulement elle pouvait cesser de penser à lui ! Au cours de leurs promenades, elle avait eu la certitude qu'ils étaient faits l'un pour l'autre, mais cette conviction était-elle partagée ? Elle ne savait plus.

Félicité, dûment questionnée, se bornait à répéter que Lorenzo était un homme blessé, un peu trop âgé pour elle. Et si, précisément, cette différence d'âge rassurait Virginie ?

Elle se dirigea vers la bibliothèque où elle devait rapporter les livres empruntés deux semaines auparavant. Elle avait dévoré *Pot-Bouille* et *La Débâcle*.

La lecture lui permettait de s'évader. Déjà, quand sa mère était morte, la petite Virginie, âgée de huit ans à peine, était parvenue à surmonter son chagrin grâce aux ouvrages de la comtesse de Ségur.

– Virginie !

Elle se retourna, se trouva face à Céleste Darnaud qui lui sauta au cou.

– Quelle joie de vous voir !

Virginie lui sourit.

– Bienvenue à Apt ! Mais je vous croyais en Italie, Jean-Clément et vous ?

La jeune mariée fit la moue.

– Nous n'avons pas dépassé Florence. Un télégramme de M. Pélissier a informé Jean-Clément d'un problème à l'usine et nous avons dû rebrousser chemin séance tenante. Cela vous amuse ?

– Pour mon grand-père, seules comptent les ocres. Jean-Clément ne devrait pas accepter d'être corvéable à merci.

Céleste poussa un petit soupir.

– Nous avons déjà eu beaucoup de chance de pouvoir partir quelques jours !

– Ne raisonnez pas ainsi, je vous en prie, dit Virginie en lui prenant le bras. Mon grand-père est un tyran.

Céleste soutint son regard contrarié.

– Je l'ai compris mais, pour Jean-Clément, c'est un dieu. Celui qui lui a permis de réaliser son rêve.

« Attention ! pensa Virginie, le vieil Émilien ne fait rien de gratuit, jamais. »

Elle se défiait profondément de lui, mais n'osait insister. D'ailleurs, Céleste était lucide. C'était Jean-Clément qui s'illusionnait.

– Vous allez voir vos parents ? reprit Virginie.

Les joues de Céleste s'empourprèrent.

– Oui, je vais les embrasser et leur parler de Florence.

Elle parut soudain mal à l'aise. Virginie croyait deviner pourquoi. Les jeunes mariés s'étaient certainement querellés, à cause d'Émilien, bien entendu. Spontanément, elle la saisit aux épaules.

– Je vous en prie, ne laissez pas Émilien régenter votre couple. Il a agi ainsi avec mes parents et ma mère ne l'a pas supporté. Défendez-vous, soyez forte pour deux, parce que Jean-Clément n'osera pas s'opposer à lui.

Céleste lui sourit.

– Vous voulez bien que nous devenions amies ? Je crois que j'aurai besoin de vos conseils.

– Avec joie. J'allais à la bibliothèque. Vous m'accompagnez ?

– Merci, Virginie, une autre fois. Mes parents m'attendent.

Virginie éprouva une curieuse impression en regardant Céleste s'éloigner vers la place du Postel. Il ne fallait pas que son grand-père fasse du mal au jeune couple ! Elle ne l'accepterait pas.

Les derniers kilomètres étaient les plus pénibles, mais Virginie avait de bonnes jambes. Elle pesa un peu plus sur les pédales. La silhouette du mont Ventoux lui servait de point de repère, elle se rappelait ce jour de juin où Lorenzo et elle l'avaient gravi. Ce jour-là, elle avait compris qu'elle l'aimait.

Elle avait décidé de se rendre à Saint-Firmin sur un coup de tête ; Lorenzo lui manquait trop. Fidèle à elle-même, Félicité, consultée, avait souri. « Agis comme bon te semble, ma grande. Si tu crois que ce Lorenzo est fait pour toi, fonce. Si tu ne le fais pas, tu risques fort de le regretter toute ta vie. » Elle était partie la veille à bicyclette, dans le costume que sa marraine avait taillé pour elle, une jupe-culotte, beaucoup plus pratique qu'une jupe traditionnelle.

Elle avait fait halte pour la nuit aux Terres Brûlées, où elle avait retrouvé son père. Achille lui avait paru las, mais c'était souvent le cas lorsqu'il était en présence de ses parents. Le dîner avait été houleux, Émilien ne décolérant pas contre Hector qui était encore venu lui réclamer de l'argent.

– J'ai pour héritiers deux incapables, avait-il tonné.

Virginie s'était interposée.

– Grand-père, vous n'avez pas le droit de traiter ainsi vos fils.

Le maître ocrier était entré dans une rage folle. Ce n'était tout de même pas une petite péronnelle d'à peine vingt ans qui allait lui dicter sa conduite ! Que feraient-ils de leur vie, tous, s'il ne s'abrutissait pas au travail pour leur assurer un train de vie confortable ? Heureusement qu'il pouvait compter sur Jean-Clément !

Achille avait laissé passer l'orage, tandis que Virginie rongeait son frein. Comment Émilien pouvait-il être aussi odieux ?

Le dîner achevé, le père et la fille s'étaient éclipsés dans le jardin.

– Père, je comprendrais que tu quittes le domaine.

Achille avait secoué la tête.

– Ton grand-père a raison. Je ne lui ai jamais été d'une grande aide. Que veux-tu ? L'ocre ne m'attire pas, ne m'attirera jamais. L'écriture, la poésie, le félibrige, voilà ce qui compte pour moi.

« Et moi ? » avait pensé Virginie, le cœur lourd. Elle avait bien conscience d'avoir constitué un fardeau pour son père. Une fille, alors qu'Émilien rêvait d'un petit-fils. Était-ce une raison suffisante pour justifier cette indifférence ?

– Les Mistral m'ont appris que tu écrivais, toi aussi, avait repris Achille.

Virginie s'était troublée. Un deuxième article avait été accepté par la *Revue parisienne*. Elle qui ne savait comment en parler à son père avait éprouvé un bref soulagement. Cependant, Achille avait ajouté :

– Ne sois pas trop rebelle, mon petit. Tu travailles dans l'administration. Si l'on venait à apprendre que tu es un auteur féministe…

Elle avait secoué ses boucles rousses.

– Une auteure, père ! J'y tiens ! Il conviendrait de féminiser tous les métiers. Regarde… nous avons Augusta Klumke et Blanche Edwards qui sont devenues internes en médecine après que Madeleine Brès, la première

Française docteur en médecine, leur eut ouvert la voie. Il y a eu Julie-Victoire Daubié, la première femme bachelière, puis la première licenciée ès lettres.

Elle avait détesté Achille lorsqu'elle l'avait vu faire la moue.

– Je n'ai pas le sentiment que cette évolution des mœurs puisse nous apporter grand-chose de bon…, avait-il laissé tomber avec une pointe de dédain.

Oh ! ce satané égoïsme masculin ! Pour le plaisir, elle lui avait cité ces réflexions de Jeanne Chauvin, docteur en droit, parues en novembre 1887 dans la *Revue de France* :

Les femmes sont les égales des hommes par le cœur et par le sentiment, par la pensée et par la raison […]. Dans la civilisation moderne, la femme ne peut plus être rien alors que l'homme serait tout […]. Philosophiquement et rationnellement, l'idée de l'égalité se conçoit et s'impose dans tous les domaines.

Son père avait alors soupiré : « Le Ciel nous garde des féministes ! » et, cette fois, elle avait eu envie de rire.

« Plus que quatre kilomètres », se dit-elle en traversant Lorgnes. Le hameau était écrasé de chaleur. Un chat roux traversa nonchalamment la route, l'obligeant à faire un écart. Elle manqua tomber, se redressa.

Sa gorge était desséchée. Il lui tardait de poser pied à terre et de boire un verre d'eau bien fraîche. Elle parcourut les dernières centaines de mètres dans une sorte de brouillard poussiéreux. Dieu merci, l'échoppe de

Lorenzo était située au bas du village. Elle immobilisa sa bicyclette, marqua une hésitation sur le seuil.

– Lorenzo ? Vous êtes là ? lança-t-elle.

Elle s'essuya le front à l'aide d'un grand mouchoir blanc en fil. Elle distinguait sa silhouette penchée sur l'établi. Il posa son rabot, releva la tête.

– Virginie ? lança-t-il d'une voix incrédule.

Pour l'instant d'après, lui jeter :

– Ne restez pas là ! Filez !

48

L'orage éclata en milieu d'après-midi. Il menaçait depuis déjà une bonne heure. Le tonnerre grondait du côté des monts du Vaucluse, de gros nuages noirs obscurcissaient le ciel. Les moustiques et les guêpes harcelaient bêtes et gens.

« Je n'aime pas ce temps », se dit Célestine en se dirigeant vers le poulailler. Fleurette, sa poule apprivoisée, était morte depuis longtemps et elle ne l'avait jamais remplacée, mais elle restait attachée à ses volailles.

Elle leur distribua du grain et des épluchures, changea l'eau de l'abreuvoir.

Elle se sentait lasse, oppressée. Les années, sans doute. Elle avait mal vécu son retour d'âge, souffrant de nausées, de bouffées de chaleur et de douleurs diffuses. Son caractère, déjà difficile, s'en était ressenti. À soixante-douze ans, Célestine Pélissier était usée. « Bonne au rebut », pensait-elle. Chrétienne tiède dans sa jeunesse, la vieillesse avait fait d'elle une grenouille de bénitier. Émilien avait beau se moquer d'elle, elle cherchait du réconfort dans la pratique religieuse. Célestine avait gardé de son enfance la certitude que la vie était une vallée de larmes. Orpheline de mère à sept ans, élevée à la dure par une marâtre partisane des châtiments corporels, elle avait épousé Émilien plus par désir d'échapper à la ferme familiale que par réelle inclination. Elle n'avait jamais été une beauté mais avait su s'attacher son mari par son imagination et sa sensualité. Plus tard, à la cinquantaine, il était allé chercher ailleurs ce qu'elle ne pouvait plus lui donner. Elle souffrait alors de problèmes féminins, des hémorragies à répétition qui l'épuisaient. Cela ne l'avait pas empêchée de gérer les Terres Brûlées d'une main de fer et de mener la vie dure à sa bru.

Elle plissa les lèvres. Elle détestait songer à Albertine. Elle ne l'avait jamais aimée, n'avait rien fait pour tenter de la mettre à l'aise. Albertine représentait tout ce qu'elle détestait. Issue de la bourgeoisie, elle avait été élevée dans du coton. Célestine s'était ingéniée à le lui faire payer. Elle avait éprouvé quelques remords, cependant, à la mort de la jeune femme. Était-ce de sa faute ? Elle n'aurait jamais dû faire part à Émilien de la conversation qu'elle avait surprise le jour où Félicité était venue prendre les mesures de Virginie. Ce jour-là, Célestine avait compris qu'Albertine ne donnerait pas à Émilien le petit-fils dont il rêvait tant. Un pessaire… Elle avait frissonné de colère et d'incompréhension. Comment la fille du notaire osait-elle avoir recours à ce dispositif utilisé par les femmes de mauvaise vie ? Elle en avait frémi.

– Une fille de rien, avait marmonné Émilien en serrant les poings.

Par la suite, Célestine s'était interrogée. Albertine avait-elle vraiment désiré mourir ou bien Émilien l'avait-il poussée ?

Elle avait osé lui poser la question au retour du cimetière. « Tu déraisonnes ! » lui avait-il jeté, furibond.

Jadis, elle lui aurait répondu vertement. Mais la mort d'Albertine lui avait porté un coup. Les deux femmes ne s'aimaient pas, pourtant. Mais Albertine était jeune, Virginie avait besoin de sa mère. Célestine gardait, fichée dans son cœur, la même question. Émilien était-il responsable de la mort de leur belle-fille ?

Elle haussa les épaules. C'était loin, désormais. Dommage qu'Achille n'ait jamais voulu se remarier. À croire que lui aussi éprouvait des remords. Après tout, il n'avait guère défendu sa jeune femme…

Un éclair zébra le ciel devenu couleur d'encre. Aussitôt après, un coup de tonnerre ébranla la structure métallique du poulailler. Célestine, qui n'était pas peureuse d'ordinaire, jeta un coup d'œil inquiet en direction du ciel. Elle prit cependant le temps de refermer le portillon du poulailler. Un nouvel éclair la figea sur place, tétanisée. Oppressée, elle porta les mains à son cœur. Elle avait peur, une peur qu'elle ne parvenait pas à surmonter. Elle se revoyait, enfant, cachée sous le lit de ses parents, tandis que sa mère, brandissant un rameau d'olivier béni, faisait le tour de la ferme, granges comprises. Par la suite, elle avait appris à se raisonner mais, cet après-midi-là, elle en était incapable. Chaque pas lui demandait un effort incroyable. Elle crispa les mâchoires, s'exhorta au calme.

Dans le ciel, les éclairs se succédaient, accompagnés du tonnerre qui résonnait dans la montagne et donnait l'impression de se répercuter d'une crête à l'autre. Des bourrasques de vent mugissaient tout autour d'elle. Un craquement sinistre la fit sursauter. Elle n'eut pas le temps de pousser la porte. Le platane de la cour, touché par la foudre, s'abattit sur elle dans un fracas de fin du monde.

Virginie perçut la tension et quelque chose d'autre, ressemblant à de la peur, dans la voix de Lorenzo. Désobéissant à son injonction, elle s'avança à l'intérieur de l'échoppe pour découvrir une scène de cauchemar. Un homme à la mine patibulaire, vêtu comme un chemineau, tenait Lorenzo sous la menace d'un couteau.

Virginie pâlit.

– Lâchez-le ! ordonna-t-elle.

Elle ne ressentait pas de peur, seulement une bouffée de colère intense qui la poussa à avancer de deux pas vers l'inconnu.

Elle lut de la détresse dans les yeux de Lorenzo et sa rage s'accentua. Que se passait-il ? Qui était cet homme menaçant ?

Il ricana, lança à l'adresse de Lorenzo :

– Ça te dit d'être saigné devant une demoiselle ? Ce n'est pas un spectacle pour une femme. C'est ta bonne amie ? reprit-il. Elle sait que tu es le fils d'un prêtre ?

Lorenzo poussa une sorte de mugissement et, d'un coup d'épaule, parvint à se dégager de l'étreinte du charbonnier. Le couteau tomba sur le sol avec un bruit mat. Les deux hommes luttèrent à mains nues sous le regard affolé de Virginie. Elle fit volte-face, cria qu'elle allait chercher du secours et courut jusqu'à l'échoppe du maréchal-ferrant.

– Venez vite ! supplia-t-elle. Un homme veut tuer le menuisier.

Ses cheveux s'étaient détachés. Le maréchal-ferrant la considéra d'un air inquiet, comme s'il assistait à quelque apparition. Cependant, la voyant terrorisée, il saisit l'un de ses marteaux et fonça en direction de l'atelier de Lorenzo.

Les deux hommes étaient toujours aux prises l'un avec l'autre. Giuseppe tentait de cogner la tête de son beau-fils contre l'établi, tandis que celui-ci tendait les mains vers son cou avec l'intention manifeste de l'étrangler. Sans hésiter, le maréchal-ferrant s'approcha et porta un coup violent sur la tête de Giuseppe.

Le charbonnier s'effondra. Lorenzo se redressa. Son visage était tuméfié, son cou saignait, là où le couteau avait été appuyé, mais il était vivant.

Virginie se jeta contre lui.

– J'ai eu si peur, souffla-t-elle.

Elle désigna d'un coup de menton la silhouette de l'agresseur allongé contre l'un des pieds de l'établi.

– Vous connaissez cet homme ? Il est complètement fou !

Il était encore temps. Sans le savoir, Virginie venait de lui offrir une explication. Il pouvait prétendre que, oui, cet homme était fou et qu'il avait raconté des énormités. Elle le croirait, lui.

Après cet affrontement qui avait ravivé bien des souvenirs douloureux, il se sentait à bout de forces. Épuisé et las de cette haine, de ce combat qui n'en finirait jamais et, surtout, de ce passé qu'on lui reprocherait tant qu'il vivrait. Lui, Lorenzo, n'avait pas commis de faute. Il était seulement une victime.

– Lorenzo ? Comment vous sentez-vous ? s'alarma Virginie.

Pascal, le maréchal-ferrant, était parti à la recherche du maire et du garde champêtre.

Le fils de Livia attira Virginie à lui, lui caressa la joue.

– Je suis navré de vous avoir entraînée dans cette affaire sordide. Cet homme, Giuseppe Lupo, est mon beau-père. Une vieille haine nous unit l'un à l'autre, mais il n'a pas menti : je suis, paraît-il, le fils d'un prêtre.

Elle leva les yeux vers lui. Depuis que Pascal avait assommé Giuseppe, elle avait l'impression de mieux respirer.

– C'est pour cette raison que vous m'avez fuie, à Apt ? s'enquit-elle.

Il inclina la tête, lentement.

– Vous avez entendu Giuseppe… Maudit je suis, maudit je resterai, toute ma vie. Il est venu faire un scandale le jour de mon mariage, en 1882.

– Vous êtes marié ?

– Je l'ai été. Ma femme est morte du choléra à Marseille en 1884.

– Je connais si peu de choses de vous, murmura Virginie. De toute façon, peu m'importe le passé ! C'est vous que j'aime, Lorenzo, et je me moque bien de ces histoires de malédiction !

Ça y est ! Elle s'était dévoilée. Elle lui jeta un coup d'œil inquiet. Comment allait-il réagir ?

Il l'attira à lui d'un geste à la fois très tendre et possessif.

– J'ai le double de votre âge, Virginie.

Elle rejeta la tête en arrière, comme pour boire la vie. Ses cheveux incandescents accrochèrent la lumière. Elle était la vie, pensa Lorenzo, bouleversé.

– Je prends, dit-elle.

Et, brusquement, il n'éprouva plus de doutes.

49

Le temps était superbe et l'on aurait pu croire que le terrible orage survenu quatre jours auparavant n'était qu'un cauchemar. Le cortège funèbre gravissait la côte pour se rendre au cimetière.

Née à Roussillon, Célestine avait souvent répété à Émilien qu'elle tenait à y être enterrée dans le caveau grand-maternel, où sa mère reposait en compagnie de ses parents. En général, Émilien se contentait de grommeler : « Quelle idée ! » en haussant les épaules. Pourtant, abattu par la mort soudaine de son épouse, il avait tenu à accomplir sa dernière volonté.

L'orage violent qui avait provoqué la chute du grand platane avait laissé des traces à Gargas. On avait même évoqué une tornade. Des granges avaient brûlé, un cèdre gigantesque était tombé sur une charrette et la mule, paniquée, s'était enfuie au galop, faisant verser le charretier.

Si les fils de Célestine portaient le cercueil en compagnie de deux cousins, ils paraissaient plus surpris que peinés. Leur mère leur avait toujours paru indestructible. Hector était venu d'Avignon, non sans avoir prévenu qu'il s'éclipserait à la fin de l'inhumation. Puisque son père refusait de le recevoir en compagnie de Camille, la femme qui partageait sa vie, pas question de compter sur lui pour participer à un semblant de réunion familiale ! Il y avait beau temps que leur famille avait éclaté... Virginie, Achille et Félicité faisaient front à ses côtés, comme pour dissuader Émilien de lui adresser une seule remarque désagréable. Prévenue par un télégramme de sa marraine, Virginie était rentrée en catastrophe. Dans sa tête, les confidences de Lorenzo se mêlaient à la solennité des funérailles. Les notables s'étaient déplacés en nombre, ce qui compensait quelque peu la faible représentation des salariés des ocres Pélissier. Ces obsèques à Roussillon offraient d'ailleurs une excuse toute trouvée à la plupart des travailleurs ; ils n'avaient ni le temps ni les moyens de faire le déplacement jusqu'à la « ville rouge ». Jean-Clément, la mine grave, se tenait au premier rang. À croire qu'il était de la famille ! avait pensé Virginie.

Elle se souvenait de l'enterrement d'Albertine, du sentiment de solitude qu'elle avait éprouvé, jusqu'à cet instant où la main de Félicité était venue chercher la sienne.

Si la jeune femme respectait la tradition, elle n'avait qu'une hâte, retrouver Lorenzo. Le scandale promettait d'être terrible à Saint-Firmin. En effet, Giuseppe à peine arrêté, le maire, embarrassé, avait recommandé à Lorenzo de s'éloigner quelque temps du village, « afin que les passions s'apaisent ».

– Me voici à nouveau condamné à chercher un autre endroit où m'installer, avait soupiré le fils de Livia.

Fils de prêtre, fils maudit... Personne n'oublierait les phrases prononcées par Giuseppe, il en resterait toujours quelque chose. Les regards, curieux ou critiques, s'étaient attachés au menuisier. Il avait sorti son sac et sa malle, y avait rangé ses outils, ceux qui avaient marqué son parcours de Saint-Étienne aux Ardennes, avait rangé sa maison avant d'atteler Vérone, sa jument baie, et de quitter Saint-Firmin.

Giuseppe avait été conduit sous bonne garde à Carpentras. Lorenzo ne redoutait même plus ses révélations. Il lui semblait qu'il avait atteint un point de non-retour. Désormais, Giuseppe ne pouvait plus lui faire de mal.

Il prit la direction de Carpentras. Il apercevait, dans la plaine floutée de brume, les flèches de la cathédrale Saint-Siffrein. Pouvait-il vraiment, à quarante ans, envisager de refaire sa vie en compagnie de Virginie ?

Avant de repartir pour sa forêt, Luisa lui avait recommandé :

– Suis ta route, mon garçon, la tête haute. Tu ne dois rien à personne.

Et si elle avait raison ?

En bonne logique, Virginie n'était pas favorable au mariage.

Lorenzo avait beaucoup insisté pour la convaincre de l'épouser. Elle lui avait répondu en riant :

– Notre engagement, nous nous le sommes déjà donné.

C'était dans un champ, situé au-dessus de Fontrouge, en bordure des bois.

Virginie se souvenait du regard de Lorenzo plongeant dans le sien, comme pour être sûr qu'elle le désirait elle aussi, de ses longues mains qui prenaient connaissance de son corps centimètre par centimètre, comme s'il voulait en graver le moindre détail en lui. Elle se rappelait l'expression de son visage, si grave, et de cet instant où son regard avait chaviré. Elle avait laissé échapper un petit cri – d'étonnement et de plaisir mêlés – et lui s'était aussitôt inquiété. Elle l'avait rassuré d'un sourire. Non, tout allait bien, c'était juste que tout ce bonheur, elle avait du mal à y croire.

Ils n'avaient pas eu besoin d'échanger un quelconque serment. Leurs corps et leurs cœurs étaient à l'unisson. Ensuite, ils avaient organisé leur vie. Ensemble.

Deux jours auparavant, l'inspecteur d'académie avait convoqué Virginie pour la réprimander. Une jeune institutrice se devait d'être au-dessus de tout soupçon. Or, il avait reçu, par le biais des maires de Lorgnes et de Saint-Firmin, des lettres faisant état de son implication dans une affaire de tentative d'homicide.

Son nom avait été cité à plusieurs reprises, de nombreux témoins l'avaient vue sortir en cheveux de l'atelier du menuisier. On parlait d'elle et c'était intolérable.

– Je n'ai commis aucun acte répréhensible, avait protesté Virginie, profondément choquée.

L'inspecteur avait balayé son objection d'un geste de la main. Peu lui importait. Virginie ne devait plus se faire remarquer.

Elle s'était confiée à sa marraine. Une première inspection décevante, cette convocation pendant les vacances… On ne lui laisserait rien passer. Il ne manquerait plus que l'on apprenne que les articles au vitriol signés « Virginie

Albertine » étaient de sa plume ! Elle serait alors révoquée à coup sûr.

Félicité savait que Lorenzo désirait épouser sa filleule. Elle savait aussi que Virginie était trop rebelle pour se plier aux exigences du ministère de l'Instruction publique.

– En mémoire de ta maman, je t'en prie, si tu l'aimes et que tu es sûre de toi comme de lui, donne la priorité à l'amour, lui avait-elle conseillé.

Même si l'une et l'autre n'avaient pas évoqué Judicaël, elles y avaient songé. Mais Virginie avait secoué la tête. « Lui ne me trahira pas ! » C'était une certitude qu'elle ne cherchait même pas à s'expliquer.

Une fois sa décision prise, Virginie arrangea une rencontre entre son amant et son père dans la maison de Félicité. Étant encore mineure, elle avait besoin du consentement paternel.

– Nous nous sommes déjà vus, fit Achille en reconnaissant Lorenzo.

L'un et l'autre se tenaient sur la réserve. Lorenzo cumulait les handicaps : fils d'émigrés piémontais, travailleur manuel sans fortune… Au cours du repas, Virginie prit la parole.

– Lorenzo et moi nous marions dans un mois. Ce sera un mariage civil, s'était-elle empressée de préciser.

Trop étonné pour protester, Achille avait gardé le silence. De plus, comme il se sentait toujours vaguement coupable vis-à-vis de Virginie, il était incapable de s'opposer à elle. Quand il avait voulu aborder le sujet de la dot, Lorenzo l'avait interrompu.

– S'il vous plaît, monsieur Pélissier... Virginie et moi sommes farouchement opposés à cette pratique. Nous nous marions pour sacrifier aux convenances mais notre amour n'a pas vraiment besoin de cette formalité.

Achille avait admiré la franchise et l'aplomb de son futur gendre. Après tout, ces jeunes gens avaient peut-être raison. L'amour ne devait pas s'encombrer de considérations financières.

Il avait tiqué, cependant, quand Virginie lui avait parlé de sa décision à propos de sa carrière. Ne s'apprêtait-elle pas à abandonner la proie pour l'ombre ?

– Nous verrons bien, avait répondu sa fille.

Lorenzo et elle se mariaient dans trois semaines. Une cérémonie très simple, en présence de Félicité et d'Achille, à la mairie de Fontrouge. Le couple habiterait la maison du notaire qui appartenait à Virginie et Lorenzo ouvrirait un atelier à Gargas. Il leur restait à déménager la maison de Saint-Firmin, vendue à un jeune couple venu d'Isère.

Achille, vaincu, baissa la tête.

– Tu n'oublieras pas de prévenir ton grand-père. Je ne sais s'il viendra.

– Je n'y tiens pas vraiment, le coupa Virginie d'un ton déterminé.

Elle imaginait déjà les questions d'Émilien au sujet de la situation de Lorenzo, de ses « espérances »... Elle ne le supporterait pas.

De nouveau, Achille observa discrètement sa fille et celui qu'elle nommait « l'homme que j'aime ». Il émanait d'eux une assurance tranquille, une impression de bonheur partagé qui fit naître chez lui une sensation de vertige. Parce qu'il n'avait jamais éprouvé cela, même avec les compagnes qu'il s'était choisies, il se promit de les soutenir.

Il avait envie de croire au bonheur, lui aussi.

50

1906

Était-ce cela le bonheur ? se demanda Virginie, juchée sur un tabouret pour chercher dans la bibliothèque un recueil de poèmes signé Achille Pélissier.

Elle aimait leur bibliothèque, conçue et fabriquée par Lorenzo.

C'étaient leurs livres qu'ils avaient déménagés en premier, lorsqu'ils avaient quitté la maison de Fontrouge pour s'installer dans une ancienne ferme, située entre Gargas et Rustrel. Leur demeure, restaurée par leurs soins. Le bâtiment principal s'ordonnait autour d'une cour fermée, ombragée par une treille et un figuier. Lorenzo s'était constitué un atelier d'appoint dans l'étable et Virginie avait aménagé un bureau à côté de la grande salle.

Elle s'y retirait souvent pour écrire ses articles ou le livre qu'elle consacrait à l'aventure des ocres.

Mariés depuis bientôt dix ans, le menuisier et l'ex-institutrice formaient un couple harmonieux. Virginie était si occupée qu'elle ne regrettait pas de ne plus enseigner. Outre son travail de journaliste, elle se partageait entre Apt et Gargas. À cinquante-huit ans, Félicité, souffrant d'arthrite, ne pouvait plus exercer son métier de couturière. Elle refusait cependant avec force de venir vivre chez sa filleule. « J'ai toujours tenu à préserver mon indépendance », aimait-elle à répéter.

Soucieuse de son bien-être, Virginie descendait souvent à Apt, lui apportait viande, fruits et légumes et restait auprès d'elle à bavarder. De son côté, Émilien, s'il avait encore bon pied bon œil, avait une fâcheuse tendance à se quereller avec ses comptables. Jean-Clément avait la haute main sur la production et la commercialisation mais n'avait guère de temps à consacrer à la gestion.

Achille, dont la vue avait fort baissé, avait passé le relais à sa fille et l'avait formée pour qu'elle puisse tenir les comptes de l'entreprise. Quand Virginie peinait à déchiffrer les pattes de mouche paternelles serrées sur les registres, elle ne pouvait que constater son incapacité à poursuivre sa tâche.

– A-t-on idée de perdre la vue ? grommelait Émilien, toujours prompt à critiquer autrui.

Achille consacrait tout son temps à la rédaction d'une anthologie du félibrige.

– Je mène une lutte contre le temps et contre la cécité, avait-il expliqué à sa fille.

Elle le comprenait et se sentait plus proche de lui qu'elle ne l'avait jamais été.

Fallait-il pour ce faire qu'elle eût beaucoup souffert ? Elle avait perdu son bébé au cinquième mois. « J'espère que tu ne tiens pas de ta mère ! » lui avait lancé méchamment Émilien, et elle l'avait détesté. Depuis, le ventre de Virginie demeurait obstinément plat, à son grand désespoir. Lorenzo avait beau lui répéter qu'ils étaient heureux tous les deux, elle supportait mal cette situation. Elle esquissa un sourire en songeant à l'homme qu'elle aimait. Entre eux, l'amour était comme une évidence.

Lorenzo écrivait beaucoup lui aussi. Toujours en relation avec de nombreux syndicalistes, il avait suivi à distance, le mois précédent, la catastrophe de Courrières. En effet, le samedi 10 mars 1906, un coup de grisou avait provoqué l'éboulement de cent dix kilomètres de galeries entre Courrières et Lens, sur le site de la Compagnie des mines de Courrières, dans le Pas-de-Calais. On avait décompté mille quatre-vingt-dix-neuf victimes, mais, ce qui avait le plus choqué Lorenzo, c'était l'abandon des recherches trois jours seulement après l'explosion. La compagnie était même allée jusqu'à condamner une partie de la mine afin de préserver le gisement et d'étouffer l'incendie. Or, le 30 mars, presque trois semaines après l'accident, treize rescapés furent retrouvés dans le puits n° 2, puis un quatorzième survivant refit surface le 4 avril. Ce qui pouvait être qualifié de miracle fut très mal vécu par les mineurs. En effet, de toute évidence, les secours avaient abandonné beaucoup trop tôt.

Face à la colère des mineurs, qui accusaient à juste titre la compagnie d'avoir privilégié la protection des infrastructures plutôt que la sécurité des ouvriers, le gouvernement n'avait rien trouvé de mieux que d'envoyer la troupe. Rien n'avait changé depuis La Ricamarie ou Fourmies, tempêtait Lorenzo, révolté.

Dans *L'Humanité*, Jean Jaurès avait écrit :

Et serait-il vrai que, par une funeste erreur, ceux qui dirigeaient les sauvetages, croyant qu'il n'y avait plus en effet d'existence humaine à sauver, se sont préoccupés plus de la mine que des hommes ?

C'était l'éternel problème : que valait une vie d'ouvrier ?

Il n'existait pas de poste de secours dans le bassin minier, les sauveteurs avaient œuvré dans des conditions extrêmement précaires, sans même des masques à oxygène, la compagnie minière avait tenu à poursuivre l'exploitation dans les autres puits… « Le prix du sang », avait laissé tomber Lorenzo, écœuré, révolté, découragé. Il avait lancé une collecte parmi les ouvriers ocriers. Partout, en France comme en Europe, on faisait appel à la générosité pour venir en aide aux familles des victimes. Mais cela ne suffisait pas. L'argent ne pourrait jamais compenser une seule vie.

Virginie repoussa la mèche de cheveux qui s'obstinait à glisser sur son front. La tragédie de Courrières l'avait bouleversée elle aussi et lui avait fait prendre mieux conscience des risques qu'encouraient dans les mines les employés de son grand-père. Quand elle avait évoqué ce sujet avec lui, Émilien Pélissier avait levé les yeux au ciel.

– Tu ne vas pas comparer ce qui n'est pas comparable. Mes ouvriers sont de vrais coqs en pâte !

Opinion que, bien entendu, Virginie était loin de partager !

Elle se pencha pour attraper un exemplaire dédicacé du *Calendal* de Mistral, fit tomber par inadvertance deux autres ouvrages. Elle les ramassa, leur jeta un rapide coup d'œil. Il y avait là *Les Fleurs du mal* ainsi qu'un petit livre à la couverture éraflée dont elle ne se souvenait pas. Elle l'ouvrit, lut une dédicace en italien et le referma. Il devait appartenir à Lorenzo.

Elle le lui tendit à son retour, alors que le soir tombait, baignant le ciel de rose violacé et de bleu indigo. Ses cheveux teintés de blanc aux tempes étaient parsemés de sciure. Il gratifia Virginie d'un baiser tendre.

– Belle journée, ma douce ?

Elle fit la grimace.

– Je n'ai pas avancé aussi vite que je l'espérais. Tu sais que je ne suis guère douée pour le rangement ! Mais j'ai trouvé ce petit livre. Regarde, il y a un mot écrit en italien.

Lorenzo tendit la main, parcourut la page de garde avant d'y revenir. Virginie le vit pâlir.

– Ce n'est pas possible…, murmura-t-il.

Rome avait été un éblouissement pour Virginie et Lorenzo. Tous deux, amoureux des arts, étaient tombés sous le charme de la ville impériale. Mais, au-delà de la place d'Espagne, du Colisée et du château Saint-Ange, un endroit bien particulier les avait attirés en Italie.

Lorsqu'il avait lu la dédicace : « À Livia, avec tout mon amour, Federico Spezio », il avait tout de suite deviné qu'il devait s'agir de son père, ce prêtre mystérieux qui avait trahi sa mère. Bouleversé, Lorenzo en avait perdu le sommeil. Il vivait depuis si longtemps avec cette question obsédante qu'il supportait mal de pouvoir mettre un nom sur ce père inconnu. Ce qui ne lui expliquait pas, d'ailleurs, comment cet ouvrage – *L'Ascension du mont Ventoux* de Pétrarque – s'était retrouvé dans leur bibliothèque. Il s'était alors souvenu de la visite de Luisa, dix ans auparavant, et de cette phrase sibylline qu'elle avait prononcée lorsqu'il l'avait ramenée à Lagarde-d'Apt : « Je me fais vieille, petit, mais je te laisse de quoi penser encore à moi », et il avait esquissé un sourire attendri. Sa vieille amie était morte au cours de l'hiver 1900, dans sa cabane qu'elle avait toujours refusé de quitter. Lorenzo avait tenu à se rendre seul à son enterrement. Il avait voulu régler les frais mais Luisa avait tout organisé à l'avance. Ce jour-là, l'émotion était à son comble. Il s'était senti perdu quand Monica avait entonné une chanson piémontaise que sa mère lui chantait lorsqu'il était enfant. Il avait laissé les larmes couler le long de ses joues. Il lui semblait qu'il disait enfin adieu à son enfance. C'était faux, naturellement, mais Lorenzo souhaitait désespérément s'affranchir du passé.

La découverte du livre dédié à Livia avait ravivé ses questionnements. Lorenzo était allé trouver le père Blondeau à Apt et s'était de nouveau ouvert à lui. Le prêtre lui avait promis d'effectuer des recherches et lui avait parlé de sa rencontre, en 1896, dans la cathédrale Sainte-Anne, avec un certain chanoine Spezio. Lorenzo avait vacillé. Se pouvait-il que ce fût son père ? Leurs chemins s'étaient-ils croisés ? Durant plusieurs semaines, il était resté sombre et soucieux. Jusqu'à ce que le père Blondeau lui annonce avoir reçu une réponse du Vatican. Le chanoine Spezio, qui se prénommait bien Federico, était mort en janvier 1902 à Rome. Il était enterré au cimetière de Campo Verano.

Virginie serra la main de Lorenzo un peu plus fort.

– Le Verano est situé juste à côté de la basilique San Lorenzo, déclara-t-elle d'une voix émue.

Il inclina la tête, trop ému pour prononcer un mot.

Il notait chaque détail, comme pour les graver dans sa mémoire. La Via Tiburtina, reliant Rome à Tivoli, le cimetière dit moderne créé sous le premier Empire, les quatre grandes statues à l'entrée du cimetière représentant la Méditation, l'Espérance, la Charité et le Silence, l'impression de sérénité baignant les tombes à l'ombre des cyprès, sentinelles bienveillantes…

Le gardien consulté les guida jusqu'à une chapelle funéraire très simple, devant laquelle le couple se recueillit.

« Qui étais-tu, Federico Spezio ? se demanda Lorenzo. Quel homme étais-tu pour avoir abandonné ma mère enceinte ? Un séducteur ? Un jeune homme dépassé par la situation ? »

Il savait qu'il ne connaîtrait jamais la réponse. Mais, face à la dalle de marbre blanc, il songea que cela n'avait plus vraiment d'importance.

Virginie tendit le doigt vers une plaque gravée représentant une minuscule salamandre, semblable en tout point au bijou que Lorenzo gardait dans son portefeuille.

Lui entendait encore Luisa lui expliquer : « Livia l'avait toujours sur elle. Chez nous, dans la vallée Pellice, on l'appelait *salamandra Lanzai*, la salamandre de Lanza. Ta mère y tenait beaucoup. »

– Tout est bien, dit-il lentement.

Même s'il était trop tard, il était parvenu au bout de sa quête.

51

1908

À ceux qui redoutaient de se retrouver dans les galeries souterraines, Émilien Pélissier répondait que c'était simplement une question d'habitude.

À près de quatre-vingts ans, il ne pouvait toujours pas se passer de ses mines, qui lui importaient plus encore que l'usine où il se sentait dépossédé d'une partie de ses prérogatives. Ici, sous terre, il était chez lui.

Il salua d'un signe de tête les mineurs quittant leur poste. Il les connaissait tous par leur prénom, pouvait citer ceux dont le père ou même le grand-père avait travaillé pour lui. Il entretenait de bonnes relations avec la plupart d'entre eux car ils partageaient la même passion. Même s'ils se plaignaient souvent de leurs conditions de vie, ils étaient, tout comme lui, pétris de sable et de minerai.

Sa lampe tempête à la main, appuyé à sa canne, Émilien se dirigea vers la galerie en cours. La beauté des niches en ogive creusées par le mineur d'avancement le surprenait toujours. Il lui semblait se trouver dans une cathédrale d'ocre, créée par le travail et la sueur des hommes.

Le nez en l'air, il observait les saignées, longues d'une soixantaine de centimètres environ, creusées de chaque côté et en contrebas des niches. On y placerait de la poudre noire afin d'extraire la masse de minerai. À la fin de la journée, la mine désertée appartenait à Émilien. Il pouvait l'arpenter à sa guise. Il réprima un soupir. L'humidité régnant sous terre réveillait ses douleurs. Il songea à Célestine et à leurs deux fils. Achille avait sombré dans une nuit presque complète à cause du diabète. Désormais, son aîné ne quittait pratiquement plus le premier étage des Terres Brûlées. Émilien le voyait le moins possible, cela le déprimait trop. Hector, lui, était mort l'an passé d'une congestion cérébrale alors qu'il participait à une exposition à Avignon.

Émilien avait ressenti une impression de profond gâchis. Deux fils et aucun n'était en mesure de lui succéder. Seule Virginie se rendait utile à l'usine. Une fille ! Ce constat le navrait.

De nouveau, il songea à son âge. Sa volonté l'aidait à tenir bon, alors même qu'il se sentait souvent las, revenu de tout. Sa volonté et le désir de développer l'entreprise Pélissier.

Bien sûr, Jean-Clément était pour lui un soutien précieux, mais il demeurait un étranger. Si seulement Virginie avait donné naissance à un fils ! Mais non, elle resterait un fruit sec, comme sa mère avant elle. À se demander si elle aussi ne se livrait pas à des actes contre nature ! Quand Célestine lui avait appris qu'Albertine fréquentait une bonne femme pour se protéger d'une grossesse, Émilien avait vu rouge. Qui se croyait-elle donc, cette fille savante, pour le priver du petit-fils auquel il estimait avoir droit ?

Quand il s'était retrouvé seul avec sa bru dans sa chambre, il avait été victime d'un coup de folie. L'espace de quelques instants, il avait éprouvé la tentation de la forcer, comme pour prendre sa revanche sur Achille, qui lui inspirait du mépris. Lorsqu'il s'était ressaisi, il avait lu une telle panique dans le regard d'Albertine qu'il avait eu peur qu'elle ne le dénonce. Il avait alors commis l'irréparable en la faisant basculer dans le vide.

Une chauve-souris voleta au-dessus de sa tête dans un froissement de soie. Il ne les redoutait pas, étant habitué à les côtoyer depuis l'enfance. Célestine, la pauvre vieille, ne les supportait pas. Mais Célestine n'était jamais venue dans la mine. Chaque époux avait sa sphère d'activité bien déterminée.

Quand il songeait à sa femme, Émilien éprouvait une certaine gêne. Leurs chemins s'étaient éloignés à partir du moment où Émilien avait créé l'entreprise. Elle était restée sur le bas-côté, comme si elle s'était estimée indigne de devenir la « femme du patron ». Il avait souvent pensé qu'il lui aurait fallu une femme comme Albertine, capable de l'accompagner à la sous-préfecture ou de recevoir les clients importants. Il se demandait parfois si Célestine ne l'avait pas deviné.

Il marcha jusqu'au lac, qui paraissait irréel à la lueur des lampes à acétylène. Dieu, qu'il aimait cet endroit baigné de mystère !

Il se pencha légèrement. Vingt ans auparavant, il était encore capable de remplacer le mineur d'avancement.

C'en était bien fini désormais. Émilien était un vieil homme qui n'attendait plus rien de la vie. Il avait compris qu'il n'aurait jamais ce petit-fils tant espéré. L'une des prostituées qu'il fréquentait jadis avait donné naissance à un enfant, mais comment savoir s'il en était bien le père ? C'était trop tard, et cette obsession lui avait gâché la vie.

Saisi de vertiges, il chancela. Il se dit alors que mourir ici, dans cette mine qu'il avait aimée plus que tout, serait pour lui une belle mort, conforme à ses souhaits. Longtemps, il s'était cru immortel.

À la disparition brutale de son fils cadet, Émilien avait compris que son tour viendrait bientôt. S'il l'acceptait mal, il avait fini par se résigner et organiser sa succession avec son notaire.

Ne plus jamais arpenter les galeries que les ouvriers avaient sculptées telles des voûtes romanes… Cette perspective inéluctable lui serrait le cœur. Il se détourna de la surface miroitante du lac, reprit le chemin menant à la sortie, à l'air libre. Certains mineurs venaient travailler la peur au ventre depuis qu'un éboulement, dix ans auparavant, avait causé la mort de trois salariés.

« Les risques du métier », avait commenté Émilien, toujours abrupt, ce qui lui avait valu l'inimitié de nombreux ouvriers. Il savait qu'on l'accusait depuis des lustres d'avoir fait fortune sur le dos des mineurs, il n'en avait cure. Il avait suivi sa voie, vécu sa passion, lui sacrifiant sa famille. Il n'éprouvait pas vraiment de regrets. Excepté pour Albertine…

Il leva les yeux vers le plafond arrondi. Son ciel, sa religion à lui. Célestine le traitait de mécréant, cela le faisait rire. À présent, il assumait son choix.

– Toute une vie…, murmura-t-il, tandis qu'une douleur, aussi aiguë que soudaine, lui broyait la poitrine.

Il tendit la main vers la paroi la plus proche de lui, comme pour s'y accrocher. Trempé de sueur de la tête aux pieds, il titubait. Ses oreilles tintaient, sa vision se troublait. La douleur se fit plus vive encore, irradiant dans l'épaule et le bras.

– À l'aide, souffla-t-il.

Il savait bien, cependant, que personne ne pouvait l'entendre.

Souffrant horriblement, il se laissa tomber à genoux sur le sol sableux. L'odeur d'humidité régnant dans les galeries le prit à la gorge. Il laissa échapper un gémissement, se recroquevilla pour tenter de résister à la douleur, insoutenable.

Il perdit conscience brutalement.

– Pourquoi moi ? répéta Virginie.

Le notaire de son grand-père, maître Morgon, venait de lui lire les dispositions prises par Émilien Pélissier. Stupéfaite, elle avait appris qu'il lui léguait l'entreprise, à charge pour elle de verser une rente conséquente à son père. Achille recevait également les Terres Brûlées. Virginie avait toujours déclaré qu'elle ne supportait pas cette maison où sa mère était morte.

– M. Pélissier vous a laissé une lettre, reprit maître Morgon.

Elle la saisit, plia l'enveloppe avant de la glisser dans son sac. Elle était incapable d'en prendre connaissance sur-le-champ.

Lorenzo lui sourit. « Tiens bon ! » signifiait son sourire.

Elle avait longtemps pensé détester son grand-père mais s'était sentie perdue en apprenant sa mort. Le contremaître, étonné de trouver la grille ouverte le lendemain matin, avait découvert le corps sans vie de son patron, à quelques dizaines de mètres de la sortie.

L'affaire avait fait grand bruit. On avait parlé de la mort des trois mineurs, survenue dix ans auparavant, et de cette histoire de malédiction attachée aux Terres Brûlées. Virginie, haussant les épaules, avait estimé que le maître ocrier était mort comme il l'aurait souhaité, sur son domaine, au plus près des ocres. Elle savait qu'à présent elle devait rassurer le personnel et convaincre Jean-Clément de rester. Le fils d'Amédée avait écouté, les mâchoires crispées, la lecture du testament. Il héritait seulement de la maison qu'il occupait avec Céleste et leurs deux filles depuis plusieurs années.

De toute évidence, il avait espéré davantage. Décidément, il connaissait mal Émilien ! Même si celui-ci ne se privait pas de critiquer sa famille, il n'avait pas voulu la léser au profit d'un étranger, pourtant dévoué à l'entreprise.

Virginie remercia maître Morgon, affirma à Jean-Clément qu'il était indispensable à l'entreprise et sortit de l'étude au bras de Lorenzo.

Elle se tourna vers son époux.

– Tu imagines notre responsabilité ? Sans Jean-Clément, je suis incapable de faire face.

Ce qui la déroutait peut-être le plus, c'était l'idée de devenir propriétaire de l'entreprise Pélissier.

Lorenzo, qui la connaissait par cœur, lui adressa un coup d'œil complice.

– Ce peut être le moment de mettre en application nos idées, glissa-t-il.

Il devinait qu'il fallait lui laisser un peu de temps. Elle était tout à fait capable de s'en sortir, il en était persuadé.

De toute façon, elle avait vécu parmi les ocres depuis son plus jeune âge. Elles faisaient partie d'elle, fût-ce à son corps défendant.

– Tout de même, reprit-elle, Brûlé le Résolu, patron… C'est le monde à l'envers, non ?

Il se contenta de lui répéter qu'il lui faisait pleinement confiance. Elle se battrait pour les ocres Pélissier et pour les ouvriers.

52

1911

Bien campé sur ses jambes, Adrien se dirigea vers la carrière à ciel ouvert et, s'agenouillant, posa les deux mains dans le sable couleur d'ocre.

Se redressant, il s'en frotta le visage et se tourna vers Virginie.

– Regarde, maman ! cria-t-il, très fier de lui.

Elle lui tendit les bras et le serra contre elle sans se soucier de la poussière d'ocre qui maculait la robe, les mains et les joues de son petit garçon. Elle le fit tournoyer dans les airs.

– Eh bien, Adrien, s'écria-t-elle, la relève est assurée, on dirait !

Âgé de deux ans et demi, leur fils était déjà attiré par les ocres. « Bon sang ne peut mentir », affirmait Jean-Clément.

Leur famille avait payé un lourd tribut aux dernières années écoulées. Amédée et Mireille étaient morts à quelques jours d'intervalle d'une mauvaise grippe. Juste auparavant, leur fils s'était réconcilié avec eux sur les instances de Céleste.

« Tout ce temps gâché… », avait marmonné Félicité, résumant l'opinion générale. La marraine de Virginie ne quittait pratiquement plus sa maison. Elle refusait toujours avec force de venir s'installer chez Virginie et Lorenzo. Virginie savait que Félicité ne voulait à aucun prix les embarrasser mais en était peinée. Son père, lui, se repliait de plus en plus sur lui-même aux Terres Brûlées. Josépha veillait sur lui. Virginie lui rendait visite une à deux fois par semaine. Le même amour de la littérature réunissait le père et la fille. Virginie lui lisait des poèmes et les derniers ouvrages parus. Achille soupirait, évoquait les beaux jours à Maillane et à l'Harmas de M. Fabre.

– Nous vivons la fin d'une époque, affirmait-il, et Virginie croyait comprendre ce qu'il voulait dire. Tout changeait !

Entre l'entreprise Pélissier, Adrien et l'écriture des articles qu'elle publiait dans plusieurs revues, Virginie était de plus en plus occupée. Certes, ses activités étaient désormais bien éloignées de son métier d'institutrice, mais elle ne regrettait rien. Elle devait être trop attachée à son indépendance pour se couler dans le moule de l'Instruction publique. De plus, l'application de la loi de la séparation de l'Église et de l'État avait entraîné de tels problèmes que Virginie s'était sentie soulagée. Elle n'osait imaginer quelle aurait été sa situation à Lorgnes ou à Saint-Firmin.

– Nous rentrons, mon chéri, dit-elle à Adrien.

Elle s'émouvait souvent de constater à quel point Lorenzo s'impliquait dans l'éducation de leur fils, se levant lui aussi la nuit lorsque le petit était malade, lui faisant découvrir le bois et la forêt, lui racontant des histoires. Ayant particulièrement souffert de ne pas avoir connu ce qu'était l'amour d'un père, Lorenzo lui donnait l'impression de tout vouloir partager avec Adrien. Cela lui faisait même parfois un peu peur ; elle aurait voulu le protéger. Virginie le savait vulnérable, bien qu'il se refusât la plupart du temps à évoquer son enfance. Le peu qu'elle était parvenue à apprendre l'avait horrifiée. D'ailleurs, sa « rencontre » avec Giuseppe avait été édifiante ! Elle avait longtemps été victime de cauchemars et avait redouté le procès, une nouvelle épreuve pour Lorenzo. Elle avait en effet compris que Giuseppe était prêt à tout pour blesser le fils de Livia.

L'ampleur de sa haine avait effrayé la jeune femme. Cet homme, ce charbonnier de malheur, était un malfaisant.

Aussi avait-elle ressenti un soulagement indescriptible le jour où ils avaient appris la mort de Giuseppe. L'emprisonnement avait certainement paru insupportable à l'homme des bois. Il s'était ouvert les veines dans sa cellule à l'aide d'un minuscule tesson de carrelage et s'était lentement vidé de son sang. Le gardien qui l'avait trouvé le lendemain avait été frappé par l'expression de son visage. « Comme s'il s'apprêtait à maudire Dieu lui-même… », avait-il raconté à Lorenzo.

Elle avait deviné que son mari aussi se sentait libéré.

Elle réprima un léger soupir. Elle aurait tant souhaité qu'il retrouve Maria, sa petite sœur. S'il en parlait peu, il y pensait souvent. Virginie s'en doutait lorsqu'elle voyait Lorenzo songeur, le regard vague.

Tous deux avaient effectué de nouvelles recherches après leur mariage, en vain. Maria s'étant certainement mariée, elle devait porter son nom d'épouse. Pourtant,

Virginie rêvait toujours de réunir le frère et la sœur et, dans ce but, faisait passer régulièrement des annonces dans la presse du Vaucluse et des Basses-Alpes. Celles-ci étaient restées sans réponse.

Elle installa son fils sur le siège de la jardinière, s'assit à son tour et le prit sur ses genoux.

– En route ! s'écria-t-elle gaiement.

La jeune fille appuya sur les pédales pour franchir la dernière côte menant à la ferme. Son cœur se serra en apercevant le toit de tuiles rapiécé. Malgré les efforts de sa mère, leur ferme criait misère. Elles étaient à la merci de mauvaises conditions climatiques, de la maladie ou d'une mévente. Il leur aurait fallu au moins un valet, mais sa mère était incapable de le payer. En désespoir de cause, parce qu'elle avait mauvaise conscience, Laurette lui avait proposé de prendre un petit de l'Assistance. Maria avait changé de visage.

– Jamais ! avait-elle lancé, farouche. Qu'on ne compte pas sur moi pour exploiter l'un de ces pauvres gosses !

Laurette pressentait depuis longtemps que sa mère lui dissimulait quelque chose. Maria avait toujours été très tendre, très aimante et, en même temps, sur le qui-vive, comme si elle avait redouté quelque obscure menace. Aglaé, qui lui avait servi de grand-mère, avait le pouvoir d'apaiser Maria.

– Ne t'attends donc pas toujours au pire, lui recommandait-elle régulièrement. Il est déjà arrivé, non ?

Même si elles n'étaient pas riches, les deux femmes avaient entouré Laurette d'amour. Quand elle rentrait de l'école, le nez et les oreilles rougies par le froid, la petite fille se glissait le plus près possible de la cheminée, près du siège de celle qu'elle appelait Mamée Aglaé.

Laurette se rappelait avec émotion les soirs d'hiver, quand le mistral soufflait en force et que, blottie sous le gros édredon, elle attendait dans le lit de sa mère que celle-ci vienne la rejoindre. Maria avait pris la précaution d'envelopper une brique chaude d'un torchon et de la glisser dans les draps glacés. La chatte de la maison, Miette, venait se lover autour du cou de la petite fille. Elle se sentait en sécurité et avait l'obscure prescience que sa mère n'avait jamais éprouvé ce sentiment.

À présent, boursière, Laurette était interne à l'école normale de Digne. Sa mère en était particulièrement fière et attendait avec impatience le jour où Laurette deviendrait institutrice. Fonctionnaire, un rêve pour elle ! La fin de leurs soucis d'argent.

– Bonjour, maman ! s'écria la jeune fille en poussant la porte de la salle.

Elle avait travaillé durant deux étés pour pouvoir s'offrir ce vélo d'occasion qu'elle entretenait avec grand soin. Elle l'entreposait chez le marchand de cycles de Forcalquier d'où elle prenait l'autobus pour Digne. Vive, décidée, elle étudiait avec ardeur, impatiente de pouvoir offrir une vie meilleure à Maria. Depuis la mort d'Aglaé, à quatre-vingt-seize ans, sa mère trimait encore davantage. Sa solitude serrait le cœur de Laurette. Aglaé lui avait confié un jour que la vie de Maria avait été particulièrement difficile et la fillette ne l'en avait que plus admirée.

Le chien Baron aboya et Maria apparut sur le seuil, la main placée en visière devant les yeux. Elle était jolie, pensa Laurette, émue. Grande, bien proportionnée, Maria avait de beaux cheveux qu'elle nattait et son sourire illuminait ses traits. Laurette se jeta dans ses bras.

– Oh ! maman... Le temps m'a duré, souffla-t-elle.

Elle recula d'un pas pour caresser le berger à la race indéterminée qui sautait autour d'elle.

– Toi aussi, vieux jaloux, tu m'as manqué ! s'écria-t-elle en riant.

Maria lui essuya le visage avec des gestes empreints de douceur et de tendresse.

– Ma petite fille... Rentre vite, tu vas boire du sirop de groseille. Je t'ai préparé du pain perdu.

Instinctivement, en pénétrant dans la salle, Laurette chercha des yeux la silhouette tassée d'Aglaé. Leur vieille amie les avait quittées trois ans auparavant, mais Laurette pensait toujours autant à elle.

Maria l'invita à s'asseoir à la table patinée.

– Raconte..., suggéra-t-elle, tout en la servant.

Le jour où elle avait découvert une reproduction du tableau de Chardin, *La Pourvoyeuse*, Laurette avait songé à sa mère. Avec son grand tablier bleu – « Ça se tache moins que le blanc ! » affirmait-elle –, Maria donnait l'impression de toujours veiller à l'approvisionnement des siens. Elle confectionnait son pain elle-même et la ferme lui permettait de vivre en autarcie.

Tout en faisant honneur au goûter, Laurette parlait. Les livres lus à la bibliothèque de l'école, la sortie à Barcelonnette, les cours de dessin et de gymnastique, tout enchantait Maria.

– Ma fille est une jeune demoiselle savante, commenta-t-elle fièrement.

Laurette rougit.

– Mais non, maman. J'aime apprendre, voilà tout.

Le jour où elle prendrait sa première affectation, elle éprouverait certainement le mal du pays. Elle aimait à aller cueillir des herbes médicinales sur les flancs de la montagne de Lure. Aglaé lui avait appris à les reconnaître. Elle emmenait aussi, pendant les vacances, le troupeau de chèvres du côté de Revest-du-Bion et, en compagnie de Baron, elle dévorait tous les romans qu'elle avait empruntés à la bibliothèque… Elle en achetait quelques-uns sur le marché, des livres d'occasion, à la couverture passée, qui lui permettaient de s'évader.

– Toujours pas de nouvelles ? s'enquit Laurette.

Elle savait que Maria cherchait désespérément à retrouver la trace de son frère Lorenzo. Un jour, peut-être… Elle désirait tant le meilleur de la vie pour sa mère.

Maria soupira.

– Se souvient-il seulement encore de moi ? Pour moi, il était comme un dieu ! Et puis il a dû fuir, le père était si brutal avec lui… Maman m'a parlé de lui tous les jours jusqu'à ce qu'elle meure. Elle me disait qu'il reviendrait, mais il n'est jamais venu.

– Ton père t'a emmenée loin de Lagarde-d'Apt, reprit doucement Laurette.

Le visage de sa mère se ferma.

– C'est une période de ma vie dont je n'aime pas me souvenir, déclara-t-elle d'un ton décidé.

Laurette frissonna. Elle avait peur, parfois, de ce mystère pesant sur ce grand-père violent, qui semblait encore inspirer de la crainte à Maria.

53

1912

« Enfin ! » pensa Virginie, contemplant le frère et la sœur assis sous le figuier de la cour du mas.

Les retrouvailles entre Maria et Lorenzo avaient été simples et chargées d'émotion. Ils étaient tombés dans les bras l'un de l'autre sous le regard de Virginie et de Laurette. Les deux femmes avaient été les artisans de cette rencontre. Début 1912, en effet, Virginie Lupo, chef d'entreprise, avait été invitée par la directrice de l'école normale de Digne pour témoigner de son expérience. Elle avait accepté, au double titre d'ancienne élève et de féministe. Cela ne lui déplaisait pas de montrer qu'une femme pouvait exercer n'importe quel métier. Tout naturellement, l'élève Laurette avait eu envie de mieux connaître celle qui portait le nom de jeune fille de sa mère.

Dès qu'elle avait entendu le prénom « Maria », Virginie avait bombardé Laurette de questions.

Laurette échangea un coup d'œil complice avec Virginie.

– Plus de quarante ans à rattraper…, murmura-t-elle.

La jeune fille avait plu d'emblée à Virginie. Grande, le regard clair, le visage ouvert, elle était sympathique et ravissante. Différente de sa mère, qui donnait l'impression d'avoir beaucoup souffert.

« Une vie gâchée, pensa Virginie en frissonnant. Tout cela à cause de l'infâme Giuseppe. »

Félicité glissa :

– Je vais finir par croire à la providence !

La vieille dame avait consenti à céder aux prières de Virginie et s'était installée au mas juste avant Noël. Adrien, ravi, avait entouré d'attentions celle qu'il appelait Mamée Fée. La fête calendale avait été une période de douceur et de bonheur.

« Un bonheur fragile cependant… », se dit Virginie, songeant à l'actualité. Le mois de janvier avait déjà été marqué par la guerre italo-turque et la bataille de Kunfunda, celui d'avril par le naufrage du *Titanic* et le massacre de la Lena.

Virginie et Lorenzo avaient été particulièrement sensibles à cette dernière tragédie. Les mineurs de la Lena, en Russie, protestant contre des conditions de travail extrêmement pénibles et dangereuses, s'étaient mis en grève courant mars. Ils réclamaient la journée de huit heures, l'augmentation des salaires et la suppression des amendes. En guise de réponse, le tsar avait envoyé la troupe. Cent cinquante mineurs avaient été massacrés par l'armée.

De quoi interpeller le couple qui présidait aux destinées de l'entreprise Pélissier… Dans la mine, la journée de travail était limitée à huit heures, les ouvriers disposaient de deux pauses et de leur dimanche. De plus, Lorenzo et Virginie avaient fait construire de petits bastidons pour leurs salariés. Quand la première pierre avait été posée, Lorenzo avait pensé à sa mère, qui avait vécu dans des conditions plus que spartiates. Livia aurait été plus heureuse qu'une reine dans l'une de ces maisonnettes dotées d'une pompe, au sol dallé de pierres provenant des carrières de Murs, particulièrement robustes.

Ces transformations avaient nécessité une concertation avec Jean-Clément. Pragmatique et foncièrement attaché à l'ocre, le fils d'Amédée avait vite compris le raisonnement des propriétaires. Ils espéraient la participation de tous en s'appuyant sur une rémunération et des conditions de travail plus attractives. Idées qui, si elles paraissaient d'avant-garde, commençaient à faire leurs preuves. Les ocres Pélissier engrangeaient des bénéfices conséquents et exportaient toujours davantage d'ocre.

Les liens entre les deux couples, Lorenzo et Virginie, Jean-Clément et Céleste, s'étaient resserrés. Si Jean-Clément ne faisait pas état de ses remords, Virginie pressentait qu'il regrettait de ne pas s'être rapproché plus tôt de ses parents. C'était si compliqué. Émilien avait empoisonné une famille pour attirer dans son entreprise le fils passionné par les ocres. Félicité savait combien son frère et sa belle-sœur en avaient souffert, mais n'avait pas adressé un seul reproche à son neveu. Comme elle l'avait expliqué avec son solide bon sens à Virginie, elle estimait que, de toute manière, il était trop tard et qu'il valait mieux sauvegarder ce qui pouvait l'être.

– Ma mère aurait agi ainsi, avait-elle conclu, et Virginie avait pensé que, décidément, elle aurait bien aimé connaître Margarido.

Maria et Lorenzo, épaule contre épaule, rejoignirent les trois femmes et le petit garçon installés sous le figuier.

– Nous irons prochainement voir le chêne de Livia, annonça Lorenzo d'une voix un peu cassée.

Virginie sourit.

– J'y comptais bien !

Elle s'émerveillait parfois de leur entente fondée sur l'amour et la complicité. L'un comme l'autre avaient connu des foyers désunis et tout misé sur leur couple. Ils avaient en partage le même idéal, le même enthousiasme et espéraient que le monde changerait au XXe siècle. Quelques années plus tard, Virginie se dirait qu'ils avaient alors encore beaucoup d'illusions.

Elle proposa des rafraîchissements et, de nouveau, eut une pensée pour Albertine. Avec le temps, elle disait de moins en moins « maman » mais plutôt « Albertine ». Le jour de son trente-sixième anniversaire, elle avait brutalement songé que sa mère n'avait jamais atteint cet âge et s'était isolée pour sécher ses larmes. Elle savait qu'elle porterait toujours en elle ce manque, comme Lorenzo portait le manque de Livia. C'était d'ailleurs peut-être ce qui les avait réunis. Mais elle savait aussi qu'elle avait eu une enfance protégée comparée à celles de son mari et de Maria.

Elle serra son fils contre elle. Elle était heureuse.

1915

– Bon sang ! jura Virginie, qui n'avait jamais eu de dispositions pour la couture.

– Laisse-moi faire, ordonna Félicité, la voyant se débattre avec le pied-de-biche de la machine à coudre.

C'était magique ! Malgré son arthrite, l'ancienne couturière imposait sa loi à la machine, parvenait sans problème à la faire fonctionner comme elle le désirait.

Dégoûtée, Virginie secoua la tête.

– Je crois que je ferais mieux de proposer mes services comme bénévole à l'hôpital !

– Tu y serais plus efficace, en effet, approuva sa marraine en souriant.

La guerre avait frappé de plein fouet l'industrie ocrière, jusqu'alors en plein essor. Hommes mobilisés, réquisitions, limitation stricte de la circulation, couvre-feu avaient entraîné l'arrêt de la production.

Jean-Clément était parti pour le front dans le train transportant d'ordinaire les ocres. Ce jour-là, il avait fallu soutenir Céleste, anéantie.

L'entreprise Pélissier avait fermé ses portes à la fin de l'année 1914, quand il s'était avéré que la guerre ne serait pas aussi brève que ne l'espéraient les Français. D'un commun accord, Lorenzo et Virginie avaient refusé d'imiter une société comme la SOF[1] qui avait embauché des femmes et des enfants pour remplacer les ouvriers

1. Société des ocres de France.

mobilisés. Tous deux savaient en effet que l'ensachage de l'ocre était particulièrement dangereux et exposait au risque de silicose et de pneumoconiose.

Virginie insista pour replanter des vignes et exploiter les vergers entourant la bastide. Maria, qui avait vendu sa ferme à Banon pour venir s'installer dans un bastidon auprès de son frère, avait gardé son troupeau de chèvres et leur avait adjoint quelques moutons. Elle vendait chaque samedi sur le marché d'Apt les fruits et légumes de son potager. Les réfugiés, de Belgique, du nord et du nord-est de la France arrivaient, toujours plus nombreux, et on avait besoin de toujours plus de denrées alimentaires. Maria s'arrangeait aussi pour procurer des vivres à Laurette, institutrice aux Taillades, qu'elle trouvait beaucoup trop maigre. Malgré ses cinquante-huit ans, Lorenzo donnait l'impression d'être partout à la fois. D'abord frappé par l'assassinat de Jaurès, le 31 juillet 1914, il avait fini par accepter l'idée que la guerre était inévitable et avait fermé son atelier pour pratiquer le retour à la terre.

Il abattait des arbres pour procurer aux siens du bois de chauffage, labourait, semait, taillait la vigne, cultivait des pommes de terre. Ils avaient accueilli à la bastide une famille de réfugiés lillois, les Leclercq, et il fallait nourrir toutes ces bouches. Adrien, du haut de ses huit ans, aidait son père dès le retour de l'école et s'intéressait fort aux vignes. Pataud, son gros chien de berger qui l'avait aidé à faire ses premiers pas, l'accompagnait partout. On marchait beaucoup, ou bien on se déplaçait à bicyclette, comme Virginie ou Laurette, car les chevaux avaient été réquisitionnés. Le jour où elle avait vu Lorenzo tirer lui-même la charrue, Virginie avait réprimé un cri de révolte. Elle se disait, cependant, qu'elle ne devait pas se plaindre. Lorenzo, à son âge, n'était plus mobilisable. Elle mesurait sa chance quand elle croisait le regard noir d'angoisse de Céleste. Ses filles tentaient de la distraire, en vain.

– Triste époque…, murmura Virginie pour elle-même.

Cependant, il fallait poursuivre la lutte. Coûte que coûte.

54

1917

Le temps était clair en ce mois de mars. Un temps printanier qui ne correspondait pas à l'état d'esprit des Aptésiens et des réfugiés. Il était de plus en plus difficile, en effet, d'obtenir des renseignements fiables quant à la situation réelle sur le front.

Laurette s'inquiétait pour son filleul, un instituteur gapençais prénommé Augustin, avec qui elle s'était découvert nombre de points communs. Élodie et Juliette, les filles de Jean-Clément, étaient elles aussi marraines de guerre. Leur mère avait maigri de façon effrayante. Elle ne vivait plus qu'au rythme des lettres de Jean-Clément, acheminées avec plus ou moins de retard. Virginie et Maria tentaient de l'entourer, le plus souvent en vain.

– Je n'aime pas ça, marmonnait Félicité.

Son esprit restait vif même si elle se déplaçait de plus en plus difficilement. Elle était la mémoire et l'âme de leur famille.

Les Leclercq s'étaient installés à Apt mais d'autres réfugiés les avaient remplacés à la bastide. Virginie s'ingéniait à nourrir tout son monde, réalisant des prouesses.

Elle se rendait aussi trois fois par semaine à Apt, où elle travaillait comme bénévole à l'hôpital. Elle avait appris sur le tas à effectuer les piqûres et changer les pansements. Comme nombre d'Aptésiennes, elle avait suivi une instruction sanitaire sous l'autorité du docteur Gros, médecin chef. Laurette l'accompagnait pendant ses vacances. La tante et la nièce s'entendaient fort bien. C'était plus facile avec Laurette, se disait parfois Virginie, tout simplement parce que la fille de Maria avait suivi des études comparables aux siennes. De plus, Maria était timide, réservée, et Virginie, bien malgré elle, l'impressionnait. Les deux femmes étaient beaucoup trop différentes. L'indépendance de Virginie suscitait l'admiration et la crainte de Maria. Le jour où Virginie lui avait dit, le plus sérieusement du monde : « Mais, ma chère Maria, nous avons des droits et sommes les égales de ces messieurs », l'émotion avait submergé Maria. Comment pouvait-on tenir pareil langage et, surtout, y croire ? Quelles auraient été les réactions de Giuseppe ou d'Antonin face aux discours de Virginie ? Maria avait parfois l'impression de vivre dans un autre monde, mais elle était soulagée que sa fille s'entende bien avec l'épouse de Lorenzo. Laurette, elle, saurait se défendre !

Maria réprima une grimace de douleur. Ses reins la faisaient souffrir, tout comme son dos. Elle payait, à cinquante ans, toutes ces années de labeur acharné. Le fait d'avoir retrouvé son frère l'avait rassurée quant à l'avenir de Laurette. Lorenzo était bon pour elles deux. Grâce à lui, elle se sentait enfin un peu plus sereine. Presque heureuse, si les cauchemars du passé n'étaient pas revenus la hanter.

Elle se rappelait une phrase de sa mère : « Il ne faut pas offenser les dieux. » Livia disait « les dieux », Maria en était sûre. Giuseppe, un jour, l'avait entendue et avait giflé Livia.

– Ne viens pas me parler de ta religion ! avait-il hurlé.

À présent, Maria comprenait mieux la raison de sa haine, sans pour autant l'excuser. Elle savait que leur enfance, à Lorenzo et à elle, avait été détruite, tout en se félicitant de son propre veuvage. Laurette, au moins, n'avait pas connu la brutalité paternelle.

– Maria, m'accompagnerez-vous ? Je vais porter des œufs à Céleste.

La mère de Laurette sourit à Virginie.

– J'ai encore à faire au potager. De plus, vous savez que je ne suis pas vraiment douée pour la bicyclette !

Les premières tentatives de Maria s'étaient en effet soldées par quelques chutes mémorables.

– Vivement que nous récupérions un cheval ! lança Virginie.

Elle s'éloigna en agitant la main. Félicité s'occuperait d'Adrien à son retour de l'école. Lorenzo travaillait dans les vignes, sur le coteau. Elle n'avait pas l'intention de rester trop longtemps auprès de Céleste, elle avait un article urgent à écrire. Elle était restée en relation avec Marguerite Durand, même après la fin de l'aventure de *La Fronde*[1], ainsi qu'avec Séverine. Elle admirait la journaliste qui n'avait jamais hésité à se rendre sur le terrain.

1. Quotidien destiné aux femmes, conçu, écrit, fabriqué et distribué par des femmes de 1897 à 1907.

Ainsi, elle était descendue dans la mine à Saint-Étienne, en 1889, après un terrible coup de grisou. Elle s'était aussi déguisée en ouvrière à l'occasion de la grève des casseuses de sucre[1] de la rue de Flandres. Virginie avait pensé à elle lorsqu'elle avait rendu compte, pour un journal parisien, de la grève des ouvrières travaillant pour les fabriques de fruits confits, en juin 1914. Mi-juillet, le journal lui avait transmis une lettre de félicitations signée Judicaël Joannet. Bizarrement émue – et fière ! –, Virginie l'avait lue à deux reprises avant de la froisser et de la jeter dans la corbeille à papier. Judicaël appartenait au passé et c'était fort bien ainsi ! Elle avait parlé de lui à Lorenzo, une seule fois.

– Je suis tombée amoureuse d'un homme, l'année de mes dix-huit ans. Lorsque j'ai compris qu'il s'était moqué de moi, je me suis juré de ne plus aimer. Et puis je t'ai rencontré et j'ai oublié mon serment.

Il lui avait souri tendrement.

– Moi, j'ai eu le sentiment de vraiment exister le jour où j'ai croisé ta route.

C'était vrai. Même s'il ne lui avait pas caché son mariage avec Élisa, dont il chérissait la mémoire, son amour pour Virginie avait illuminé sa vie, lui avait donné tout son sens.

Virginie éprouva une sensation étrange en passant devant les mines. Malgré les pins d'Autriche qui poussaient dru au-dessus des falaises, le site déserté avait

1. L'article signé Séverine avait fait du bruit en 1889.

quelque chose de poignant. Elle aimait, pourtant, les galeries et la beauté intemporelle du sous-sol.

« L'histoire de nos pères », avait-elle expliqué à Adrien, le jour où elle l'y avait amené pour la première fois.

Elle amorça une descente, freina devant la maison de Jean-Clément et Céleste. Jean-Clément aurait pu aller s'installer à la Brémonne. Il avait refusé, comme si quelque scrupule, ou remords, l'en avait empêché. Il affirmait haut et fort avant la guerre qu'Élodie et Juliette se la partageraient.

Avant la guerre… Ces simples mots étaient porteurs de tant de souffrances que Virginie n'aurait jamais osé les prononcer devant Céleste.

L'épouse de Jean-Clément était pâle et avait les traits tirés. Durant la nuit, elle écrivait de longues lettres à son mari. Virginie avait parfois l'impression que seul le courrier la maintenait en vie. Elle tricotait, aussi, pour l'ouvroir, de grandes écharpes de laine grise, des mitaines et des chaussettes.

Elle remercia Virginie pour les œufs, lui demanda si tout allait bien à la bastide. Elle aurait aimé avoir ses filles auprès d'elle, mais Élodie et Juliette travaillaient à Apt, l'une dans une fabrique de fruits confits, l'autre dans une usine de fabrication de munitions, qui était à l'origine une entreprise de pyrotechnie. Les jeunes filles logeaient dans la maison de leur tante Félicité, dont Virginie avait gardé un souvenir ému. C'était là, en effet, qu'elle s'était reconstruite après la mort brutale d'Albertine.

Céleste lui proposa une tasse de thé.

– Il reviendra, n'est-ce pas ? répéta-t-elle à deux reprises.

Virginie lui sourit avec affection.

– Nous l'espérons tous, ma chère Céleste. Gardez confiance.

– Je prie tous les jours à la chapelle, reprit Céleste. Si vous saviez, Virginie… L'attente est insupportable, inhumaine.

Virginie hocha la tête en se demandant comment elle aurait réagi à sa place. Cette année 1917, on balançait entre espoir et désespérance. On attendait l'arrivée des Américains, en se répétant qu'ils allaient permettre la victoire.

– Jean-Clément qui aimait tant ses ocres, reprit Céleste.

Virginie sentit un frisson courir le long de sa colonne vertébrale. La fille de faïencier ne venait-elle pas de parler de son mari au passé ?

Elle se pencha, pressa les mains glacées de Céleste entre les siennes.

– Je vous en conjure, gardez confiance, l'implora-t-elle. Vous savez que Jean-Clément fera tout pour vous revenir.

– Cette guerre est si atroce, soupira Céleste en pressant un mouchoir chiffonné contre sa bouche, comme si elle n'osait pas prononcer certaines phrases.

Sa détresse bouleversait Virginie, qui se sentait impuissante. Elle se leva, serra Céleste contre elle.

– Pourquoi vous obstiner à rester seule ici ? insista-t-elle. Venez à la bastide, ou bien installez-vous à Apt auprès des filles.

Céleste secoua la tête.

– Merci, mais je ne puis m'éloigner de cette maison. C'est ici que nous avons tous nos souvenirs, Jean-Clément et moi.

Sur le chemin du retour, Virginie pédala vite, comme pour se débarrasser de l'atmosphère déprimante qui régnait dans la maison de Céleste. Elle comprenait, naturellement, ce qu'elle pouvait éprouver, tout en se disant que, décidément, elle-même serait toujours du côté des battantes. Elle avait de la peine à admettre l'inertie de Céleste. Partout en France, les femmes participaient à l'effort de guerre, dans la plupart des secteurs économiques. Virginie avait d'ailleurs l'intention d'écrire un article traitant de ces femmes qui, désormais, s'habillaient et travaillaient comme les hommes. Mais Céleste n'en faisait pas partie.

Elle attendait.

55

1919

Côte à côte, Lorenzo et Virginie faisaient le point sur les travaux nécessaires. Dans les galeries, le pompage avait été stoppé en août 1914, au début de la guerre, à cause de la mobilisation des ouvriers. De ce fait, elles avaient été inondées, et les détériorations étaient importantes. Il fallait remettre en route les neuf pompes pour éliminer tout ou partie de l'eau, réparer les piliers endommagés afin d'éviter tout risque d'éboulement.

– Nous en avons pour près d'un an, réfléchit à voix haute Lorenzo.

Virginie aimait ce « nous » qui lui était monté spontanément aux lèvres.

Après l'euphorie de l'armistice, signée dans une incroyable liesse, les Français avaient commencé à mesurer l'ampleur des dégâts. Des villes importantes telles que Reims avaient été détruites, des départements entiers sinistrés.

À la fin de 1917, Céleste avait été informée de la « disparition » de Jean-Clément. S'il se battait alors dans l'Aisne, son corps n'avait pas été retrouvé. Virginie, Élodie et Juliette avaient craint pour la santé mentale de

Céleste. Celle-ci avait sombré dans une apathie inquiétante. Elle avait repris espoir à la fin de la guerre, répétant à l'envi qu'elle ne croirait pas à la mort de son époux tant qu'on ne lui aurait pas présenté son cadavre. Après avoir bombardé le ministère de la Guerre de lettres implorantes, Céleste avait résolu de partir à sa recherche.

Ce voyage inquiétait Virginie. Céleste était vulnérable, affaiblie. Comment, cependant, l'en empêcher ?

Le père de Virginie était mort de la grippe espagnole en novembre 1918. Il s'était éteint très vite, en quarante-huit heures, et Virginie avait dû promettre de porter un masque et des gants pour se rendre à son chevet. Il l'avait confondue avec Albertine et lui avait demandé pardon. Virginie avait eu de la peine à s'en remettre. La mort d'Achille ravivait des souvenirs enfouis. Les Terres Brûlées, le corps de sa mère dans la cour, le silence, horrible, qui s'était abattu sur leur famille… En rentrant chez elle, Virginie s'était laissée aller contre l'épaule de Félicité. Elle seule, lui semblait-il, pouvait comprendre ; elle avait été l'amie d'Albertine. Ce jour-là, Virginie avait pleuré sa mère plus encore que son père. Achille était le dernier représentant de toute une génération. M. Mistral était mort en mars 1914, M. Fabre en octobre 1915.

Les derniers mois, alors qu'il avait sombré dans une nuit totale, Virginie lui avait lu des extraits de ses ouvrages préférés. Sa solitude lui serrait le cœur, mais Achille avait toujours refusé de quitter les Terres Brûlées.

« Je dois bien cela à mon père », lui avait-il confié. Ils auraient pu se rapprocher l'un de l'autre, il en était encore temps. Ils l'auraient pu, mais ne l'avaient pas fait. Albertine demeurait entre eux, comme un remords.

Virginie prit une longue inspiration, comme pour chasser ces souvenirs.

– Je crois que nous devrions relancer l'exploitation à ciel ouvert, suggéra-t-elle.

Jean-Clément leur manquait à double titre. Il avait de l'instinct en matière d'ocre. Le vieil Émilien ne s'y était pas trompé.

Lorenzo hocha la tête.

– Il faut embaucher. Les bassins de décantation et les batardeaux ont besoin de réparations, mais ce ne sera pas trop long. Au besoin, nous pouvons faire appel aux mineurs en attendant que les galeries soient praticables.

Virginie aimait la façon dont il réglait les problèmes. Il lui pressa l'épaule.

– Tu verras, nous remonterons l'entreprise.

Malgré ses soixante-deux ans, il débordait de projets. Virginie lui sourit.

– J'ai confiance.

Ils ne contraindraient en aucune façon Adrien à reprendre les ocres Pélissier mais ils tenaient à lui transmettre une entreprise viable. Ensuite, leur fils choisirait sa voie. Menuisier, journaliste, instituteur, ocrier… Ses parents respecteraient son choix, quel qu'il soit. À douze ans, il faisait déjà preuve d'un caractère bien trempé. « Dieu merci, se disait parfois Virginie, il n'a rien de Giuseppe. »

Tout comme Lorenzo, elle se demandait de temps à autre quel homme avait été le chanoine Spezio. Un soir, voyant son mari plongé dans une profonde méditation, elle avait osé lui dire :

– Tu sais, ton père devait être quelqu'un de très bien puisque ta mère l'a tant aimé.

Il fallait que ce fût dit.

Jean-Clément avait mentionné à plusieurs reprises dans ses lettres le nom du chemin des Dames. « Un nom gracieux pour un lieu de combats horribles, l'enfer sur la terre… », avait-il écrit à Céleste. Il avait ajouté dans sa dernière lettre :

Si je m'en sors, ma chérie, je te le promets, nous mènerons une autre vie. Nous ferons des voyages, dont ce séjour à Venise dont tu rêves tant, nous nous installerons en ville, nous achèterons une automobile…

Elle serrait cette lettre dans son sac, tel un viatique.

Le voyage en chemin de fer avait été éprouvant. Seigneur, elle ne pensait pas que l'Aisne fût aussi loin ! Rien, cependant, ne l'avait préparée au choc qu'elle ressentit en découvrant la région déclarée « zone rouge ». Un amas de ruines, des communes totalement rasées, des pans de mur qui imploraient le ciel, des paysages lunaires, dévastés, des rivières contaminées, des baraquements en bois destinés à héberger les réfugiés et, sous un ciel bas et gris, des travailleurs coloniaux – indochinois ou kabyles – occupés à exhumer les cadavres et à combler les tranchées.

Le premier jour, Céleste avait songé à faire demi-tour, mais c'était tout simplement au-dessus de ses forces.

Quelque part, dans cette région détruite, Jean-Clément devait l'attendre.

Elle n'était pas la seule femme à errer parmi les décombres. Elles se ressemblaient toutes, vêtues de noir de la tête aux pieds, avec le même air hagard.

Une vieille femme au visage ridé sous son fichu appelait inlassablement son chat – « Minou, Minou » – d'une voix monocorde exaspérante. Deux autres maniaient la pelle et la pioche sous les regards interloqués des coloniaux. C'était un spectacle de fin du monde, où l'espoir ne semblait pas avoir sa place.

Son air perdu apitoya la patronne d'une épicerie, installée dans un baraquement provisoire. Celle-ci, une quinquagénaire affable, accepta de l'héberger dans la minuscule chambre située au-dessus du magasin. Céleste était ainsi à pied d'œuvre.

Chaque jour, elle allait aux nouvelles. On lui répondait toujours la même chose. La priorité était donnée au dégagement des routes. On rechercherait ensuite les cadavres, parfois profondément enfouis sous la terre.

– Nous ne les retrouverons jamais, souffla la vieille qui cherchait son chat.

Un soleil insolent faisait vibrer l'espoir ce jour-là. Et, parmi les décombres, inattendus, surprenants, des coquelicots avaient trouvé le moyen de fleurir.

– Je m'installe dans la maison de ma fille, reprit la vieille femme, qui s'appelait Malvina. Il ne reste plus que deux murs et une fenêtre, mais j'y serai un peu à l'abri.

Gaby, l'épicière, avait raconté à Céleste que la fille de Malvina était morte avec ses deux enfants pendant le bombardement d'Arras. Mais Malvina refusait de l'admettre. Elle parlait de sa fille comme si celle-ci allait revenir d'un jour à l'autre. C'était à la fois absurde et cruel.

Brusquement, alors que Malvina soliloquait, Céleste se demanda ce qu'elle faisait là, dans ce village fantôme. Elle mesurait le caractère désespéré de sa quête. Les vivants enterraient les morts mais les morts ne revenaient pas. Il était trop tard.

Elle embrassa Malvina, Gaby et prit le chemin de la gare la plus proche.

Ses filles l'attendaient à Apt.

1920

La réouverture des usines Pélissier avait attiré du monde. Le maire, les notables, le banquier de la famille observaient Virginie qui, une paire de ciseaux à la main, s'apprêtait à couper le ruban barrant l'entrée des galeries.

Il faisait déjà chaud en ce mois de juin et les falaises d'ocre, couleur de sang, couleur d'or, paraissaient étrangement vivantes sous le ciel d'un bleu profond.

À cet instant, Lorenzo songeait à Livia et à sa vie gâchée. Elle aurait été si fière de les voir réunis, Maria et lui. Laurette avait épousé Augustin, son filleul de guerre, et enseignait avec lui à Gap. La vie avait repris ses droits.

Virginie marqua une hésitation. Les mines Pélissier avaient joué un rôle prédominant pour sa famille.

Émilien aurait été capable de tuer pour elles. Mais l'époque de son grand-père était bel et bien révolue. Les affaires avaient repris. Désormais, la demande d'ocre croissait fortement. On en avait besoin pour les crépis, les fards, les caoutchoucs, les toiles cirées, les papiers peints… Partout dans le monde, on réclamait de l'ocre.

Adrien effleura le poignet de sa mère.

– Maman, je peux couper le ruban avec toi ?

Bouleversée, elle lui tendit les ciseaux et se tourna vers Lorenzo.

La relève était assurée.

La Grange de Rochebrune

Par les soirs bleus d'été, j'irai dans les sentiers,
Picoté par les blés, fouler l'herbe menue :
Rêveur, j'en sentirai la fraîcheur à mes pieds.
Je laisserai le vent baigner ma tête nue.

Extrait de « Sensation »,
Arthur Rimbaud, 1870

PROLOGUE

2000

Lorsqu'elle s'était installée dans la maison de sa tante Paula, jamais elle n'aurait imaginé qu'elle y resterait aussi longtemps.

Assise à son bureau, son regard filait vers la lande, couleur sépia, et le ciel pommelé. Un cadre idéal pour un peintre.

Jane aimait cet endroit du Yorkshire, même si elle évitait certains jours de se rendre à Haworth. Elle qui travaillait avec son ami Bruce sur la vie d'Emily Brontë se demandait parfois ce que la fille du pasteur penserait du rayonnement littéraire et touristique de la petite ville.

Au cours de ses promenades sur la lande, elle avait appris à vivre au gré des descriptions des trois sœurs Brontë. Emily était sa préférée, certainement à cause de son romantisme passionné.

« Les contraires s'attirent », pensa-t-elle, amusée. Ses amis, à commencer par Bruce, leur éditeur, et jusqu'à David, la considéraient comme une femme pragmatique, ayant les pieds sur terre.

La Grange de Rochebrune

Le vent frais de juin coucha l'herbe grasse. La course des nuages dans le ciel marqua une pause. « Nous sommes le 21 juin », se dit-elle.

Brusquement, elle songea à la Grange de Rochebrune, et aux champs de lavande qui fleuriraient bientôt.

C'était si loin… Et pourtant, elle n'avait pas oublié le parfum enivrant de la lavande, ni cet homme aux yeux clairs qui avait le pouvoir de lui faire chavirer le cœur.

D'un geste décidé, elle trempa son pinceau dans un godet de peinture bleu indigo.

Il y avait longtemps. Beaucoup trop longtemps.

Il l'avait assurément oubliée.

1

1917

La journée, d'une douceur exceptionnelle pour ce début mars, lui était apparue comme une promesse.

Debout sur le seuil de la Grange, elle contempla l'horizon qui pâlissait lentement, comme à regret, alors que le soleil avait disparu depuis une bonne dizaine de minutes. Des écharpes d'un rose mauve délicat se confondaient avec le sommet des crêtes. Le bleu grisé du ciel s'estompait peu à peu tandis que l'obscurité gagnait du terrain.

Un soupir gonfla la poitrine d'Antonia. Elle avait travaillé tout au long du jour et elle devait à présent rentrer. C'était plus fort qu'elle, dès qu'elle pénétrait à l'intérieur du corps de bâtiment principal, une angoisse sourde lui nouait le ventre.

Elle jeta un ultime regard au ciel et se dirigea d'un pas décidé vers le logis des Ferri. Lorsqu'elle y était entrée pour la première fois, cinq ans auparavant, jamais elle n'aurait imaginé s'attacher autant à la Grange. Aînée d'une fratrie de trois, Antonia avait été élevée dans une ferme modeste du côté d'Eygalayes. Une salle éclairée par un maigre quinquet, l'eau à aller chercher à la source, distante d'un petit kilomètre, l'aide d'un gamin de l'Assistance pour garder le maigre troupeau… On tirait le diable par la queue dans la famille Corré. Aussi, lorsqu'elle avait croisé le chemin de Pierre, elle avait vite compris que les parents Ferri verraient leur relation d'un mauvais œil. Pierre était un gars bien bâti, avec des yeux aussi bleus que le ciel et un sourire qui vous donnait envie de tout quitter pour le suivre. Antonia était belle fille. Plusieurs hommes le lui avaient fait comprendre, le soir, à la veillée. On avait coutume, dès l'automne, de se rendre les uns chez les autres. Les enfants dégovaient les amandes, écalaient les noix, tandis que leurs mères tricotaient mitaines et chaussettes. Les pères buvaient leur vin de noix à petites gorgées, en faisant claquer leurs langues. On avait bien chaud, au coin de l'âtre. Les jeunes gens en profitaient pour faire mieux connaissance. Passé onze heures, lorsqu'il gelait, on rentrait chez soi en levant bien haut la lampe-tempête.

Antonia se rappelait avoir eu les jambes engourdies, le bout du nez glacé, malgré les tricots et les châles dont sa mère l'enveloppait. Bien au chaud dans son lit, avec le chat Zéphyr pour lui servir de bouillotte, elle se remémorait la veillée, et les yeux si bleus du fils Ferri. C'était ainsi que tout avait commencé.

« Je vous veux pour femme », Antonia, lui avait-il déclaré, le jour de la fête votive, à Lachau, alors que tous deux dansaient. Elle avait ri. Elle se souvenait de son rire, un brin moqueur, et de cette chaleur qu'elle avait éprouvée dans tout son corps. Parce que, comme elle l'avait confié à son amie Fernande, ce serait cet homme-là et aucun autre. Bien que les parents Ferri aient froncé le nez…

Pierre et elle s'étaient mariés au mois d'avril suivant. La tante d'Antonia avait confectionné sa robe. Couturière itinérante, elle sillonnait les Baronnies dans sa jardinière, s'installant pour plusieurs jours, voire parfois plusieurs semaines, dans les grosses fermes où l'on avait de l'ouvrage pour elle. Les familles nombreuses n'étant pas rares, il fallait habiller les enfants de neuf pour le mariage d'un aîné, une communion... Ensuite, on établissait un roulement d'année en année, les plus jeunes portant les vêtements des plus âgés. En cas de deuil, on avait moins de frais. Les coffres et les armoires renfermaient de nombreux habits noirs. On se mariait d'ailleurs encore très souvent en noir, par mesure d'économie. Il était difficile de réutiliser une robe blanche.

La tante Ernestine avait insisté, cependant, pour qu'Antonia ait une toilette neuve, couleur ivoire. Un beau satin qu'elle caressait du plat de la main, avec respect. Chaque fois qu'Ernestine se présentait à Eygalayes, elle s'enfermait avec Antonia dans la chambre de la mamée Maria. Sa tante, la bouche hérissée d'épingles, tournait autour d'elle, rectifiait une pince, donnait un peu de jeu au corsage. Antonia, le rose aux joues, imaginait le sourire de Pierre, sa main effleurant sa taille. Ils s'aimaient. Leur vie serait belle à la Grange, même si les parents Ferri l'acceptaient à contrecœur.

Elle gardait un souvenir émerveillé de leur mariage bien que les Ferri aient imposé une noce modeste. Le ciel, d'un bleu insoutenable, l'église fleurie de brassées de genêts, sa famille rassemblée sur le parvis, et tout ce bonheur qu'elle lisait dans les yeux de Pierre, qu'il lisait dans les siens.

« On aurait dû se douter que cela ne durerait pas ! » songea Antonia, tout en s'activant dans l'étable. Ils n'avaient plus de chevaux à la Grange. Ceux-ci avaient été réquisitionnés dès la première année de la guerre. Sur la suggestion de son beau-père, Antonia avait entrepris de se procurer un bœuf, avec l'aide du vieux Jules, et de l'atteler à la charrue.

Elle changea la litière des bêtes à grands coups de fourche. Le chien César la suivait pas à pas.

« Et si j'étais venue de la ville ? » pensa subitement Antonia.

Depuis trois ans, depuis que cette satanée guerre avait commencé, elle avait pris en charge la ferme, sans même se poser de questions. Il fallait bien que quelqu'un le fasse ! Le père de Pierre avait perdu une jambe à la suite d'une mauvaise chute. La gangrène s'y étant mise, il avait fallu l'amputer. Depuis, il ne quittait plus son fauteuil, derrière le carreau. C'était arrivé deux mois avant la déclaration de la guerre.

« Année maudite », maugréait la mère de Pierre, Aglaé, en remuant sa terraille. Elle avait dû être jolie, dans sa jeunesse. Mme Ferri avait désormais le teint flétri et deux rides d'amertume encadraient sa bouche. On racontait qu'elle avait du bien, et que Louis l'avait mariée, un peu par inclinaison, beaucoup par intérêt. À la mort de ses parents, Aglaé avait hérité de terres du côté du plateau qu'elle avait affermées.

« La terre, petite, il n'y a que ça de vrai », répétait-elle souvent à sa bru. Elle n'était peut-être pas si mauvaise. On ne lui avait pas appris la douceur, ni la tendresse.

Chez les parents d'Antonia, on n'était pas riche mais on se tenait chaud. Depuis le départ de son fils, Aglaé semblait avoir perdu aussi bien ses forces que le désir de vivre. Elle passait des journées entières prostrée sur son lit, à contempler le plafond, avant de se lever brusquement et d'attaquer un grand ménage. À d'autres moments, elle s'habillait de pied en cap, mettait son chapeau des dimanches et se rendait à l'église. Elle y restait plusieurs heures, à prier et à promettre messes et achats de cierges en quantité le jour où son fils reviendrait à la Grange.

Parfois, elle posait un regard vide sur la silhouette de sa bru, comme si elle s'interrogeait sur la raison de sa présence dans la ferme, et secouait la tête. « Si seulement vous aviez eu un petit… », marmonnait-elle alors, et Antonia détournait les yeux.

Pierre et elle avaient été si heureux. Les premiers temps de leur mariage, ils n'avaient pas ressenti le besoin d'avoir un enfant. Vivre ensemble, tout partager suffisait à leur bonheur. Parce qu'Aglaé fronçait les sourcils ou leur jetait un regard réprobateur lorsqu'ils s'isolaient dans leur chambre, ils avaient pris le pli de se donner rendez-vous à la fenière, dans les champs, ou encore au pied de la tour des Lumières, une ruine dominant la plaine. Là-haut, ils pouvaient s'aimer sans craindre des remarques désagréables.

Antonia ferma les yeux un bref instant, comme si elle avait eu le pouvoir, ainsi, de faire revivre les moments de bonheur partagé. Dans chacune des lettres qu'elle écrivait à Pierre, Antonia évoquait ces jours heureux et lui assurait que tout allait bien à la ferme. Pas question, en effet, de lui relater par le menu les journées de travail harassant, la tristesse de sa mère, le mutisme de son père, les hivers particulièrement rigoureux, les difficultés pour trouver du personnel. Antonia était forte ; elle garderait la Grange pour Pierre.

César s'immobilisa sur le seuil de la salle. Éprouvait-il, lui aussi, une sourde appréhension à l'idée de pénétrer dans la pièce sombre, seulement éclairée par deux lampes à pétrole ? Antonia embrassa du regard la grande table en noyer, la vaste cheminée encadrée de niches et d'étagères, le sol de parefeuilles, en terre cuite patinée à la cire et à l'huile de lin, la pierre à évier alimentée par une pompe, un luxe pour Antonia ! En 1913, Pierre avait fait venir à grands frais un fourneau de Laragne. La jeune femme avait tourné autour pendant au moins trois jours avant d'oser s'en servir. Puis, très vite, elle avait pris plaisir à cuisiner la daube, le rôti de chevreau, l'agneau confit. Elle astiquait avec soin le dessus en fonte et les poignées. C'était pour elle le plus beau des cadeaux, une preuve tangible de l'amour de Pierre. Encore maintenant, il lui arrivait de l'effleurer furtivement, comme pour vérifier qu'il était toujours là.

Elle aurait aimé inviter sa famille à la Grange, tout en devinant que les Corré n'y seraient pas les bienvenus. Elle avait trop souvent entendu la mère de Pierre critiquer les « pièces rapportées qui n'avaient pas le sou ». Elle se savait seulement tolérée. Aussi, le dimanche, son ouvrage terminé, elle marchait jusqu'à la ferme de ses parents, escortée de César. Elle avait parfois la chance de rencontrer Casimir, le roulier. « Monte, petite ! »

lui proposait-il alors. Assise sur le siège à ses côtés, Antonia savourait ce moment d'évasion. Casimir lui racontait les événements survenus dans la semaine tout en déplorant le dépeuplement de la vallée. Les femmes effectuaient le travail des hommes tandis que les vieux s'occupaient des enfants. « Le monde à l'envers, soupirait Casimir. Qui pourra nous dire quand finira cette maudite guerre ? »

Lui-même, à soixante ans passés, s'acquittait de ses tournées sans se plaindre. Il dépannait plusieurs fermes isolées et il lui arrivait d'aller chercher la sage-femme ou le médecin. Mais le nombre des accouchements avait lui aussi fortement diminué. Les vieux prédisaient la mort lente de la vallée et, la nuit, des craintes diffuses assaillaient Antonia. Combien de temps pourrait-elle tenir ? Aglaé n'avait plus le goût, comme elle disait, et ne lui était d'aucune aide. Quant à Louis, son amputation l'avait laissé aigri et désemparé. Déjà tombé à deux reprises, il n'osait plus s'aventurer au-dehors. Le couple, qui approchait de la septantaine, se laissait peu à peu dépérir. Mais leur bru, qui leur permettait de survivre, cristallisait leurs rancœurs. « Si le fils avait choisi Annette », grommelait souvent Aglaé.

Annette, la fille du notaire, bien dotée et porteuse d'espérances, la bru rêvée pour Aglaé… Fille unique comme Pierre, elle hériterait d'un beau patrimoine immobilier à la mort de son père. Pierre et elle s'étaient fréquentés, le temps de deux fêtes. Chaque fois qu'elle entendait prononcer le prénom d'Annette, Antonia éprouvait un pincement au cœur.

Quand Pierre reviendrait, l'aimerait-il toujours autant, elle, Antonia, la femme qu'il avait prise avec seulement son linge sur le dos ?

2

Le soleil chauffait à blanc les terres des Ferri. Pour les moissons, Antonia s'était entendue avec la grande Mireille, qui exploitait la ferme familiale, située sur la route de Laragne. Les deux femmes travaillaient ensemble, chez l'une puis chez l'autre.

Afin de mieux résister à la chaleur écrasante, Antonia s'était coiffée d'un feutre cabossé appartenant à Pierre. Elle avançait, le corps raidi, suivant Mireille qui coupait le blé à la faux. Elle-même regroupait les épis en javelles et le vieux Célestin les liait avec une dextérité étonnante.

« Ne t'inquiète pas, je m'en sortirai », avait-elle écrit à Pierre. Il lui manquait tant qu'elle ne pouvait plus contempler sa photographie sans avoir envie de pleurer. « Ça ne le fera pas revenir ! » commentait Aglaé, la bouche amère.

Antonia serra les dents sans quitter des yeux le jupon bleu de Mireille qui abattait un travail d'homme. Attirées par la sueur, des mouches les assaillaient sans trêve.

« Tantôt, j'irai à la rivière », se promit la jeune femme.

Elle n'en avait jamais le temps. Le soir, elle était si rompue de fatigue qu'elle s'écroulait sur son lit sans même souper. Elle avançait, du même pas que le bœuf traçant son sillon. Une bête de somme, voilà ce qu'elle était devenue. Pour une terre qui ne lui appartenait même pas ! « Rien n'est à toi, ici », lui rappelait fréquemment Aglaé.

Comme si elle avait redouté que sa bru n'attrape des idées de grandeur à force de trimer comme une esclave dans les champs des Ferri... Une fois, une seule, Antonia s'était rebellée. « Vous êtes bien contente de me voir travailler sans relâche mais, pour vous, je suis moins qu'une domestique ! » avait-elle lancé à la vieille dame. Aglaé avait trouvé le moyen de se venger. Elle s'était plainte à Pierre. Celui-ci avait aussitôt écrit à Antonia pour lui demander d'être patiente avec ses parents, en précisant : « Après tout, ils sont chez eux. » Ulcérée, la jeune femme avait failli rentrer à Eygalayes.

Elle était restée. Pour Pierre. Et aussi pour papé Louis qui la regardait désormais comme si elle seule était capable de sauver la Grange. C'était lui qui lui avait recommandé de louer les services du vieux Célestin pour l'aider. « Malgré ton courage, tu ne pourras pas t'en sortir seule », lui avait-il dit sous le regard de sa femme qui virait au noir. Antonia avait entendu sa belle-mère gronder, peu après : « As-tu perdu la tête ? Nous n'avons pas d'argent à jeter par les fenêtres ! » Et Louis avait répondu : « C'est la récolte qui compte. Nous avons besoin de réserves pour tenir. À quoi te servira ton bel argent le jour où il n'y aura plus rien à manger, ni pour les bêtes ni pour nous ? Moi, je pense à la fin de la guerre et à tout ce qui risque de se passer après. »

Antonia avait souri. Si papé Louis s'intéressait à l'avenir, il parviendrait peut-être à sortir de son marasme.

Elle s'essuya le front à l'aide de son grand mouchoir blanc. La sueur trempait son corsage et ruisselait le long de son dos. Pas un souffle de vent n'agitait le feuillage des arbres. Pourtant, il fallait bien que le travail se fît. Elle se rappelait ces beaux jours de juillet quand Pierre, torse nu, fauchait le blé mûr. Elle aimait à l'observer tandis qu'il dirigeait son cheval, l'Ami, tout en fredonnant. L'Ami était parti, réquisitionné par l'armée, seulement deux semaines après son maître, et Antonia se demandait parfois s'il avait survécu.

Les premiers temps, elle avait accordé foi à ce que Pierre racontait dans ses lettres. À l'en croire, ses camarades et lui ne risquaient rien, ils menaient la belle vie. Et puis, le jour où elle l'avait retrouvé sur le quai de la gare d'Avignon, plus d'un an après son départ, elle avait compris. Non seulement son mari lui revenait couvert de poux mais son regard avait changé. Pierre n'était plus le même. Une ombre voilait ses yeux bleus. Il avait beau essayer de se montrer de bonne humeur, le cœur n'y était pas. Il semblait être sur le qui-vive en permanence. Il avait à peine parlé à ses parents. Le deuxième jour, après une nuit passée à la serrer contre lui, comme s'il ne s'était plus souvenu de son corps, il était parti marcher dans la montagne. Seul avec César, fou de joie d'avoir retrouvé son maître.

« J'en ai besoin », avait-il dit à Antonia, avec ce drôle de sourire triste qui n'atteignait pas son regard. Elle lui avait assuré qu'elle comprenait, même si c'était faux. Durant cinq jours, ils avaient fait « comme si ». Comme si la guerre était finie, qu'ils étaient de nouveau réunis pour toujours, comme s'ils avaient tout leur temps. Le dernier soir, ils s'étaient querellés pour un prétexte futile avant de se jeter dans les bras l'un de l'autre. Pierre s'était cramponné à elle. « Ne m'oublie pas, Antonia, mon amour. » Ses yeux reflétaient la peur. Elle ne lui avait posé aucune question, de crainte de le voir éclater en sanglots. Si cela était… Dieu juste ! il ne se le serait jamais pardonné.

Elle avait pensé sombrer dans le désespoir après le départ de son mari. D'une certaine manière, l'attitude de sa belle-mère lui avait permis de surmonter son absence. Rien de ce qu'elle faisait ne trouvait grâce aux yeux d'Aglaé. L'orgueil piqué au vif, Antonia s'était juré de se débrouiller. Lorsqu'elle ne pouvait plus supporter l'atmosphère délétère pesant sur la Grange, elle se réfugiait à Eygalayes. Parfois juste l'espace de quelques heures, pour le plaisir de partager un peu de bonne humeur et de tendresse. Ses deux frères, Raphaël et Gustave, trimaient dur à la ferme malgré leur jeune âge. Son père, souffrant de la maladie de la pierre, ne pouvait plus effectuer tous les travaux comme avant. « N'aie crainte, nous nous en sortirons », lui affirmait sa mère. Cependant, le cœur d'Antonia se serrait en remarquant le visage émacié, marqué par la douleur, de son père.

« Ce n'est pas trop dur, par là-bas ? » s'inquiétait Julien Corré. Il professait une certaine défiance à l'égard des parents Ferri qui leur avaient battu froid jusqu'au jour de la noce. « Ils veulent faire les fiers, mais ils ont eu bien de la chance d'avoir leurs parents avant eux, avait-il confié un jour à sa femme avant d'ajouter : C'est comme l'Aglaé, qui se donne de grands airs… *Fiero coum'un agasso*[1]… Le travail fait ne lui fait pas peur, à celle-ci ! »

Antonia se répétait cette phrase quand Aglaé la « bassinait » trop. À entendre sa belle-mère, la jeune femme faisait tout de travers. La bugade[2] était bâclée, le linge grisâtre, elle ne vérifiait pas le fourrage des chèvres, laissait la porte de l'étable entrouverte… « Une Marie-souillon », grommelait Aglaé, la bouche mauvaise, et Antonia serrait les poings pour ne pas se laisser submerger par la colère.

C'était pire encore depuis la permission de Pierre.

Antonia se redressa en passant la main sur ses reins endoloris. Allons ! la moisson ne serait pas trop mauvaise ; elle pourrait envoyer des colis à Pierre.

Le lendemain, elle courrait la montagne pour aller cueillir de la lavande sauvage. Elle avait souvent accompagné sa mère lorsqu'elle était encore toute jeunette. Pierre lui avait promis qu'après la guerre ils cultiveraient la « bleue ».

Après la guerre… Pour elle, ces trois mots constituaient une sorte de formule magique, un moyen de ne pas s'effondrer.

Même si, parfois, elle ne savait plus si elle avait encore le droit d'espérer.

1. Fière comme une pie.
2. Lessive.

3

1918

« Un nouvel été, une nouvelle fenaison », pensa Antonia, le cœur étreint d'une angoisse diffuse. Depuis le temps qu'ils espéraient la fin de la guerre ! L'arrivée des Américains avait suscité l'espoir, un espoir vite battu en brèche par les offensives allemandes de mars en Picardie.

Pour tout arranger, Antonia était tombée malade. Un coup de froid attrapé fin décembre, en rentrant le troupeau de chèvres… Elle était restée couchée deux jours avant que les parents de Pierre ne se décident à appeler le médecin par l'entremise de Casimir, le roulier. Blottie sous la courtepointe, la jeune femme claquait des dents. Une méchante toux lui déchirait la poitrine, la laissant épuisée.

« Oh ! ma belle… te voilà bien arrangée ! » avait commenté le docteur Bonfils. Toute la vallée le connaissait depuis des lustres. Il se déplaçait en jardinière, et les enfants, avant la guerre, gardaient souvent un morceau de sucre en poche pour le donner à sa jument Coquette. Ne ménageant pas sa peine, le docteur Bonfils se déplaçait jusqu'à Séderon, Lachau et même Laragne. Lorsqu'il arrivait dans une ferme, il réclamait systématiquement un broc d'eau, un savon, une serviette et procédait à un lavage minutieux de ses mains. Le plus souvent, les hommes levaient les yeux au ciel. « Vous savez, docteur, on n'a pas encore inventé mieux que la crasse pour se protéger des microbes », plaisantaient certains, et Bonfils haussait les épaules. « L'hygiène, c'est le progrès... »

Il avait examiné Antonia, s'était redressé, le visage soucieux. « Cette gamine n'est pas assez nourrie, la pneumonie est comme chez elle », avait-il laissé tomber.

Aglaé n'avait pas tergiversé ; Casimir fut envoyé à Eygalayes afin de ramener la mère de la jeune femme. C'était Jeanne Corré qui était allée chercher les remèdes chez l'apothicaire, qui avait préparé les cataplasmes de feuilles de choux écrasées et veillé sa fille pendant près d'une semaine. Chaque fois qu'Antonia, épuisée par le combat mené contre l'infection, ouvrait les yeux, elle découvrait le visage de Jeanne penché au-dessus de son lit. La mère et la fille n'avaient pas besoin de parler. Une simple pression de la main leur suffisait. La jeune femme reprit lentement des forces après avoir trempé sa chemise et ses draps durant plus de quarante-huit heures.

« C'est bon, l'infection s'en va », avait déclaré le docteur Bonfils en se frottant les mains et en recommandant de la garder au chaud. Le septième jour, il avait affirmé qu'Antonia était tirée d'affaire, même si la convalescence risquait de durer un certain temps. Jeanne était repartie après avoir serré sa fille contre elle et lui avoir proposé une nouvelle fois de l'accompagner à Eygalayes. Antonia avait secoué la tête. « Ma place est à la Grange, mère. Les parents de Pierre ont besoin de moi. »

Elle avait tu sa maladie. Les lettres de son mari étaient empreintes d'une sourde désespérance, teintée de résignation.

Je me demande parfois si cette guerre finira un jour. Tant de bons camarades sont morts… Mon tour ne devrait plus tarder.

Blottie sous la courtepointe, Antonia pleurait sans pouvoir s'arrêter. Il lui semblait à elle aussi que la guerre n'aurait jamais de fin. Éloi, le facteur, s'était déjà rendu à plusieurs reprises dans la vallée, accompagné du maire. Chacun savait ce que cela signifiait. Virginie, qui avait un seul garçon, avait eu une attaque le jour où Éloi et le maire s'étaient présentés à sa porte. On avait enterré le même jour la mère et le fils. On n'osait plus faire de projets, ni même espérer. Louis Ferri refusait désormais d'ouvrir le journal. « Mensonges », marmonnait-il, en crispant la main sur sa jambe de pantalon vide.

Chaque dimanche, à la messe, le père Forget exhortait ses ouailles à la patience. Si Aglaé se rendait à l'église, Antonia préférait marcher dans la campagne ou visiter sa famille. À la différence de Pierre et de ses parents, elle n'était pas certaine d'avoir la foi. Mais qui pourrait dire quelles seraient les idées de Pierre à son retour ?

– Patronne…

L'accent rocailleux de l'inconnu la fit sursauter. Elle se retourna, considéra d'un air surpris l'homme qui, la casquette à la main, la saluait.

– Travail, expliqua-t-il. Je viens travailler. Le maire m'envoie…

Il cherchait ses mots, sans paraître embarrassé. Il émanait de lui une impression de force et de détermination qui frappa Antonia. Elle recula d'un pas.

– Je ne suis pas la patronne, corrigea-t-elle. Je vais vous conduire auprès de mon beau-père.

Ils gravirent la côte l'un derrière l'autre. Elle sentait le regard de l'homme fixé sur elle et en éprouvait comme une gêne diffuse. Elle portait une vieille jupe de coton noir, un caraco laissant voir ses bras nus et halés et un grand tablier à imprimé ramoneur qu'elle avait taillé dans une ancienne robe. Sa mère lui avait appris à ne rien jeter. On usait les draps jusqu'à ce qu'ils se déchirent puis on les transformait en torchons. On les rapetassait aussi, de façon à confectionner un seul drap avec deux usagés.

Avant la guerre, Pierre l'avait emmenée un jour à Sisteron pour lui acheter une parure complète en métis ainsi qu'une étoile de Digne. Il s'agissait d'une broche en forme de comète, dite aussi étoile de Saint-Vincent, montée sur argent. Antonia y tenait énormément.

Elle se retourna vers l'étranger.

– D'où venez-vous ? Comment vous appelez-vous ?

Il soutint son regard.

– Je m'appelle Ruiz. Et je suis espagnol. Nous sommes beaucoup à venir chercher travail en France et…

– Oui, vous ne faites pas la guerre, vous ! le coupa Antonia.

À cet instant, elle détestait tous les politiciens de la terre.

D'un geste régulier et sûr, l'Espagnol battait les gerbes en cadence. Il manœuvrait son fléau, composé de deux bâtons, le manche et la batte, reliés par une courroie, en le faisant voler au-dessus de sa tête, sans paraître forcer. Antonia écrivit à Pierre :

Nous avons beaucoup de chance d'avoir Ruiz pour nous aider. Depuis son arrivée à la Grange, je me sens libérée d'un grand poids.

Elle avait regretté, ensuite, cette confession spontanée. N'avait-elle pas tu depuis près de quatre ans ses angoisses et ses craintes ? Les journaux multipliaient les recommandations pour que soit préservé le moral des soldats. Antonia en parlait, de temps à autre, avec Sylvette, qui était devenue pour elle une amie. La jeune femme, institutrice, attendait elle aussi le retour de son époux. Passionnée de lecture, elle avait créé une association baptisée L'Ouvroir qui organisait un système de prêt de livres. Grâce à elle, Antonia avait découvert des auteurs comme Henry Bordeaux, Paul Bourget, mais aussi Jean de la Varende ou Émile Zola.

« Nous attendons tant la fin de la guerre, avait-elle confié à Antonia au printemps 1918, mais nous avons tellement changé les uns et les autres… Regarde, avait-elle ajouté, c'est grâce à toi que la Grange existe encore. Tu as effectué le travail d'un homme, tout comme Juliette, à Séderon, ou la grande Mireille. Lorsque je suis allée à Marseille, j'ai constaté que les femmes étaient contrôleuses dans les tramways ou travaillaient en usine. C'est une nouvelle répartition des rôles. Je ne sais pas ce qu'en diront les hommes à leur retour. – Ils seront bien obligés d'en tenir compte, avait vivement répliqué Antonia. Nous faisons tourner l'économie. » Son amie avait esquissé une moue. « Une raison de plus pour nous renvoyer vite fait à nos casseroles ! Tu verras… Notre indépendance a toujours fait peur à nos époux ! » De nouveau, Antonia avait secoué la tête. « Pierre n'est pas comme ça », avait-elle insisté, comme pour se rassurer.

Mais le connaissait-elle vraiment ?

Elle y songeait, tout en suivant des yeux les gestes sûrs de Ruiz. Il donnait l'impression que rien ne pouvait l'atteindre. Il travaillait tout le jour sans paraître souffrir de la chaleur. Le soir venu, il descendait au café du village. César grondait lorsqu'il rentrait, vers dix heures, alors qu'Antonia écrivait à Pierre. L'Espagnol dormait dans l'étable, à la place réservée aux chemineaux et aux valets de ferme.

Il s'immobilisa quelques instants, le temps de s'essuyer le front et d'ôter sa chemise qu'il noua autour de ses reins. Antonia sentit ses joues s'empourprer. La vue de son torse puissant venait d'éveiller en elle un élan de désir irrésistible. Elle se mordit les lèvres. Que lui arrivait-il ? Certes, elle n'avait pas revu Pierre depuis une éternité mais ce n'était tout de même pas une raison pour se jeter dans les bras du premier venu ! Sylvette et elle avaient évoqué une seule fois leur solitude de femmes, à mots couverts, empreints de gêne. L'institutrice avait laissé entendre à une Antonia rouge de confusion qu'elle se chargeait elle-même de se donner du plaisir et la femme de Pierre avait mis fin à leur conversation.

À cet instant, elle croisa le regard de Ruiz et comprit qu'il avait deviné ce qu'elle éprouvait. Cela suffit pour qu'elle se ressaisisse. Mais le souvenir de la tentation était là, fiché dans son cœur et dans sa tête.

4

Août 1918

Le village picard avait dû être riant et accueillant. Pierre imaginait des maisons groupées autour de l'église, une école, des fleurs aux fenêtres... À présent, il ne restait plus que quelques pans de murs noircis. Appliquant la politique de la terre brûlée, les Allemands, en partant, avaient tout détruit, laissant la région de Saint-Quentin exsangue, en ruines. De guerre lasse, Pierre et ses camarades avaient trouvé refuge dans le cimetière, où l'ennemi avait aménagé avant eux les caveaux les plus vastes avec des bottes de paille. « Un avant-goût de ce qui nous attend », avait plastronné Urbain, qui jouait volontiers les provocateurs.

Pierre, épuisé, avait roulé son paquetage et s'était allongé sur la paille. Pourtant, il lui fut impossible de trouver le sommeil. Dès qu'il fermait les yeux, il revoyait les scènes d'assaut, le sillon lumineux des fusées éclairantes, entendait les cris des collègues tués sur place par des éclats d'obus. Il ne parvenait même plus à écrire à Antonia. Qu'aurait-il pu lui dire ? Qu'il avait l'impression de perdre la raison, qu'il ne pouvait plus supporter les conditions de vie au front et que, certains jours, il avait le sentiment d'être déjà mort ? Trop de drames, trop de misère l'avaient marqué. La Grange, le village, Antonia elle-même lui semblaient appartenir à un autre monde. De plus, la dernière lettre de sa mère, dans laquelle elle parlait d'un ouvrier agricole espagnol, l'avait profondément démoralisé. « Ces hommes qui n'ont pas fait la guerre sont en pleine santé et nos jeunes femmes les regardent avec admiration », avait-elle écrit. Pierre la connaissait suffisamment pour comprendre le sous-entendu. Se pouvait-il qu'Antonia l'ait trompé ? À cette idée, il n'avait plus qu'un désir. Mourir.

Il se rappelait le sentiment de résignation qu'il avait éprouvé en apprenant que l'état-major comptait lancer une nouvelle offensive. Il avait demandé à René, son vieux camarade, quel jour ils étaient, et René avait répondu : « Le 14 août. » Pierre avait bu une rasade de gnôle pour se donner du courage. Le 14 août, vraiment ? Pour lui qui venait du sud, chaque jour se ressemblait dans ce paysage détruit par les tirs d'obus. Gris et humide. À croire que les tirs d'obus avaient fait fuir le soleil… Il se rappelait la fébrilité de René. « J'la sens pas, cette attaque », répétait-il.

René rêvait d'une « bonne blessure », de celles qui vous envoyaient au vert durant plusieurs semaines et vous permettaient d'espérer vous en sortir. Sa femme Louise allait accoucher d'un jour à l'autre. Ce serait leur premier enfant. Ils l'avaient conçu durant sa dernière perm.

« Je ne veux surtout pas de fils, avait-il confié à son ami. On est tout juste bons à être utilisés comme chair à canon. Je préfère une petite fille, qui ressemblerait à ma Louise. C'est si gentil, les petites filles. » Son regard s'était embué. Pierre avait éprouvé quelque chose qui ressemblait à de la jalousie et à de la compassion. Il ne savait plus s'il désirait ou non un enfant. Pourquoi faire ? se disait-il, dans ce monde qui avait perdu toute humanité. Le pilonnage infernal avait commencé en début de matinée. Un tir d'artillerie d'une puissance incroyable, déversant sur le ravin qui constituait leur position plus de deux mille obus et ce pendant près de deux heures. René s'était effondré le premier, dans un fracas épouvantable. Pierre ne s'en était pas aperçu tout de suite.

L'établissement, ceint de hauts murs, avait été un asile psychiatrique avant la guerre. Vidé de ses pensionnaires expédiés vers Arcachon, il avait été transformé en hôpital de campagne. Des chambres, une salle d'opération, de grands couloirs… Le luxe comparé aux installations que le docteur Mellier avait connues. En quatre ans de guerre, il avait opéré aussi bien dans des baraques chirurgicales qu'au fond d'une tranchée, à la lueur d'un briquet. Or, malgré la fatigue, malgré les conditions plus que précaires dans lesquelles il exerçait son métier de chirurgien, Georges Mellier avait à cœur de sauver le plus grand nombre de patients. Sa propre impuissance le révoltait. Il avait renoncé à compter les blessés perdus. Les « ventres » étaient les plus nombreux, de pauvres diables auxquels il aurait voulu épargner d'intolérables souffrances. De par son expérience, Mellier savait qu'on perdait environ quatre-vingts pour cent des « ventres ».

Un constat terrible. Il refusait de s'y attarder, sous peine de perdre la raison. À l'hôpital de Sommerville, Mellier était un peu rassuré par l'infrastructure dont ses collègues et lui disposaient. Une salle réservée à la stérilisation des instruments, une autre au blanchissage, un dortoir pour les médecins, un autre pour les infirmiers… Mellier ne se rappelait pas avoir connu un tel confort lui qui, durant des années, avait dormi – quand il le pouvait ! – sur un simple brancard.

Sommerville étant située à moins de huit kilomètres du front, on y procédait au triage. Les blessés « légers » ou ceux « moyennement atteints » étaient expédiés à l'arrière par train sanitaire. Ne restaient sur place que les cas les plus graves.

Penché au-dessus de son patient, le docteur Mellier sondait ses blessures. Comme trop souvent, les éclats d'obus avaient provoqué l'introduction dans la plaie de débris de coton, de restes de capote et de sous-vêtements. Il fallait alors se livrer à un véritable travail d'« épluchage » pour les ôter un par un. C'était une opération fastidieuse, mais bien maîtrisée. Ce genre de blessure, si elle ne s'infectait pas, n'entraînait pas de mauvaise surprise.

Le blessé suivant, un gaillard âgé de moins de trente ans, était un cas plus difficile. Couvert de sang, il avait la mâchoire inférieure fracassée. L'os était déchiqueté en plusieurs fragments et le sang coulait toujours en abondance.

– Transfusion ! cria Mellier.

Son collègue Prat défendait une théorie suivant laquelle la médecine de guerre permettait des avancées spectaculaires. Mellier comptait l'appareil de Jeanbrau au nombre de celles-ci. Le professeur Émile Jeanbrau avait en effet réalisé la première transfusion sanguine le 16 octobre 1914 sur un blessé considéré comme perdu. La méthode était simple puisqu'on ignorait encore beaucoup de choses sur les groupes sanguins. Un ou plusieurs volontaires de l'hôpital ou de l'ambulance offraient cent cinquante à cinq cents millilitres de sang et on les injectait au blessé grâce à ce fameux appareil. Cela suffisait... ou non. Cet après-midi-là, l'intervention parut satisfaire le chirurgien.

– Il faudra le réparer s'il s'en sort, commenta l'infirmier Noullet.

Mellier haussa les épaules. Il s'efforçait de sauver tous les pauvres diables qui arrivaient dans sa salle d'opération. Leur vie d'après ne le concernait plus. Il n'était pas le bon Dieu !

5

Novembre 1918

Les cloches sonnaient à la volée dans chaque ville, chaque village traversé, comme un hymne à l'allégresse.

En ce jour de fête, Pierre aurait dû éprouver bonheur et soulagement et, pourtant, il ne ressentait qu'une immense lassitude. Il s'appuya contre le dossier de son siège de seconde classe, se demandant une nouvelle fois comment il allait affronter le regard de sa famille.

Il avait refusé toute visite des siens depuis son transfert, mi-septembre, à l'hôtel-Dieu de Marseille. Revenir de Picardie avait constitué une épreuve particulièrement pénible, pas vraiment à cause de la douleur – c'était une affaire personnelle, une sorte de défi – mais surtout à cause des regards qui se détournaient trop vite. Dans le train, Pierre regrettait déjà l'asile de Sommerville, les chambres immenses préservant l'intimité de chacun et l'impression de sécurité qu'il avait connue là-bas parce que, justement, il était loin d'Antonia et de ses parents.

Il crispa les doigts. C'était devenu un réflexe pour éviter de serrer les mâchoires. Malgré trois opérations et des mois de souffrances atroces, Pierre savait qu'il n'était plus le même homme. Il avait tenté de l'expliquer à Antonia dans une lettre écrite début septembre, alors qu'il endurait une contention barbare. La réponse de son épouse, empreinte de maladresse et de bons sentiments, lui avait prouvé qu'elle ne pouvait pas comprendre. Comment aurait-il pu lui en tenir rigueur ? Tous deux avaient connu des destins parallèles, la guerre les avait séparés, faisant de Pierre un mutilé. Lui n'osait imaginer comment elle l'accueillerait. S'il lisait dans ses yeux la crainte ou le rejet, il n'aurait pas la force de le supporter. Depuis août, il avait eu le loisir de penser à ce fameux retour. Il avait souvent rêvé de la Grange et de cette lumière particulière qui baignait la vallée. Il revoyait le troupeau de brebis, une mer ondulante conduite par Baptiste, le berger, et se demandait combien de têtes il leur restait. Il pressentait, en effet, qu'Antonia lui avait tu ses difficultés durant ces quatre années de guerre. À l'hôtel-Dieu, ses camarades d'infortune avaient ressassé avec lui tout ce qui avait pu se passer. Il n'avait pas oublié les allusions fielleuses de sa mère à un ouvrier espagnol et s'interrogeait. Il avait été tenté, à deux reprises, de mettre fin à ses jours. Par peur de ne pouvoir soutenir le regard de sa femme. Pourtant, ils s'étaient aimés ! « Foutue guerre », pensa-t-il en crispant de nouveau les doigts.

L'été de la Saint-Martin faisait chanter les couleurs des arbres par un jeu de lumière et de clair-obscur. Pierre avançait avec peine. Il avait présumé de ses forces en descendant de la patache à Séderon mais il tenait à parcourir à pied les derniers kilomètres. Il reconnaissait avec une émotion indicible ce paysage autrefois si familier.

Lorsqu'il aperçut la tour des Lumières, il s'arrêta un instant pour reprendre son souffle. Son cœur battait à grands coups précipités ; il avait l'impression de manquer d'air.

« Je me suis laissé aller depuis août », se dit-il.

À l'hôtel-Dieu, le personnel était aux petits soins pour les blessés du front. Si sa fracture de la mâchoire l'avait empêché de se nourrir correctement durant plusieurs semaines, Pierre avait passé beaucoup de temps étendu sur une chaise longue. « Une vraie vie de pacha », avait-il écrit à Antonia.

Il lui faudrait de l'entraînement avant de pouvoir grimper à nouveau vers les sommets. Il était impatient. Au détour du chemin, près du buisson de genévrier, il aperçut la ferme. Avec son bâtiment en forme de U, sa cour semi-fermée orientée au midi, l'étable, la bergerie et le cellier ajoutés au fil des ans, le cadran solaire ornant la façade, la Grange des Ferri avait encore fière allure, même si la toiture laissait voir quelques « pièces » et si son œil exercé avait remarqué que la corniche en terre cuite vernissée du pigeonnier s'était dégradée.

Un sentiment de bonheur, aussi intense qu'inattendu, le submergea. Un instant seulement... Instinctivement, il porta la main à son visage. Certes, il était rafistolé lui aussi, comme le toit de la Grange, mais il savait que, malgré les souffrances endurées, il ne redeviendrait jamais comme avant. De nouveau, il eut peur.

Comme chaque samedi, Antonia s'était rendue au marché de Lachau afin d'y vendre ses fromages. Elle aimait l'atmosphère chaleureuse du bourg et se réjouissait de retrouver ses clientes habituelles. Mme Laborde, l'épouse du notaire, Mlle Lilie, la sœur du père Forget, Mme Vincent, qui se nourrissait presque exclusivement de fromage de chèvre… Célie, la cuisinière du château, lui en achetait aussi une bonne vingtaine chaque semaine, qu'elle servait sur un plateau pour accompagner ses ravioles. Ces dames étaient fidèles à la production d'Antonia.

La jeune femme considéra le ciel d'un bleu profond en songeant que l'été s'était attardé en chemin. Elle s'attachait aux petits bonheurs du quotidien depuis que Pierre lui avait annoncé son retour prochain. Mi-septembre, alors que, sans nouvelles de lui, elle devenait folle d'angoisse, il l'avait avertie de sa blessure. Il lui avait interdit de venir le voir à Marseille.

Ce serait trop dur pour toi, ma pauvre chérie. Je reviendrai quand je serai un peu plus présentable.

« De la coquetterie, tout ça, avait marmonné Aglaé. A-t-on idée, je vous le demande ? » Elle s'était abîmée en prières dans l'église avant d'acheter une douzaine de cierges. Antonia, muette, était restée sur le seuil. Il lui semblait qu'il lui manquait un élément, que Pierre ne lui avait pas tout dit.

Pourtant, elle avait, de nouveau, bâti des projets. Un espoir fou la portait. Pierre ne serait pas renvoyé sur le front ! Il était sauvé.

Hyppolyte, l'époux de Sylvette, blessé au bras, était revenu mi-octobre. Sylvette s'était promenée dans

Lachau, Séderon et même Laragne, au bras de son héros. Avait-elle remarqué elle aussi le regard vide du maître d'école ?

Une nouvelle fois, Antonia avait pensé que, malgré la signature de l'armistice, la guerre n'en avait pas fini avec eux.

– Ça va comme tu veux, ma belle ? la héla un colporteur.

Quand on le voyait marcher bien droit, s'appuyant seulement sur son bâton, on avait de la peine à imaginer que sa balle, la caisse noire qu'il portait sur son dos, pesait près de cent kilos.

Alexandre, que tout le monde appelait Sandre, était très apprécié dans la région. Les enfants savaient qu'il leur offrait toujours un bonbon.

Antonia lui sourit.

– J'attends le retour de Pierre.

Il lui envoya un baiser du bout des doigts.

– Soyez heureux, ma belle. Il y a eu tant de malheur depuis quatre ans.

Elle agita la main dans sa direction. Elle avait hâte de rentrer à la Grange. Elle chargea ses corbeilles vides à l'arrière de la jardinière, monta sur le siège. Elle avait froid, tout à coup, et elle savait fort bien pourquoi. Parce qu'elle redoutait de retrouver un étranger.

6

Février 1919

« Ça ne peut pas durer ainsi ! » pensa Antonia, se levant d'un bond. Pierre était allongé sur le dos, les mains croisées à la hauteur de la poitrine. Il gardait les yeux fermés. Pourtant, elle était certaine qu'il ne dormait pas. Le jour de son retour, elle avait commis une terrible maladresse. Elle n'imaginait pas la gravité des dégâts occasionnés par l'éclat d'obus. Les yeux écarquillés, elle avait poussé un gémissement sourd en plaquant la main sur sa bouche. Pierre avait alors laissé échapper un rire grinçant. « Ça me change, pas vrai ? Et encore… Comparé à certains, je m'en sors plutôt bien ! »

Elle s'était avancée vers lui, lui avait ouvert les bras. Tous deux avaient marqué une hésitation avant de s'étreindre. Derrière Antonia, Aglaé se lamentait. « Seigneur Jésus, que t'ont-ils fait, mon pauvre garçon ? Tu étais si beau gars ! – Tais-toi, femme ! » avait grondé papé Louis, se tenant dans l'encadrement de la porte grâce à ses deux béquilles en bois, confectionnées par Basile, le menuisier du village. Dédaignant les femmes, Pierre avait marché vers Louis, lui avait offert son bras. « Viens, père, nous allons faire le tour du propriétaire. »

Ce jour-là, Antonia avait été choquée de découvrir le visage mutilé de Pierre mais aussi profondément blessée de se retrouver ainsi exclue. C'était elle, et elle seule, qui avait maintenu la Grange durant plus de quatre ans. Même si elle l'avait fait de bon cœur, elle n'avait pas oublié les journées passées à labourer, en tirant son « demi-bœuf », comme elle disait, par les guides, pas plus que les nuits de veille à guetter la mise bas des brebis. C'était ainsi.

Quand Pierre était revenu vers elle, elle avait éprouvé le sentiment qu'il était trop tard. Et, brusquement, elle avait évoqué le souvenir de Ruiz. Elle n'oublierait jamais son départ, en septembre 1918, à la fin des vendanges. À la Grange, en effet, comme dans la plupart des fermes des environs situées entre Ballons et Lachau, on entretenait une vigne qui donnait un petit vin agréable.

Ruiz les avait quittés un matin brumeux, alors que l'air frais et piquant annonçait l'automne. Il n'avait pas salué les parents de Pierre. Ils avaient échangé des mots peu amènes et l'Espagnol avait décidé de reprendre la route en direction de Montbrun. Il se louerait pour la fin des vendanges du côté de Vaison, avait-il expliqué à Antonia, puis se rendrait à Nyons pour la cueillette des olives, survenant impérativement après la première gelée. Il avait lu dans le regard doré de la jeune femme qu'elle regretterait sa présence et avait alors effleuré sa joue. « Soyez heureuse, Antonia », avait-il soufflé.

C'était la première fois qu'il usait de son prénom. « La première et la dernière fois », avait-elle songé. Elle le regardait intensément, en se demandant s'il l'oublierait bientôt. Un homme bien bâti, poli, arrivant dans des fermes où il ne restait que des femmes, des enfants et des vieillards, était en règle générale accueilli à bras ouverts. Sans lui, elle n'aurait pu faire vivre la Grange. Elle lui avait réglé son dû, l'avait remercié. Il avait baissé les yeux et elle avait eu l'impression qu'il désirait lui dire quelque chose. La présence d'Aglaé sur le seuil l'en avait certainement empêché. Il avait haussé les épaules et, ajustant son sac sur son dos, était parti, sans se retourner.

« Tu vas peut-être passer moins de temps dans l'étable et la bergerie », avait ironisé Aglaé, la bouche mauvaise. Antonia n'avait rien répondu. Elle songeait qu'elle n'avait jamais trompé Pierre mais, d'une certaine manière, c'était peut-être pire. Parce qu'elle en avait éprouvé le désir intense à plusieurs reprises.

Naturellement, lors du retour de Pierre, sa mère s'était empressée de lui parler de l'Espagnol. « C'est facile de venir travailler quand son pays ne fait pas la guerre », avait laissé tomber Pierre et, à cet instant, Antonia l'avait détesté.

Leur première nuit avait été un fiasco. Pierre s'était jeté sur elle avec une gourmandise presque brutale ; il avait si souvent rêvé de cette étreinte scellant leurs retrouvailles ! Il n'avait pas compris le mouvement de recul de la jeune femme, s'en était offusqué et avait insisté. Les dents serrées, Antonia l'avait laissé prendre son plaisir. Elle avait imaginé tout autre chose… Une lente montée du désir, une union intense, en parfaite harmonie. Au lieu de quoi, elle s'était retrouvée soumise à un étranger qui lui imposait sa loi. Elle n'avait pas pu fermer l'œil. Au petit matin, alors qu'il lui fallait se lever pour la traite, elle s'était promise de ne plus se laisser faire. Depuis qu'elle s'était refusée à lui, Pierre lui battait froid. Chacun s'endormait à distance respectueuse de l'autre, en faisant bien attention à ne pas bouger. Il marmonnait simplement : « C'était bien la peine de revenir pour me retrouver à l'hôtel du cul tourné ! »

Consciente d'avoir blessé son époux mais décidée à faire entendre sa voix, Antonia refusait d'effectuer le premier pas. Les livres prêtés par Sylvette concernant les droits des femmes avaient trouvé un écho chez elle. Et, cependant, elle redoutait que Pierre ne pense que la seule cause de son rejet était sa blessure. C'eût été trop facile ! Elle s'habilla de noir, jeta un châle sur ses épaules, chaussa des galoches et se rendit dans la salle commune. Elle plaça la cafetière sur le fourneau.

Il faisait bon dans la bergerie. Elle fit d'abord le tour des agneaux, blottis sous leurs mères, avant de traire les brebis. Elle procédait vite, tout en leur parlant doucement. César l'avait accompagnée, comme chaque matin. Allongé sur la paille, il suivait chacun de ses mouvements d'un œil très intéressé.

Antonia poussa un nouveau soupir. Elle ne niait pas la souffrance de Pierre mais ne parvenait pas à comprendre pourquoi il avait agi ainsi avec elle. Même si elle avait éprouvé un choc en le retrouvant, elle tentait de s'habituer à son nouveau visage. Elle eut un rire sans joie. « S'habituer… » Le simple choix de ce terme révélait l'étendue de leur problème. Il avait expliqué un soir à son père les traitements subis à Marseille et, tout en lavant la terraille, elle avait suivi leur conversation. Des mots inconnus, comme « contention », « transfusion », l'avaient fait frémir. Elle avait questionné Sylvette à ce propos. Elle avait eu honte de sa réaction ; elle aurait voulu tout recommencer depuis l'arrivée de Pierre mais, en conscience, elle ne pouvait accepter qu'il la traite comme une fille. Ils avaient été si heureux avant la guerre. Chaque fois qu'elle levait les yeux vers la tour des Lumières, elle se souvenait de leurs étreintes, de la sensation de bonheur parfait éprouvée dans ses bras. Un soir de 1912, ils avaient même observé la comète de Halley, dont toute la France parlait. Ils avaient ri en apprenant que son prochain passage était prévu pour 1986. Cela leur paraissait si loin ! Pierre avait été tout pour elle. Son époux, son amant et aussi son meilleur ami et, à présent, il était devenu un étranger.

– Toni.

Elle tressaillit, manqua renverser son seau. Il se tenait sur le seuil de la bergerie et la contemplait avec ferveur. Il avait passé une houppelande sur sa chemise et quelques flocons parsemaient ses cheveux drus.

– Il commence à neiger, déclara-t-il d'une drôle de voix étranglée.

Il ajouta :

– Ne va pas prendre du mal.

Elle rit pour dissimuler sa gêne.

– Je suis robuste, tu sais. Il a bien fallu, pendant toutes ces années…

En trois pas, il la rejoignit. Elle eut l'impression qu'il prenait brusquement toute la place dans la bergerie et qu'il lui masquait la lumière prodiguée par la lampe-tempête.

Il lui caressa la joue, d'un geste empreint de tendresse, et elle frissonna car, à cet instant, elle revoyait Ruiz.

– Antonia... Je t'aime tant. J'imagine que ça n'a pas été facile pour toi, avec tout le travail, et ma mère... Le père m'en a touché quelques mots. « Deux femmes dans la même maison... » J'ai été brutal et maladroit. J'aurais voulu te demander pardon, mais tu sais que je ne suis pas fort pour dire les choses. Je suis un rustre, ma pauvre chérie.

Elle posa la main sur ses lèvres.

– Tais-toi, Pierre, je ne veux pas t'entendre parler ainsi.

Ils échangèrent un regard perdu. « Pourquoi as-tu tout gâché ? » pensa-t-elle.

Il avait résolu de laisser pousser sa barbe, afin de dissimuler les dégâts provoqués par l'éclat d'obus. Elle tendit la main à son tour, effleura sa mâchoire blessée.

– Tu es si belle, reprit-il. Et moi, je ne suis plus qu'une gueule cassée.

Léopold, un camarade de tranchée qui avait perdu un œil à Verdun, avait employé cette expression dans sa dernière lettre. Pierre l'avait trouvée étonnamment juste.

– Tais-toi, répéta-t-elle.

Il l'attira contre lui sans lui laisser le temps de protester.

– Dans la fenière, comme avant ? suggéra-t-il.

Elle hocha la tête. À condition de fermer les yeux, c'était presque comme avant. Quand elle ne connaissait pas Ruiz, que la guerre n'avait pas été déclarée, quand ils étaient heureux... Et lui, de son côté, avait-il fréquenté d'autres femmes ? Hyppolyte avait raconté à Sylvette (qui s'était empressée de le rapporter à son amie) que l'armée avait autorisé la création de BMC, des bordels militaires de campagne dans les bourgs situés à l'arrière du front. Ainsi, l'état-major pouvait-il contrôler l'état sanitaire des prostituées tout en « distrayant » les Poilus. Antonia se demandait si Pierre avait succombé à la tentation. Les romans empruntés à L'Ouvroir évoquaient de temps à autre les besoins physiques de ces messieurs, différents de ceux des dames. Toujours la même histoire… Antonia, pour sa part, désirait oublier Ruiz.

Oublier tout… Les trahisons par intention, la rancœur, le désespoir. Et aller de l'avant. Elle tendit la main vers Pierre.

– Viens…

La fenière était accueillante et chaleureuse. Ici, Aglaé n'épiait pas le moindre bruit et les bêlements du troupeau couvraient les gémissements de Pierre. Antonia resta silencieuse. Elle revoyait la silhouette de l'Espagnol, s'éloignant de la Grange en direction de Montbrun.

7

1922

Avait-elle encore la foi ? se demandait Antonia, tout en s'efforçant de se rappeler les prières apprises durant l'enfance. Elle avait pensé que ce serait plus facile dans l'anonymat de la grande ville mais, finalement, ce n'était pas vrai. Elle avait laissé Pierre devant la façade de l'hôtel-Dieu, ainsi qu'il le lui avait recommandé, et avait pris le tram pour monter jusqu'à Notre-Dame-de-la-Garde. Il lui en avait si souvent parlé qu'elle avait l'impression de connaître déjà la basilique surmontée d'une vierge dorée.

Elle se sentait perdue à Marseille, tout en refusant de l'avouer à son époux. N'avait-elle pas assez bataillé pour l'accompagner à cette consultation qui devait être la dernière ? Au cours de l'année précédente, Pierre avait subi une nouvelle intervention de chirurgie maxillo-faciale.

Il s'était rendu seul à Marseille, arguant du fait qu'ils ne pouvaient abandonner la Grange ni ses parents. Elle s'était inclinée, comme trop souvent. Au cours des derniers mois, cependant, sa belle-mère s'était montrée si odieuse qu'Antonia avait refusé de rester avec elle à la ferme. Ils avaient conclu un arrangement avec Célestine, la bru du vieux Jules restée veuve avec deux enfants. Célestine et ses garçons s'installeraient à la Grange durant les trois jours d'absence du couple. Aglaé avait eu beau gémir, tempêter, Pierre n'avait pas cédé. « J'ai besoin d'Antonia à mes côtés », s'était-il borné à répondre. Aglaé avait craché sa haine. « Ta femme, ça ? Même pas capable de te faire un *petitoun* ! » Antonia n'oublierait jamais la mise au point de son époux. Marchant sur sa mère, il avait martelé : « Écoute-moi bien, mère, Antonia est ma femme et je ne supporterai pas que tu parles mal d'elle. Si cela ne te convient pas, nous irons nous installer ailleurs elle et moi et vous louerez la Grange. J'y suis décidé. » Saisie, Aglaé se l'était tenu pour dit. Cependant, Antonia ne se berçait pas d'illusions, la vieille aurait tôt fait de revenir à la charge. Antonia se demandait de plus en plus souvent ce qui motivait la haine de sa belle-mère. N'aurait-elle pas dû se réjouir d'avoir vu revenir son fils unique vivant ?

La jeune femme posa la main sur son ventre désespérément plat. Elle approchait de ses vingt-huit ans et, chaque mois, le retour de ses périodes lui rappelait cruellement son incapacité à enfanter. Elle avait multiplié les neuvaines à sainte Anne et sainte Madeleine sur les conseils maternels. Elle s'était aussi rendue à Apt afin d'y remuer, dans la cathédrale, le berceau de sainte Delphine, épouse du baron d'Ansouis, et à Gréoux, dans les Basses-Alpes, à la chapelle d'Aurafrède, nommée Notre-Dame-des-Œufs. Ces pèlerinages étaient demeurés sans effets. Antonia désespérait. Pourquoi restait-elle stérile ? Son amie Régine avait donné naissance à des jumeaux, Lucas et Manon. « Elle, au moins, c'est une vraie femme ! » avait marmonné Aglaé au retour de la messe de baptême. Antonia avait gardé le silence. Elle ne tenait pas à lui montrer à quel point chacune de ses remarques la blessait.

Elle haussa les épaules. Elle ne voulait pas songer à sa belle-mère. Elle redescendit à pas lents la rampe menant à la basilique, admira une nouvelle fois la mer, qui l'attirait et l'inquiétait à la fois, reprit le chemin de l'hôtel-Dieu après avoir demandé sa route à deux reprises. Elle se sentait empruntée dans son ensemble sombre. Depuis que sa tante Ernestine s'était mariée et avait suivi son époux, viticulteur, à Vacqueyras, la jeune femme n'avait plus de couturière. De toute manière, les temps étaient difficiles ; ils ne pouvaient pas dépenser à tort et à travers. Priorité avait été donnée aux troupeaux. Pierre avait insisté pour acheter deux cochons. Il espérait en tirer un bon prix l'an prochain.

Il s'était moqué des efforts de sa femme pour cultiver la lavande fine. « Attends un peu, mon bonhomme ! avait-elle pensé. Un jour, ma lavande nous rapportera plus que les chèvres et les brebis réunies ! »

Ses souliers du dimanche lui faisaient mal. Elle n'osa pas les retirer – elle croisait beaucoup trop d'élégantes. Ces femmes portaient des jupes plus courtes que les siennes, des bas blancs et des chaussures à brides qu'elle aurait gâtées en moins d'un quart d'heure dans la cour de la ferme. Leurs cheveux, coupés court, caressaient leurs joues. Comparée à elles, Antonia se sentait démodée et sans grâce. « Un éteignoir ! » Elle s'arrêta net devant le magasin d'une modiste. En vitrine, posé sur une étoffe de velours noir, elle venait de remarquer un chapeau cloche couleur taupe, orné d'une plume mordorée. Avec ce chapeau, il lui semblait que sa vie pourrait changer. Elle n'était pas vraiment mécontente de son sort, non, elle avait seulement l'impression que la guerre leur avait volé quatre ans de leur vie. Elle avait besoin de légèreté, d'amusement, comme si le destin avait été leur débiteur.

« Ce n'est vraiment pas raisonnable », se dit-elle, se demandant combien ce chapeau pouvait coûter. Mais, précisément, elle n'avait plus la moindre envie de se comporter comme une personne raisonnable. Elle poussa la porte, laissant tinter un carillon guilleret. Le chapeau l'attendait.

« Ça y est, je ne reviendrai plus ici », pensa Pierre en franchissant le seuil de l'hôtel-Dieu. Le docteur Duby lui avait affirmé que son travail était achevé, et avait approuvé le port de la barbe. « Il est important de vous sentir à l'aise, pour ne pas souffrir du regard des autres », lui avait-il expliqué. Pierre avait souri. « Du moment que ma femme m'accepte tel que je suis. Ce fut dur, docteur, je ne vous le cache pas. » Le médecin avait incliné la tête, avant d'évoquer un certain colonel Picot qui, en compagnie de Bienaimé Jourdain et d'Albert Jugon, avait fondé une association de gueules cassées. « Ce serait bien de vous mettre en contact avec lui, avait-il conseillé. Il a vécu dans sa chair la réalité des mutilations de la face. » Pierre n'avait pas répondu. Il avait l'impression qu'il était temps de tourner la page, de tenter – non pas d'oublier, c'était impossible – de vivre avec ses blessures. Homme réservé, taiseux, il n'avait pas envie de rencontrer d'autres blessés qui risquaient de raviver son désespoir.

Après avoir serré avec force la main du médecin, il s'était hâté de rejoindre Antonia. Elle avait une allure juvénile sous son drôle de chapeau. Il la serra dans ses bras. Comme avant. Ils étaient encore jeunes et pouvaient choisir le côté ensoleillé de la vie.

8

1924

La nuit était belle, un ciel de velours sombre, piqueté d'une myriade d'étoiles. Plantée sur le seuil de la Grange, Antonia ne pouvait en détacher ses yeux. Elle se rappelait tout à coup une confidence de sa grand-mère Léone : « Chacun de mes enfants m'a rendu heureuse et fière comme une reine. » Elle se sentait invulnérable depuis qu'elle était enceinte. Un fils, certainement, vu la vigueur avec laquelle il dansait la sarabande. Pierre avait été fou de joie lorsqu'elle le lui avait dit. Il avait déjà quelques soupçons, lui avait-il confié, avant même qu'elle ne consulte Blanche, la sage-femme. Ses seins avaient gonflé et elle souffrait de nausées matinales, au point de ne plus pouvoir supporter l'arôme du café. Le vieux Louis avait souri, ce qui lui arrivait de plus en plus rarement. « Un petit, enfin ! » avait-il soufflé.

Aglaé n'avait rien dit. On ignorait même si elle avait compris. Victime d'une attaque six mois auparavant, elle gisait sur son lit, pâle, le visage tordu, la bouche déformée. Antonia la nourrissait de biscuits trempés dans du lait tiède.

« Il n'y a pas grand-chose à faire », avait conclu le médecin. Athée convaincu, il ne croyait qu'en l'homme et se découragait parfois. « Quelles misères ! » soupirait-il. La saignée de la guerre, les tragédies qu'elle avait entraînées, l'épidémie de grippe espagnole avaient marqué la région. On croisait trop souvent des hommes handicapés, au regard vide, de jeunes veuves, des vieillards s'usant à la tâche. Pourquoi le sort d'Aglaé aurait-il inspiré plus de pitié que celui des autres ? La vieille Mme Ferri avait été redoutée pour l'alacrité de sa mauvaise langue et sa façon de condamner autrui. Seuls la mère d'Antonia et le père Forget se déplaçaient encore à la Grange pour prendre de ses nouvelles. Les autres haussaient les épaules, se réfugiant dans les phrases toutes faites : « *Au peirou dei set doulour, aven toutei nonasto escudello*[1]. »

C'était triste, se disait Antonia de temps à autre. Mais sa belle-mère avait eu raison de sa patience. Elle la soignait parce que c'était son devoir, et la respectait, sans pour autant lui manifester de réelle compassion. Haussant les épaules, elle posa les mains sur son ventre gonflé. L'enfant à naître symbolisait leur revanche sur le destin et la preuve que leur amour avait survécu.

– Deux sous pour tes rêves, ma belle.

La voix de Pierre, douce à son oreille. Son bras autour de sa hanche, possessif et tendre. Elle se retourna vers lui.

– Bientôt, tu ne pourras plus enserrer ma taille, lui dit-elle en riant.

– Je suis encore capable de te porter jusqu'à notre lit, répondit-il sur le même ton.

1. « Au chaudron des sept douleurs, nous avons tous notre écuelle. »

Ce qu'il fit avec aisance, après avoir refermé la porte d'un coup de pied. Il la déposa sur la courtepointe, un boutis confectionné par grand-mère Léone, et l'y rejoignit après s'être dévêtu. Les yeux d'Antonia luisaient dans la pénombre.

– Viens..., souffla-t-elle.

Elle était belle, épanouie et follement séduisante avec ses seins et son ventre gonflés. Il s'inquiéta tout de même :

– Tu es bien sûre ?

En guise de réponse, elle l'attira contre elle.

Les cloches sonnaient le glas pour Aglaé Ferri et, comme il s'agissait d'une femme, seule la plus petite tintait. Antonia frissonna. C'était elle qui avait découvert la vieille femme morte dans son lit le matin même. Sa belle-mère avait les traits figés, la bouche grande ouverte sur un cri qu'elle n'avait pu pousser. Consternée, la jeune femme était allée chercher Pierre qui passait ses vêtements. « Elle ne souffrira plus », avait-il commenté en se signant.

Était-ce là tout ce qu'il y avait à dire ? se demandait Antonia en préparant le repas d'enterrement.

Ce soir, tout le pays viendrait à la Grange pour veiller Aglaé. On se réunirait dans la salle, on boirait beaucoup de café très fort et on mangerait, tout en évoquant les qualités de la défunte. Hormis son époux et son fils, Aglaé avait une sœur cadette, Lucie, et des neveux qui habitaient du côté de Rosans. Ils ne se parlaient plus depuis longtemps mais Pierre avait tenu à leur envoyer un télégramme. Après tout, ceux-ci faisaient partie de la famille. Son père avait approuvé. « Fais les choses dans les règles », lui avait-il recommandé.

Qui pouvait dire ce que ressentait Louis Ferri ? Recroquevillé sur son siège à haut dossier, il tirait sur sa pipe d'un air songeur, tout en frottant ses mains l'une contre l'autre.

Suivant la coutume, malgré la chaleur de juin, Antonia avait allumé un feu dans la cheminée. Dûment prévenue par les soins d'Émile, le valet, la vieille Philippa, préposée à cette tâche, était venue à la Grange effectuer la toilette de la morte. Antonia avait déjà fermé les volets, voilé l'unique miroir, arrêté la pendule et préparé sur un guéridon un verre d'eau bénite avec une branche d'olivier bénie aux Rameaux. Philippa et elle avaient cherché dans l'armoire et la commode d'Aglaé des vêtements pouvant lui convenir. La vieille femme avait tant maigri que ses habits étaient bien trop grands pour elle. Elles avaient fini par dénicher sa robe de mariée, enveloppée dans du papier de soie et garnie de minuscules bouquets de lavande séchée destinés à éloigner les mites. Antonia avait voulu aider Philippa, qui le lui avait interdit. « Pense à ton *petitoun*, ma belle ! Il a bien le temps de côtoyer la mort. Moi, à mon âge, je ne crains plus rien. »

Sous son bonnet aux brides sagement nouées, le regard de Philippa était encore vif. On était bien en peine de lui donner un âge. Elle habitait un grangeon sur la route d'Eygalayes et vivait de la charité d'autrui. Aglaé prétendait qu'elle avait eu des malheurs et connu une existence quelque peu mouvementée. Antonia refusait d'y accorder foi. De toute manière, Philippa vivait à sa guise ! La vieille femme avait détourné la tête quand sa voisine la plus proche, Célestine, était venue « plaindre le deuil [1] » la première en disant : « Quelle brave femme vient de mourir, que le bon Dieu l'accompagne au saint Paradis et que Notre Dame vous conserve… »

Assurément, Philippa n'était pas convaincue qu'Aglaé ait été une « brave femme ». Et Antonia partageait son opinion !

Pierre et elle avaient soutenu Louis jusqu'au cimetière. Le vieil homme paraissait plus étonné que triste. « Comme elle était plus jeune que moi, j'étais certain que je partirais le premier », répétait-il à l'envi.

Les cousins de Rosans s'étaient déplacés. Antonia leur avait servi du pâté de tête, du râble de lapin, du tian de courge et du gâteau aux amandes. Veuve de son état, Lucie, la soixantaine replète, était venue à la Grange en compagnie de son fils aîné, Robert. Le cadet gardait l'auberge qu'elle tenait sur la route d'Orpierre. Lucie, droite et digne dans ses vêtements sombres, avait déclaré qu'elle était venue saluer la femme l'ayant en partie élevée. Tous savaient que les deux sœurs étaient fâchées depuis longtemps. Pourtant, face au deuil, il convenait de présenter un front uni. Les sacro-saintes apparences qui avaient régi l'existence d'Aglaé…

« Ma chère petite, je suis bien aise d'avoir fait ta connaissance, avait dit Lucie à Antonia, après l'avoir serrée contre son giron. » Paroles qui avaient renvoyé la

1. Présenter ses condoléances.

jeune femme à ce mariage à la sauvette imposé par Aglaé, sous prétexte d'épargner aux Corré des dépenses qu'ils n'auraient pu assumer. Seuls les plus proches avaient été conviés à leurs noces. Ç'avait été le début d'une succession d'humiliations. Antonia avait pris une longue inspiration. « Le plaisir est partagé, ma tante », avait-elle répondu poliment. Louis ne soufflait mot. Il s'était isolé dans la salle et semblait loin, très loin, de tout ce bruit.

– Que pouvons-nous faire pour lui ? demanda Antonia à Pierre.

– Peu de chose, j'en ai peur. Ma mère et lui composaient un attelage disparate mais solide. Pense donc, il a continué à dormir avec elle alors qu'elle était à demi paralysée. La force de l'habitude ? L'amour ?

Lucie et son fils étaient restés à la Grange jusqu'à la lecture du testament, dans l'étude de maître Laborde, à Lachau. Simple formalité pour la sœur et le neveu puisque Aglaé leur léguait seulement quelques meubles et souvenirs. Peu familiarisée avec le vocabulaire juridique, Antonia s'était étonnée en apprenant qu'Aglaé avait conservé par-devers elle une partie conséquente de sa dot. Elle laissait à son époux un droit d'usufruit sur la Grange. Pierre hériterait de tout à la mort de son père. Antonia, elle, recevait le trousseau de sa belle-mère. Une ultime vexation pour celle qui était entrée à la ferme avec seulement les vêtements qu'elle portait sur le dos. Antonia n'en avait rien laissé voir. Pour elle, Aglaé appartenait désormais au passé…

9

D'après ses calculs, corroborés par ceux de Blanche, le bébé ne naîtrait pas avant une quinzaine de jours. Pas question pour Antonia, dans ces conditions, de ne pas participer à la cueillette, en altitude, de la lavande sauvage. C'était elle qui avait développé la bleue, et la récolte constituait le point d'orgue de l'année. Pierre et elle s'étaient querellés à ce sujet. Son mari, en effet, prétendait que sa grossesse était beaucoup trop avancée ; Antonia lui avait ri au nez. Leur fils était en sûreté, bien au chaud dans son ventre. D'ailleurs, elle n'avait pas l'intention de s'épuiser. Elle avait besoin de se laisser griser par le parfum de la lavande, d'en froisser quelques brins entre ses doigts.

Sylvette les accompagna le premier jour, un jeudi. Des cueilleurs italiens étaient descendus dans la vallée, comme chaque année. Ils logeaient dans les communs, travaillaient dur, de l'aube au coucher du soleil. Ils revenaient d'un été à l'autre, une chanson entraînante aux lèvres. Tout le monde grimpait dans la montagne. Des mulets tiraient les charrettes. Antonia et Sylvette, la veille, avaient sorti des coffres les *bourras* en toile de jute destinés à recueillir la lavande et en avaient chargé les charrettes. Antonia se laissait gagner par l'excitation. La bleue était son domaine, plus encore que les chèvres. Elle s'était battue contre Aglaé pour imposer son choix. Sa belle-mère haussait les épaules, prétendant que ces herbes sauvages n'avaient jamais enrichi quiconque. « Nous verrons bien », répétait la jeune femme d'une voix apaisante.

Désormais, elle se sentait libre et en éprouvait une satisfaction intense.

– Ça va, ma belle ? s'inquiéta Sylvette, se retournant vers son amie qui peinait.

Antonia lui dédia un sourire éblouissant.

– Bien sûr ! Ce parfum… mon Dieu ! Je pense que je n'en serai jamais rassasiée.

– Tu en parles comme d'une gourmandise. Tiens, il faudra que je te prête des livres de Colette, je suis sûre qu'ils te plairont.

Colette, l'écrivain qui avait fait scandale en donnant un spectacle de pantomime nue sous une peau de panthère sur les scènes du Moulin Rouge et du Bataclan. Antonia avait entendu parler d'elle plusieurs années auparavant. Les ouvrages lus le soir, alors que Pierre la serrait fort contre lui en marmonnant que la lumière de la lampe le gênait, étaient pour elle une pause dans les travaux sans cesse renouvelés de la ferme. Un moment privilégié d'évasion.

– C'est une femme libre, reprit Sylvette.

Les deux amies échangèrent un regard un peu perdu. Elles avaient partagé les mêmes rêves, pendant les quatre années de guerre, pour s'apercevoir en fin de compte que rien n'avait vraiment changé. Les femmes avaient repris leur place, aux fourneaux et à l'étable. Sylvette, même si elle était la plus émancipée des deux, avait eu besoin de l'autorisation de son époux pour ouvrir un livret à la Poste.

« Les Anglaises nous ont montré le chemin, répétait-elle. À nous de persévérer ! – Nos filles, peut-être... », répondait alors Antonia.

Elle se pencha pour cueillir quelques brins de lavande, les huma en fermant les yeux. Une douleur soudaine, aussi brutale qu'un coup de poignard, lui arracha un gémissement.

– Ça va ? s'inquiéta Sylvette.

Les yeux pleins de larmes, Antonia fit « oui » de la tête. Elle avait déjà compris.

C'était une plainte sourde, brisée de temps à autre par un hurlement strident, qui mettait les nerfs de Pierre à vif.

Il abattit son poing sur la table, faisant sursauter son père.

– Bon sang ! Je vais chercher le docteur !

Depuis huit heures, la situation n'avait pas changé. Antonia souffrait mille morts, en vain. Blanche venait de temps à autre le tenir informé. Elle avait, selon la coutume ancienne, enveloppé le ventre d'Antonia de levain afin de précipiter la délivrance, le levain étant censé détendre les muscles de l'abdomen, et lui avait fait boire de l'aigo ardent, de l'eau-de-vie particulièrement corsée. Louis posa une main apaisante sur le poignet de son fils.

– Calme-toi, Pierre. L'enfantement est une affaire de femmes. Antonia est robuste...

Elle avait fait une fausse couche l'an passé. Cette idée obsédait Pierre. Et si sa femme mourait en donnant naissance à leur enfant ? Et s'ils perdaient ce second *petitoun* ? La pression de la main de Louis s'accentua.

– Tu sais, c'est grâce à Antonia que nous avons pu garder la Grange. Elle a trimé sans relâche, sans se plaindre et, pourtant, ta mère n'a pas été tendre avec elle. C'est une brave petite.

La gorge serrée, Pierre hocha la tête.

– Sans elle, je n'aurais pas eu le courage de rentrer, de soutenir le regard des autres...

Il passa une main hésitante sur son collier de barbe. C'était étrange, se dit-il, qu'ils aient cette conversation à cœur ouvert alors qu'Antonia, dans leur chambre, luttait pour donner la vie. Un hurlement plus fort que les autres le fit tressaillir. Il se leva.

– J'y vais, jeta-t-il par-dessus son épaule.

Dans la chambre, Blanche exhortait la parturiente.

– Ma belle, il faut pousser, encore et encore. Tu es courageuse, tu en es capable, je le sais. Attends... Redresse-toi un peu, que je te masse le dos. Là... Souffle et pousse, pousse, pousse...

Elle avait remarqué la pâleur d'Antonia, son épuisement. Elle se tourna vers Sylvette, qui l'assistait en se mordant les lèvres. Blanche n'appréciait guère l'institutrice mais, appelée en catastrophe à la Grange, elle n'avait pas eu le temps de s'organiser. Sylvette ne paraissait pas être très à son aise. « Pas étonnant ! » se dit Blanche. À trente ans passés, la maîtresse d'école n'avait pas encore enfanté, ce qui faisait jaser. Comme, de plus, elle ne se rendait pas à l'église, on ne se gênait pas pour la traiter de mécréante. Blanche savait d'autres choses sur la jeune femme, qu'elle gardait par-devers elle. La sage-femme n'était-elle pas tenue au secret professionnel ?

– Aidez-moi, pria-t-elle tout haut.

L'enfant se présentait mal et elle commençait à prendre peur. Elle préférait ne pas faire appel au mari, déjà suffisamment angoissé. C'était son premier. Elle connaissait des époux qui ne se souciaient même plus des douleurs de leur femme, partaient au café et revenaient le lendemain matin pour fêter comme il se devait la naissance du bébé. Heureusement qu'il ne lui prenait pas la fantaisie de raconter ce qu'elle savait sur nombre d'habitants de la région !

Le docteur Bonfils, interrompu dans son souper par un Pierre affolé, surgit alors dans la chambre. Il réclama une cuvette d'eau, du savon et des linges. Blanche le regarda se savonner longuement les mains. En d'autres circonstances, Pierre se serait amusé du coup d'œil suspicieux jeté au médecin par la sage-femme.

– Voyons voir, fit le praticien.

Il ausculta Antonia qui, les yeux exorbités, roulait la tête de droite à gauche, et fit signe à Sylvette, de plus en plus livide, de sortir.

– Je ne tiens pas à avoir deux malades sur les bras, dit-il.

Blanche se tourna vers lui, l'air soucieux.

– Elle n'a plus la force de pousser. Pourtant, elle a perdu les eaux brutalement…

Le docteur Bonfils se pencha, pour se relever quelques minutes plus tard.

– L'enfant est mal positionné, déclara-t-il. À nous deux, nous devrions arriver à le retourner.

– Si je peux vous aider, docteur…, suggéra Pierre.

Il paraissait sur le point de s'évanouir mais il tiendrait bon, Bonfils en était persuadé. Il avait eu peur pour lui à son retour. Finalement, celui qu'il avait connu gamin avait surmonté son handicap.

– Pierre…, gémit Antonia.

Il se précipita à son chevet, lui tint la main. Elle se détendit alors de façon perceptible.

– Restez là ! ordonna le médecin. Quant à nous, madame Blanche, voici ce que nous allons faire…

Pierre ne quitta pas sa femme des yeux durant l'opération. Il lui caressait le front, lui chuchotait des mots tendres, sans jamais regarder du côté du docteur et de la sage-femme. C'était au-dessus de ses forces. Antonia, malgré sa bravoure, poussa un hurlement inhumain quand Bonfils parvint à retourner le bébé. Grâce aux pressions exercées par Blanche sur l'abdomen de la parturiente, le médecin procéda à la délivrance.

– Nous y sommes, souffla-t-il, et Blanche soupira en écho.

Pierre tourna alors la tête. Il aperçut une chose visqueuse, couverte de sang et de mucus, et son cœur manqua un battement.

S'agissait-il vraiment de leur enfant ? Le bébé demeurait silencieux. Blanche lui administra une tape sur les fesses après lui avoir soufflé dans la bouche. Il se mit alors à pleurer crescendo.

– Une belle petite fille, commenta Bonfils. Pierre, mon vieux, il te faudra patienter si tu avais prévu de l'emmener à la chasse !

– Ça m'est bien égal ! claironna Pierre.

Il baisa les mains d'Antonia tandis que le médecin aidait la jeune femme à expulser le placenta. Pendant ce temps, Blanche nettoyait le bébé avec des gestes précautionneux et doux.

– Où est le berceau ? s'enquit-elle.

Pierre rougit.

– Il est prêt mais... enfin, c'est la mère d'Antonia qui doit l'apporter. Vous comprenez... elle disait qu'il ne fallait pas le laisser dans la chambre, que ça pouvait porter malheur.

Le docteur s'esclaffa.

– Et tu t'es incliné, bien sûr ! Je ne te croyais pas superstitieux, pourtant. Bah ! tu as bien une corbeille à linge ?

Pierre s'empressa. Il avait envie de rire, de chanter. Une fille ! Quel bonheur !

Son père ne partagea pas son enthousiasme. Debout sur le seuil de la chambre, il maugréa :

– Une fille... malheur ! Dépêche-toi de faire un fils à ta femme, mon garçon, sinon nous pourrons dire adieu à la Grange !

10

De mémoire de villageois, on n'avait jamais vu l'église ainsi décorée. Des brins de lavande, tressés en fuseaux, en guirlandes, ornaient le maître-autel ainsi que celui dédié à sainte Anne. Dans des vases, des roses, blanches et roses, mêlaient leurs parfums.

– Un vrai baptême de princesse, marmonna Mlle Césarine, la sœur du nouveau curé, réputée pour sa langue acérée.

Elle tenait le presbytère d'une main de fer et pratiquait une charité variable, suivant les opinions religieuses. Rares étaient les libres-penseurs mais ceux-ci n'avaient droit à rien, pas même à son salut.

– La vieille Césarine nous ignore, ricanait l'Alphonse, instituteur en retraite, farouchement opposé aux « bondieuseries ».

Il retrouvait souvent au café de Célina son ami Verjus, un adjudant revenu du Tonkin avec une forte propension à user et abuser de l'absinthe. Depuis que celle-ci avait été interdite, en 1915, il s'était rabattu sur la gnôle, qu'il consommait à un rythme hallucinant. Frappés d'ostracisme, les deux compères s'en amusaient, entonnant des chansons paillardes au passage de la Césarine qui accélérait alors le pas.

Ce matin-là, ils sacrifiaient à leur rituel chez Célina, tout en observant le cortège, marraine en tête, qui portait le nouveau-né.

– Bien des simagrées pour une pisseuse, commenta Verjus, qui se piquait de misogynie.

– La Grange représente un joli capital, corrigea Alphonse. Antonia a maintenu la ferme à flot pendant la guerre. Maintenant, elle cultive la lavande. C'est une fille qui sait ce qu'elle veut.

Verjus cracha par terre.

– Sait-on seulement ce que vaut encore la terre ? Les plus jeunes partent s'installer en ville. Nous sommes loin de tout, par ici.

– Nous sommes chez nous, reprit Alphonse, en tapant du poing sur la table.

Son camarade l'imita, ce qui fit se retourner plusieurs personnes du cortège.

– Bien dit, collègue ! Tiens, regarde celle-ci, avec ses cheveux coupés et sa jupe courte… On dirait une danseuse de corde !

Alphonse fit claquer sa langue.

– Une fille de la ville. Une engeance qui ne veut plus travailler à la ferme parce que c'est trop salissant. Tu as vu la tête que fait Louis ? Il rêvait d'un petit-fils.

– Bien obligé de prendre ce qui arrive ! Antonia est pâlotte.

La jeune femme avait perdu beaucoup de sang durant l'accouchement. Pierre aurait préféré qu'elle reste à la ferme mais elle n'avait rien voulu savoir. Elle assisterait au baptême de leur fille, et tant pis si cela ne se faisait pas ! Elle avait bien voulu céder aux prières de son beau-père, qui avait insisté pour que le baptême de la petite ait lieu le plus vite possible, sans pour autant partager ses craintes. Car c'était bel et bien la peur qui poussait les parents à faire baptiser très rapidement les nouveau-nés. On estimait, en effet, et ce depuis longtemps, qu'un enfant non baptisé courait de grands dangers. Pour le protéger, on le signait chaque fois qu'on changeait ses langes en murmurant : « *Bouan Jésus, fés mi bèn grand e bèn sage*[1]. » On ne devait pas prononcer son prénom, ne pas étendre ses langes dehors, ne pas le sortir, ne pas le laisser tête nue… Une liste d'interdits qui vous empoisonnait la vie. Antonia dissimulait mal son scepticisme, au risque de se faire traiter de païenne par Mlle Césarine.

Elle s'appuya un peu plus lourdement sur le bras de son époux. Elle se sentait encore très fatiguée. Le bébé dormait mal, et eux aussi. Elle n'avait pas beaucoup de lait, se le reprochait comme si elle en avait été responsable. Elle vérifia d'un coup d'œil que tante Lucie, qu'ils avaient choisie comme marraine, portait bien leur petite fille en soutenant sa tête fragile. Elle l'avait vêtue de la robe de baptême de son père, qui avait été aussi celle de Louis. Ce dernier avait indiqué à Antonia l'endroit exact où elle la trouverait, enveloppée dans du papier de soie. « Aglaé l'a gardée pour notre premier petit-enfant et j'espère que tu feras de même, lui avait-il dit d'une voix empreinte de gravité. Cette robe de baptême remonte

1. « Bon Jésus, faites-moi bien grand et bien sage. »

aux premières années du XIXe siècle et chaque génération de Ferri en a pris le plus grand soin. »

Antonia avait caressé de la paume le tissu amidonné, orné au col et aux poignets de dentelles. Un bonnet couleur ivoire complétait la toilette. Dessous, le bébé portait une brassière de coton, un mouchoir de cou, des langes et des couches en fil.

Antonia chercha Sylvette des yeux. Son amie avait refusé d'être la marraine, ce qui les avait mis dans l'embarras. Dieu merci, tante Lucie ne s'était pas formalisée d'avoir été sollicitée aussi tardivement. Le parrain était Raphaël, l'aîné des frères d'Antonia, ce qui était prévu depuis longtemps. Il était bel homme et, dans son costume sombre, il attirait les regards des filles. Leurs parents désespéraient de le marier. Excellent joueur d'accordéon, Raphaël animait la plupart des bals et des fêtes votives à une vingtaine de kilomètres à la ronde et multipliait les conquêtes. « Un jour, un père ou des frères furieux te forceront à te marier », prophétisait sa mère. Lui riait avec une belle insouciance. « Ne t'inquiète pas, mère. La fille qui m'épousera n'est pas encore née ! »

Antonia devinait que leurs parents s'alarmaient à cause de la ferme. Raphaël fuyait les responsabilités. Gustave, le cadet, excellent élève, préparait l'école normale à Digne. « Malheur ! se lamentait le père. Avoir tant trimé pour rien… »

Antonia se désolait de le voir vieilli, amaigri. Malgré des douleurs lombaires persistantes, il travaillait toujours autant, serrant un peu plus chaque jour sa ceinture de flanelle. Il refusait de consulter le docteur Bonfils, se contentant des conseils de la guérisseuse lorsque ses souffrances devenaient insupportables.

Aujourd'hui, cependant, était jour de fête, et il portait beau, Jeanne à son bras. Les cousins Corré avaient été invités ainsi que Barnabé, le frère cadet de Jeanne, *patiaire*[1] de son état. Il portait ses habits du dimanche lui aussi, mais l'eau de Cologne dont il avait abusé ne parvenait pas à masquer l'odeur de peaux tannées qui imprégnait ses vêtements propres.

Antonia fronça le nez. Barnabé était si bon qu'elle n'avait pas eu le cœur de le laisser de côté. Il venait de connaître un nouveau malheur, à croire qu'il y était abonné ! Après avoir perdu son épouse, morte dans un accident de chemin de fer cinq ans auparavant, il avait tenté en vain de se remarier. Sa dernière fiancée, une jeune veuve qui travaillait à Séderon, venait de l'éconduire. Malgré ses efforts, elle n'était pas parvenue à s'habituer à l'odeur des peaux de lapin, de lièvre et de belette. Désespéré, Barnabé envisageait sérieusement de changer de métier.

Des amis, des relations étaient venus d'Eygalayes, de Lachau, Séderon et même de Laragne. Antonia aperçut Mme Laborde, l'épouse du notaire, et Mme Bonfils. Quand on connaissait le médecin, fort en gueule et peu diplomate, on s'étonnait de découvrir sa jeune femme fragile et timide.

Le bébé se tint fort bien durant la cérémonie, criant seulement lorsque le prêtre lui versa de l'eau, par trois fois, sur le front.

1. Chiffonnier.

C'était bon signe. Si, en effet, il était resté silencieux, on aurait pu craindre qu'il manquât de courage ou de caractère.

Chacun attendait de connaître les prénoms de la petite. Quand le père Bénévent, le successeur du père Forget, déclara : « Je te baptise Valentine, Marie, Jeanne », un murmure courut le long des travées. Valentine… Quelle drôle d'idée ! Était-ce seulement un prénom chrétien ? Il fallait toujours qu'Antonia se distingue ! La jeune femme échangea un regard empreint d'amour avec son époux. Assis à côté de Pierre, papé Louis souriait dans le vague. Pierre pressa la main d'Antonia.

– Tu verras, il aimera notre petite, lui affirma-t-il.

Ne l'avait-il pas surpris la veille penché au-dessus du berceau et fredonnant une berceuse ?

Les cloches carillonnèrent pour la sortie. Les gamins s'étaient postés au bas des marches menant à l'église et criaient : « *Jito, peirin*[1] *!* » Raphaël s'exécuta de bonne grâce, lançant à la volée dragées et pièces de monnaie. Les enfants se ruèrent dessus à *tiro-péu*[2] jusqu'à ce que Mlle Césarine, rouge de courroux, les fasse décamper. Le cortège s'étira alors vers la Grange. Casimir était venu avec la jardinière, afin de ramener papé Louis, Antonia et le bébé. La table était dressée à l'ombre des chênes verts. Depuis la veille, Jeanne et Marinette, qui se louaient comme cuisinières, s'activaient sans relâche. Le menu prévoyait des salades d'artichauts sauvages et de cocos de

1. « Jette, parrain ! »
2. « À tire-poil », en s'arrachant les cheveux.

Mollans, des caillettes aux herbes du Ventoux, du ragoût d'agneau, des gras-doubles aux pommes de terre, des tians de courge, un assortiment de fromages de chèvre et des tartes aux framboises.

Il faisait délicieusement bon, et l'assemblée était gaie et heureuse. « C'était un beau dimanche », se dit Antonia le lendemain, en rangeant les reliefs de la fête. Ils avaient dansé au son de l'accordéon de Raphaël, et les plus âgés avaient entonné des chansons de leur jeunesse. Elle rentra dans la ferme, alla vérifier que Valentine dormait toujours.

Elle éprouvait une sensation de plénitude qui lui fit presque peur. Comme si son bonheur était condamné à ne pas durer…

11

1934

La main placée en visière devant les yeux, la fillette cherchait à repérer le troupeau de Félix. « Leur troupeau », rectifia-t-elle dans sa tête.

– Eh bien, tu les vois, petite ? s'enquit son père.

– Pas encore, papa !

Ils étaient tout près, elle le savait. Depuis le temps qu'elle rêvait d'accompagner le troupeau en transhumance... Chaque année, fin mai, avec l'accord tacite de Mlle Emma, leur institutrice, les élèves de l'école filaient dehors dès qu'ils entendaient tinter les sonnailles. Le redon, au son grave, était réservé aux cadets[1]. Les brebis portaient la pique, au timbre cristallin, et les ânes la platelle, à la sonorité à la fois grave et cristalline. Les enfants étaient sensibles à la musique des troupeaux. C'était comme une mer de moutons qui traversait la grand-rue, le berger en tête, suivi d'un ou deux ânes puis des brebis. Les chiens les encadraient, veillant à ce qu'aucune bête ne s'écarte du chemin.

1. Moutons castrés.

Si Valentine aimait leurs brebis, elle préférait encore ses chèvres. Malignes, celles-ci rentraient seules le soir à la ferme tandis qu'il fallait retourner chercher les moutons.

Pour le moment, elle avait hâte de rejoindre Félix, le berger. Son père lui avait promis qu'ils iraient lui porter à manger le prochain dimanche et il avait tenu parole. Valentine adorait son père. Ses relations étaient plus tendues avec sa mère. On lui avait si souvent répété : « Fais attention à ta maman » qu'elle lui en avait voulu. Une mère, pour elle, se devait d'être forte et indestructible. Comme Mélanie, la mère de son amie Lisa, qui donnait l'impression de s'occuper de tout en même temps. Valentine avait toujours connu Antonia souffrante. Le docteur Bonfils leur avait expliqué que la pneumonie dont elle avait souffert durant la guerre avait laissé des traces. Un voile au poumon. Après la naissance de sa fille, Antonia, anémiée, avait contracté une nouvelle infection. Il avait fallu l'hospitaliser. Valentine se rappelait les chuchotements de son père et du médecin, les visages défaits, les murmures sur son passage, sur le chemin de l'école, et ce mot terrible – tuberculose – qui faisait si peur.

Dieu merci, Antonia n'était pas tuberculeuse. Atteinte d'une nouvelle pneumonie, elle avait dû passer près d'un an dans un préventorium sur le plateau d'Assy. À son retour, Valentine avait eu l'impression de se retrouver face à une étrangère. Antonia avait beaucoup maigri, et son regard restait empreint de mélancolie. Elle, si active, devait se ménager, ce qu'elle supportait mal. Elle ne pouvait plus s'occuper des animaux, l'atmosphère de la bergerie provoquant chez elle d'irrépressibles quintes de toux. Elle se consacrait aux tâches de la maison et tricotait beaucoup. Elle avait pris ce pli au préventorium, où les malades passaient leurs après-midi sur des chaises longues. On lui apportait du village, de Lachau et de Séderon, des pelotes de laine ou des écheveaux et Antonia créait des modèles originaux, harmonisait les couleurs, multipliait les points compliqués. Valentine avait des chandails, des robes et même un manteau tricotés qui suscitaient l'admiration de ses camarades de classe. Mais elle aurait préféré pouvoir courir la montagne en compagnie de sa mère. La maladie d'Antonia avait jeté une ombre sur leur famille.

« Peut-être bien que nous n'avons pas de chance », avait marmonné son père, un soir, en passant la main sur sa mâchoire. Il s'était aussitôt repris : « Ne nous plaignons pas. Nous avons la Grange et du travail plus qu'il n'en faut. »

Elle aimait leur ferme d'un amour viscéral, inconditionnel. Quand elle revenait de l'école et qu'elle apercevait le toit de tuiles patinées, son cœur battait toujours un peu plus vite. L'hiver, elle se dépêchait de poser son cartable dans la salle, avalait un bol de lait après avoir embrassé sa mère et son grand-père et filait à la bergerie. C'était le domaine du chien César, troisième du nom, qui lui faisait fête. Valentine changeait la paille, remplissait de foin les mangeoires, sous le grand râtelier, d'eau claire l'abreuvoir et rentrait ensuite faire ses devoirs tandis que sa mère repassait. Elle l'observait discrètement, admirant son savoir-faire et le plaisir qu'elle semblait éprouver à passer le fer chaud sur les torchons, les serviettes et les draps. Ses gestes se faisaient plus mesurés pour les chemises de son époux. Antonia déplissait le coton d'un mouvement empreint de tendresse, redressait le col et les poignets, et Valentine se disait que son père aurait toujours la première place dans le cœur de sa mère. Elle n'était pas jalouse, ni peinée. Elle, elle avait la Grange.

– Alors, tu vois Félix ? s'enquit son père dans son dos.

Valentine secoua la tête.

– Ni lui ni le troupeau. Il nous faut encore grimper !

Ce n'était pas pour la gêner ! Papé Louis l'avait surnommée quelques années auparavant la Chevrette. Tous deux s'entendaient bien. Il lui racontait comment on vivait, jadis, à la ferme et elle aimait à l'écouter dévider le fil de ses souvenirs.

Elle aperçut les moutons alors qu'elle venait de déboucher sur une plate-forme rocheuse. Ils broutaient paisiblement, ratissant la montagne. Les deux chiens de Félix, Vaillant et Prince, gardaient le troupeau. Gare à la brebis qui aurait osé s'aventurer hors du cercle qu'ils délimitaient !

– Ohé ! Félix ! s'époumona la fillette.

Les chiens dressèrent les oreilles sans pour autant s'éloigner d'un pas. Félix se tourna vers elle, brandit sa canne. Cette canne – en fait un grand bâton de sorbier rouge – avait toujours fasciné Valentine. Elle avait l'impression, en effet, qu'elle conférait d'étranges pouvoirs au berger. Les pâtres n'étaient-ils pas un brin sourciers et sorciers ? Félix, pour sa part, savait tout. La course des nuages dans le ciel, la pluie ou la neige, l'orage et le vent, le nom des étoiles… Avec sa grande cape de laine, une limousine, qui le protégeait des intempéries, son chapeau cabossé et le sac de cuir qui pendait à son épaule, il était l'un des derniers survivants du siècle passé, un sage. Il toucha de deux doigts le bord de son feutre pour saluer les arrivants. Pierre était plus essoufflé que sa fille.

– Vous y avez mis le temps, commenta Félix.

Pierre lui tendit sa *biasse*[1]. Elle renfermait du pain, des caillettes, des fromages de chèvre, de l'omelette aux herbes, du gâteau aux amandes. L'âne qu'ils avaient emmené avec eux portait sur son dos un bât contenant les provisions nécessaires au berger. Des œufs, du lard, des pommes et du sel, si précieux pour le troupeau. Non seulement on lui conférait depuis des siècles des vertus de protection mais surtout il permettait aux moutons de retenir l'eau contenue dans l'herbe.

Pierre et Valentine s'installèrent pour déjeuner sur une grosse pierre, non loin de Félix qui contemplait sa montagne. La vue était sublime, offrant un panorama à cent quatre-vingts degrés sur les Alpes aux sommets encore enneigés. En contrebas, dans la vallée, hameaux et villages se distinguaient à peine dans la brume de chaleur de l'été.

– C'est beau, murmura Valentine en humant l'air délicieusement piquant.

Elle était de ce pays, qu'elle aimait par-dessus tout.

1. Musette contenant le casse-croûte.

Elle se pelotonna contre son père.

– Promets-moi que nous ne quitterons jamais la Grange. C'est chez moi.

– Pourquoi voudrais-tu que nous partions, ma puce ? C'est notre maison, notre terre. Nous resterons toujours là.

Le visage de Valentine parut rasséréné. Elle reprit un peu de caillette, qu'elle accompagna de pain. Elle aurait aimé avoir un couteau, comme son père, mais elle savait que, si elle lui en faisait la demande, Pierre répondrait qu'elle était encore trop jeune. À moins qu'il ne pense, comme papé Louis, qu'elle n'en avait pas besoin, « n'étant qu'une fille ». Cette remarque avait le don de la mettre en colère. Comme sa mère avant elle, Valentine était une dévoreuse de livres. Elle en empruntait régulièrement à la bibliothèque du village quand elle ne piochait pas dans l'armoire familiale. Celle-ci, occupant tout un mur de la salle, rassemblait sur deux étagères les ouvrages que les Ferri possédaient. S'y côtoyaient aussi bien le dictionnaire Larousse que des traités retraçant l'histoire de la région ou des romans d'Henry Bordeaux et de Balzac, dans la collection « Nelson[1] » qu'elle affectionnait tout particulièrement. Elle avait la chance que ses parents lui fassent confiance et ne contrôlent pas ses lectures. « Tu aimes lire, c'est le principal », lui disait Antonia qui n'avait pas oublié

1. Coïncidence amusante : il exista une collaboration éditoriale en 1900 et 1912 entre les Éditions Nelson et Calmann-Lévy.

avoir souffert durant son enfance de ne pas avoir de livres chez elle.

Elle s'amusa à suivre du regard le manège de Vaillant, qui veillait à ce qu'aucune des brebis ne s'écarte du gros du troupeau. Les deux chiens travaillaient en parfaite harmonie, Prince étant le meneur et Vaillant le gardien. Son père le surnommait « le pion » en riant.

Félix referma son couteau et les rejoignit.

– L'été va se prolonger encore plusieurs jours, déclara-t-il, en désignant de son bâton le ciel d'un bleu très pur.

Il regarda tour à tour le père et la fille et reprit, en pesant ses mots :

– Nous allons vers des temps difficiles. L'intolérance gagne du terrain.

– Que veux-tu dire ?

Le berger esquissa un sourire désabusé.

– Il n'y a qu'à voir le nombre de Babis qui passent la frontière. Désormais, ils arrivent avec femmes et enfants. Oh ! pour ça, travailleurs, y a rien à dire… Mais si Hitler continue de fanfaronner et de lancer ses appels à la haine, les Allemands ne tarderont guère à les suivre.

– Des Babis ? répéta Valentine, perplexe.

Le sourire du berger s'accentua.

– Eh, petite, tu ne connais pas ce terme qui désigne les Italiens ? En provençal, il signifie « crapaud ». Te dire pour quelle raison on les nomme ainsi, je ne le saurais pas. Ce que je sais, par contre, c'est qu'ils n'ont pas fini de venir en France.

– Babi…, reprit Valentine. C'est plutôt joli.

– Des temps difficiles, répéta son père, l'air songeur. Tu n'es pas optimiste, berger !

Félix haussa les épaules avant de le regarder bien en face.

– La vie t'a-t-elle donné des raisons de l'être ? Notre génération a connu la guerre, cette horrible saignée à blanc, puis la crise. Il ne nous manque plus qu'une autre guerre.

– Ça, jamais ! explosa Pierre. Si nous avons supporté tant de souffrances, c'est bien parce qu'on nous avait promis que ce serait la der des ders.

– Parce que tu crois encore aux promesses des hommes politiques ? Lis Thomas Mann, Erich Maria Remarque… Eux ne se font guère d'illusions.

– Tu me prêteras tes livres ? osa demander Valentine.

Décidément, Félix était un sage ! Elle ne l'en admirait que plus. Il se pencha vers elle.

– Un à la fois. Parce que, tu sais, un livre, ça se savoure, ça se lit et se relit et, à chaque lecture, tu ressens les choses différemment.

– Des histoires, tout ça ! grommela Pierre, vexé de ne pas connaître les auteurs que son berger avait cités.

Il lui sembla que l'ombre gagnait le versant d'en face plus vite que prévu. Il posa sa main sur l'épaule de sa fille.

– Rentrons, Valentine. Ta maman va s'inquiéter.

12

1937

Au fur et à mesure que l'autocar s'éloignait de Sisteron, Valentine éprouvait une excitation diffuse, impatience et joie mêlées. Elle rentrait à la Grange ! Le nez à la vitre, elle contemplait le paysage familier, sous la lumière hivernale qui dorait les champs, évaluant la distance qui la séparait encore de la ferme. Certes, elle avait désiré étudier à Sisteron après le certificat. Une affaire d'État, cet examen ! Ses camarades et elles étaient allés le passer au chef-lieu, la peur au ventre, conscients de l'enjeu. Lorsque Valentine avait appris qu'elle était reçue, sa première pensée avait été pour papé Louis. « Il ne le saura jamais », avait-elle dit. Son grand-père était décédé au début de l'année 1937, des complications d'une méchante grippe. Une mort paisible, dans son sommeil. Valentine et lui avaient été si complices, si proches, qu'elle avait mis plusieurs mois à se remettre de sa disparition. Elle s'était emportée contre ses parents quand, pour la consoler, ils lui avaient assuré qu'il avait eu « une belle mort ». Qu'en savaient-ils ? Papé Louis avait partagé avec elle tant d'anecdotes, tant de souvenirs… Grâce à lui, elle connaissait l'histoire de la Grange et de leur famille.

Elle sourit. Son grand-père lui avait fait un merveilleux cadeau le jour où il lui avait dit : « Tu vois, petite, je voulais un petit-fils. Je le voulais si fort que j'ai boudé ta pauvre mère jusqu'au jour de ton baptême. Et puis maintenant… Le bon Dieu me pardonne ! Tu vaux bien plus que tous les petits-fils de la terre ! »

Elle savait qu'il pensait ce qu'il disait. Et cette confidence n'en avait que plus de prix.

L'enterrement de Louis Ferri avait rassemblé une foule importante. L'église du village n'avait pu contenir autant de monde. Il gelait ce jour-là et les fossoyeurs avaient eu toutes les peines du monde à creuser la terre. Cette image avait permis à l'adolescente de ne pas sombrer. Elle avait imaginé les commentaires de son grand-père face à une telle situation. Avec elle, il recourait souvent à l'humour. À elle, il avait raconté sa jeunesse, ses rêves, et tous deux s'étaient découverts étonnamment proches, malgré les années qui les séparaient.

Elle soupira, pianota sur le siège en moleskine. Deux semaines de vacances, la vraie vie, enfin ! Elle trouvait le temps long au pensionnat. Elle aimait, pourtant, étudier l'anglais, le latin, l'histoire, la mythologie, le français, mais elle n'était pas faite pour la vie en ville. Tout lui paraissait étriqué, limité. L'horizon lui manquait, ainsi que le ciel, son ciel, et ses montagnes, et ce parfum de lavande qui vous imprégnait. Il lui semblait respirer mieux durant la promenade du jeudi après-midi quand, au débouché de la rue Droite, elle se grisait du panorama sur les Alpes. Elle aurait voulu l'expliquer à ses parents, sans toutefois y parvenir. Ils rêvaient de la voir devenir institutrice, peut-être même professeur. Son oncle Gustave était persuadé qu'elle en était capable. Lui-même dirigeait une école à Sault.

Valentine haussa légèrement les épaules. Après tout, rien ne pressait, elle n'avait que treize ans. Pour l'instant, elle savourait le bonheur de rentrer à la maison.

Elle se tourna vers Lisa, sa meilleure amie, qui étudiait avec elle à Sisteron. Ses parents tenaient l'un des cafés de Lachau et, lorsqu'il faisait trop mauvais pour grimper jusqu'à la Grange, les deux adolescentes partageaient la chambre de Lisa. Elles aimaient Henry Garat et Lilian Harvey et connaissaient par cœur les chansons d'un certain Charles Trenet qui paraissait monté sur ressorts. Pierre se moquait souvent d'elles à propos de Jean Sablon, qui les faisait se pâmer. « Il n'a pas de voix ! ironisait-il. Il a besoin d'un microphone. »

La TSF avait changé leur existence. Elle trônait dans la salle de la Grange, mais aussi dans l'arrière-salle du Café Napoléon. Grâce à cet appareil quasi magique, on pouvait suivre l'actualité et se tenir informé de ce qui se passait aussi bien en France que dans le monde. « Une révolution », avait commenté papé Louis, peu de temps avant de mourir. Le phénomène, qu'il ne s'expliquait pas, l'émerveillait. « J'ai l'impression de ne plus être seul », avait-il confié à Valentine.

La neige se mit à tomber au croisement de la route des gorges. De gros flocons, insolites parce qu'aucun signe avant-coureur ne les avait précédés, s'abattirent sur l'autocar. Lisa donna un coup de coude à son amie.

– Qu'est-ce que c'est bath ! Juste pour les vacances !

Elles avaient prévu d'aller « veiller » chez des collègues de leur âge, qui habitaient sur la route de Séderon. Les élèves de la classe de M. Fournier avaient été séparés après le certificat. Ils avaient bien l'intention de renouer leurs liens. Cyprien, le chauffeur, avait ralenti. Les vitres du car se couvraient d'une buée que les jeunes passagers estompaient avec les doigts.

– On arrive bientôt ! lança-t-il à la cantonade.

– Je vais cuisiner avec ma mère, récapitula Valentine. Et puis lire. Je m'abîmerai moins les yeux qu'à la pension. Et m'occuper des bêtes. Et…

– Moi, je vais dormir ! la coupa Lisa. Et guetter Maurice.

Elle avait le béguin pour le jeune facteur qui avait remplacé Éloi désormais à la retraite. De taille moyenne, trapu, il avait un visage ouvert, un regard malicieux. S'il circulait la semaine à vélo, le dimanche, il sillonnait la région sur sa motocyclette. Valentine se demandait si Lisa n'était pas surtout sensible au prestige de son véhicule. Toutes les filles de leur âge ne rêvaient-elles pas de s'accrocher à la taille de Maurice et d'aller se promener jusqu'à Montbrun ou même à Sault ? Valentine sourit.

– Il a au moins vingt-deux ans !

– Et alors ? crâna Lisa. J'en aurai quatorze dans une semaine.

– Hum, fit Valentine, sans se prononcer.

Elle avait l'impression d'étouffer à l'intérieur de l'autocar et hâte d'arriver à la Grange. Un mal du pays aussi subit qu'incompréhensible, puisqu'elle rentrait chez elle, la submergea.

– C'est drôle, remarqua-t-elle à haute voix, j'ai l'impression que ce n'est pas toujours très amusant de grandir…

Félix le lui avait dit, fin septembre, alors qu'elle était montée à l'estive lui faire ses adieux, juste avant la rentrée au pensionnat. « Ne brûle pas les étapes, petite, lui avait-il conseillé. Il y a un temps pour tout, n'oublie pas. Et le jour où ça n'ira vraiment pas, tourne-toi vers l'est, là où le soleil se lève. Tu verras, ça te fera du bien. » Elle avait acquiescé, plus pour ne pas le décevoir que par réelle conviction. Elle y songeait, à présent. Félix devait avoir gagné ses quartiers d'hiver, à Aurel. Il y passait la mauvaise saison, auprès de son frère handicapé et de leur mère.

Lisa ne chercha pas à dissimuler son indignation.

– Est-ce que tu parles sérieusement, Valentine ? Moi, j'ai hâte, si tu savais, d'avoir dix-huit ans, de pouvoir aller au bal, d'être plus libre, enfin !

– Je ne sais pas, répéta Valentine.

Elle avait l'obscure prescience qu'il fallait savourer les moments de bonheur, que le temps finissait toujours par s'écouler trop vite.

– On arrive ! cria Cyprien.

Elles distinguèrent les maisons serrées les unes contre les autres, l'église et son clocher à quatre pentes, la fontaine à bulbe.

L'autocar ralentit, s'immobilisa dans un gémissement fatigué. Les passagers descendirent les uns après les autres en saluant gaiement le chauffeur. Les deux amies quittèrent le véhicule les dernières et s'élancèrent en direction du café. Lisa glissa, se rattrapa au bras de Valentine.

– Je suis sûre que ma mère aura préparé des oreillettes ! lança-t-elle.

Il leur semblait qu'elles avaient une éternité devant elles. Deux semaines, avant de changer d'année et de basculer en 1938.

Une chaleur réconfortante régnait à l'intérieur du Café Napoléon. Ils étaient tous là, Jean, le menuisier, Émile, le charron, Philémon, le maréchal-ferrant, et Pascal, le boucher, attablés pour leur belote hebdomadaire. Ils buvaient, au choix, un bock ou une demi-fine, ce qui facilitait les choses pour que chacun règle sa tournée, ces consommations coûtant le même prix.

Les habitués saluèrent comme il se devait l'arrivée des adolescentes. Celles-ci essuyèrent leurs pieds sur le paillasson.

– Bienvenue, les filles ! s'écria Mélanie, la mère de Lisa.

Elle leur servit d'autorité les chocolats chauds qu'elle avait préparés en apercevant l'autocar. C'était une femme bien en chair, qui se déplaçait avec une rapidité surprenante. Sa cuisine – une cuisine simple, de « bonne femme », disait-elle – attirait nombre d'ouvriers et de voyageurs de commerce. On appréciait aussi bien ses civets de lièvre que sa morue aux poireaux ou ses ragoûts de pommes de terre.

– Ton père m'a fait dire qu'il allait venir te chercher, déclara Mélanie à Valentine. Tu dois l'attendre chez nous.

Ce n'était pas pour déplaire aux deux amies. Lisa s'enquit, après avoir jeté un coup d'œil circulaire à la salle :

– Maurice n'est pas là ?

Un silence pesant accueillit sa question. Philémon se racla la gorge.

– Maurice, on ne risque pas de le revoir par ici avant longtemps ! lança-t-il. Il est parti il y a bien dix jours maintenant. Il doit être rendu là où il allait.

– Ah oui ? fit Lisa, dont les joues s'empourpraient. Et... il allait où, comme ça ?

Elle ignora le froncement de sourcils de Valentine. Les joueurs de belote s'entre-regardèrent. Ils avaient déjà bien bu et pensaient s'apprêter à faire une bonne farce.

– Pardi ! Où veux-tu qu'il soit parti, rouge comme il est ? ironisa Pascal. Soutenir ses copains républicains, en Espagne.

– Il est allé... se battre ? s'affola Lisa.

Émile ricana.

– Drôle de guerre ! Les Espagnols arrivent par familles entières du côté de Toulouse. En tout cas, Maurice est parti au début du mois pour Perpignan. C'est un brave gars, même s'il cherche les ennuis. Faut juste espérer qu'il reviendra...

Lisa ne répondit pas. Atterrée, elle contempla la place où se tenait d'habitude le facteur, à côté de la porte. Valentine l'entraîna par le bras.

– Ton chocolat va refroidir.

Elle-même, si elle n'était pas aussi bouleversée que son amie, avait accusé le choc. Maurice le gouailleur parti pour l'Espagne... C'était comme si la guerre entre nationalistes et républicains avait fait irruption dans leur monde protégé. Elle se promit d'en apprendre un peu plus sur ce conflit.

Quand son père vint la chercher avec la jardinière, elle lui annonça la nouvelle avant même de le saluer. Il esquissa un sourire désabusé.

– Pauvre garçon… Il ne sait pas ce qu'est la guerre, laissa-t-il tomber.

Elle se sentit ignorante. Pis, inutile.

13

1939

La lavande était partout. Bleu, le ciel. Bleues, les montagnes. Bleues, les coulées de fleurs odorantes dégringolant vers la vallée.

Tout comme sa mère, Valentine aimait par-dessus tout la période de la cueillette, même si celle-ci était parfois pénible. À quinze ans, elle faisait partie d'une équipe de coupeuses et en était très fière.

Le soir, le dos courbatu, les jambes et les épaules douloureuses, elle tombait sur son lit après s'être lavée à l'eau fraîche. Ses draps sentaient eux aussi la lavande. Elle n'avait pas le droit de participer aux fêtes organisées par Rita, l'une des ouvrières venues d'Italie, mais ce soir-là, elle était bien décidée à s'éclipser discrètement et à aller rejoindre la joyeuse bande dans la grange à foin transformée en dortoir pour les hommes. Les femmes, elles, dormaient dans la bergerie chaulée de frais sur des lits de camp tandis que les coupeurs se contentaient de leur « sac à viande ». L'atmosphère était bon enfant malgré les rumeurs de guerre qui s'amplifiaient. « Des histoires de grandes personnes », affirmait Pierre, sans mesurer à quel point Valentine avait grandi.

Lui-même redoutait une nouvelle guerre. « Notre génération n'a pas été sacrifiée pour obtenir ce résultat », grommelait-il en tapant du poing sur la table, et Antonia posait alors une main apaisante sur son bras.

À tout juste quinze ans, Valentine avait appris à raisonner par elle-même, à se démarquer de ses parents. Félix le berger et Maurice l'avaient aidée à définir ses priorités. Maurice était revenu d'Espagne en 1938, alors que les brigadistes venaient d'être libérés. Il ramenait avec lui Rosita, une jeune femme d'une vingtaine d'années qui avait participé elle aussi à la bataille de Teruel. On chuchotait qu'elle avait tué plusieurs franquistes. C'était à n'y pas croire, tant elle paraissait frêle et fragile. Maurice n'avait pas repris son poste de facteur. Rosita et lui allaient partir pour l'Union soviétique, qu'ils considéraient comme une sorte de paradis, au grand désespoir de Lisa. Elle désespérait toujours de voir Maurice s'intéresser un jour à elle. Devait-elle se jeter à son cou ? À moins de l'ignorer et de jouer la belle indifférente ? Valentine avait tenté de lui faire comprendre que Rosita et lui donnaient l'impression de former un couple particulièrement uni mais son amie s'obstinait. Un jour ou l'autre, l'ex-facteur finirait bien par tomber sous son charme ! Dans ces conditions, il était difficile, voire impossible, de lui faire entendre raison. Heureusement, le départ du jeune couple était prévu pour la rentrée de septembre. Là-bas, dans leur eldorado, ils finiraient bien par mener une vie meilleure.

– Psst !

Rita se tenait sous sa fenêtre et tenait une pile électrique à la main.

Valentine se pencha.

– J'arrive !

Elle enjamba le rebord de la fenêtre, se laissa glisser dans le cerisier tout proche et rejoignit sa camarade.

– Viens ! fit Rita.

Elles coururent jusqu'à la grange à foin où elles retrouvèrent toute l'équipe des coupeurs. Il y avait là Giovanna, Teresa, Enzo, Silvia, tous venus du Piémont, et aussi Ludovic, Jean-Louis, Henri, qui étaient du pays. Ils se connaissaient depuis longtemps et s'entendaient bien. Fière d'avoir été invitée à leur fête, Valentine avait choisi ses vêtements avec soin. Elle portait une jupe large à imprimé fleuri et un chemisier blanc. Après s'être livrée à plusieurs essais, elle avait discipliné ses cheveux ondulés et les avait retenus avec deux petits peignes en écaille. Était-elle jolie ? Personne ne le lui avait dit, hormis son père, mais Pierre lui avait toujours voué un amour inconditionnel.

Jean-Louis avait apporté son harmonica. En un tournemain, les jeunes gens ménagèrent un espace au centre de la grange et Henri entraîna Rita sur la piste de danse improvisée. Les portes de la grange à foin étaient grandes ouvertes sur la nuit qui enveloppait la ferme. L'air était saturé de lavande, et Valentine aimait ça. Assise sur une botte de foin, son pied droit battant la mesure, elle se sentait bien. Admise parmi les adultes.

Une main se posa sur son épaule. Celle de Ludovic, le fils d'un éleveur de Séderon.

– On danse ?

Ils avaient participé à plusieurs veillées au cours de l'hiver. Ludovic avait dix-neuf ans. C'était un « gars sérieux », comme disait Antonia, « quelqu'un de bien ». Elle s'était aperçue la première qu'il recherchait la présence de Valentine, l'avait fait remarquer à sa fille. Celle-ci avait ri. « Maman, voyons, c'est juste un bon copain ! D'ailleurs, je suis beaucoup trop jeune pour fréquenter quelqu'un ! » Ce jour-là, son père avait fait chorus. Avait-on idée de mettre ce genre de pensées dans la tête de Valentine ? Elle avait bien le temps ! Sa mère avait décoché un regard acéré à son époux. « Oh, bien sûr, s'il ne tenait qu'à toi… », avait-elle marmonné.

Valentine avait l'impression qu'un fossé se creusait entre sa mère et elle. Antonia était-elle jalouse de la belle entente qui liait l'adolescente à son père ? Ou bien souffrait-elle de devoir se tenir en retrait, ne pouvant les accompagner dans leurs courses en montagne ? Valentine avait renoncé à la comprendre.

Elle sourit gentiment à Ludovic.

– Tu sais, je ne sais pas vraiment danser.

– Je t'apprendrai.

Il était un peu plus grand qu'elle et devait mesurer un mètre soixante-quinze. Bien bâti, il avait un visage ouvert, des yeux clairs, des cheveux châtains. « Un gars sympa », disait Lisa. Il entraîna l'adolescente dans le cercle. Jean-Louis jouait *Mon amant de Saint-Jean*. Valentine osa se lancer après avoir trébuché à deux reprises. Ludovic la guidait tout en la maintenant fermement. Elle huma le parfum d'eau de Cologne qui l'enveloppait… à croire qu'il avait vidé le flacon. Cette idée la fit sourire. Elle-même avait l'impression que tout son corps, ses cheveux fleuraient la lavande.

– Tu poursuis tes études à Sisteron, à la rentrée ? lui demanda-t-il.

Elle hocha la tête.

– Ça me plaît, même si la Grange me manque. Et toi ?

Il fit la grimace.

– Le service, en mars prochain. Deux ans de perdus… Après, je reprends la ferme de mon père. C'est ce dont j'ai toujours rêvé.

– Moi aussi, confia-t-elle, manquant rater un pas. La Grange, c'est toute ma vie.

– Tu dis ça maintenant… Mais tu te marieras et tu partiras.

Elle secoua la tête avec force.

– Que tu crois ! Je ne suis certes pas un garçon, mais je reste l'héritière de la Grange, et je ne manque pas d'idées pour la faire prospérer. À commencer par le développement de la filière lavande. Tu sais que c'est elle qui rapporte le plus.

– Peut-être bien, mais moi, je préfère l'élevage.

Ils échangèrent un sourire contraint.

– Ce n'est pas toujours facile avec mon père, reprit Ludovic. Comme je rêve de moderniser l'exploitation, il m'accuse de ne pas respecter son travail, ni celui de ses ancêtres.

– Pourtant, les temps changent ! se récria Valentine. Mon père m'a emmenée à la foire de Saint-André. Le matériel agricole évolue. Bientôt, on travaillera différemment.

– Ton père est plus moderne que le mien. Il a déjà une voiture…

L'achat de la Mathis avait fait du bruit dans le village. Pierre Ferri aurait-il eu la folie des grandeurs ? Les tenants de la tradition marmonnaient qu'on avait toujours circulé en jardinière ou en charrette et qu'on ne s'en portait pas plus mal, tandis que les progressistes, l'instituteur en tête, rétorquaient qu'il convenait de vivre avec son temps. Pierre avait appris à Valentine à manœuvrer la Mathis et elle se débrouillait fort bien. « Si la guerre nous prend par surprise, tu pourras toujours te débrouiller », lui avait-il déclaré un soir et, levant la tête, elle avait remarqué son regard fixé sur elle et ses mains tremblantes.

Que lui cachait-il donc ? Pensait-il vraiment que la guerre, cette guerre qui alimentait toutes les conversations depuis deux bonnes années, allait les rattraper ?

Brusquement, elle eut peur. Une angoisse irrépressible, qui lui tordit le ventre et lui laissa un goût amer dans la bouche.

– Ça tourne, se justifia-t-elle en repoussant le jeune homme.

Elle s'enfuit dans la nuit sous son regard navré.

14

Août 1939

Le parfum entêtant de la lavande se diffusait dans tout le pays, faisant naître chez Valentine un sentiment d'euphorie.

– C'est ma vie, ici ! confia-t-elle à son père, alors que tous deux alimentaient la chaudière avec de la paille de lavande.

Pierre esquissa un sourire.

– La Grange te revient, petite. C'est juste que ta maman rêve de faire de toi une maîtresse d'école.

L'adolescente secoua la tête.

– Je devrais aller à l'école normale de Digne ? Il n'en est pas question ! Je ne quitterai pas notre vallée ! C'est déjà assez dur pour moi de vivre à Sisteron !

Pierre interrompit son geste.

– Tu n'es pas heureuse dans ton lycée ?

Sa fille haussa les épaules.

– Heureuse… Qu'est-ce que cela veut dire, quand on se sent en exil ? Je ne suis pas à ma place, voilà tout ! et ce même si j'aime étudier. Moi, ce dont j'ai envie, c'est de m'occuper de la lavande et de l'élevage.

Son père dit alors quelque chose qu'elle ne comprit pas. Il répéta un peu plus fort :

– C'est de famille !

Le visage de Valentine s'éclaira.

– Tu sais, reprit-elle, j'en avais parlé avec papé Louis. Il avait compris que je désirais plus que tout reprendre la ferme. « *Bon sang noun pòu menti*[1] », me disait-il.

Ému, son père lui tapota l'épaule.

Pierre n'avait jamais été très démonstratif. Chez les Ferri, à la différence des Corré, plus expansifs, on observait une grande pudeur.

Valentine en profita pour tenter de pousser son avantage.

– Si jamais il y avait la guerre, Émile partirait, n'est-ce pas ? Tu serais bien content que je t'aide ?

Pierre Ferri se signa.

– Ne parle pas aussi légèrement de la guerre, petite ! Tu ne sais pas ce que c'est.

Elle se redressa.

– Je sais qu'il y a eu un avant et un après, c'est bien assez, non ?

Elle savait beaucoup plus de choses. La mère de Lisa lui avait raconté un jour que les hommes étaient revenus différents. Certaines familles avaient éclaté. Des jeunes filles ayant perdu leur fiancé, les « veuves blanches », ne s'étaient jamais mariées. Le mari de l'institutrice, qui avait été un bon vivant avant la guerre, avait fini par se suicider, en se jetant dans les gorges de la Méouge. Accablée de chagrin, Sylvette avait demandé sa mutation

1. « Bon sang ne peut mentir. »

pour l'Auvergne, où elle avait des attaches familiales. La tragédie avait profondément marqué le village.

Le regard de Pierre se fit incisif.

« Plus rien n'a jamais été pareil entre ma femme et moi, pensait-il. La guerre nous a séparés trop longtemps, nous avons accumulé des rancœurs. Entre nous deux, il y avait les méchancetés de ma mère, et cet Espagnol, dont j'ai oublié le nom, qui a pris ma place à la Grange. » Il exhala un soupir, conscient d'avoir occulté ce qui était peut-être le pire, sa gueule cassée à laquelle il avait bien dû s'habituer, vaille que vaille, puisqu'il n'avait pas le choix. Sa blessure était demeurée un sujet tabou.

Il haussa légèrement les épaules, se rendant compte qu'il ne pouvait faire porter à sa fille le poids de sa douleur et de son désenchantement.

Elle lui sourit.

– La récolte sera belle, n'est-ce pas, papa ?

– Je crois, oui, répondit-il distraitement.

Il songeait à cet ancien employé de banque devenu écrivain, un certain Jean Giono, qui organisait, depuis 1935, des rencontres au Contadour, un hameau bâti sur la montagne de Lure d'où l'on avait une vue sublime sur tout le pays.

Il aurait aimé s'y rendre, tout en redoutant de ne pas être à la hauteur. Il avait quitté l'école après avoir obtenu son certificat d'études, afin d'aider son père à la Grange. Pierre était un homme de la terre, il ne savait pas manier les mots. Cependant, l'idéal pacifiste des « Contadouriens » le séduisait. Giono ne se voulait-il pas « professeur d'espérance » ? Chaque fois que Pierre écoutait la TSF, l'angoisse lui nouait le ventre. Que savaient-ils des combats au corps à corps, tous ces va-t-en-guerre ? Rien du tout !

Lui, Pierre, connaissait le prix de la vie. Mais, à plus de cinquante ans, il était désormais un vieil homme qui appartenait au passé.

Il tassa un peu plus les gerbes de lavande que sa fille et lui venaient de charger dans l'alambic. Celui-ci, plongé dans une sorte de bain-marie, diffusait de la vapeur d'eau qui entraînait avec elle l'huile essentielle contenue dans les fleurs de lavande. Le mélange passait alors dans un serpentin placé dans un bac réfrigérant. La condensation provoquait la séparation, par différence de densité, de l'eau et de l'huile essentielle dans un essencier.

– Pressons-nous, petite, l'orage menace, recommanda-t-il à Valentine.

Sa voix était empreinte de lassitude.

Le plateau où se tenaient Félix et son troupeau était communément appelé « le bout du monde ». Les chiens aperçurent Valentine en même temps que leur maître. Ils s'avancèrent à la rencontre de l'adolescente. Le berger, appuyé sur son bâton, ne bougea pas d'un pouce. La chaleur était déjà lourde. Il ne portait pas sa limousine, certainement demeurée dans son abri au toit pointu, mais une simple chemise aux manches retroussées et un pantalon en toile délavée maintenu par une large ceinture rouge. En revanche, il gardait à proximité son grand parapluie à baleines en bois, pour ne pas attirer la foudre.

– Quel bon vent t'amène, petite ?

Valentine le rejoignit, posa deux baisers sur ses joues mangées par la barbe.

– Bonjour, Félix. Je t'ai apporté du saucisson, les premières pommes d'août et une bouteille de vin.

Devançant la question qui allait suivre, elle précisa :

– Ne t'inquiète pas, mon père est au courant. Il te prie bien le bonjour.

– Tu ne manqueras pas de le lui remettre. Quelles nouvelles d'en bas ?

– Je t'ai ramené *Le Petit Provençal.*

Le berger fit la moue.

– C'est gentil. Moi, tu sais, je suis abonné à *La Revue des Deux Mondes.* Je me mets à jour l'hiver.

Ce nom – *La Revue des Deux Mondes* – impressionna Valentine, renforçant son admiration pour le berger. Il lui expliqua :

– On raconte que c'est la plus ancienne revue d'Europe. Tu imagines ? Mon père y était abonné, lui aussi.

Il lut la surprise dans le regard de l'adolescente.

– Mon père était médecin. Moi, j'ai toujours voulu rester libre. Les études, très peu pour moi ! J'ai besoin de solitude, de paysages infinis, pour rêver et méditer à ma guise. De toute manière, en novembre 1918, quand j'ai regagné Aurel, il n'était plus question pour moi de rester enfermé. Il me fallait le ciel et les étoiles, le soleil, la pluie et le vent.

Valentine réfléchit un peu avant de déclarer :

– Finalement, tu as réussi ta vie.

Il sourit.

– La réussit-on jamais ? Je dirais plutôt que je mène une vie en accord avec mes rêves.

C'était une belle leçon pour Valentine. Comme un exemple à suivre.

De nouveau, elle garda le silence avant de reprendre :

– Quand redescends-tu, Félix ?

– Courant octobre, ma jolie, comme d'habitude. Peut-être un peu plus tard, si le temps reste doux. À moins que…

– À moins ? répéta-t-elle.

– Ne fais pas attention, j'ai toujours tendance à envisager le pire. Ce sont ces bruits de bottes…

Elle opina du chef. Ils en avaient parlé à la ferme et aussi entre coupeurs. La volonté d'expansion de l'Allemagne nazie, l'annexion de l'Autriche en mars 1938, le rattachement des Sudètes à l'automne 1938 après les accords de Munich, la Nuit de Cristal révélaient la gravité de la situation. Elle soutint le regard du berger.

– Mon père ne veut pas entendre parler d'une guerre. Je crois qu'il a son idée sur la question, mais cela lui fait trop peur. Il est brave, pourtant…

– Ce n'est pas une question de bravoure ou de lâcheté, coupa Félix. Dis-toi bien qu'il a connu l'enfer. Il sait ce qu'est la guerre. On ne peut pas le tromper.

Saisie de vertiges, Valentine eut l'impression que le plateau vacillait.

– Qu'est-ce qu'on peut faire ? balbutia-t-elle.

Le berger éclata alors d'un rire grinçant.

– Rien du tout, petite. Et c'est bien ça le plus désespérant.

15

Décembre 1939

La drôle de guerre… Cette expression ne signifiait pas grand-chose pour Valentine. Elle se souvenait d'une fort belle journée d'été, le 3 septembre. Elle se trouvait dans les vignes en compagnie de son père quand ils avaient entendu les premiers coups du tocsin. Pierre s'était signé, lentement, avant de laisser tomber : « *Y sian mai*[1]. »

Valentine se rappelait la chaleur du soleil sur ses bras nus, le parfum prenant des grappes de raisin, le bourdonnement des abeilles… Elle s'était tournée vers son père, avait balbutié : « Papa… tu ne vas pas partir ? » Il avait secoué la tête. « Je ne pense pas, j'ai cinquante et un ans. » De nouveau, elle avait remarqué ses mains tremblantes. Elle, qui avait toujours tant admiré son père, s'était sentie perdue. Que redoutait-il donc ?

Elle avait eu l'explication dans la soirée. Descendant de sa chambre, elle avait surpris Antonia et Pierre enlacés. Leurs visages étaient blêmes. « Un éternel recommencement…, rageait son père. Tant de souffrances, de morts, de blessures pour recommencer vingt ans après !

1. « Nous y sommes encore. »

Tu verras... Ils n'ont rien compris, en haut lieu ! Ils se gargarisent de la victoire d'il y a vingt et un ans, sans même se rendre compte qu'ils ont sacrifié des centaines de milliers de Poilus. Voir partir une nouvelle génération d'appelés est au-dessus de mes forces. Les jeunes ne peuvent pas imaginer ce que c'est que la guerre...
– Chut... », répétait Antonia d'une voix tendre.

Bouleversée, Valentine avait reculé, lentement, sans faire de bruit. Elle avait encore entendu son père fustiger les bouchers de Verdun et du Chemin des Dames, et parler à sa mère d'un certain lieutenant-colonel de Gaulle, qui avait proposé de créer six divisions autonomes de chars de combat. « Sans les chars Renault, nous n'aurions jamais gagné en 1918, » grondait-il.

Ce soir-là, Valentine avait réalisé que la situation était grave. Plus grave encore qu'elle ne l'avait pensé. Les hommes du pays mobilisables étaient partis. Valentine avait eu l'impression que, tout à coup, les villages environnants s'étaient vidés. « Ça me rappelle de bien mauvais souvenirs », avait commenté Antonia.

Sa beauté s'était fanée. Elle paraissait fragile comme une feuille d'automne. Sa peau sèche se marquait de rides, ses cheveux grisonnaient. « Ce qu'on devient, tout de même... », avait-elle marmonné un jour devant le miroir de sa chambre.

Pierre avait aménagé la ferme pour leurs vingt-cinq ans de mariage. Il avait travaillé avec Vittore, un Piémontais qui se louait comme maçon et carreleur. Tous deux avaient abattu des murs, posé des carrelages sur le pavé, acheminé l'eau... Antonia était particulièrement fière d'avoir une salle de bains, une rareté dans le monde rural, et une chambre « moderne », composée de meubles achetés à Sisteron, en bois clair. Valentine les trouvait horribles et avait récupéré le lit en noyer des grands-parents Ferri.

« Tu seras bien contente de les bazarder un jour ou l'autre », avait commenté Antonia. Sa fille avait secoué la tête. « Je ne crois pas, non. Je suis trop attachée aux meubles de famille. » Antonia avait haussé les épaules. « Des vieilleries ! Je ne pouvais plus les supporter, elles me rappelaient trop le passé… »

Elle s'enfermait souvent dans un silence rêveur d'où elle sortait en sursautant. Valentine avait parfois l'impression que sa mère fuyait la réalité et cette impression s'était accentuée depuis la déclaration de la guerre. La mort simultanée de ses parents, disparus dans l'incendie de leur ferme, l'avait profondément marquée. Ils n'avaient rien pu sauver. Les souvenirs familiaux, les objets, les meubles, tout avait brûlé.

Antonia s'était renfermée sur elle-même. Même si ses parents n'étaient pas propriétaires de la ferme d'Eygalayes, il lui semblait que ses racines avaient disparu avec elle. Malgré tous ses efforts, Antonia ne s'était jamais sentie chez elle à la Grange, où elle était demeurée une « pièce rapportée ». Elle avait évoqué cette question, un jour, à mots couverts avec sa fille. « Si tu le peux, reste chez toi », lui avait-elle conseillé. Même si Pierre l'avait soutenue, elle se rappelait encore cette lettre qu'il lui avait écrite, durant la guerre, pour l'exhorter à la patience avec Aglaé et Louis Ferri : « Après tout, ils sont chez eux. » Elle n'avait jamais oublié le sentiment d'injustice éprouvé. Valentine avait secoué la tête. « De toute manière, il n'est pas question pour moi de quitter un jour la Grange ! »

Elle n'était pas retournée à Sisteron. Émile, le valet, était parti en septembre. « Je le remplacerai », avait décidé la jeune fille, refusant d'écouter les protestations de ses parents. Tous trois savaient que Pierre ne pourrait s'en sortir seul. Valentine était capable et aimait les travaux de la ferme. Le père et la fille se répartirent les tâches selon leurs préférences.

Antonia se chargea de confectionner des rideaux occultants pour les portes et les fenêtres de la maison, aucune lumière ne devant filtrer à l'extérieur. Les phares des voitures avaient été peints en bleu mais, de toute manière, il n'y avait plus d'essence, si bien que la Mathis restait immobilisée dans la cour. Pierre et Valentine circulaient à bicyclette et avaient entrepris d'apprendre à Antonia à faire du vélo. Après plusieurs tentatives infructueuses se soldant par des chutes, elle avait réussi à se lancer depuis le sommet d'une côte mais, incapable de freiner, elle avait dévalé la pente à vive allure, sa jupe passant par-dessus sa tête. Antonia criait et riait en même temps. Malgré la guerre, c'était un bon souvenir pour Valentine. D'ailleurs, son père affirmait qu'il ne s'agissait pas d'une « vraie guerre ». « On nous amuse, on nous fait tourner en rond, disait-il. Quand les choses se précipiteront, nous aurons tout intérêt à nous méfier ! »

Le berger partageait son avis. Il avait passé deux jours à la Grange, après avoir ramené le troupeau, fin octobre, et avait déclaré à son ami Pierre qu'il pourrait toujours faire appel à lui en cas de besoin. « Nous devons nous serrer les coudes, nous, les anciens de 14 ! » avait-il ajouté.

En l'entendant, Valentine avait à nouveau songé qu'elle devait s'intéresser aux informations. Il lui semblait parfois être ignare.

En dépit de la drôle de guerre, des menaces pesant sur une ligne Maginot réputée infranchissable, il fallait bien préparer Noël. Renouant avec les principes d'économie prônés par sa belle-mère, Antonia avait décrété qu'on ne ferait pas de lourdes dépenses.

De toute manière, on avait toujours respecté la tradition du « gros souper » à la Grange. Elle avait donc cuisiné avec sa fille la morue aux poireaux, les panais, les cardes et les cardons et les rissoles. Tous des plats « blancs », suivis de fromages de chèvre, d'œufs à la neige et de nougat. Ce soir-là, le Café Napoléon ferma ses portes. Lisa et ses parents étaient venus partager le repas de fête des Ferri. Parce que les adolescentes en étaient friandes, Antonia avait aussi confectionné des oreillettes. Elle n'avait pas son pareil pour obtenir une pâte très souple et élastique, qui donnait des gâteaux à la fois légers et succulents. « Profitons-en bien, nous ne savons pas où nous serons l'an prochain ! » avait commenté Sauveur, le père de Lisa. Son épouse s'était signée. « Tais-toi donc ! »

Gustave et son épouse, Colette, étaient arrivés en retard. La neige, tombée en abondance depuis la veille, avait ralenti leur progression en autocar et ils avaient fini le trajet à pied. Sa mauvaise vue avait exempté Gustave, et il le vivait mal. La semaine précédente, la mère d'un élève l'avait traité de « planqué ».

Ludovic avait été mobilisé, ainsi que plusieurs de ses collègues plus âgés. Ils étaient partis en novembre.

« Tu m'attendras ? » avait demandé le jeune homme à Valentine. « Reviens vite », avait-elle répondu sans se compromettre. Elle savait qu'il attendait d'elle un engagement, une promesse. Or elle s'en sentait incapable. Elle était trop jeune et elle espérait trouver le grand amour.

Ils s'étaient chaudement emmitouflés pour se rendre à la messe de minuit. Lisa et Valentine marchaient en tête. Leurs parents gardaient un visage soucieux. Cette nuit-là, les villageois étaient venus nombreux, et la ferveur était grande. Le père Raoul, installé depuis peu dans les Baronnies, avait parlé du message de paix de la nuit de Noël. Valentine y avait accordé foi. Après tout, les Allemands renonceraient peut-être à leur volonté d'hégémonie ?

Elle avait encore beaucoup d'illusions.

16

Juillet 1940

– *Y sian maï*, répéta Pierre en jetant une fourchée de foin sur la charrette.

L'été était particulièrement chaud, et il redoutait la violence des orages. Une odeur prenante de marjolaine émanait des charrettes à demi pleines.

Dans la vallée, personne n'avait fui en catastrophe à l'annonce de l'avancée allemande. Pour aller où de toute façon ?

En revanche, dès la fin du mois de juin, plusieurs réfugiés étaient arrivés. Ils étaient épuisés et décrivaient des scènes d'épouvante. Les Ferri avaient recueilli une famille à la Grange. Il y avait la mère, la grand-mère et deux enfants. Cécile, la jeune femme, avait conduit leur Renault jusqu'à Séderon, où elle pensait retrouver une lointaine cousine. Las, cette personne était morte au printemps et la voiture était tombée en panne d'essence. Le garagiste avait emmené la petite famille à Lachau, où il pensait que ses amis du Café Napoléon pourraient les héberger. Les parents de Lisa n'ayant plus de chambres libres, ils avaient fait appel à Pierre. Celui-ci n'avait pas oublié l'accueil reçu en Picardie, en 1918, et avait ouvert sa maison aux réfugiés. Cécile et sa mère se rendaient utiles même si elles ignoraient tout des travaux de la ferme. La jeune femme écrivait beaucoup et passait des appels téléphoniques depuis la cabine située sur la route de Laragne. Discrète, elle se racontait à mots prudents et donnait l'impression de vivre dans l'angoisse. Son époux était resté à Paris, avait-elle fini par confier à Antonia. Celle-ci était persuadée qu'il y avait autre chose, même si Pierre lui reprochait d'être trop romanesque. Que voulait-il dire par là ? Qu'elle cherchait à fuir la réalité dans des romans ? Elle en était plutôt fière.

En revanche, elle acceptait toujours aussi mal l'interruption des études de leur fille. Elle avait tant rêvé de la voir devenir professeur ! Antonia ne se faisait plus d'illusions, Valentine ne retournerait pas à Sisteron. Elle resterait à la Grange… N'était-ce pas ce qu'elle-même, son père et son grand-père avaient toujours souhaité ? Au grand dam de ses ambitions maternelles.

Depuis la signature de l'armistice de juin 1940 à Rethondes, les habitants de la ferme ne décoléraient pas. « Rethondes, comme en 1918… Hitler souhaite prendre une revanche éclatante sur notre victoire », analysait Pierre. Et de répéter : « Toutes nos souffrances pour en venir à cette humiliation… Seigneur ! quel gâchis ! »

Deux points attisaient plus particulièrement la rancœur de la famille Ferri vis-à-vis de Pétain : l'article 3 impliquant une « collaboration correcte de l'administration française avec la puissance occupante », et l'article

19 ordonnant à la France de « livrer les réfugiés politiques allemands ou autrichiens présents sur son sol ». « Ils font bon marché de notre honneur ! » protestait Valentine avec fougue.

De son côté, Antonia gardait un silence accablé. Elle avait remarqué la lueur d'espoir dans les yeux du père et de la fille quand ils avaient lu dans *Le Petit Marseillais* du 19 juin l'information relatant l'appel lancé des studios de la BBC, la veille, par le général de Gaulle. « Je le savais, que c'était quelqu'un de bien ! » avait triomphé Pierre.

Les personnes ayant entendu cet appel du 18 juin étaient rares mais le bouche-à-oreille avait fait son effet et, quelques jours plus tard, tout le monde en parlait sur les marchés. Pour faire bonne mesure, cet appel à la « résistance dont la flamme ne doit pas s'éteindre et ne s'éteindra pas » avait été repris le 2 août à la une de *Paris-Soir* et du *Figaro*.

« Où tout cela peut-il nous mener ? » se désolait Antonia. Elle avait retenu du discours du nouveau dirigeant de la France que leur pays serait en grande partie occupé et que la vie serait dure. Les restrictions s'organisaient déjà. Le pays devait assurer l'entretien de l'armée d'occupation. On évoquait des indemnités d'un montant exorbitant de quatre cents millions de francs par jour. De quoi vous donner le vertige…

Félix, venu aider pour la moisson, prédisait une période noire. Antonia et lui ne s'entendaient guère. Elle était bien incapable d'expliquer pourquoi. Peut-être parce que la culture du berger la renvoyait à ses propres lacunes. Elle aurait tant aimé étudier ! De son côté, Félix discutait avec Pierre et Valentine, en l'ignorant presque systématiquement. C'en était vexant ! se disait Antonia, devant ses marmites.

Le ravitaillement allait vite poser problème. Les chevaux et mulets avaient été réquisitionnés, « comme en 14 », rappelait Pierre, la mine longue. On évoquait l'instauration de cartes de rationnement, ce qui avait alerté les familles. Bien sûr, tentait de se rassurer Antonia, ils parviendraient toujours à se nourrir correctement à la Grange, mais elle songeait à ses frères, Raphaël à Avignon, Gustave à Sault. En ville, la situation serait forcément plus difficile. De plus, à la ferme, ils s'étaient spécialisés dans la lavande ces dernières années. Il faudrait développer l'élevage ovin, racheter peut-être un cochon.

Comme son époux, Antonia avait l'impression de vivre une sinistre répétition de la guerre de 14. Les combats avaient cessé, Dieu merci ! Mais pouvait-on se réjouir pour autant ?

Elle sourit à sa fille à qui elle apprenait à confectionner le pain. Prudente, Antonia avait demandé à Pierre de remettre le four en état. Il n'avait plus été utilisé depuis 1918. Presque étonnée, Antonia avait retrouvé les gestes enseignés par sa mère. Chez elle, à Eygalayes, faire son pain était à la fois une nécessité et un rituel quasi sacré. Elle revoyait Jeanne brassant la farine, l'eau et le sel avec le levain afin d'obtenir une pâte presque élastique. Jeanne Corré n'oubliait jamais de se signer avant de procéder au pétrissage. Valentine, elle, préférait le moment où elle sortait du four les miches joufflues et dorées, dont l'odeur la faisait saliver. Elle les posait alors sur des banastes d'osier. Plus tard, couvertes d'une pièce de serge, elles seraient rangées à l'abri de l'humidité dans le vieux coffre à pain.

Valentine était belle. Grande, fine, les seins haut plantés, les jambes longues. Ses cheveux longs, retenus par deux peignes d'écaille, ondulaient joliment sur ses épaules. La cueillette de la lavande lui avait permis d'acquérir un hâle doré qui accentuait, par contraste, l'éclat de ses yeux très bleus, hérités de son père.

Antonia avait conscience du fossé qui les séparait. Elle avait souvent limité les effusions avec sa fille durant son enfance, de crainte de lui communiquer sa maladie. Ensuite, il avait été trop tard... Valentine s'était rapprochée de son père et Antonia avait de nouveau eu l'impression d'être une « pièce rapportée ». Comme si Aglaé exerçait encore son emprise sur la Grange...

Elle haussa les épaules. C'était si loin ! Pourtant, certains anciens lui parlaient toujours de la « vieille Mme Ferri ». Pas toujours en bien, d'ailleurs mais plutôt pour rappeler son fichu caractère...

Antonia s'essuya les mains sur son tablier. Elle aurait tant aimé que Valentine s'éloigne de la Grange, suive un autre chemin ! Il était peut-être temps encore, rêvait-elle parfois, le soir, blottie au fond de leur lit.

Sans oser en parler à Pierre. Parce qu'elle avait compris depuis longtemps qu'il était ravi de voir leur fille prendre la suite.

À la place de l'héritier qu'elle n'avait su lui donner…

Septembre 1940

C'était la première fois que Valentine pénétrait dans la ferme de Fernand Lesage, le père de Ludovic. Le facteur lui avait transmis son invitation.

« Fernand Lesage aimerait bien que tu passes à Séderon. »

Nantie de l'accord paternel, elle s'y était rendue à bicyclette. Elle préférait utiliser désormais ce moyen de locomotion, plus rapide que la jardinière et surtout plus pratique. D'ailleurs, ils n'avaient plus de cheval à atteler.

Le temps était encore beau en cette mi-septembre. Les vendanges ne tarderaient pas. Les vignes étaient lourdes de grappes aux grains joufflus.

L'air était doux. Dès les premières pluies, une odeur de champignons flotterait dans les sous-bois. Valentine aimait l'arrière-saison d'ordinaire mais, cette année-là, rien n'était plus pareil. La ferme des Lesage, trapue et basse, à cour fermée, montait la garde en contrebas de la route menant à Sault.

– Sois la bienvenue, petite, déclara Fernand en la priant de s'asseoir à la table.

Il lui offrit un verre de jus de pomme. La salle était assez sombre, mais plutôt bien entretenue pour un homme seul. Fernand était veuf depuis plus de dix ans. Une femme de Séderon venait pour les gros travaux du ménage et pour la bugade quand le besoin s'en faisait sentir, mais il se débouillait pour la cuisine et l'entretien courant. Trapu, noir de poil, le sourire rare, c'était un homme rude mais brave. Ce jour-là, il parut à Valentine las et démoralisé.

– Tu connais bien mon Ludovic, je crois, reprit-il.

Il tapota sa pipe contre le plateau de la table. Les premières mesures du rationnement étaient connues. Des tickets d'alimentation avaient été distribués pour le fromage, le pain et la viande. On chuchotait que le tabac serait bientôt lui aussi concerné. Fernand refusait d'y penser.

Valentine sourit.

– Nous étions à l'école ensemble. Avez-vous de ses nouvelles ?

– C'est pour cette raison que je t'ai demandé de venir. On te dit instruite. Je ne sais pas vers qui me tourner. Le maire m'a parlé de lettres à écrire. Attends !

Il se leva avec peine, alla chercher un morceau de papier sur lequel était mentionnée une adresse.

– À l'Agence centrale des prisonniers de guerre dépendante du Comité international de la Croix-Rouge, Genève, indiqua-t-il. Tu peux me rendre ce service ?

– Bien volontiers. Voulez-vous que je le fasse chez vous ?

Fernand leva les yeux au ciel.

– Je ne sais même pas s'il me reste du papier ! Non, je te fais confiance, tu te débrouilleras toujours mieux que moi. Tu me tiens au courant, n'est-ce pas ?

Il lui parut si seul et si perdu que, dans un élan, elle lui serra la main très fort.

– Je vous le promets.

Après avoir pris congé, elle remonta sur son vélo et se rendit à la mairie de Séderon. La secrétaire lui expliqua comment elle devait procéder et lui recommanda de soigner son écriture.

– Nous commençons à recevoir des nouvelles des prisonniers, lui expliqua-t-elle. Il est même permis de leur envoyer des colis, à condition de savoir dans quel camp ils se trouvent.

Un camp… De nouveau, Valentine eut l'impression d'être rattrapée par la réalité. Elle remercia, s'en fut, très vite.

Elle avait peur pour son ami.

17

1942

– La neige, encore la neige ! marmonna Valentine en frottant ses mains l'une contre l'autre.

La laine, tricotée, détricotée, retricotée à maintes reprises, ne protégeait plus guère du froid glacial. Pourtant, il fallait bien nourrir les bêtes. Ils avaient vendu plusieurs agneaux au printemps 1941 pour acheter du fourrage supplémentaire.

La vie était devenue difficile. Cependant, ils savaient qu'en ville c'était bien pire. Les rations instaurées par le ministère du Ravitaillement ne suffisaient pas à couvrir les besoins de la population. À dix-huit ans, Valentine appartenait à la catégorie des J3, regroupant les jeunes de treize à vingt et un ans. Comme son père, Valentine regrettait surtout le café.

Pourtant, Antonia avait tout essayé, jusqu'à griller des pois chiches et même des glands, essais qui n'avaient pas remporté les suffrages de sa famille.

Le jour où Pierre avait rapporté un sachet de grains de café vert, troqué contre des côtelettes d'agneau, il avait été accueilli par des cris de joie.

« À croire que nous sommes devenus des estomacs sur pattes… », se dit Valentine, en colère contre elle-même.

N'était-ce pas le but recherché par l'occupant ? Transformer la vie quotidienne en une succession de contraintes et de frustrations afin d'empêcher les Français de penser à autre chose ? Dieu merci, à la Grange, on continuait à suivre l'actualité. Le poste de TSF était devenu leur bien le plus précieux, le lien avec ceux qui résistaient, de l'autre côté de la Manche.

Valentine ne pouvait le confier à Ludovic, avec qui elle correspondait régulièrement.

Les démarches qu'elle avait effectuées pour Fernand Lesage avaient abouti assez vite. Valentine avait reçu une carte de Ludovic indiquant qu'il se trouvait dans un *Frontstalag* en France. Consulté, son oncle Gustave lui avait expliqué qu'un*Frontstalag* était un camp de transit où les prisonniers étaient retenus avant d'être acheminés vers un stalag ou un oflag situé en Allemagne. Pour répondre à son ami, la jeune fille avait suivi ses instructions et indiqué sur son courrier ses nom, prénoms, grade, numéro de prisonnier et de *Frontstalag*. Elle ignorait tout de l'endroit où celui-ci se trouvait et ne pouvait lui envoyer de colis.

Fin 1940, Ludovic avait été conduit dans un stalag en Rhénanie. À compter de cette date, Valentine avait eu l'autorisation de lui faire parvenir des paquets. Des grosses chaussettes et des chandails tricotés par Antonia, car il se plaignait du froid, mais aussi des boîtes de sardines, de corned-beef, des pommes de terre. La faim était le thème récurrent de ses lettres. Il racontait, aussi, la vie au camp. Lever à quatre heures, rassemblement, appel, travail, coucher à sept heures après la soupe.

Rien à attendre côté menu. Chaque jour la même chose : ersatz de café, soupe délayée de navets et de patates, deux cent cinquante grammes de pain, un peu de mélasse quand nous avons de la chance… À ce régime, nous ne risquons pas de prendre du poids !

Parce qu'il était ouvrier agricole, on avait fini par le placer dans une ferme. Là-bas, il était un peu mieux nourri et dormait dans une grange, sur de la paille fraîche. Il ne regrettait guère les baraquements envahis de poux et de puces.

« C'est presque le luxe ! » annonçait-il.

Valentine cherchait à imaginer son existence là-bas, sans y parvenir tout à fait. Ludovic lui paraissait être parti très loin, dans un autre monde.

À cause de la censure – les courriers venant du stalag portaient la mention *Geöffnet*, « ouvert » –, il se bornait à des commentaires superficiels. En retour, Valentine évoquait les films visionnés grâce au cinéma ambulant de Prosper, le projectionniste. Elle s'était enthousiasmée pour *L'Assassinat du Père Noël* et *Remorques*.

Elle en parlait à Ludovic, tout en se disant que cela devait lui paraître extrêmement vague. Parfois, elle se demandait à quoi rimait cet échange de courriers. Certes, elle était flattée qu'il accordât autant d'importance à ses lettres mais, de son côté, elle agissait plutôt par sens du devoir. « Ne le laisse pas trop se bercer d'illusions, lui recommandait sa mère. Quand on est prisonnier, dans un pays hostile, on a tendance à idéaliser celui ou celle qui vous écrit. » « De quel droit me dis-tu cela ? avait envie de répliquer Valentine. Tu n'as pas d'expérience dans ce domaine ! »

Elle-même avait conscience de connaître peu de chose de la vie d'Antonia. Comme si celle-ci avait cherché à brouiller les pistes…

Le ciel était presque noir. Le nez levé, Ludovic pensa qu'il avait tout intérêt à rentrer les vaches. Une Sauerlandaise, une averse aussi violente que soudaine, allait s'abattre sur les terres de la ferme Brüner d'un instant à l'autre. « Fichu pays ! » pensa-t-il. Depuis son arrivée au stalag, il avait encore plus souffert du froid que de la faim. Il n'était pas habitué à cette humidité persistante qui empêchait les vêtements de sécher. Le soleil lui manquait, et la lumière de ses Baronnies.

La pluie se mit à tomber alors qu'il apercevait le toit de la ferme. Il pressa les vaches du bout de l'aiguillon, les incita à avancer en usant d'un des rares mots allemands qu'il connaissait, si souvent prononcé par les gardiens du camp : « *Los ! Los*[1] *!* » Il les poussa à l'intérieur de l'étable, passa la main dans ses cheveux mouillés. Au-dehors, la pluie donnait l'impression de ne jamais devoir s'arrêter.

Willy, le petit-fils du fermier, l'interpella du seuil de l'étable.

1. « Allez ! Allez ! »

– *Komm*, dit-il au Français qui le suivit.

À l'intérieur de la salle, la fermière faisait rissoler des morceaux de lard. Ludovic saliva sans même s'en rendre compte. Du lard... un véritable luxe !

Elle tendit à son fils puis au Français une serviette de toilette et fit signe à Ludovic de se sécher le visage et les cheveux. Une soupe aux choux mijotait sur le fourneau. Durant quelques instants, le fils de Fernand se crut de retour chez lui. Il s'était bien entendu dès le premier jour avec Werther, le père de la jeune femme. Manchot à la suite d'une amputation subie à Fleury, près de Verdun, le vieil homme ne manifestait aucune hostilité à leur valet venu du stalag. Son gendre était mort durant la bataille de Brest-Litovsk, aux premiers jours de l'été 1941. Ludovic en avait entendu parler, au stalag, par Alexei, un bon camarade qui maîtrisait bien le français. Celui-ci lui avait raconté que la forteresse de Brest-Litovsk contrôlait la route et le train reliant Varsovie à Moscou. Elle avait donc constitué l'un des premiers objectifs de l'opération Barbarossa, lancée par l'état-major allemand en juin 1941. Le frère cadet d'Alexei, combattant dans la 6e division d'infanterie de l'Armée rouge, avait participé à la bataille. En tout, sept à huit mille hommes du côté soviétique et dix-sept mille pour les Allemands. Ceux-ci avaient estimé que douze heures leur suffiraient pour prendre la ville.

Si la citadelle centrale avait résisté moins de dix jours, un dernier bastion, réfugié dans les casemates, avait tenu trois semaines. Alexei en était particulièrement fier, et ce même si son frère avait été tué.

Ludovic et lui avaient beaucoup parlé durant l'hiver précédent et s'étaient soutenus mutuellement.

– *Suppe ?* questionna la fermière en lui servant une assiettée.

Il hésita, ne sachant s'il pouvait s'asseoir. Willy lui fit une place sur le banc. Le garçon avait une dizaine d'années. Il avait des cheveux blond-roux, un visage piqueté de taches de rousseur, et donnait l'impression d'être toujours en mouvement. « Comme Valentine », se dit-il, en réprimant un soupir.

Son amie lui paraissait parfois si loin qu'il en éprouvait un sentiment de désespoir. Quelle sottise de s'être laissé prendre ! Dire qu'ils avaient pensé que la fameuse ligne Maginot les protégerait… Le père de Valentine lui avait pourtant répété à plusieurs reprises, dès 1939, que l'Allemagne désirait avant toute chose prendre sa revanche. Il ne l'avait pas cru.

Werther récita le bénédicité en latin et chacun se signa. Ludovic eut l'impression d'entendre son grand-père Georges, que tout le monde appelait le Grand. Les membres de la famille Brüner étaient catholiques, et respectaient le repos dominical. La fermière lui tendit son assiette de soupe après avoir servi son père. Les bouts de leurs doigts se frôlèrent. Les joues de la jeune femme s'empourprèrent et Ludovic se surprit à la regarder avec plus d'intérêt. Blonde, si blonde que ses cheveux paraissaient presque blancs sous la suspension en opaline, elle avait le teint clair et des yeux bleu turquoise. « Une véritable Aryenne », pensa le Français. Au cours de son incarcération, il avait découvert avec horreur la politique raciale du IIIe Reich. À croire que la vie au stalag constituait le meilleur moyen de se tenir informé !

Else Brüner baissa les yeux. Elle avait une trentaine d'années, était grande et solidement charpentée mais, curieusement, paraissait timide. Ludovic esquissa un haussement d'épaules. Il n'avait pas l'intention de s'interroger au sujet de ses employeurs ! Certes, il était bien mieux nourri qu'au camp et sa mansarde sous les combles lui offrait un refuge mais il demeurait un *Kriegsgefangene*, un prisonnier de guerre, comme l'indiquaient les deux lettres – KG – inscrites sur sa capote, taillable et corvéable à merci.

Il termina son assiette de soupe, mangea du pain gris et du fromage, tout en essayant de comprendre les mots échangés autour de lui. Grâce à Willy, il parvenait à établir des concordances entre les termes allemands et français. Pas question cependant de se débrouiller seul. Tant qu'il serait incapable de le faire, il ne pourrait envisager sérieusement une évasion.

18

Décembre 1942

Le givre craquait sous ses pas. L'air vif, piquant, lui semblait grisant. L'air de la liberté... Un oiseau de proie tournoyait dans le ciel d'un bleu pur, presque trop bleu. Thibaut prit une longue inspiration. Il reconnaissait le paysage, découvert en septembre 1939, alors qu'il s'apprêtait à rentrer à la faculté de droit de Lyon. C'était Benoît qui l'avait entraîné au Contadour. Benoît et lui s'étaient liés d'amitié à l'école primaire. Il venait sur la montagne de Lure depuis 1937 et avait participé à la rédaction des *Cahiers duContadour*. Tous deux vouaient une profonde admiration à Giono, qui leur avait fait découvrir une nature différente sur un plateau désertique, sous un ciel immuable, entre forêt de résineux, champs de lavande et murets de pierres sèches.

Là-haut, parmi des intellectuels venus pour la plupart de Paris et attachés à une vision humaniste du monde, Thibaut avait appréhendé une autre façon de concevoir cette époque troublée.

Depuis une dizaine d'années, plus précisément depuis un certain soir de 1932, il avait le sentiment que sa famille avait explosé. Ce soir-là, sa mère était partie en laissant un mot bref : *Je n'en peux plus, j'ai besoin d'une autre vie.*

Thibaut n'avait rien oublié. Le visage décomposé de son père, son départ précipité, la solitude de l'appartement trop vaste de la rue Molière.

Il avait douze ans, alors, et il avait pensé que c'était de sa faute. Sa mère avait-elle su qu'il avait eu des notes catastrophiques en maths ? Les maths étaient son cauchemar !

Sybille Deslandes, couturière ayant pignon sur rue, travaillait beaucoup dans son atelier où elle recevait des épouses de notables. Elle répétait de temps à autre qu'elle rêvait d'une autre existence, moins monotone, de sorties au théâtre, de vacances. Son époux, Max, enseignait la philosophie dans un lycée coté mais ne s'intéressait qu'à ses livres. « J'étouffe », murmurait-elle parfois en portant la main à sa gorge. C'était une belle femme, grande, avec des cheveux blonds qu'elle nouait en chignon strict. Thibaut se rappelait son parfum et revoyait Sybille appuyer sur le bouchon en forme d'éventail. Le cou, les oreilles, l'intérieur des poignets… Elle jetait un coup d'œil à son reflet, tapotait son chignon et vaporisait à nouveau comme un brouillard autour d'elle. Elle se retournait alors vers son fils, debout sur le seuil de sa chambre, et lui souriait distraitement. « Je sors ce soir, mon chéri, lui disait-elle. Babou a préparé le repas. Vous dînerez entre hommes, papa et toi. »

Babou avait été la bonne de Sybille et avait continué à exercer sa fonction après le mariage de celle qu'elle avait quasi élevée. Sybille proclamait d'ailleurs que, sans Babou, elle n'aurait jamais pu travailler comme elle le faisait. Ces soirs-là, Thibaut détestait sa mère, avait le sentiment qu'elle les abandonnait. Ce qui avait fini par arriver.

Il se souvenait de soirées interminables passées à jouer aux échecs avec son père, de terribles moments de solitude, d'incursions dans la chambre de Sybille, restée en l'état. Il avait trouvé un jour un flacon presque vide de Shalimar dans un tiroir de la commode. Le parfum aux notes vanillées le troubla infiniment dès qu'il ouvrit le flacon signé Baccarat. Il l'avait subtilisé, enfoui sous ses chandails. Lorsque l'absence de Sybille se faisait trop cruelle, il se grisait de la fragrance magique, mêlant bergamote, rose, jasmin et vanille.

Le jour où Babou l'avait surpris, elle s'était contentée de lui dire : « Cela ne sert à rien de te faire du mal, mon petit. Ta mère ne reviendra pas. » Ce qui ne l'avait pas empêché d'espérer…

Il avait jeté le flacon après avoir appris le remariage de Sybille, en 1938. Elle avait épousé un homme d'affaires britannique et s'était installée à Londres. Ils s'étaient revus dans un salon de thé de la rue Saint-Jean. Sybille portait ce jour-là une robe-manteau bleu roi et un chapeau coquettement incliné sur l'oreille. Thibaut l'avait trouvée étonnamment jeune. « Prends bien soin de ton père », lui avait-elle recommandé, alors qu'il se régalait d'une tarte aux poires et aux pralines, elle-même se contentant d'une tasse de thé. Le sursaut de son fils l'avait fait sourire. « Tu connais ton père…, avait-elle insisté. Sorti de ses chers philosophes, il est complètement inadapté au quotidien. C'est bien pour cette raison, d'ailleurs, que je vous ai laissé Babou. Max aurait été capable de faire sauter l'immeuble rien qu'en allumant le gaz. »

C'était vrai, naturellement, même si Thibaut en avait pris ombrage. Il n'aimait pas le ton, mi-amusé, mi-méprisant, dont Sybille usait pour critiquer son ex-mari. Max avait toujours été un père très présent, même si l'on s'ennuyait très vite en sa compagnie. Comment lui en tenir rigueur ? Sans Sybille à ses côtés, sa vie lui paraissait dépourvue de sens.

Thibaut n'avait pas revu sa mère depuis plus de quatre ans. Elle lui avait écrit de loin en loin, jusqu'à ce que l'échange de courriers avec l'Angleterre ne soit interdit. Il se demandait parfois si elle pensait encore à lui. Grâce aux capitaux de son nouvel époux, elle avait monté sa maison de couture à Londres et menait plutôt bien sa barque.

De son côté, Max s'accrochait à son lycée, à ses élèves, tout en cherchant à maintenir le dialogue avec son fils, qui avait entamé des études de droit.

Il régnait une curieuse atmosphère à Lyon en 1941. Proche de la ligne de démarcation, la ville la plus importante de la zone libre avec Marseille avait accueilli nombre de réfugiés. Dès 1940, des résistants de la première heure avaient rédigé tracts, puis journaux, tels que *Le Coq enchaîné* ou *Franc-Tireur*. La plupart des mouvements avaient installé une antenne à Lyon, devenue une véritable plaque tournante de l'opposition au régime de Vichy et à l'occupation allemande. Fidèle à l'humanisme de son père et à l'idéal d'un monde nouveau des rencontres du Contadour, Thibaut s'était engagé très tôt, d'abord en distribuant des tracts à la faculté puis en entrant en contact avec d'autres résistants. Il considérait son action comme insuffisante. Le déclic s'était produit en août 1942, au moment de la rafle. De très nombreux Juifs s'étaient réfugiés à Lyon. Ne répétait-on pas qu'ils n'y risquaient rien ? Pourtant, plusieurs associations, pour la plupart clandestines, redoutaient une action depuis quelques jours. Thibaut en avait entendu parler, sans pour autant y accorder foi. L'un de ses contacts, Flanquin, l'avait vite détrompé. Le 20 août, avant l'aube, des agents en civil en possession d'adresses et de listes nominatives avaient procédé à l'arrestation de tous les Juifs étrangers et les avaient poussés dans des cars. Plus de mille deux cents hommes, femmes et enfants avaient été regroupés dans un camp à Vénissieux.

Comme nombre de ses camarades de lutte, Thibaut avait alors bataillé pour sauver ceux qui avaient pensé être à l'abri à Lyon. Catholiques et protestants s'étaient unis pour défendre les proscrits.

Franc-Tireur avait publié un article marquant :

> *À Lyon, Toulouse, Marseille, Nice, Montélimar, dans les bourgs et les villages de tous les départements, la population française indignée a été témoin de scènes infâmes et déchirantes ; la battue des malheureux réfugiés israélites que Vichy livre aux bourreaux hitlériens. Des vieillards de soixante ans, des femmes et des malheureux gosses ont été avec les hommes empilés dans des trains qui partent vers le Reich et vers la mort. C'est dans notre patrie que cette abjection se passe ! Vichy semble s'acharner à déshonorer la France*[1].

1. Source : *Une histoire de la Deuxième Guerre mondiale*, vol. 3, *1942, le jour se lève*, Max Gallo, XO éditions, 2011.

La lecture de ce texte avait quelque peu rasséréné Thibaut et renforcé sa conviction de se battre. L'action des militants d'Amitié chrétienne avait permis de sauver plusieurs centaines de Juifs. Pourtant, fin août, plus de cinq cents personnes avaient été déportées.

« Vers l'est », disait-on pudiquement. Or, grâce aux premiers témoignages de cheminots profondément choqués, on commençait à entendre parler de convois transportant dans des conditions inhumaines hommes, femmes et enfants vers un inconnu chargé de menaces.

Thibaut embrassa du regard le plateau, désert, empreint de mystère dans sa solitude glacée. Là, un peu plus de trois ans auparavant, ils avaient disserté à loisir sur leur volonté pacifiste. Ce temps-là était bel et bien révolu ! Seule l'action permettrait aux Français de relever la tête.

La rafle d'août 1942 avait sonné le glas des dernières illusions. Début octobre, commençait le recensement de tous les Français de dix-huit à cinquante ans et de toutes les Françaises célibataires de vingt et un à trente-cinq ans. Personne n'ignorait le but de ce décomptage : le STO, Service du travail obligatoire. En effet, malgré une propagande intensive – les Français partis volontairement travailler en Allemagne seraient traités comme de vrais coqs en pâte –, malgré le système de la relève instauré par Laval – trois ouvriers partis permettant à un prisonnier de rentrer –, l'enrôlement, fondé sur le volontariat, ne remportait pas de succès. Sauckel, responsable allemand de la main-d'œuvre, renforça ses exigences. Ses soldats étant présents sur tous les fronts, il avait un besoin croissant d'ouvriers pour faire tourner à plein l'industrie du Reich.

Thibaut, comme beaucoup d'autres, avait compris que ses jours d'étudiant étaient comptés. « Toujours plus ! » semblait être le mot d'ordre de Laval et de Sauckel. Son père lui-même lui avait conseillé de partir, de fuir Lyon. « Tel que je crois te connaître, mon garçon, tu te réaliseras beaucoup mieux dans l'action clandestine. »

Thibaut esquissa un sourire. Max avait de ces mots ! « Se réaliser… » Comme si c'était possible en ces temps troublés ! Benoît et lui avaient pris la route début novembre. Chaudement vêtus, havresac sur le dos, ils étaient partis en direction du sud, vers cette montagne de Lure qui leur paraissait être encore préservée.

Trois jours plus tard, le 11 novembre, les troupes allemandes entraient en zone libre. Thibaut serra les poings à ce souvenir. « C'est foutu », avait commenté Benoît, le visage défait. Et lui avait corrigé : « Non, mon vieux, c'est juste le commencement. »

19

Mai 1943

Un soleil timide réchauffait la terre au terme d'un hiver particulièrement rigoureux. Ludovic ne supportait plus les assauts du vent, les pluies diluviennes et la boue, mélange de neige et de grésil qui donnait l'impression de piétiner dans une gadoue déprimante. Par-dessus tout, il désirait rentrer chez lui.

Pourtant, il aurait eu mauvaise grâce de se plaindre. À la ferme, il était plus considéré comme un membre de la famille que comme un prisonnier de guerre. Il avait sa place à table, aux côtés de Willy, et la maîtresse de maison le traitait avec bonté.

La simple évocation d'Else Brüner le fit se rembrunir.

Il n'aurait jamais dû céder à la tentation. Mais comment résister à une jeune femme appétissante vous faisant comprendre que vous lui plaisez ? Else s'était montrée plus directe que les Françaises qu'il avait connues. C'était arrivé fin décembre, dans la grange à foin. Curieusement, le temps s'était adouci durant la dernière semaine de l'année. Else avait confectionné de petits sablés pour la Saint-Sylvestre et en avait apporté quelques-uns à Ludovic qui remplissait une brouette de foin pour aller nourrir les bêtes.

Il s'était retourné vers elle, l'avait trouvée attirante dans sa blouse bleue assortie à ses yeux et sa jupe de laine grise. « Pour vous », avait-elle dit, en français, avec un accent très prononcé. Il se rappelait fort bien la flambée de désir éprouvée en la découvrant sur le seuil de la grange. Il avait eu envie d'elle, là, sur-le-champ. Cependant, il n'aurait rien tenté ; il savait que les relations entre Allemandes et prisonniers de guerre français étaient sévèrement réprimées. On racontait au stalag qu'un Français avait été exécuté pour ne pas avoir respecté cet interdit. Or, Ludovic avait une seule obsession : rentrer au pays.

Else avait fait le premier pas. Elle s'était approchée de lui, avait effleuré sa bouche du bout des doigts. L'instant d'après, incapable de se contenir, Ludovic la faisait basculer dans le foin.

Leur étreinte avait été brève et intense. Comme Ludovic l'avait confié plus tard à Alexei, il y avait plus de deux ans et demi qu'il n'avait pas touché une femme. Depuis la fin de la drôle de guerre.

Else avait gémi sous lui et murmuré des mots qu'il n'avait pas compris. À croire qu'inconsciemment il refusait de parler cette satanée langue ! Plusieurs de ses camarades se débrouillaient plutôt bien alors que lui était fermé à l'allemand.

Il avait eu peur, ensuite, qu'elle ne le dénonce mais elle s'était relevée, avait ôté quelques brins d'herbe de sa jupe et était repartie comme si de rien n'était. « Curieuse bonne femme », avait pensé Ludovic.

Depuis, elle s'arrangeait pour le rejoindre, se donnait avec ardeur avant de reprendre un air impassible.

« Méfie-toi d'elle, lui recommandait Alexei. Les Boches sont traîtres et hypocrites. » Ludovic crispa les mâchoires. Alexei était mort fin février, alors que l'hiver tenait toute la région sous son emprise. Une mort stupide, beaucoup trop fréquente. Alexei avait eu le tort, ou l'inconscience, de se révolter ouvertement contre le traitement inhumain infligé aux prisonniers russes. Un gardien avait vidé son chargeur sur lui. Par la suite, le premier choc passé, Ludovic avait pensé qu'il s'agissait certainement d'une forme de suicide. Alexei, épuisé par la sous-alimentation et par les travaux forcés, n'avait plus eu la force de lutter. Mais il avait voulu mourir en homme, debout.

Quand Ludovic avait appris la tragédie, il avait eu envie de hurler sa peine et sa révolte. Un camarade, Daniel, l'en avait empêché. « Au contraire, il faut vivre, lui avait-il dit. C'est le meilleur moyen de lutter contre ces monstres. »

Lorsqu'il était rentré à la ferme, le lendemain, il avait entraîné Else jusqu'à sa chambre, là où elle ne l'avait jamais invité, et l'avait prise avec une sorte de rage sous la photographie d'un soldat de la Wehrmacht au regard empreint de mélancolie, comme s'il avait pressenti sa mort prochaine sur le front russe.

Il avait eu honte, après. Qui était-il pour se venger sur une femme ? Cependant, rien n'y faisait ; elle restait pour lui une ennemie.

Et, à présent, elle portait son enfant ! Un goût amer emplit la bouche de Ludovic. Elle venait de le lui expliquer, en posant la main sur son ventre. Elle parlait désormais mieux le français que lui l'allemand. « Bébé, avait-elle soufflé, *Kind* », avant d'esquisser le mouvement de bercer un enfant.

Il l'avait repoussée, presque brutalement. Un enfant de Boche ? Jamais ! Il ne l'aimait pas, n'éprouvait rien pour elle. Les mots n'étaient rien. Sa réaction avait été suffisamment explicite.

Else, livide, recula. Qu'avait-elle donc cru ? songea Ludovic. Qu'il allait se jeter dans ses bras ? Ils étaient en guerre.

– *Krieg*, martela-t-il. Ennemi.

Il suivait avec une joie mauvaise l'effet des mots qu'il prononçait sur le visage de l'Allemande. C'était tout ce qu'elle était pour lui. Une Bochette, dont il avait profité, sans remords.

Elle s'enfuit en direction de la ferme. Elle pouvait le faire arrêter, affirmer qu'il l'avait violée, pensa Ludovic. À cet instant, cela lui était égal.

– Tu sais qu'Else risque gros ?

Stupéfait, Ludovic laissa tomber le seau d'eau qu'il venait de déverser sur son torse.

C'était un rituel. À la fin de sa journée de travail, il se lavait à la pompe de la cour. Werther, assis sur le banc, l'observait.

– Vous parlez français ? s'étonna le Baronniard.

Le vieil homme cligna de l'œil.

– J'ai été soigné près de Verdun. Par des religieuses qui connaissaient l'allemand. Je me débrouille…

– Plutôt bien ! fit le Français après avoir sifflé entre ses dents.

Il essayait de gagner du temps. Pourquoi Werther avait-il seulement évoqué les risques encourus par sa fille ? Lui, Ludovic, n'était-il pas concerné au premier chef ? Il ne se rappelait que trop la circulaire signée à son entrée en Allemagne, en 1940. Elle reprenait une loi du 10 janvier 1940 stipulant :

> *Toute relation des prisonniers de guerre français avec la population allemande est interdite. S'approcher ou causer avec les femmes et les jeunes filles allemandes est strictement défendu. Tout contrevenant s'exposera à une peine sévère allant de dix ans de prison à la peine capitale et entraînera systématiquement, de par sa mauvaise conduite, des sanctions contre la personne fautive allemande*[1].

– Elle vous a parlé ? reprit-il avec un soupçon de gêne.

Le fermier secoua la tête.

– Pas besoin. J'ai des yeux pour voir. Je ne veux pas que ma fille souffre.

Ludovic esquissa une moue.

– Je ne l'ai pas obligée.

Werther se leva pesamment. Malgré sa manche pendante, il était encore capable de lui administrer une bonne correction. Ludovic respectait le vieil homme et n'avait pas la moindre envie de se battre contre lui.

– Ne porte pas de jugement sur ma fille, gronda-t-il. Ce n'est pas une traînée, elle a toujours été fidèle à son mari. C'est juste que…

1. Loi votée par l'OKW n° 90 ou 92 du 10 janvier 1940.

Il jeta un coup d'œil autour de lui, comme pour vérifier que personne ne pouvait l'entendre, hormis le prisonnier français, et ajouta :

– Cela fait des années qu'elle désire une petite fille. Pour lui rappeler sa Frieda.

Ludovic se sentait perdre pied.

– Sa Frieda ? répéta-t-il.

Alors le vieil homme lui expliqua. Frieda était née en 1937. Lui, Werther, avait vite compris que l'enfant ne se développait pas normalement. Il en avait même parlé à mots couverts avec son gendre.

Mais Else refusait de voir la réalité en face. Elle était folle de sa petite Frieda, passait des heures à la bercer pour apaiser ses colères, lui tricotait des vêtements, s'efforçait patiemment de la stimuler.

Elle avait commencé à s'inquiéter le jour où leur médecin l'avait regardée avec compassion. Werther, lui, avait peur depuis longtemps. Il n'avait aucune connaissance médicale mais, pour avoir eu un frère mongolien, il avait vite reconnu certaines caractéristiques physiques telles que la face ronde et plate, le nez court et épaté, les yeux bridés et le ventre gonflé. Son opinion était faite, celle de son gendre également. Leur crainte s'était accentuée à la lecture d'affiches de plus en plus explicites. On insistait en effet sur le coût des malades mentaux et la lourde charge qu'ils représentaient pour le Reich. À la fin de l'année 1939, Frieda, qui devenait de plus en plus agitée, avait été placée sur la suggestion du médecin dans une institution spécialisée. Else l'avait fort mal supporté mais s'était résignée puisqu'on lui répétait que c'était pour le bien de sa petite fille. Elle avait sombré à la réception d'un document officiel lui annonçant la mort de Frieda, au printemps 1940.

Werther soutint le regard perplexe de Ludovic.

– Curieusement, les enfants mongoliens de la région qui avaient eux aussi été placés sont tous morts dans les mois suivant ce placement, déclara-t-il.

Il avait procédé à des recherches, rencontré un journaliste de Dortmund, fini par entendre parler de l'Aktion T4, qui avait programmé avec un cynisme sidérant l'élimination des malades mentaux et des incurables.

– Notre Frieda a été assassinée, c'est certain, conclut le vieil homme. Je n'ai rien dit à Else, elle était déjà assez désespérée.

Ludovic se racla la gorge. Il ne se rappelait pas avoir été autant embarrassé de sa vie mais, s'il éprouvait de la compassion pour Else, il n'était pas disposé à se sacrifier.

– Je suis désolé, marmonna-t-il.

Werther soupira.

– Je ne te demande rien. Seulement de comprendre ma fille. Pour le reste, nous nous arrangerons.

Il fit demi-tour, se retourna au moment de franchir le seuil de la ferme.

– Pas un mot, surtout ! lança-t-il. Le journaliste de Dortmund s'est défenestré fin 1940. Ça m'a paru étrange. Ce n'était pas le genre de gars à se suicider. Je pense plutôt qu'il gênait…

Ludovic ne trouva rien à répondre.

Il se sentait pris au piège.

20

Juin 1943

Le berger les avait guidés vers les gorges de la Méouge sans la moindre hésitation.

Il avait souri quand Bruno, désigné pour prendre le commandement de leur groupe, lui avait demandé de se choisir un pseudonyme. « Félix. On m'appelle simplement Félix, et je ne suis pas près de changer », avait-il déclaré de sa voix grave, ne souffrant pas la contradiction.

Thibaut s'était rappelé l'avoir déjà croisé une fois, alors qu'il se rendait au Contadour. Félix n'était pas de ceux qu'on oubliait ! Sa haute silhouette, son chapeau cabossé, sa cape sombre, ses chiens étaient connus de toute la région. Le berger avait désigné un hameau dominant les gorges et, encore au-dessus, derrière un rocher érodé en spirale, les premiers chênes d'une forêt. Des buissons de cade et de genévrier s'accrochaient aux anfractuosités. « Là-haut, vous serez tranquilles », leur avait-il dit, et Bruno n'avait pas protesté.

Bruno venait de Marseille, où la Milice commençait à s'intéresser un peu trop à lui. Ils étaient quinze, venus d'horizons fort différents, regroupés autour de Bruno. Parmi eux, Thibaut. Son premier hiver passé dans la clandestinité l'avait marqué. Habitué à vivre en ville, il avait souffert du froid et de la faim. Benoît et lui avaient coupé du bois de chauffage, effectué quelques travaux dans des fermes isolées où on leur avait parfois offert le vivre et le couvert. Ce faisant, ils avaient eu l'impression de perdre leur temps.

Heureusement, en avril 1943, la mise sur pied de plusieurs maquis leur avait permis d'agir, enfin ! Bouche-à-oreille, regroupement… Ils avaient établi leur campement du côté du col Saint-Jean.

Plutôt sommaire, ce campement ! Huttes en troncs d'arbres, toits de terre et de feuillage, « sac à viande » en guise de literie et nourriture constituée de graines de millet pourries.

Peu importait aux jeunes gens pour la plupart âgés d'une vingtaine d'années. Ils s'étaient organisés au fil des semaines et, grâce à Félix, venaient de s'installer dans la vallée de la Méouge. Là-haut, ils avaient eu l'heureuse surprise de découvrir des maisons – « Des vraies maisons ! » s'était exclamé Henri, le benjamin de la bande – certes abandonnées mais qu'il avait été facile de remettre en état. La situation panoramique permettait de repérer très vite d'éventuels visiteurs. Restaient deux problèmes de taille : le ravitaillement et l'armement.

On a faim à vingt ans… Et les jeunes gens, en pleine croissance et déjà affectés par un rationnement de plus en plus strict, avaient très faim !

Il fut vite décidé de faire appel à la générosité des agriculteurs. Les maquisards se rendaient fréquemment dans les fermes des alentours et ils parvinrent à se constituer un réseau de donateurs. Moutons, épeautre, pain, pommes de terre… Les fruits étaient cueillis dans la vallée. Thibaut, qui ne pouvait tenir en place, s'était porté volontaire pour aller distribuer des tracts. Il allait chercher les feuilles ronéotypées chez un imprimeur de Sisteron et revenait à pied, par des chemins de montagne. Il transmettait ensuite les doubles pages aussi bien à Laragne, qu'à Montfroc, Lachau ou Ballons et Villefranche-le-Château.

Pourtant, il s'impatientait. Leur action lui paraissait insuffisante, tout comme leur préparation militaire. Bruno tenait au salut au drapeau, matin et soir, au pied du mât dressé à l'ombre d'un chêne vert. Gardes assurées avec relève toutes les deux heures, postes de guet, ordre de se coucher tout habillé, chaussures aux pieds, afin de parer une attaque à l'aube… Ces mesures ne pallieraient pas l'absence tragique d'armes. « Si la Milice ou les Boches nous débusquent, nous nous battrons à mains nues ? » ironisait Benoît. Et Jeannot, aumônier de son état, répliquait sans se laisser démonter : « La Providence y pourvoira. »

La diversité de leurs origines sociales, de leurs professions faisait leur force. Jeannot avait dû se cacher après avoir été dénoncé pour avoir sauvé plusieurs enfants juifs. Il était lyonnais, ce qui l'avait rapproché de Benoît et de Thibaut. Tous souffraient de ne pouvoir recevoir des nouvelles de leurs familles. Pas question, en effet, de les mettre en danger en leur envoyant du courrier – ils étaient recherchés, soit par la justice, soit par la

Gestapo. Bruno, habitué à la clandestinité, avait imaginé un stratagème avec la complicité du facteur de Lachau. Par une filière assez compliquée, les maquisards avaient prévenu leurs proches qu'ils pouvaient leur écrire au nom de M. Riquet à Lachau. René, le facteur chargé du tri, rangeait dans un casier postal toutes les lettres adressées à ce M. Riquet et les glissait sous une pierre plate sur la route d'Eygalayes.

Chaque arrivage était source d'émotion et de mélancolie. Certaines nouvelles étaient particulièrement tristes. La mort d'un aïeul, une séparation, une arrestation… On prenait aussi connaissance de messages d'espoir, des fiançailles, une naissance…

Le poste émetteur-récepteur apporté par Bruno leur permettait de demeurer en contact avec d'autres groupes. Ils apprirent ainsi l'arrestation de Jean Moulin et de sept autres résistants, dans la maison du docteur Dugoujon, à Caluire. Ce jour-là, Jeannot fut le premier à proférer un horrible juron. Confus, il expliqua à ses camarades qu'il avait rencontré une fois Jean Moulin à Caderousse, au bord du Rhône. Son radio, Hervé Montjaret, diffusait clandestinement, depuis la petite ville du Vaucluse, les premiers messages à destination de Londres. L'affaire de Caluire constituait un choc terrible pour la Résistance, la concrétisation d'une menace avec laquelle il fallait bien vivre.

Jeannot, les yeux mi-clos, récita des fragments d'un poème qu'il connaissait par cœur, « Le Veilleur du Pont-au-Change » :

Je vous appelle dans ma langue connue de tous
Une langue qui n'a qu'un mot : Liberté[1] *!*

Thibaut l'approuva d'un hochement de tête. Son père avait recopié ce poème de Robert Desnos, dans sa dernière lettre. Tout en rappelant en post-scriptum :

Même si je suis particulièrement fier de toi, mon fils, n'oublie pas de revenir. Je t'attends.

Ce jour-là, en lisant les pattes de mouche de Max, Thibaut avait eu la gorge serrée. Son père lui paraissait tout à coup très lointain.

César, troisième du nom, qui montait la garde à l'entrée de la bergerie, gronda sourdement. Aussitôt alertée, Valentine jeta un coup d'œil autour d'elle et sortit sur le seuil. Elle était en permanence sur le qui-vive, plus pour les petits et ses parents que pour elle-même.

Tout avait commencé en mai 1942, alors qu'une ordonnance instituait pour les Juifs le port obligatoire de l'étoile jaune.

Ou bien avant, en y réfléchissant. C'était Cécile qui lui avait fait prendre conscience de la gravité de la situation.

Son père l'avait soutenue, ainsi que Félix, toujours prêt à s'investir. Si Antonia s'était montrée plus réservée, elle n'avait pas, cependant, protesté. « Pendant la guerre de 14, j'aurais tant voulu qu'on m'aide », avait-elle

1. Écrit en 1942. Robert Desnos, *Destinée arbitraire,* Gallimard, 1975.

murmuré alors que Valentine tentait de la convaincre du bien-fondé de leur action.

Ils avaient d'abord accueilli Jonas, un petit garçon silencieux au regard meurtri, puis Pavel, âgé de cinq ans, qu'on devait maintenant appeler Paul. Pavel avait déjà connu plusieurs familles d'accueil et effectué un véritable périple, d'un foyer de l'OSE[1] à un pensionnat catholique. Ses parents, partis dès 1938 de Tchécoslovaquie, avaient confié leur fils unique à cette institution juive au début de l'année 1942. La rafle du Vel'd'Hiv avait hélas confirmé leurs pires craintes.

Après une période difficile durant laquelle Pavel-Paul, pris de crises de colère irrépressibles, se roulait sur le sol en hurlant, le petit garçon s'était attaché à César. L'enfant et le chien, inséparables, aidaient Valentine à s'occuper des bêtes. Le soir, la jeune fille apprenait à lire à Paul. Ses parents et elle n'avaient pas osé l'inscrire à l'école. Paul, en effet, parlait mieux le yiddish que le français, et ses accès de rage risquaient de mettre en danger le réseau. Son esprit vif, ses câlins attendrissaient ses interlocuteurs jusqu'au moment où il piquait une colère terrible pour un prétexte futile.

« Cet enfant aurait été déclaré possédé il y a moins d'un siècle », avait commenté Félix un soir où il venait d'assister à ce genre de scène. Il avait ajouté, devant le froncement de sourcils d'Antonia : « Je ne dis pas que je le pense, voyons ! » Un vieux contentieux opposait la fermière et le berger. De quel ordre ? Personne ne le

1. Œuvre de secours à l'enfance.

savait, pas même Pierre. En tout cas, ces deux-là ne s'appréciaient guère, c'était l'évidence. « Qui sait ce que ce petit a entendu, enregistré dans sa mémoire, sans même en avoir conscience ? » avait repris Félix.

Le berger parcourait des distances ahurissantes, servant d'agent de liaison, toujours accompagné de Vaillant. Prince était mort l'hiver dernier et il ne l'avait pas remplacé. « À quoi bon ? avait-il soupiré. Il n'y a plus de transhumance, de moins en moins de troupeaux… J'ai bien mieux à faire ! »

Les réquisitions allaient croissant d'une année sur l'autre. Brebis, agneaux… Il n'y avait pas de limites aux exigences des occupants. Seule parade : la débrouillardise. On dissimulait du blé dans des tonneaux, on abattait le cœur gros ses bêtes afin de les soustraire aux Allemands.

Un étranger grimpait le raidillon menant à la chèvrerie. Valentine remarqua tout de suite sa chemise ouverte et son short en toile. Il n'était pas du pays ; elle ne l'avait jamais vu.

– Bonjour, dit-il.

La brise du soir, descendue de la montagne, agitait ses cheveux drus, couleur de noisette. Il paraissait sympathique, bien que son père lui ait souvent répété : « A beau mentir celui qui vient de loin. »

Elle le salua, en restant sur ses gardes.

L'étranger se rapprocha. Son visage était émacié, mais il émanait de lui une vitalité réconfortante.

– Je viens de là-haut, reprit-il, en désignant la direction des gorges de la Méouge. Avez-vous de la nourriture pour mes camarades et moi ? Nous en avons vraiment besoin.

Il parlait avec un accent légèrement chantant, en avalant les voyelles finales.

– Vous êtes de Lyon, sourit Valentine.

– Je suis d'ici, maintenant, répondit-il prudemment.

Ils échangèrent un regard incertain, comme si chacun prenait la mesure de l'autre.

– Je vais voir ce que je peux faire, annonça enfin Valentine.

Du lard, de l'épeautre suffiraient-ils ? Son père était parti à Séderon, chez le vieux Marcel, à qui il donnait la main, chaque année, pour la fenaison. Marcel était un ami de papé Louis et Pierre n'aurait jamais manqué ce rendez-vous. Fidélité, respect des anciens, attachement à la parole donnée… C'était ainsi !

– Revenez ce dimanche, proposa la jeune fille. Vous verrez avec mon père.

Embarrassé, l'étranger toussota.

– Si vous pouviez nous dépanner aujourd'hui… Nous avons de plus en plus faim !

– Vous êtes plus maigre qu'un coucou ! lança-t-elle.

Les Ferri avaient la chance de ne pas vraiment souffrir de la faim grâce à la ferme mais ils savaient que, dans le nord de la Drôme ou même à Rémuzat, la situation était dramatique. Sans parler du Vaucluse, où la mortalité des pensionnaires de Montfavet[1] était effrayante.

Elle tira la porte de la chèvrerie derrière elle.

---

1. Asile psychiatrique.

– Venez ! dit-elle, tandis que César III, le nez sur les chaussures du Lyonnais, menaçait ses mollets.

Elle s'avança vers la ferme en sifflotant *Malbrough s'en va-t-en guerre*. C'était le signal. Dès qu'elle l'entendait, Antonia dissimulait Paul dans une cache aménagée dans le placard de la bugade.

Les ombres de la nuit s'allongeaient sur la vallée. L'air légèrement piquant était le bienvenu après la touffeur du jour. Presque malgré elle, Valentine enveloppa d'un regard de propriétaire la Grange et les terres alentour.

– J'ai toujours vécu ici, confia-t-elle. J'aime ma terre, mon pays.

– Je vous comprends, murmura-t-il.

Dans la salle, Antonia cousait. Au cours de l'hiver dernier, elle avait taillé des pantalons pour sa fille dans une vieille couverture. Elle riait d'elle-même de temps à autre, s'étonnant : « Quand j'étais jeune, je ne savais pas tenir une aiguille ! Il a bien fallu que je m'y mette… »

Paul avait disparu, comme prévu. Valentine réprima un soupir. La peur était devenue une compagne familière. La jeune fille expliqua rapidement la situation à sa mère, qui acquiesça d'un signe de tête.

– Oui, du lard, de l'épeautre, des tommes. Prépare le paquet, veux-tu ? Pendant ce temps, je vais faire mieux connaissance avec monsieur…

– Marquis, balbutia le visiteur.

Brusquement, dans la salle paisible, il avait pensé à sa propre enfance. Et cela lui avait fait mal.

21

Janvier 1944

Le froid, la faim étaient devenus une obsession pour Ludovic. À intervalles réguliers, il revoyait la succession d'événements l'ayant conduit en Pologne, à la forteresse de Graudenz, et se demandait pourquoi diable il n'avait pas résisté à Else. Comparé à Graudenz, le stalag Hemer pouvait en effet être qualifié de camp de vacances !

Les ennuis avaient commencé dès que la grossesse d'Else Brüner avait été visible en août. Si l'attitude de Werther n'avait pas changé, Willy était devenu agressif et désagréable avec le *Kriegsgefangene*. Else, pour sa part, donnait l'impression d'évoluer sur un nuage. Elle demeurait imperméable aux conseils de prudence de son père et se préoccupait de confectionner une layette, malgré les restrictions.

Ludovic, lui, tentait de se convaincre qu'il ne risquait rien. Après tout, n'avait-on pas besoin de lui à la ferme Brüner ?

Les événements se précipitèrent en septembre alors qu'Else ne cherchait pas à dissimuler son ventre proéminent. Une voiture noire s'arrêta un matin dans la cour de la ferme. Deux individus aux visages fermés en descendirent. Ils entraînèrent Else, qui préparait le déjeuner, dans leur automobile, sans tenir compte de ses protestations. Ils ne s'intéressèrent même pas à Ludovic.

Celui-ci, à la fois contrarié et ennuyé, ne savait quelle attitude adopter. Werther, accablé, attira son petit-fils contre lui mais Willy, très remonté, s'attaqua à Ludovic.

– *Es ist deine Schuld*[1] *!* hurla-t-il en lançant des coups de pied dans les mollets du Français.

Il s'efforçait de tenir le gamin à distance respectable sans pour autant lui faire de mal. Il se sentait dépassé par l'ampleur et la gravité qu'avait prises cette affaire. Que diable ! Else était veuve, lui-même célibataire, ils n'avaient pas commis de crime. Et pourtant… Il se rappelait la mise en garde de Werther, plusieurs mois auparavant. « Sais-tu qu'Else risque gros ? » lui avait-il dit. Il se rappelait aussi avoir signé une circulaire à son arrivée en Allemagne. Celle-ci stipulait que toute relation des prisonniers de guerre français avec la population allemande était formellement interdite.

Il était trop tard pour revenir en arrière. Ludovic en avait perdu le sommeil. Il ruminait une tentative d'évasion, assurément vouée à l'échec car un garde s'était attaché à ses pas. Il se sentait aussi coupable vis-à-vis d'Else et de sa famille. La jeune femme n'avait-elle pas été suffisamment éprouvée au cours des dernières années ?

1. « C'est de ta faute ! »

« Elle t'a utilisé comme géniteur, elle savait fort bien ce qu'elle faisait », lui soufflait une voix intérieure, sans parvenir à le libérer de ses remords.

Ils vinrent l'arrêter moins d'une semaine après avoir emmené Else vers l'inconnu. Juste le temps pour lui d'espérer s'en sortir. Quelle illusion !

Il gardait un souvenir confus des jours suivants. Comme si ce n'avait pas été lui qui avait été traduit devant un tribunal militaire nazi. Voyage en train, sous étroite surveillance, comparution de quelques minutes. Pas d'interprète, naturellement. Ludovic avait compris que l'officier requérait trois ans de travaux forcés. Son avocat, avec qui il n'avait pas été autorisé à parler, avait prononcé une seule phrase. Le verdict n'avait pas tardé. Trois ans de travaux forcés.

Il avait saisi un mot, « Graudenz », sans avoir la moindre idée de ce qu'il voulait dire.

Un nouveau voyage en train, sous escorte. Des paysages mornes sous un ciel bas, du vent qui ébouriffait, tordait les arbres. Et une impression de désolation qui vous serrait la gorge. Brusquement, Ludovic avait pensé au Ventoux, à la montagne de Lure et aux champs de lavande de Valentine.

Un désir fou d'évasion le taraudait. Il savait pourtant qu'il n'aurait pas la moindre chance de s'en tirer. Il portait toujours sur sa capote les deux initiales KG. D'après ses estimations, le train roulait vers l'est. Quelle que soit sa destination finale, Ludovic voulait vivre.

« Vivre ! » se répéta-t-il sur un ton empreint de dérision. Chaque semaine, sous la douche, il pouvait suivre sur les corps nus de ses camarades les marques des privations endurées. Astreints à des travaux déjà pénibles pour des hommes en pleine santé, les prisonniers du camp de Graudenz, mourant de faim, vivaient l'enfer. En découvrant la ville fortifiée au bord de la Vistule, située à une centaine de kilomètres de Dantzig, Ludovic n'imaginait pas qu'il souffrirait autant le long de ce fleuve.

Débarqué en gare de Graudenz en compagnie de trois autres prisonniers, français eux aussi, il avait traversé à pied une bonne partie de la ville, toujours sous escorte. La marche leur avait fait du bien, même si le vent glacial venu de la Baltique leur coupait le souffle. « Fait froid », avait marmonné Bombine, un boulanger picard que tout le monde surnommait Bonbon.

Et puis, ils avaient aperçu un grand mur d'un gris sale barrant l'horizon. Il suffisait de franchir le porche pour se retrouver dans un autre univers. La cour, cernée de bâtiments, verrouillée par de hauts murs, paraissait immense. Fouille, désinfection, découverte des cellules… Ludovic comprendrait plus tard qu'il s'agissait seulement d'un avant-goût de la « forteresse de la mort lente », lorsqu'il serait transféré dans un camp dépendant de la prison proprement dite. Celui-ci était situé à proximité du fort Courbières qui dominait la Vistule.

Des baraquements en bois, un terrain boueux, des barbelés et deux miradors. Ce jour-là, Ludovic avait pensé qu'il ne rentrerait jamais à Séderon. Pourtant, il fallait bien tenter de survivre, avec comme obsessions le froid et la faim. Le vent glacial transperçait les vêtements. Pour seule protection, un caleçon, une chemise, un pantalon, une veste, une capote, des sabots et une paire de chaussettes russes, un simple morceau de tissu d'environ quarante centimètres sur quatre-vingts enroulé autour du pied.

Marcher dans la neige ou la boue sur plusieurs kilomètres avec des sabots, tandis que les gardiens braillaient : « *Schneller*[1] *!* », constituait déjà une épreuve. Les prisonniers trébuchaient, tentaient de remonter leurs précieuses chaussettes russes qui glissaient, se tordaient les pieds. Si elles étaient mal posées, ces chaussettes provoquaient des ampoules et des cals douloureux. Malheur à celui qui tombait ; il était aussitôt incité à se relever par une volée de coups de gourdin.

Le sadisme dont faisaient preuve certains gardiens révulsait Ludovic. D'autres, plus coulants, appliquaient le règlement sans abuser du « marche-marche », un exercice redouté des prisonniers. Il s'agissait en effet, durant une heure ou deux, suivant l'humeur des gardiens, de multiplier pompes, course sur place, flexions et sauts jusqu'à l'épuisement.

Ce qui s'apparentait à une séance de gymnastique intensive pour des personnes en bonne santé devenait un supplice pour des hommes profondément affaiblis par les températures glaciales et la sous-alimentation.

Ils ne recevaient ni courrier ni colis. Imaginer l'angoisse des proches constituait une torture morale supplémentaire. La nuit, ils se serraient les uns contre les autres pour se procurer une chaleur illusoire. La température pouvait descendre jusqu'à moins quarante degrés.

1. « Plus vite ! »

Des aiguilles de glace vous transperçaient alors le visage et le corps. Le vent soufflait par rafales. Des appels prolongés, à l'aube, entraînaient la mort de nombreux prisonniers. « Tenir », se répétait Ludovic. Pas question de se rendre au lazaret où des infirmiers polonais, qui n'avaient le plus souvent aucune connaissance médicale, volaient la maigre ration du malade quand ils ne le rouaient pas de coups. Lorsque l'esprit de résistance vous abandonnait, vous mouriez très vite. Gaspard, un Angevin d'une trentaine d'années, avait lâché prise au retour d'une journée éreintante de travail à la carrière. Il était tombé. Un gardien l'avait violemment battu. Le lendemain matin, ses compagnons l'avaient soutenu pour l'appel. Wegen, une brute redoutée de tous, l'avait fait basculer dans la neige d'un coup de crosse. « Laissez-moi mourir, les gars », avait murmuré Gaspard. Et, quand Wegen l'avait menacé de son arme, il l'avait défié : « Tire ! Tu me rendras service ! avait-il lancé en allemand. » Ludovic avait encore l'écho de la détonation dans le cœur.

La faim les rongeait. Leur régime était si frugal qu'ils auraient mangé n'importe quoi pour faire cesser leurs terribles crampes d'estomac, les vertiges et cette sensation de faiblesse permanente. Sous-alimentés, les prisonniers de guerre devaient se contenter d'une boisson chaude, d'une tartine de pain de plus ou moins cent grammes, agrémentée plutôt que couverte d'une très fine couche de margarine fondue. Pour le midi, un litre de soupe, en fait de l'eau chaude à la surface de laquelle flottaient de minuscules morceaux de rutabaga. Le soir, même menu, accompagné parfois d'une rondelle d'ersatz de saucisson.

En trois mois, Ludovic avait perdu une bonne vingtaine de kilos. Un régime affolant, dépourvu de viande, de légumes et de fruits frais, de laitages. Quoi d'étonnant à ce qu'ils se surnomment entre eux « les squelettes » ?

L'humour leur permettait de garder une certaine distance. Ils se considéraient comme des morts-vivants en sursis.

Dans ces conditions, même s'il songeait de temps à autre à Else, il repoussait bien vite ses interrogations. Il ne se demandait même pas si elle avait mené sa grossesse à son terme. Elle restait une Allemande, une ennemie.

Le temps s'étirait, interminable, à Graudenz. Sans espoir.

22

La neige était tombée en abondance, poudrant les sommets.

La main en visière devant les yeux, Valentine scruta la route menant à Eygalayes. Contrairement à sa mère, elle n'aimait guère ce chemin encaissé cerné de caillasses conduisant au col Saint-Jean. Emmitouflée dans une canadienne ayant appartenu à son père et ajustée à sa taille par Antonia, elle ne souffrait pas du froid grâce à sa mère qui lui avait confectionné un chandail en jacquard semblable à celui de Jean Marais dans *L'Éternel retour*. Un bonnet en laine protégeait ses oreilles de la bise glaciale. Si les habitants de la Grange parvenaient à se chauffer correctement, il n'en allait pas de même pour les maquisards. Pour Thibaut, Valentine avait appris à tricoter elle aussi, bien qu'elle ne manifestât aucune disposition pour cette activité. Elle perdait la moitié de ses mailles, s'emmêlait dans ses diminutions, finissait par jeter sur la table l'ouvrage en cours, en soupirant : « Je n'y arriverai jamais ! » Sans mot dire, Antonia se levait, reprenait le tricot et, comme par magie, réparait toutes les erreurs de sa fille. Valentine en perdait son calme ; elle était bien trop impatiente pour terminer son ouvrage.

Depuis plusieurs mois, sa vie avait pris un autre tour. Depuis qu'elle avait rencontré Thibaut, à la Grange. Il l'avait troublée, bien évidemment.

« Un trop beau gars pour être honnête », avait commenté Antonia après son départ. Elle se défiait des maquisards. Il lui semblait vivre en permanence dans la peur et, pour cette raison, elle enviait le père et la fille. Tous deux donnaient l'impression d'ignorer le danger, ce qui rendait Antonia folle d'angoisse. Elle s'était ouvert de ses craintes auprès de son mari. Celui-ci s'était contenté de sourire. « Voyons, Antonia, préférerais-tu nous voir agir en lâches ? Je te promets de rester prudent. »

Elle savait qu'il disait vrai. Pourtant, ce faisant, il s'efforçait d'ignorer le climat de haine perturbant la région, le risque de trahison, l'action de la Milice, qui se montrait parfois encore plus barbare que l'ennemi. Pierre avait une guerre de retard, avait-il déclaré un jour, et Antonia comprenait ce qu'il avait voulu dire. Il avait un idéal de loyauté, comme un code de chevalerie. Code dépassé depuis longtemps…

« Pauvre maman », pensa Valentine, avec une pointe de condescendance. Il lui semblait en effet qu'Antonia avait toujours été cette femme d'âge mûr, effrayée par la guerre. Elle ne parvenait pas à l'imaginer jeune, amoureuse et rebelle. D'autant qu'elle ne possédait aucun portrait d'elle – sa mère ne supportait pas d'être photographiée. Son père, en revanche, lui paraissait invulnérable. « La force des clichés… », se disait-elle parfois.

Elle jeta un coup d'œil impatient au sentier que Thibaut devait emprunter pour la rejoindre. Même si elle l'aimait, elle ne savait jamais quelle attitude adopter avec lui. Il pouvait être tendre et prévenant et, le surlendemain, rester lointain. Il lui était même arrivé un jour de la repousser.

« Je ne veux plus vous voir. Jamais. » Valentine avait eu l'impression de plonger dans un gouffre sans fin. Elle avait fait demi-tour, s'était enfuie, avant de revenir sur ses pas et de lancer au visage de celui qui restait figé : « Vous n'êtes qu'un mufle ! » Il l'avait alors attirée à lui et l'avait embrassée avec une sorte de violence. « Je refuse de vous mettre en danger », lui avait-il dit. Elle l'avait regardé, froidement. « Si je ne vous vois plus, je meurs. » C'était la vérité. Elle aimait pour la première fois, avec fièvre, avec passion. Il était tout pour elle. Et il s'effrayait parfois de son caractère entier.

De plus, il la trouvait déjà presque trop investie dans la Résistance. Il avait compris, en échangeant quelques mots avec le petit Paul, que l'enfant avait vécu de nombreux traumatismes. Pierre Ferri l'avait fait passer en Suisse, tout comme Jonas. La Grange hébergeait désormais Anna, une adolescente d'une quinzaine d'années, et sa petite sœur Léah. Leurs parents, arrêtés à l'automne 1943, les avaient confiés quelques jours auparavant à une responsable de l'OSE. Anna souffrait de crises d'asthme à répétition et vivait dans l'espoir de retrouver ses parents à Jérusalem. « Après la guerre », disait-elle, ce qui nouait la gorge de Valentine. On évoquait, à mots de moins en moins couverts, les conditions de ces transferts de population vers l'est. Qui pouvait y survivre ?

Un bruit de moteur fit tressaillir la jeune fille. Thibaut ne se déplaçait qu'à pied ou à bicyclette. Prudemment, elle reprit la direction de la ferme.

Une Traction noire s'arrêta à sa hauteur. Le passager baissa la vitre, se pencha légèrement vers Valentine.

– Il fait très froid, mademoiselle. Pouvons-nous vous déposer quelque part ?

Que répondre ? Qu'elle attendait l'homme qu'elle aimait ? Qu'ils devaient se rendre tous deux à Ballons pour rencontrer un contact ?

Elle se tira un sourire.

– Merci, messieurs, mon père va arriver d'un instant à l'autre. Il sera contrarié s'il ne me trouve pas à l'endroit prévu.

– Comme vous voudrez, fit l'homme en remontant sa vitre.

Elle n'avait pas aimé son regard. Suspicieux et scrutateur. Elle frissonna. Que faisait donc Thibaut ?

La Traction redémarra. Elle était équipée d'un gazogène volumineux.

Valentine haussa les épaules. Elle remonta le col de sa canadienne, frotta ses mains l'une contre l'autre. Lentement, la peur montait en elle, insidieuse. Elle poursuivit son chemin vers la Grange et poussa un soupir de soulagement en reconnaissant le vélo de Thibaut, appuyé contre le mur de la bergerie. Elle courut vers le bâtiment, trébucha sur une mangeoire.

– Doucement ! s'écria Thibaut, en la retenant contre lui.

Elle se dégagea vivement.

– Que se passe-t-il ? Je vous ai attendu près d'une demi-heure et je vous retrouve là, bien au chaud…

Sans se laisser démonter, il posa deux doigts sur ses lèvres.

– Chut, jeune fille ! J'ai dû me réfugier à la ferme parce qu'une voiture de miliciens rôde dans le secteur.

Je n'avais aucun moyen de vous prévenir, aussi j'ai espéré que vous finiriez par rentrer.

– J'ai vu une voiture, une Traction noire et…

– Ce sont eux, coupa Thibaut, en serrant les poings.

Il avait les miliciens en horreur. Non contents de traquer les maquisards, ceux-ci cumulaient les privilèges et se comportaient en maîtres.

Il entraîna Valentine jusqu'au fond de la bergerie. Une odeur familière, de foin et de laine, imprégnait le lieu.

– Embrassez-moi, reprit-il.

Elle aimait leur habitude de se vouvoyer, comme pour prolonger le désir. Elle glissa les mains sous son chandail, contre sa peau tiède et lisse. Elle déposa une pluie de baisers légers sur son visage. Il secoua la tête, la fit basculer dans le foin. Ils bataillèrent durant quelques instants pour ôter une partie de leurs vêtements avant qu'il ne la gratifie d'un long baiser passionné qui la chavira. Elle ne supportait pas sa faiblesse face à lui mais était incapable de lui résister.

Lentement, il prit possession de son corps, en suivant sur son visage la progression de son désir. Il l'aimait… sans avoir encore osé le lui dire car il aurait eu l'impression de révéler sa vulnérabilité. Bruno le répétait assez à ses hommes : les histoires d'amour étaient trop risquées pour y succomber.

Leurs mains se prirent, leurs doigts se nouèrent durant la montée du plaisir. Valentine, haletante, retenait des mots d'amour, des mots de passion, qu'elle aurait voulu crier. Il lui semblait que Thibaut restait toujours maître de lui et ce constat l'exaspérait. Elle souhaitait être son égale, avait souvent l'impression qu'il la considérait seulement comme une distraction. « Le repos du guerrier ! » se disait-elle avec humeur.

Elle ne vit pas son regard chavirer à l'instant où il s'abîmait en elle.

23

Février 1944

Le ciel, d'un bleu étonnant, accentuait par contraste la blancheur des sommets. Un monde de paix, à la fois si proche et si lointain. Une barre neigeuse, vers l'horizon, paraissait presque irréelle.

Debout sur un promontoire, Félix contemplait le paysage, comme si celui-ci avait été différent chaque jour. Son pays…

Il réprima un soupir. Certains jours, il éprouvait un sentiment de lassitude tel qu'il se demandait à quoi servait de poursuivre le combat. Et puis, il suffisait d'une conversation avec un résistant ou d'un enfant à conduire dans une cachette sûre pour retrouver le goût de la lutte. Félix se battait avant tout pour ses idées humanistes. Idées fortement ébranlées après quatre ans de guerre. Il avait participé à des actions armées afin de tenter de sauver des résistants arrêtés puis torturés et, face à des êtres humains tenant debout par la seule force de leur volonté, le berger était révolté, effrayé et horrifié. Quel était ce monde régi par la barbarie ? Les miliciens le révulsaient autant, sinon plus, que les nazis.

Il n'avait pas peur pour lui mais pour son pays. Lui, sa vie était finie. Il supportait mal de s'être battu en 14-18 pour en arriver là. Il y avait cru, jusqu'à la montée du fascisme. Il s'était alors préparé au pire, sans pour autant imaginer la réalité.

L'ombre gagnait. Vaillant sur les talons, il descendit vers Séderon. Il y avait rendez-vous avec Marquis. Il aimait bien ce garçon vif, intelligent et cultivé. Il l'aimait bien tout en s'inquiétant à son sujet.

En effet, il donnait l'impression d'ignorer ce qu'était la peur. Or, il convenait de se montrer de plus en plus prudent. La Milice attaquait sur tous les fronts. L'échec allemand sur le front russe avait exacerbé les tensions. Le régime se craquelait et la lutte s'intensifiait. Félix redoutait des jours de violence, de sang et de larmes.

Le village, si animé avant la guerre, paraissait plongé dans une léthargie angoissante. Le froid incitait les habitants à se claquemurer chez eux auprès d'un maigre feu. Cependant, Félix savait qu'on suivait sa progression derrière les rideaux. Si les résistants pouvaient compter sur la solidarité des Drômois, des Vauclusiens et des Bas-Alpins, il convenait toujours de se défier. Ainsi, en septembre 1943, les maquisards de Pomet, au-dessus de la Méouge, avaient eu la surprise d'apercevoir deux jeunes promeneuses à bicyclette. Ils les avaient interceptées et leur avaient fait promettre de garder le silence sur l'existence du camp. Il leur semblait en effet inconcevable de garder prisonnières les deux jeunes filles. Ils connaissaient l'une d'elles. Quant à l'autre, ils ne pouvaient que compter sur sa bonne foi et sa neutralité. Finalement, quelques jours plus tard, les maquisards, stupéfaits, avaient appris que la jeune fille inconnue racontait partout avoir été enlevée, malmenée et menacée de représailles. Malheureusement, elle était parente d'un collaborateur gapençais et, début décembre, le camp de Pomet avait été attaqué par trois compagnies… De quoi justifier les plus extrêmes précautions.

Félix s'arrêta au bar situé près du pont et commanda un café. Il savait qu'il s'agirait d'une mixture improbable à base d'orge grillé mais celle-ci aurait au moins le mérite de le réchauffer un peu.

Le patron, Sylvestre, soutenait les résistants en leur fournissant des denrées de base. Il jouait aussi à l'occasion les « boîtes aux lettres » et Félix lui faisait confiance. S'essuyant les mains sur son grand tablier bleu, il s'approcha de la table du berger.

– Pas trop froid, là-haut ? s'enquit-il.

Félix sourit après s'être débarrassé de sa limousine.

– Je suis habitué. Et puis il faut que chaque saison passe, pas vrai ? Quand la bleue refleurira, nous y verrons peut-être plus clair.

Les deux hommes échangèrent un regard entendu. La victoire tant espérée paraissait parfois inaccessible. Les informations collectées étaient contradictoires. En ce mois de février, l'Armée rouge progressait comme si elle était devenue invulnérable.

Félix aperçut Marquis posant nonchalamment sa bicyclette contre la vitrine du café. Le garçon avait de l'allure, malgré ses vêtements mal coupés. On le remarquait, à cause de sa haute taille, de son élégance naturelle. Lorsqu'il entra chez Sylvestre, Félix lui adressa un signe de tête. Marquis alla commander un café au comptoir avant de venir s'asseoir près du berger.

– Fait froid, marmonna Marquis.

Félix haussa les épaules.

– Un temps de saison !

Ils se turent. De simples relations qui se saluent au hasard d'une rencontre. C'était tout. Pas question d'éveiller l'attention.

Avant de partir, Félix laissa sur la table le livre qu'il tenait à la main en arrivant. C'était un recueil de poèmes de Marceline Desbordes-Valmore à l'intérieur duquel il avait glissé une feuille de papier pliée en quatre. Sur celle-ci, une seule phrase : « Biscuits attendus sur le plateau. »

Thibaut en prit connaissance seulement après avoir emprunté la route menant à Lachau. Il jeta un coup d'œil à sa montre. Il n'avait pas un instant à perdre ! Il lui fallait contacter Pierre Ferri, qui possédait un camion, prévenir les camarades, écouter le message de dix-neuf heures à la BBC avant de se mettre en route pour Savournon, dans le pays de Buëch, où des armes avaient déjà été larguées en décembre.

Thibaut sentait monter en lui l'excitation précédant l'action. Combien de fois en effet n'avait-il pas pesté contre l'inertie imposée par leur manque de matériel ? Il se remémorait de temps à autre l'été 1939 passé au Contadour, et cette conversation avec Giono qui l'avait profondément marqué. Il entendait encore l'écrivain répondre à l'une de ses questions : « Le bonheur ? C'est toi, et toi seul, qui dois le trouver. »

À l'époque, Thibaut avait été déçu, comme si le chantre de la montagne de Lure avait refusé de lui ouvrir une porte. Avec le recul, il comprenait mieux ce que Giono avait voulu lui dire.

Enfant, il avait vite réalisé qu'il refuserait de vivre la même vie que celle de ses parents. Se déchirer en permanence, s'empoisonner l'existence… très peu pour lui ! Mais que désirait-il ?

« Valentine ! » se dit-il en pesant un peu plus fort sur les pédales. Cependant, en conscience, il n'avait rien à offrir à la jeune fille en cette fin d'hiver 1944. Un nom de proscrit, pas d'avenir, pas de famille…

Il lisait entre les lignes de ses lettres que son père ne pouvait plus supporter la mise en coupe réglée de son pays. Le professeur Deslandes se révélait amer, découragé. Thibaut, le cœur serré, ne le reconnaissait plus dans ces missives de plus en plus sombres et maudissait sa propre impuissance. Comment lui venir en aide sans risquer de le mettre en danger ? Sa mère était inaccessible et, de toute manière, ses relations avec son père étaient si mauvaises que Thibaut imaginait mal que ces deux-là puissent se réconcilier un jour.

Il se rapprochait de la Grange et s'agaça de sentir les battements de son cœur s'accélérer. Bon Dieu ! Il l'aimait, cette diablesse aux cheveux fauves qui ne craignait rien ni personne ! Il l'aimait, tout en ayant pour obsession de la protéger, aussi bien contre l'occupant que contre elle-même. Valentine, en effet, ne mesurait pas le danger, ce qui angoissait Thibaut. Elle était portée par un enthousiasme et une flamme contagieux et communiquait sa révolte à ses camarades. Lui était plus théoricien, et très réfléchi.

Il observa attentivement les alentours de la Grange avant de pénétrer dans la cour de la ferme et de poser son vélo contre le mur de la bergerie.

César gronda à son approche. Il frappa, deux coups longs, un coup bref, entra dans la salle.

Antonia le salua assez froidement. Thibaut avait compris depuis longtemps que la mère de Valentine prenait ombrage de leur complicité. « Pourvu, se dit-il, qu'elle ne soupçonne pas notre liaison. »

Elle raccommodait des vêtements à la lumière de la lampe à pétrole, descendue du grenier depuis le début de la guerre. Elle demanda au Lyonnais s'il désirait un bol de soupe et il accepta avec gratitude.

– Mon mari est couché avec la grippe, lui dit-elle, sans dissimuler sa satisfaction.

La consternation se peignit sur le visage de Thibaut. Sans le camion de Pierre Ferri, il ne pourrait réceptionner les armes parachutées. Or il n'avait plus le temps de mettre sur pied un plan de secours.

La porte s'ouvrit à la volée dans son dos, faisant pénétrer un vent coulis glacial dans la salle.

– Thibaut ! Vous êtes là ! s'écria Valentine.

Elle lui tendit la main, sans paraître remarquer son coup d'œil amusé.

Sa mère fronça les sourcils.

– Ferme vite cette porte, Valentine. Tu vas nous faire attraper la mort ! M. Deslandes avait besoin de ton père. J'étais justement en train de lui dire qu'il est cloué au lit.

La jeune fille hocha la tête.

– C'est hélas vrai. Papa a une fièvre de cheval ! Le docteur Bonfils est venu le voir ce matin. Maman m'a même montré comment lui poser des ventouses.

Thibaut semblait de plus en plus accablé.

– Vous aviez besoin de mon père ? reprit la jeune fille.

Il hocha la tête.

– Hélas oui. Ou plutôt de votre camion.

Les yeux brillants, Valentine se rapprocha de lui.

– Je sais le conduire, moi ! Et je suis tout à fait capable de vous emmener là où vous le désirez.

– Valentine ! s'interposa sa mère. Tu ne vas tout de même pas…

– Maman, je t'en prie, laisse-moi faire. Tu sais fort bien que papa te dirait la même chose s'il ne grelottait pas de fièvre au fond de son lit.

– Pas du tout !

– Papa tient à ce que nous aidions les résistants. Tous, quels qu'ils soient.

– Comme tu voudras, capitula Antonia avec lassitude.

Par expérience, elle savait que sa fille s'entêterait dans son projet et ne voudrait rien entendre. Le pire était que Pierre la soutenait la plupart du temps.

– Allez au moins voir Pierre, suggéra-t-elle. Il pourra vous donner quelques conseils.

Les jeunes gens obtempérèrent. En les voyant épaule contre épaule dans l'encadrement de la porte de la chambre, le cœur d'Antonia se serra.

Elle avait peur pour eux. De plus en plus peur.

24

Les mâchoires crispées, Valentine se concentrait sur la route. Certes, d'habitude, elle se débrouillait bien, mais elle n'avait jamais conduit qu'à la lumière du jour. Or Pierre lui avait bien recommandé de n'allumer que ses lanternes. Dans sa tête, elle se remémorait la topographie du terrain.

Tout avait été accompli dans les règles. Le message convenu avait été diffusé sur Radio-Londres à dix-neuf heures et confirmé à vingt et une heures. L'opération Biscuits était amorcée ; le parachutage aurait bien lieu dans la nuit.

Le maquisard Julien était parti en éclaireur sur une moto Therond prêtée par Abel, le boulanger du village. Il devait rejoindre deux résistants sur le plateau. Tous trois ne seraient pas de trop pour baliser le terrain prévu pour le largage. Ils connaissaient leur tâche : ramasser du bois mort, en constituer des tas à plus ou moins trente mètres les uns des autres. Quand le camion des Ferri atteignit le plateau situé au-dessus de Savournon, une piste de trente mètres de large sur cent cinquante mètres de long avait déjà été préparée.

Bébert, qui avait voyagé à l'avant du camion entre Valentine et Thibaut, courut rejoindre leurs camarades. La pleine lune faisait scintiller la neige. Le sol était gelé et le froid pinçait.

D'une chiquenaude, Thibaut enfonça la casquette de son père sur les cheveux de Valentine.

– Tu restes au volant. Je ne veux pas te voir dehors.

Elle esquissa un sourire.

– On se tutoie, maintenant ?

Furieux contre lui, il haussa les épaules et sauta à son tour du camion. Déjà, il percevait l'écho d'un ronronnement reconnaissable. Un Lysander…

D'un signe, il enjoignit à Bébert, Julien, Sylvain et Didier de courir mettre le feu à tous les tas de bois. Pendant ce temps, il agita sa lampe torche suivant un code prévu longtemps à l'avance, afin de s'identifier. La première fois, faute de confirmation, le Lysander était reparti sans avoir rien largué. Thibaut en avait été mortifié.

Il éprouva un sentiment de joie intense en apercevant les premiers parachutes dans le ciel. Il se retourna vers le camion, pour partager ce moment avec Valentine. Les mains sur le volant, elle paraissait tétanisée, comme si elle ne croyait pas à ce qu'elle voyait.

L'instant d'après, Thibaut se détourna. Il fallait faire vite. Réception des containers, pliage des parachutes… Quand ils eurent fini de charger les armes et les caisses de munitions à l'intérieur du camion, le Lysander avait déjà disparu.

– Une bonne chose de faite ! commenta Thibaut alors que Julien venait de repartir sur sa moto.

Valentine ne souffla mot. La rapidité et la précision des opérations lui avaient fait prendre conscience de sa propre inexpérience. Thibaut monta dans la cabine, puis Bébert.

– On rentre ! lança-t-il.

Le trajet du retour s'effectua dans le silence. Par la suite, Valentine se rendrait compte qu'il en allait le plus souvent ainsi ; le corps décompressait après l'action, reconstituait ses forces.

À hauteur de Laragne, la main de Thibaut, comme par inadvertance, se posa sur la cuisse de Valentine. À cet instant, elle éprouva un sentiment de bonheur si intense que cela lui fit peur.

– Je suis fier de toi, petite.

Côte à côte, le père et la fille inspectaient les brebis et leurs agneaux. Valentine se sentait à l'aise dans la bergerie, presque plus en sécurité qu'à l'intérieur de la ferme.

Pierre Ferri sourit à la jeune fille.

– Toi et moi sommes de la même race. Nous refusons de courber l'échine.

– Maman a un bon carafon, elle aussi.

– Oh que oui ! Mais ta maman sait se protéger. Pas nous.

Ce constat était juste. Antonia, depuis son séjour au préventorium, avait appris à prendre du recul vis-à-vis des événements et ne s'investissait pas de la même manière que Pierre et Valentine dans leur combat de résistants.

– À propos…

Il se retourna vers sa fille alors qu'elle palpait le ventre gonflé de Blanchette, l'une des bêtes qu'elle préférait.

– Méfie-toi de Marquis, reprit-il. Je sais bien qu'on ne peut pas faire grand-chose contre les béguins, mais ce garçon, même s'il est sympathique, n'est pas fait pour toi.

– Et pourquoi ? fit Valentine, une pointe d'agressivité dans la voix.

Pierre réprima un soupir. Il croyait entendre son propre père gémir : « Une fille... Seigneur ! Compliquée et compagnie ! »

– Parce que nous vivons une drôle d'époque, enchaîna-t-il sans se laisser démonter. Le danger, une certaine exaltation peuvent provoquer... Enfin, tu devrais en parler avec ta maman. Tu ne dois pas croire toutes les belles paroles des jeunes maquisards. Ce sont des hommes d'un jour.

– Nous sommes tous des femmes et des hommes d'un jour, rectifia fermement Valentine.

Pierre Ferri haussa les épaules.

– Toi, quand tu ne veux pas comprendre ! Dois-je vraiment appeler un chat un chat ? Ces jeunes gens ont besoin de se changer les idées pour ne pas trop penser à ce qu'ils risquent. Dans ces cas-là, il vaut mieux les laisser entre eux.

– Pfft ! fit sa fille. Tu ne crois tout de même pas Thibaut capable de me faire du mal ?

– Marquis, corrigea-t-il agacé. N'oublie pas que, pour nous, il est et reste Marquis.

– Parfois, vous me faites penser à des gamins, s'amusa-t-elle. Le jour où nous serons pris...

Pierre lui saisit le poignet.

– Ne pense pas à ça, Valentine, m'entends-tu ? Il ne s'agit pas d'un jeu ni d'une plaisanterie ! Des hommes, des femmes et même des enfants meurent chaque jour sous la torture, dans des souffrances atroces. Nous leur devons respect et reconnaissance. Et, surtout, nous sommes tous responsables les uns des autres. Une seule imprudence et tout le réseau risque d'être condamné.

Elle se dégagea avec impatience.

– Je sais tout cela, papa. Je ne suis plus une gamine !

Valentine sentit ses joues s'empourprer sous le regard de son père qui avait viré au noir.

– Il ne suffit pas de se croire une femme pour devenir responsable, laissa-t-il tomber d'un ton désenchanté.

Elle aurait voulu tenter de s'expliquer, lui dire qu'elle aimait Thibaut, qu'elle envisageait de passer le reste de sa vie avec lui… tout en sachant que le jeune homme n'avait jamais évoqué un éventuel avenir commun. C'était pour cette raison, d'ailleurs, qu'elle était toujours sur la défensive en compagnie de Thibaut. Il ne lui avait jamais dit non plus qu'il l'aimait.

Les yeux pleins de larmes, elle se détourna.

Une simple conversation avec son père avait suffi pour menacer son rêve.

Félix connaissait bien l'homme, l'unique rescapé de la section du maquis Ventoux commandée par Mistral.

La nouvelle de la tragédie s'était répandue dans les Baronnies et le pays de Sault, plongeant les habitants dans le désespoir et la révolte.

Le campement avait été attaqué à l'aube du mardi gras, le 22 février.

Félix avait discuté avec Roland Perrin, réfugié dans une ferme de Ballons, et appris les circonstances du drame.

– Deux traîtres, expliqua-t-il aux Ferri, réunis autour de la table familiale. Deux salauds qui ont vendu nos gars pour de l'argent. Roland nous a donné leurs noms. Ils n'ont pas intérêt à traîner dans le coin !

– Pourquoi ont-ils agi ainsi ? Nous sommes tous unis face à l'occupant, intervint Valentine.

Le berger lui sourit tristement.

– Tu es encore bien jeunette, petite ! Tu n'as pas connu, comme ton père et moi, tous les planqués de la dernière guerre. Et encore… À l'époque, nous avions sauvegardé nos frontières, notre pays n'était pas divisé. Tous derrière Clémenceau et Pétain ! Quand on voit ce que ce dernier est devenu… Un collaborateur de première !

– Tout cela est bien trop compliqué pour moi, fit Antonia en apportant la bouteille de génépi.

Et d'énumérer, en comptant sur ses doigts :

– On a l'armée allemande, les gendarmes de Vichy, la Milice, les corps francs, les mouvements de résistance, les FFI… On raconte que les tueurs de la Milice vont finir par exterminer tous les résistants.

Pierre leva la main en guise d'apaisement.

– Peu importe ce qu'on raconte, Antonia ! Nous menons notre combat. Il sera bien temps de régler les comptes après la guerre.

Après la guerre… Valentine se troubla. La veille, Thibaut avait fait remarquer : « Qu'adviendra-t-il de nous après la guerre ? » Elle avait réprimé une irrésistible envie de pleurer. Comme s'il était incapable d'envisager un avenir commun avec elle.

Ce constat l'avait amenée à se poser d'autres questions. Quelle place occupait-elle dans sa vie ? Au fil de quelques rares confidences, elle avait compris qu'il appartenait à une famille d'universitaires de la bourgeoisie lyonnaise. Quelle importance pouvait-elle avoir pour lui ? Elle n'était que la fille d'agriculteurs d'un coin perdu des Baronnies. Quand la guerre serait finie, il retournerait dans son monde. Son père avait tenté de le lui expliquer. Et, cependant, elle n'envisageait pas la vie sans lui ! Elle l'aimait.

Félix parlait toujours de l'exécution des trente-cinq maquisards d'Izon-la-Bruisse, ce petit village sur lequel semblait planer quelque obscure malédiction.

Le berger était sensible à des atmosphères, à des signes que lui seul percevait. « Félix est un sage », disait son père. Il continuait de parler, mais Valentine ne prêtait plus attention à ce qu'il disait.

Elle avait peur pour Thibaut.

25

Juin 1944

« Combien de temps encore ? » se demanda Ludovic en contemplant la Vistule, paisible sous le soleil d'été.

Dire que quelques mois auparavant, le fleuve était pris par les glaces. Ses compagnons de misère et lui avaient cru mourir de froid, en janvier, alors que le thermomètre du camp affichait entre moins vingt-cinq et moins trente degrés. Le vent glacé venu de la Baltique renforçait la sensation de froid. Travailler était devenu un supplice. Pas question cependant d'y échapper. Les punitions s'abattaient sur les téméraires osant élever des protestations. Envoi en cellules glaciales, privation de soupe, séances de « marche-marche », l'éventail des sanctions était large et les hommes si faibles. Certains auraient vendu leur âme pour un quignon de pain, d'autres arrachaient des touffes d'herbe ou de rares pissenlits sous les regards moqueurs chargés de mépris des gardiens.

« Ce sont bien des sous-hommes », semblaient-ils penser, et la rage éprouvée permettait à Ludovic de résister. Pourquoi était-il encore vivant, lui, alors que tant d'autres avaient lâché prise ?

Peut-être bien parce qu'ils ne possédaient pas cette rage de vivre, cet entêtement caractérisant le Baronniard. Ludovic refusait d'abdiquer, c'était aussi simple que ça. De plus, il avait un but : revoir la ferme de son père, retrouver ses amis. Et Valentine.

Il avait cru mourir à deux reprises depuis le début de l'hiver, s'était relevé chaque fois, sauvé par d'incroyables coups de chance. Il en était devenu superstitieux, s'attachant à certains rituels.

Il avait travaillé sur différents chantiers, aussi bien à la carrière qu'aux wagonnets, se demandant comment ses camarades et lui parvenaient à survivre.

Il avait apprécié comme une récompense de participer à la réfection d'une route près d'une ferme. L'agriculteur, un brave homme, faisait cuire chaque matin dans une grande marmite des pommes de terre pour les cochons à l'intention des prisonniers de guerre. Ludovic se souvenait encore, plus d'un an après, du goût délicieux des patates.

Car la nourriture – la « bouffe » pour les uns, la « boustifaille » pour les autres – demeurait leur préoccupation essentielle, plus encore depuis que le froid avait enfin relâché son emprise. Chaque captif pouvait mesurer sur ses camarades les effets dévastateurs d'un régime de famine. Régulièrement, dès qu'une attaque de poux était signalée, les prisonniers devaient subir une opération de désinfection. Leurs vêtements étaient passés à l'étuve tandis qu'eux-mêmes, quelle que soit la température extérieure, étaient aspergés d'un produit insecticide. La dernière avait eu lieu à la fin de l'hiver et plusieurs prisonniers s'étaient retrouvés à l'infirmerie avec une congestion pulmonaire.

Dans sa chambrée, Ludovic avait un camarade, Vermorel, cuisinier de son état. Il les régalait assez souvent, par la seule force de son imagination, de recettes, les invitant à un « gueuleton monstre » quand cette maudite guerre serait finie. Un soir, toute la chambrée avait cru sentir le fumet d'un civet de lapin aux champignons tant Vermorel avait su se montrer lyrique et donner des détails. Ils avaient tous fini par en rire, pour ne pas sombrer dans le désespoir.

Cependant, les conditions de survie plutôt que de vie étaient si éprouvantes que certains finissaient par se mutiler. C'était alors le transport vers l'hôpital de Thorn par des moyens de locomotion parfois plus pittoresques que sûrs (char à bancs ou même traîneau, par fortes neiges). Certains, ayant frôlé la mort, avaient eu droit à un rapatriement sanitaire, sans que quiconque sache s'ils avaient ou non retrouvé leur famille.

C'était leur vie à Graudenz, la forteresse de la mort lente.

Un coup de crosse dans le dos fit sursauter Ludovic. Il avait omis la règle numéro un au camp : ne jamais donner l'impression d'être oisif.

– *Arbeit !* hurla le gardien.

Travailler… Toujours la même rengaine.

Ludovic crispa les mâchoires, reprit sa pelle. Heureusement qu'il s'agissait de Sveikz, un garde polonais. Un brave homme, plus humain que nombre de ses collègues. N'a-qu'un-cheveu, par exemple, l'une de leurs bêtes noires, ainsi surnommé à cause d'une mèche rabattue sur le front, aurait déjà gratifié le Séderonnais d'une double séance de « marche-marche » ou d'une privation de soupe durant trois jours.

Les Allemands étaient de plus en plus nerveux et irritables. Passeur, qui parlait bien leur langue, avait entendu leurs gardiens évoquer de nombreux revers sur le front de l'Est. « On sera rentrés chez nous pour Noël ! » affirmait-il. Ludovic se raccrochait à cet espoir. Il le fallait bien, s'il ne voulait pas sombrer.

Le soir, si Ludovic, recru de fatigue, ne s'endormait pas aussitôt allongé sur son bat-flanc, il « gambergeait », comme disait Vermorel.

Il marchait dans les champs de lavande, chassait avec son chien, dansait sur la place du village. Il se souvenait surtout du trouble éprouvé quand il avait tenu serrée contre lui la belle Valentine. Il ne songeait pas à la guerre, alors. Il voulait profiter de la vie.

Il évoquait rarement Else. Pour lui, même si les confidences du vieux Werther l'avaient ému, Else restait la cause du calvaire vécu à Graudenz. Il refusait de s'apitoyer sur le sort de la fermière et de se demander ce qu'il était advenu de l'enfant. Son fils ou sa fille… Cette idée était plus que bizarre, comme… incongrue.

Il se retourna sur sa paillasse. Son corps tout entier le démangeait. La chaleur, la proximité de la Vistule, l'entassement dans un lieu clos d'hommes dénutris, sales, favorisaient les attaques de moustiques. Un nouveau supplice pour les prisonniers affaiblis.

À cet instant, il aurait donné n'importe quoi pour pouvoir fumer une cigarette. Il comprenait Jules, un

Breton squelettique qui troquait sa ration de soupe contre une cigarette. Le père Salvador, un saint homme qui s'effondrait parfois sur son lit après avoir réconforté les Français du camp, affirmait que leurs gardiens, qui leur distribuaient une cigarette – une seule ! – le dimanche, le faisaient pour maintenir chez les prisonniers l'envie de fumer. Une souffrance supplémentaire pour des hommes luttant en permanence afin de ne pas devenir des sous-hommes…

Il retint une plainte. Ne pas gémir. Se battre, toujours. Et imaginer que Valentine l'attendrait sur le quai de la gare d'Avignon…

Le crépitement d'une arme automatique troubla la nuit trop claire.

« Encore une tentative d'évasion qui a échoué », se dit Ludovic, fataliste.

Il plongea dans un sommeil hébété et rêva de pot-au-feu.

Au point de se sentir comme barbouillé le lendemain matin.

26

Juillet 1944

« Une mer bleue... », pensa Valentine avec fierté et émotion. Leurs champs de lavande offraient un contraste saisissant avec le bleu du ciel et le vert sombre des sapins, transformant un pays austère en un chatoiement de couleurs.

Sa mère s'était battue pour imposer la culture de la bleue, et elle avait eu raison. À présent qu'Antonia était morte, Valentine tenait doublement à son œuvre.

Elle s'essuya les yeux du revers de la main. C'était un accident, stupide comme tous les accidents. Un samedi matin de mars, Antonia s'était rendue au marché de Lachau, comme elle le faisait depuis tant d'années. Elle était partie à vélo, son carton de fromages bien attaché sur le porte-bagages.

Inquiets de ne pas la voir rentrer passé midi et demi, Valentine et Pierre avaient enfourché leurs bicyclettes afin de se porter à sa rencontre. Pierre avait aperçu le premier le vélo de sa femme, dans le fossé. La roue avant tournait encore. Il avait poussé un juron mais, à cet instant, il pensait qu'Antonia s'en tirerait avec quelques bleus. Et puis il l'avait vue, inanimée, dans le champ en contrebas, et s'était précipité. Il avait tout de suite compris en remarquant le filet de sang au coin de ses lèvres. Antonia était morte, certainement victime d'une fracture du crâne. Le fils du docteur Bonfils, qui avait succédé au vieux médecin, avait confirmé ce diagnostic.

Valentine, arrivée sur les lieux un peu après son père, n'oublierait jamais le visage livide de Pierre, ni le tremblement de ses mains. « Toni », marmonnait-il comme une litanie.

Elle avait dû se charger de tout. Sous le choc, incapable de prendre une seule décision, Pierre Ferri s'en était remis à elle.

Sa tante Colette l'avait soutenue ainsi que la mère de Lisa. Son amie d'enfance habitait désormais à Genève. Elle avait épousé un Suisse, travaillant pour le Comité international de la Croix-Rouge. Valentine se demandait souvent si elle pensait encore à Maurice, qui n'avait jamais donné de ses nouvelles. Sa mère supportait mal son absence et lui rendait volontiers service.

Valentine avait eu un choc le jour de l'enterrement. Habituée à s'opposer à Antonia, elle n'avait jamais mesuré à quel point sa mère était estimée dans le pays. À croire que tout le monde s'était déplacé ! Il faisait beau et une douce lumière baignait la vallée.

Le cœur lourd, Valentine donnait le bras à son père. Tête nue, le visage ravagé, Pierre avançait sans rien voir. Valentine, sidérée, avait découvert ce jour-là le visage imberbe de son père ; il venait de raser sa barbe. Ses cicatrices étaient toujours visibles malgré les années écoulées et il lui était apparu désarmé.

« Les rôles s'inversent », avait-elle songé. Elle n'avait pas encore vingt ans et elle se sentait désormais responsable de son père. Lui n'avait pu réprimer un sanglot en pénétrant dans l'église. Le cœur déchiré, Valentine l'avait laissé se placer dans la rangée réservée aux hommes, où ses oncles Raphaël et Gustave l'avaient rejoint. Ils avaient peu de famille mais beaucoup d'amis. Face à l'épreuve, on se serrait les coudes. C'était la règle, à la campagne, et elle prenait tout son sens ce jour-là.

Valentine se souvenait du ciel, trop bleu, qu'elle avait ressenti comme une gifle à la sortie de l'église, et de cette sensation de solitude irréparable éprouvée dans le cimetière. Elle se rappelait, aussi, toutes les fois où Antonia et elle s'étaient querellées pour des vétilles. Malgré leurs différences de caractères, sa mère avait été pour elle une sorte de modèle lui ouvrant la route.

Le retour à la Grange, sous un soleil insolent, avait été vécu comme une nouvelle épreuve. Pierre, épuisé, chancelait. Valentine l'avait presque contraint à s'asseoir dans le fauteuil de papé Louis avant de s'occuper des invités. En ces temps de restrictions, chacun avait participé en fournissant farine, œufs, huile…

Mélanie avait confectionné une sorte de daube au chevreau. Elle avait eu la main lourde sur les aromates et les herbes, espérant compenser le manque de viande. Les bouteilles de vin circulaient, il y en avait encore de reste et Fredo, le boulanger, avait apporté une pompe à huile parfumée à la fleur d'oranger. Toutes ses réserves y étaient passées.

Félix était venu d'Aurel. Il avait rapporté *Jadis et Naguère*, de Verlaine, qu'Antonia lui avait prêté quelques semaines auparavant.

Juste avant la fermeture de la bière, Valentine avait glissé le recueil de poèmes dans le cercueil où reposait sa mère, belle encore malgré les années. Le berger, le fermier et la jeune fille avaient alors échangé un regard bouleversé.

Quand la famille, les voisins et les amis avaient quitté la Grange, Pierre et Valentine s'étaient retrouvés perdus. « Qu'est-ce que je vais devenir sans elle ? » avait soufflé Pierre.

Depuis, Valentine y songeait sans cesse. Ce jour-là, elle aurait souhaité que Thibaut soit à ses côtés. Elle le voyait beaucoup moins depuis la tragédie d'Izon-la-Bruisse. Les maquis avaient cherché d'autres lieux plus sûrs et leurs opérations se multipliaient.

Il venait, parfois, de nuit, se glisser dans la chambre de Valentine par la fenêtre. À moins qu'ils ne se soient donné rendez-vous à la bergerie.

Valentine était incapable de lui résister, tout en se disant qu'il ne l'aimait pas comme elle l'aimait. Lorsque Thibaut repartait, il lui arrivait de se taxer de lâcheté. Pourquoi n'était-elle pas parvenue à lui demander s'il l'aimait ? Parce qu'elle avait peur de sa réponse, évidemment ! Ou bien parce qu'au fond d'elle-même elle la connaissait déjà ? Thibaut, à plusieurs reprises, lui avait dit qu'ils ne devaient plus se voir, qu'il refusait de la mettre en danger. Pourtant, chaque fois, il était revenu.

Valentine se redressa. Le débarquement, tant attendu, avait changé la donne. Attaqués aussi bien en Normandie qu'en Italie et sur le front de l'Est, les Allemands se faisaient encore plus dangereux et multipliaient les représailles.

Pas question cependant pour les résistants de limiter leurs actions, d'autant plus que la nouvelle campagne d'arrestations menée à Nice depuis le printemps 1944 avait entraîné une vague de réfugiés juifs.

Fidèle à son engagement, Valentine, avec l'accord paternel, avait ouvert la Grange à ces familles, composées pour la plupart de femmes et d'enfants, en attendant de les aider à gagner la Suisse.

Des informations avaient filtré. On en savait un peu plus quant à la destination de ces sinistres convois prenant la direction de l'est.

« Le sang est sur eux, ces maudits ! » avait gémi une vieille femme qui se cachait en compagnie de sa petite-fille depuis la déclaration de la guerre. Valentine les avait installées dans la mansarde avec ordre de quitter leur refuge seulement à la nuit tombée. La vieille dame, Thelma, venait de Vienne. Elle faisait preuve d'un courage impressionnant. Nina, sa petite-fille âgée d'une dizaine d'années, donnait l'impression de vivre dans son ombre. « Quoi d'étonnant ? commentait Pierre. Sa grand-mère est dotée d'une telle personnalité ! »

Valentine montait dès qu'elle le pouvait pour aider Nina à travailler son français. Thelma lui apprenait des centaines de poèmes. Pierre hésitait à les emmener dans la montagne, Thelma se déplaçant difficilement.

Félix, consulté, avait poussé les hauts cris. « Une véritable opération suicide ! » Thelma et Nina demeuraient donc à la Grange. D'une certaine manière, leur présence permettait au père et à la fille de ne pas se retrouver seuls avec leurs souvenirs.

Valentine jeta un coup d'œil empreint de fierté aux champs de lavande. La récolte promettait d'être abondante. Elle s'était raccrochée à ce projet pour ne pas céder au découragement. Elle souhaitait développer la filière lavande après la guerre. En mémoire d'Antonia.

« Thibaut ne viendra pas encore aujourd'hui », se dit-elle.

Était-ce cela l'amour ? Cette impression d'être écartelée entre espoir et désespoir, angoisse et élan ? Ce sentiment de mourir à petit feu en l'attendant ?

Elle souffrait tant, parfois, qu'elle aurait souhaité ne l'avoir jamais rencontré.

27

Août 1944

Un vent léger agitait le feuillage des tilleuls. Dès la fin juin, toute la vallée embaumait. Un parfum suave, entêtant, miellé, qui s'insinuait jusque dans les chambres durant la nuit.

Épaule contre épaule, Valentine et Thibaut montaient à la tour des Lumières, leur refuge favori. Ils humaient comme un vent de liberté depuis qu'ils avaient eu connaissance du débarquement en Provence, la veille, le 15 août. Désormais l'espérance, une espérance folle, les portait.

Enlacés, Valentine et Thibaut suivirent des yeux les évolutions d'un oiseau de proie.

– Nous allons être libres, enfin, souffla la jeune fille.

Thibaut accentua sa pression sur sa taille.

– Doucement ! Même si, je te l'accorde, notre situation s'améliore, rien n'est réglé pour autant. Il nous faut établir la jonction avec les Alliés et quadriller la vallée du Rhône en remontant vers le nord. L'ennemi n'est pas encore à genoux, loin s'en faut !

– Tant de mois perdus…, soupira Valentine.

Elle se disait parfois qu'elle serait plus rassurée si Thibaut l'épousait. Pour, l'instant d'après, se reprocher cette pensée. N'estimait-elle pas que la confiance mutuelle, l'absence de serment constituaient les meilleures preuves d'amour ? Il la saisit aux épaules.

– Je ne sais pas si je reviendrai, Valentine. T'ai-je déjà parlé de ce poème de Robert Desnos ?

Et de citer, les yeux mi-clos :

Âgé de cent mille ans, j'aurais encore la force
De t'attendre, ô demain pressenti par l'espoir[1].

– C'est beau, approuva Valentine, déçue de ne pas trouver d'autres mots.

Elle se sentait souvent mal à l'aise parce qu'elle avait interrompu ses études, sans pour autant regretter le choix qu'elle avait fait, en 1939.

– Desnos écrit toujours, reprit Thibaut. Tout au moins, j'espère qu'il en a encore la possibilité. Il a été arrêté en février dernier.

Valentine détourna la tête. Elle avait envie de hurler : « Je me moque de tous ces poètes qui te sont familiers ! Moi, je n'ai plus le temps de lire comme je le voudrais. »

Elle ne dirait rien, cependant. Elle ne voulait pas gâcher ces dernières heures volées à la guerre.

Thibaut esquissa un sourire, comme s'il avait deviné sa révolte. Il posa la main sur son épaule.

– Je t'aime, toi, avec ton authenticité, ton enthousiasme, ta passion. Tu es belle, et forte.

1. Écrit en 1942. Extrait de « Demain », *Œuvres*, « Quarto », Gallimard, 1999.

Curieusement, cette déclaration, qui aurait dû la combler, l'irrita. Elle arrivait trop tard. Comme une consolation dont elle ne voulait pas. Elle le lui dit, en criant ; il lui semblait qu'il ne l'entendait pas.

Le visage de Thibaut se défit.

– Ne sois pas trop exigeante avec moi, Valentine. Je ne crois plus vraiment en l'amour. L'amour-passion, s'entend. C'est trop fort, trop violent, de quoi bouleverser plusieurs existences. Aujourd'hui, je ne supporte pas l'idée de te perdre mais qu'en sera-t-il demain ? Où serons-nous demain, d'ailleurs ?

La jeune fille recula.

– C'est toi qui me dis cela ? articula-t-elle avec peine.

Il soutint son regard sans broncher.

– La guerre n'est pas finie, Valentine, je te le répète. Personne ne sait ce qui peut se passer dans les semaines et les mois à venir.

Elle secoua la tête. Le vent rabattait ses cheveux sur son visage.

– Tu n'es pas cohérent, Thibaut ! lui reprocha-t-elle, véhémente. Tu me dis que tu m'aimes, comme pour me rassurer, et tu ajoutes l'instant d'après : « Je ne crois plus vraiment en l'amour. » Comment pourrais-je te faire confiance ?

Elle avait mal, était profondément blessée, et il s'en voulait.

Il l'attira contre lui.

– Ma tendre, ma douce… Je ne veux pas te faire de mal, jamais. Je suis une brute !

– Oui, confirma-t-elle.

Elle le défiait du regard. Il se pencha. Leurs lèvres s'unirent dans un baiser fiévreux. Sans lâcher Valentine, Thibaut ouvrit la porte de la tour d'un coup de pied. Il enlaça la jeune fille, la poussa doucement contre le mur. Des fientes d'oiseaux jonchaient le sol. Valentine ne les remarqua pas. Il n'y avait que Thibaut, les mains de Thibaut sur son corps, le sexe dressé de Thibaut en elle, alors que les pierres du mur écorchaient son dos. Elle répondit à son désir sur le même rythme, accrochée à ses épaules. Elle aurait voulu arrêter le temps, immortaliser cet instant.

Elle se sentit comme amputée lorsqu'il se retira. Elle lui jeta un regard perdu. Il l'entoura de ses bras, essuya la sueur entre ses seins, avant de s'écarter.

– Je dois vraiment partir, Valentine.

Il tourna les talons avec brusquerie, se retourna au moment de franchir le seuil de la tour.

– Ne m'attends pas ! jeta-t-il sans la regarder, sans vouloir entendre son sanglot étouffé.

Le poing de Pierre Ferri s'abattit sur la table en noyer. Quand elle était petite, Valentine suivait du bout des doigts les rainures du bois et se disait qu'il s'agissait de ses racines.

– Bon sang, Valentine ! Ce n'est pas parce que tu viens d'avoir vingt ans que tu peux faire n'importe quoi ! Tu cours les routes sur ton vélo, tu files à Montbrun et même à Sault alors que le pays est à feu et à sang ! Tout cela pourquoi ? Tu risques ta vie, Valentine ! La guerre n'est pas finie et…

– Ah non ! l'interrompit-elle. Tu ne vas pas t'y mettre, toi aussi ! Vous, les hommes, êtes les seuls à savoir vous battre et à détenir la vérité.

Son père lui décocha un coup d'œil stupéfait. Quelle mouche l'avait donc piquée ? Ne pouvait-elle comprendre son inquiétude ?

Regrettant déjà son coup d'éclat, il se rapprocha de sa fille, lui caressa les cheveux, d'une main maladroite.

– Petite, ça va ?

Elle releva la tête, farouche.

– Tout va très bien, madame la marquise, chantonna-t-elle, sur un ton chargé de défi, ce qui accentua l'angoisse de son père.

28

Une chaleur étouffante pesait sur la Grange. L'air semblait s'être figé, en suspension.

Réfugié dans la salle, Pierre Ferri profitait de l'absence de Nina pour nettoyer ses armes. Il avait aligné sur la grande table deux carabines, un fusil-mitrailleur et deux pistolets.

Il était tendu à cause des embuscades des derniers jours. L'ennemi se montrait encore plus dangereux, se sentant traqué. L'avant-veille, la ferme d'un camarade, du côté de Sault, avait été incendiée. « Encore une dénonciation ! » avait lâché Félix, la mine sombre.

Après avoir fusillé le fermier et les deux valets, les Allemands avaient commis de nouvelles exactions à Sault, qu'ils considéraient comme un nid de résistants. L'inquiétude rongeait Pierre et Valentine : Gustave et Colette, impliqués dans la Résistance, étaient en danger.

Félix se demandait parfois par quel miracle il avait jusqu'alors échappé à la Gestapo comme aux miliciens. Ceux-ci, sentant le vent tourner, faisaient des excès de zèle. On ne comptait plus les crimes à leur actif.

Félix, assis en bout de table, vida cul sec son verre de gnôle et jeta un coup d'œil par la fenêtre. Il se raidit.

– Bon sang, Pierre ! Un camion boche monte la côte.

Le père de Valentine blêmit. Cela faisait si longtemps qu'il redoutait cet instant ! Très vite, il donna ses instructions à Félix qui portait dans sa besace des documents compromettants.

– File par-derrière, rendez-vous au pied du calvaire, lui dit-il.

Thelma, qui descendait boire un verre d'eau, s'affola en découvrant les armes sur la table.

– Allez vite vous cacher dans le placard, lui recommanda son hôte.

La vieille dame secoua la tête.

– Me cacher, encore ? Je n'en ai plus la force, Pierre. Et Nina qui n'est pas là…

– Heureusement que Valentine l'a emmenée à Lachau ! Réfugiez-vous dans le placard, je vous en prie. Nina et Valentine auront besoin de vous…

Ils se regardèrent.

– *Danke*[1], murmura Thelma en se glissant dans la cache aménagée pour Jonas et Pavel.

« Avec un peu de chance, ils ne la trouveront pas », pensa Pierre. Il rangea soigneusement ses armes dans l'armoire à fusils héritée de son grand-père et prit une longue inspiration. Valentine n'était pas là, c'était pour lui le principal.

Le camion freina dans la cour. Deux motocyclistes casqués, ayant ouvert la porte à coups de pied, fondirent sur Pierre. Ils hurlaient : « *Juden, Juden*[2] *!* »

Pierre eut le temps de sortir ses papiers avant d'être brutalisé. On le fit sortir de la ferme à grand renfort de

1. « Merci. »
2. « Juifs, Juifs ! »

bourrades dans le dos. Il tenta de parlementer, en vain. À cet instant, il ne pouvait songer qu'à la vieille dame blottie dans la cache.

Les Allemands fouillèrent la maison, sortant les meubles qu'ils amoncelèrent dans la cour, crevant les matelas, brisant la terraille et la vaisselle.

Pierre se raidit. S'ils découvraient – et ils le feraient forcément ! – la trappe et l'échelle de meunier menant à la soupente, le refuge de Thelma et de Nina, ils étaient tous perdus. Quant aux armes, il n'osait y penser.

Les deux motocyclistes entraînèrent Pierre un peu à l'écart et, lui jetant une pelle, lui ordonnèrent de creuser un trou au pied du plus gros chêne.

Il ne fallait pas être grand clerc pour deviner ; ils lui faisaient creuser sa propre tombe.

« Mon Dieu, faites ce que vous voulez de moi, ma vie est finie, pensa Pierre, mais épargnez ma petite fille. »

La terre, durcie par des semaines de sécheresse, ne se laissait pas facilement entamer malgré ses efforts.

– *Schneller !* lui ordonna-t-on.

On le gratifia également de nombreuses insultes, qui le laissèrent indifférent. Tout en creusant, Pierre surveillait la route venant de Lachau. S'il apercevait la bicyclette de Valentine, il jetterait sa pelle dans la tête du premier gardien. Celui-ci l'abattrait et Valentine serait alertée. Il n'y avait pas d'autres solutions.

Il raisonnait très vite, sans se laisser gagner par la panique. Autour de lui, des cris gutturaux, des exclamations, des claquements de porte. Il avait l'impression que sa maison, celle d'Antonia, était souillée, profanée.

Une nouvelle pétarade le fit tressaillir. Un motocycliste surgit à toute vitesse, freina violemment et fit une embardée. Il lança plusieurs phrases sur un ton précipité. Celui qui paraissait être le chef devait donner des ordres. En moins d'une minute, les soldats se rassemblèrent dans la cour, montèrent dans le camion, enfourchèrent leurs motos. Pierre, tétanisé, ne vit pas venir le coup et s'effondra dans la tombe à demi creusée.

La cour se vida de ses sinistres occupants dans un halo de poussière. Le silence retomba sur la Grange saccagée.

La route, sinueuse, suivait le cours des gorges de Saint-May. Thibaut se rappelait être déjà passé par là, alors qu'il arrivait de Lyon en compagnie de son ami Benoît. Il ne pouvait penser à lui sans éprouver une profonde tristesse. Benoît était tombé au cours d'une embuscade, le 1er août, du côté du Beaucet.

– Pour l'instant, nous n'avons pas vu de Boches, s'étonna Siméon, qui conduisait une camionnette chargée d'armes et de vivres.

La mission des deux hommes consistait à approvisionner les maquis situés au-dessus de la route des Alpes. Le but premier des maquisards était d'interdire aux troupes allemandes l'accès des voies reliant la nationale 7 à la route des Alpes. Comme Thibaut l'avait fait remarquer à Valentine, la guerre était loin d'être finie. De sérieux accrochages étaient survenus à Sault, à Coustellet, à Apt, au Barroux. On mentionnait des actes de barbarie commis aussi bien à Sarrians, sur Albin Durand et Antoine Diouf[1], qu'à Cavaillon.

– L'ennemi a encore des réserves, nuança Thibaut.

Il cita, de mémoire, l'épilogue de *La Résistible Ascension d'Arturo Ui*, qu'il avait fait découvrir à Valentine au printemps dernier :

Vous, apprenez à voir plutôt que de rester
Les yeux ronds. Agissez au lieu de bavarder [...]
Les peuples en ont eu raison, mais il ne faut
Pas nous chanter victoire, il est encore trop tôt :
Le ventre est encore fécond, d'où a surgi la bête immonde[2].

– T'es drôlement calé, admira Siméon.

Sa supériorité intellectuelle valait à Thibaut la charge de rédiger les documents officiels. Il secoua la tête.

– Lire est pour moi une passion. Ça réconforte, souvent.

Et puis il se tut ; il tenait à se concentrer sur sa carte. Il s'était promis de ne pas songer à Valentine. Bruno ne leur avait pas dissimulé que la tâche était loin d'être achevée.

Thibaut ne parvenait toujours pas à démêler ses sentiments vis-à-vis de la jeune fille. Il la désirait, éprouvait de la tendresse pour elle et quelque chose d'autre, qu'il ne parvenait pas à définir.

---

1. Ce sont des miliciens français qui ont torturé et assassiné les deux résistants.

2. Pièce écrite en 1941. Bertolt Brecht, *La Résistible Ascension d'Arturo Ui*, Arche, 1990.

« Parce que j'ai peur de l'amour », se dit-il. Il avait détesté sa mère pour le mépris et la cruauté dont elle avait fait preuve. Pour lui, il fallait se défier d'une trop grande sensibilité, ne pas fendre l'armure, sous peine d'être dominé. Mais Valentine ne ressemblait en rien à Sybille, il le savait.

La camionnette peinait de plus en plus. Le soleil chauffait la route à blanc. Thibaut se pencha à la portière.

– On pourrait se croire en vacances. Je piquerais bien une tête dans la rivière.

Siméon et lui éprouvaient une sensation de griserie. Ils avaient l'impression d'être libres, enfin ! Comme s'ils étaient sortis d'un cauchemar interminable.

Un avion les survola alors. Un petit avion venant du sud.

– Je m'arrête ! cria Siméon.

Il immobilisa la camionnette le long du bas-côté.

– Ami ou ennemi ? s'interrogea Thibaut, plus prudent.

– Ami, bien sûr ! Regarde ! Il ne porte pas la croix gammée.

En un éclair, Thibaut se remémora l'ordre donné aux organisations de la Résistance de peindre sur tout véhicule circulant de jour une immense étoile blanche à cinq branches, ceci dans le but de se faire reconnaître de la chasse alliée. Siméon et lui avaient haussé les épaules quand Bruno le leur avait rappelé. Les avions alliés n'allaient tout de même pas les attaquer ! D'ailleurs, savait-on seulement où ils se trouvaient ? Cependant, Thibault éprouvait comme un doute.

– Planque-toi ! hurla-t-il à l'intention de son camarade qui, torse nu, brandissait sa chemise en direction de l'appareil. Ils vont nous canarder !

La première salve blessa Siméon qui s'effondra sur la route. Thibaut se précipita pour le mettre à l'abri dans le fossé.

Il l'avait presque rejoint quand l'avion de chasse passa une seconde fois au-dessus d'eux et les mitrailla de nouveau.

Thibaut ressentit une brûlure intense dans le dos, eut le temps de voir leur camionnette exploser avant de sombrer.

Sa dernière pensée fut pour Valentine. Il n'avait jamais su lui dire à quel point il l'aimait.

29

Avril 1945

La pluie, tombant sans discontinuer, accentuait le désespoir du vieil homme. Assis à la fenêtre, il soulevait le rideau en crochet à intervalles réguliers, comme s'il avait attendu quelqu'un.

« Qui ? » se dit-il, désabusé. Else était revenue fin 1944, alors que la situation de l'Allemagne semblait déjà perdue, et elle avait repris la route dans un pays en proie au chaos, dans le fol espoir de retrouver son bébé.

Werther avait déjà pensé perdre sa fille quand une voiture noire de la Gestapo était venue la chercher à la ferme, en septembre 1943. La grossesse d'Else étant visible, la jeune femme avait dû être victime d'une dénonciation. Elle était revenue six jours plus tard, à pied, le visage portant des ecchymoses, les traits tirés. Elle avait raconté à son père les interrogatoires subis, les menaces, la peur panique éprouvée pour son bébé. Le lendemain, Werther se rendait à Billingen.

Il avait entendu dire que Hermann Stolzheim, le meilleur ami de son gendre, blessé sur le front de l'Est, achevait sa convalescence chez ses parents. Le vieux fermier avait su attendrir le militaire. Il avait incriminé le *Kriegsgefangene* français, laissé entendre que celui-ci avait abusé d'Else. Si Hermann voulait bien épouser Else, le temps pour elle d'accoucher, le bébé serait confié à une institution. Le français était de type aryen, avait précisé Werther.

Hermann s'était enthousiasmé, avait parlé des *Lebensborn*[1], ces maternités destinées à accueillir des filles mères qui donnaient naissance à des enfants parfaits, blonds aux yeux bleus. Else étant une pure Aryenne, cela ne poserait pas le moindre problème, avait-il affirmé. Pressé par le temps, Hermann avait rédigé sur-le-champ une reconnaissance de paternité à laquelle il avait joint ses états de service et son certificat d'aryanité lui ayant permis de faire carrière dans le parti nazi.

Il était reparti pour le front le lendemain.

Quant à Willy… Le vieil homme crispa les poings. Son petit-fils avait profondément changé depuis la grossesse de sa mère. Il avait grandi d'un coup et, entraîné par deux camarades d'école, s'était fait enrôler dans la *Hitlerjugend*[2].

En 1940, cette force auxiliaire s'était avérée particulièrement utile. Elle assistait les pompiers, effectuait des missions dans le secteur postal, le chemin de fer et la défense antiaérienne. Cependant, au fil des années, l'armée avait eu besoin de recrues de plus en plus jeunes.

Werther, de plus en plus inquiet, avait vu son petit-fils s'enthousiasmer pour la doctrine nazie.

---

1. Association de l'Allemagne nazie gérée par la SS afin d'augmenter le nombre de naissances d'enfants aryens en permettant à des filles mères d'accoucher de façon anonyme et de faire élever les bébés par la SS.

2. Jeunesse hitlérienne.

Willy avait été admis dans une académie d'entraînement où il avait reçu une formation paramilitaire. Fin 1944, il était venu saluer Werther à la ferme. Le grand-père avait éprouvé un choc en découvrant un adolescent plus grand que lui, portant un uniforme et très fier de lui montrer son poignard. Le manche s'ornait d'un insigne nazi tandis que l'inscription *Blut und Ehre*[1] figurait sur le plat de la lame. Il n'avait que treize ans et était devenu un étranger.

En février 1945, quand le *Volkssturm*, la milice populaire allemande créée le 18 octobre 1944, mobilisa des garçons du DJ[2] d'à peine douze ans, Werther comprit que Willy partirait pour Berlin.

On commençait en effet à chuchoter que la capitale était perdue et une plaisanterie faisait rire jaune les Berlinois : « Maintenant, les optimistes apprennent l'anglais et les pessimistes apprennent le russe[3]. »

Werther savait que son petit-fils risquait fort d'être tué ou gravement blessé.

Que s'était-il passé pour que leur famille soit ainsi frappée ? se demandait-il parfois. La petite Frieda, son gendre, Else et son bébé et Willy à présent…

Le récit de sa fille l'avait profondément bouleversé. Else lui avait raconté avoir été conduite dans un château entouré d'un parc boisé dans la région d'Aix-la-Chapelle. Elle avait décrit pour son père les murs d'enceinte, la

1. « Sang et Honneur. »
2. *Deutsches Jungvolk*, littéralement « Jeunesse allemande ».
3. Source : *La Chute de Berlin*, Anthony Beevor, De Fallois, 2002.

bâtisse toute en briques, les allées gravillonnées, l'étang aux carpes… Les chambres étaient claires, d'une propreté remarquable, la nourriture excellente. Si elle n'avait pas eu aussi peur pour son bébé, elle aurait pensé qu'elle avait beaucoup de chance. Mais il y avait aussi les Waffen-SS montant la garde dans le parc et le drapeau à croix gammée flottant au sommet de la tour la plus élevée.

Et, surtout, il y avait cette cérémonie appelée la « bénédiction du nom ». La première fois, Else, convoquée avec les autres mères et futures parturientes, avait éprouvé un sentiment de profond malaise en découvrant un autel recouvert d'un drapeau à croix gammée, surmonté d'un portrait de Hitler. Derrière, de grandes tentures ornées de dessins bizarres formaient comme un décor de théâtre.

Maud, une jeune Allemande d'Aix-la-Chapelle avec qui Else avait sympathisé, lui avait expliqué qu'il s'agissait de runes nordiques. Quatre gardes portaient deux étendards SS. Un officier présidait la cérémonie. Le directeur du *Lebensborn* avait offert à l'enfant un chandelier de vie et prononcé à voix haute son prénom – Siegfried, en l'occurrence. Mais ce qui avait le plus impressionné Else, c'était le geste du parrain SS, l'officier. Elle avait réprimé un gémissement d'effroi en le voyant porter le nouveau-né devant l'autel et présenter une dague au-dessus de sa tête. Il avait posé la lame sur son front en récitant :

Nous croyons au Dieu de l'Univers
Et à la transmission de notre sang allemand
Qui, éternellement jeune, croît de la terre allemande.

Nous croyons au peuple, gardien du sang
Et au Führer, que Dieu nous a envoyé.

Else s'était mise à trembler en entendant le bébé pleurer. Comment pouvait-on traiter ainsi un nouveau-né ? Elle s'était raidie. Qu'avaient-ils fait à Frieda ces maudits ?

Sans le bébé qui s'agitait dans son ventre, elle aurait hurlé sa haine du régime. Il lui fallait tenir cependant. Ne pas craquer.

Elle se rappelait les dernières semaines, ce sentiment de vivre dans un monde à part, tout entier voué à des théories raciales qui la révulsaient. Que serait-elle devenue si elle n'avait pas eu un type aryen aussi prononcé ? Le médecin attaché au *Lebensborn* la complimentait à chaque fois sur son « allure de Walkyrie ». Else ne savait plus si elle avait envie d'en rire ou d'en pleurer. Elle se raccrochait à l'idée de donner naissance à une petite fille.

La vie au *Lebensborn* aurait pu paraître idyllique. Pas de restrictions, les journées passées à tricoter, à se promener dans le parc… En revanche, les soirées étaient souvent consacrées à ce qu'Else nommait en son for intérieur du « bourrage de crâne » : lecture à voix haute de *Mein Kampf*, écoute des discours du Führer à la radio… Rien n'y faisait, Else restait réfractaire à l'idée même du nazisme et avait l'impression de vivre en déséquilibre sur un fil. De plus, son fils et son père lui manquaient, tout comme la ferme. Elle ne pensait pratiquement jamais à Ludovic. Elle n'avait vu en lui qu'un père potentiel pour la petite fille dont elle rêvait. À cause de ses yeux bleus, puisque le régime s'était lancé dans une politique raciale délirante.

Else avait sa revanche à prendre sur les pauvres fous qui avaient assassiné Frieda. Elle aurait sa petite fille et elle s'enfuirait.

Pourtant, rien ne s'était passé comme elle l'avait espéré. Elle avait été assez naïve pour se confier à Maud. Celle-ci l'avait trahie. Mais, de toute manière, la situation était devenue si périlleuse pour les Allemands qu'on avait décidé en haut lieu d'évacuer le château. Else avait accouché d'une petite fille au teint très clair, aux yeux d'un bleu irréel quand un grand autocar était venu chercher les bébés pour les conduire vers une destination inconnue. Une autre maternité nazie, chuchotait-on. Else se rappelait la déchirure et le désespoir éprouvés, cette horrible sensation d'arrachement après le bonheur intense de serrer dans ses bras sa petite Mathilde. Il lui semblait encore entendre ses propres cris, comme si elle avait été étrangère à elle-même. Elle revoyait les soldats SS emmenant les bébés dans des couffins d'osier, les infirmières chargeant les changes et le lait dans le car et les autres mères en pleurs, tout comme elle. Elles avaient supplié, tempêté, exigé, avant de sangloter à nouveau. En pure perte… Les ordres ne souffraient pas de dérogation. Il avait fallu arracher la petite Mathilde des bras de sa mère.

Il lui avait semblé que sa Frieda mourait une seconde fois…

Elle avait serré les poings. De nouveau, le malheur, après avoir pensé… espéré… Comment aurait-elle pu obtenir gain de cause ? Elle était seule, désespérément seule, contre une implacable machine à broyer.

Alors, bravement, elle avait marché, vers le seul endroit au monde qu'elle connaissait, la ferme paternelle, marché en tentant d'échapper aux bombardements et en évitant les grandes villes.

Elle s'était effondrée en franchissant le seuil. Son père, effrayé par sa pâleur, lui avait préparé de l'eau chaude, avait essayé de la faire manger. Elle avait bu juste un peu d'eau-de-vie, puis un bol de soupe avant de raconter son périple d'une voix entrecoupée de larmes. Elle avait tu ses seins gonflés par la montée de lait, ses pertes de sang, sa faiblesse. Elle lui avait seulement fait part de son désespoir. Où les maudits et leurs assistantes, les « infirmières brunes », avaient-ils emmené sa petite Mathilde, si fragile ? Qu'était-il advenu de son bébé par ce froid ? Durant son séjour au *Lebensborn*, elle avait entendu parler de ce projet fou initié par Himmler : la SS se devait de préserver le sang aryen. On éliminait toute dégénérescence. Son cœur s'était serré. Frieda était une dégénérée pour les nazis. Et, à présent, Mathilde était prisonnière de l'Ordre noir.

Werther, impuissant, n'avait pu empêcher sa fille de sombrer. Elle avait cru devenir folle en apprenant que Willy faisait partie des Jeunesses hitlériennes. Elle avait repris la route au début de l'année, alors que les Américains gagnaient chaque jour du terrain. Elle cherchait sa fille, qu'elle appelait de plus en plus souvent « Frieda ».

Werther Brüner poussa un énorme soupir. Sa vie était finie, il n'attendait plus que la mort pour échapper à ce monde en déliquescence. Mais il s'angoissait pour Else, pour le bébé et aussi pour Willy, même si celui-ci était devenu une petite frappe endoctrinée.

Il plia soigneusement la lettre qu'il venait d'écrire avec difficulté, parce qu'elle évoquait leur famille désormais disloquée, la glissa dans une enveloppe. Il la confierait au père Aloys lors de sa prochaine visite.

Comme une bouteille à la mer…

30

Novembre 1945

Un soleil insolent accentuait la blancheur des sommets.

Le maire, le visage grave, rendait un hommage vibrant aux résistants, tombés à Izon-la-Bruisse, à Orpierre, Arpavon, Valréas ou Sahune. Les habitants du village se mêlaient à ceux de Lachau, de Laragne et d'Orpierre. La plupart pleuraient un combattant de l'ombre, un père, un frère, un fils. Même si la guerre était bel et bien finie, elle avait profondément marqué le pays. Les morts de Thibaut et de Siméon avaient semblé terriblement injustes à Valentine, ce qui lui avait valu cette réflexion de Thelma : « Petite… tant de drames depuis des années… Nous sommes si peu de chose. » Si elle s'était révoltée sur l'instant, la jeune femme avait fini par comprendre ce que la vieille dame voulait dire. Chaque famille pleurait ses morts. Thelma et sa petite-fille étaient elles-mêmes des rescapées. Les leurs avaient été exterminés dans ces camps de la mort découverts par les Russes et les Américains.

Debout, dans le froid qui piquait malgré le soleil, Valentine revoyait Thibaut tel qu'il lui était apparu la première fois, alors qu'il venait chercher des vivres pour le maquis.

Il l'avait agacée avec son assurance, tout en l'attirant. Elle l'avait aimé avec une intensité telle que, depuis fin août 1944, elle avait l'impression de survivre plutôt que de vivre. Comme son père après la mort brutale de sa mère. Félix était venu à la ferme lui faire part du drame. Sous le choc, elle n'avait pu prononcer un mot. Elle était restée immobile, se cramponnant à la table pour ne pas s'effondrer.

Félix, qui savait tant de choses, n'avait pas cherché à la consoler. Il faudrait du temps, beaucoup de temps, pour que Valentine se remette, avait-il déclaré un peu plus tard à son père. « À condition qu'elle parvienne à surmonter cette tragédie », avait-il pensé.

Il fallait reconstruire le pays. Souhaiter que, désormais, plus rien ne serait comme avant. Il ne savait plus très bien s'il y croyait encore.

Les déchirures, les trahisons, les exactions ne s'oublieraient pas aisément. Plus encore qu'en 14-18, les Français s'étaient battus les uns contre les autres, se scindant en deux camps.

Le regard de Valentine effleura la haute silhouette du berger. Lui aussi, comme son père, paraissait être indestructible. Il était curieux de constater que les deux vétérans, résistants de la première heure, avaient survécu alors que tant de jeunes gens avaient perdu la vie. Ils étaient si touchants, ces maquisards, parfois encore de grands gamins gauches, qui s'étaient engagés sur un coup de tête puis étaient restés. Valentine se rappelait les jours où ils venaient se ravitailler à la ferme. Ils mouraient de faim durant l'hiver 43-44, et elle s'efforçait alors de les « remplumer » un peu. Elle se souvenait de leur expédition en camionnette jusqu'à Savournon pour l'opération Biscuits et de sa certitude d'avoir été enfin utile. Surtout, elle se rappelait ces non-dits entre Thibaut et elle. Elle l'avait aimé, follement, passionnément, sans avoir de certitude quant à la réciprocité de ses sentiments. Elle douterait toujours de son amour désormais. Les premiers temps, elle avait fait d'horribles cauchemars. Elle regrettait leurs querelles, se reprochait d'avoir été parfois impatiente, presque brutale.

Elle aurait désiré l'avoir tout à elle. Elle n'avait pas encore compris, alors, que l'engagement de Thibaut primait tout le reste.

Elle tressaillit. Perdue dans ses pensées, elle n'avait pas entendu la suggestion du maire d'entonner l'hymne des résistants. La voix profonde de Félix fit frissonner l'assistance unie dans un même recueillement.

Valentine entendit les deux premiers couplets du Chant des partisans dans un état second avant d'éclater en sanglots irrépressibles quand le vieux berger reprit :

Ici chacun sait
Ce qu'il veut, ce qu'il fait
Quand il passe
Ami si tu tombes
Un ami sort de l'ombre
Prend ta place.
Demain du sang noir

Coulera au grand soleil
Sur les routes
Sifflez compagnons
Dans la nuit la liberté
Nous écoute [1].

Elle détestait se donner ainsi en spectacle mais c'était plus fort qu'elle. Tout le désespoir, toute la révolte qu'elle avait gardés en elle s'exprimaient enfin, par ces larmes roulant sur ses joues.

Félix la rejoignit, passa un bras autour de ses épaules. Son père, qui devait faire une courte déclaration, lui adressa un petit signe de la main.

– Tiens…

Ludovic, son vieil ami, lui tendit un grand mouchoir à carreaux. Elle le remercia d'un sourire mouillé avant de s'essuyer le visage et les yeux.

Pierre prit la parole. Valentine ne l'entendit pas. Elle était loin, très loin. Dans les bras de Thibaut.

En ce 1er novembre 1945, Ludovic mesurait le chemin parcouru depuis la mobilisation de 1939. Six ans ! Six ans perdus pour sauver sa peau, avant de revoir son père, sa terre et Valentine.

Les années passées à Graudenz avaient constitué un long cauchemar rythmé par les hurlements des gardes, les travaux éreintants, la peur, la faim, le froid, la révolte. Et

1. Paroles de Joseph Kessel et Maurice Druon, musique d'Anna Marly, 1943.

encore ! Il estimait avoir eu beaucoup de chance puisqu'il était revenu. Nombre de ses camarades étaient restés là-bas, en Silésie.

Ludovic éprouvait toujours une grande émotion lorsqu'il se rappelait l'évacuation de la forteresse de Graudenz, en février. L'Armée rouge se rapprochait de la Vistule après avoir laissé un sillage de sang et d'atrocités en Poméranie. Les prisonniers titubaient dans le froid et la neige, peinant à marcher avec leurs maudits sabots qui ne tenaient pas aux pieds. Il leur était interdit de tomber, sous peine d'être abattu séance tenante et abandonné au bord du chemin.

L'entraide était la règle entre camarades. Les gardiens, fous d'angoisse à la perspective de tomber entre les mains des Russes, ne se maîtrisaient plus et étaient capables de tuer pour une peccadille.

Affamés, épuisés, les prisonniers avaient eux aussi l'impression de perdre la raison. Ils se désaltéraient tant bien que mal avec une poignée de neige, se seraient damnés pour un quignon de pain. Ils avançaient, tels des colonnes de morts-vivants, dans un univers glacé, noyé de brume ou de neige. De temps à autre, un hurlement, suivi d'une rafale de fusil-mitrailleur, les faisait tressaillir puis… plus rien. Un terrible silence retombait sur ces hommes qui n'en avaient plus que le nom. Avec le recul, Ludovic se demandait parfois comment il avait eu le courage de tenir.

Ils avaient décidé un soir, avec trois camarades, de tenter une évasion. Leurs gardiens étaient en piètre état eux aussi et, de plus, ils mouraient de peur à l'idée de tomber entre les mains des « Ivans », comme ils nommaient les soldats soviétiques.

Ç'avait été presque trop facile. L'un après l'autre, les Français avaient faussé compagnie à leurs gardiens durant une tempête de neige, après avoir traversé un village aux volets clos.

Ils s'étaient réfugiés dans une grange, avaient échangé un regard incrédule. Libres, enfin ! après toutes ces années d'esclavage !

Un vieil homme était venu leur rendre visite. Il ressemblait à un personnage de conte dans sa houppelande assortie à ses cheveux blancs poudrés de neige. Bébert se débrouillait en allemand. Il lui expliqua leur situation. À quoi bon se cacher, désormais ?

Le vieux villageois leur offrit l'hospitalité, sans leur dissimuler que l'Armée rouge était proche. Il s'attendait au pire. Les exactions commises en Poméranie avaient terrorisé la population. Les femmes et les enfants étaient partis sur les routes, juchés sur des carrioles ou à pied. Les femmes, quel que soit leur âge, étaient violées par des soldats russes ivres d'alcool et de vengeance. Certaines s'habillaient en hommes, d'autres s'enlaidissaient en se barbouillant le visage de cendre et de suie, le plus souvent en vain.

Ludovic se souvenait de la ferme du vieil homme. Il avait pensé aux Brüner en y pénétrant. Les Français avaient mangé un bol de soupe, s'étaient réchauffés devant l'âtre. Ils se croyaient sauvés.

Le lendemain, les Ivans arrivaient.

Ludovic n'était pas un homme de guerre. Il en avait eu la confirmation les jours suivants. Il avait tenté de s'interposer avant que les Russes n'abattent le vieux villageois d'une balle dans la tête. Ils riaient, cherchaient des bouteilles qu'ils buvaient cul sec sans paraître le moins du monde incommodés.

« *Franzouski* », avaient répété les Français, en désignant leur capote toujours marquée des deux lettres blanches KG. L'officier russe avait froncé les sourcils, faisant craindre le pire aux prisonniers. Plus tard, ils avaient compris que les combattants soviétiques n'admettaient pas l'idée d'une quelconque reddition. Pour eux, on se battait jusqu'à la mort.

Les Russes ne les avaient pas maltraités, mais ne leur avaient pas pour autant manifesté de compassion. Pas de temps à perdre ! Ils n'avaient qu'un seul but, Berlin, où ils tenaient à arriver le plus tôt possible. Avant les Américains. Les Français, consternés, avaient alors réalisé qu'ils allaient devoir eux aussi prendre la route de Berlin.

Heureusement, un convoi de blessés les avait pris en charge. Un voyage incroyable les avait menés jusqu'à Odessa où ils s'étaient sentis revivre en franchissant le seuil de l'ambassade de Grande-Bretagne.

Là, enfin, on leur avait demandé leur identité, on les avait désinfectés, on leur avait donné des vêtements propres…

Ils avaient eu l'impression de redevenir des hommes et, fin mai, avaient embarqué à bord d'un navire qui les avait conduits à Marseille.

La France, son pays ! Retour en train, puis à pied. La sensation de revivre, de nouveau, en humant les parfums de ses collines… Et l'émotion de son père, le vieux Fernand…

L'étreinte des deux hommes avait duré une éternité. Jusqu'à ce que Ludovic se racle la gorge pour ne pas laisser voir à quel point il était bouleversé.

Il avait attendu plusieurs jours avant d'aller à la Grange. Le temps de se rendre présentable, de reprendre contact avec la réalité.

Le temps semblait s'être arrêté à Séderon et, pourtant, on s'y était battu, on y avait résisté. Ludovic avait l'impression d'avoir perdu plus de cinq ans de sa vie, de ne plus connaître personne.

Il avait reconnu Valentine. Elle était la même que dans ses souvenirs. Lorsqu'il l'avait serrée contre lui, il avait su qu'il avait tenu toutes ces années pour elle, pour la revoir.

Pourtant, en croisant son regard empreint de désespoir, il avait compris qu'elle n'était plus la même.

31

1947

« J'aurais voulu… », se dit Valentine, le cœur lourd. C'était plus fort qu'elle, elle ne parvenait pas à l'oublier. Les souvenirs l'assaillaient dès qu'elle franchissait le seuil de la Grange.

Elle se surprenait encore à chercher sa silhouette du regard, à se retourner brusquement, comme s'il pouvait l'avoir suivie.

Sa solitude ne lui permettait pas de se libérer de cette obsession. Lisa n'était pas revenue de Genève. Elle donnait de ses nouvelles de loin en loin, mais ne comptait pas revenir chez ses parents. « Nous avons eu des mots », avait soupiré sa mère au cours d'une veillée. Valentine n'avait pas insisté.

Elle avait longtemps hésité avant de participer à nouveau aux veillées. Son père l'y avait incitée. « Tu es jeune, petite, il te faut voir du monde. » Jeune ? Elle avait vingt-trois ans, et le sentiment d'avoir tout connu, tout vécu, durant les années de guerre. Surtout, le désir de vivre lui faisait défaut. Elle n'avait pas de pensées suicidaires, non ; elle aurait eu l'impression de manquer de respect à tous ces jeunes gens qui s'étaient battus pour la liberté. Elle se contentait de survivre.

Elle ne pouvait en parler avec Pierre, qui s'était toujours défié de Thibaut. Il lui aurait répondu des phrases toutes faites, que chaque famille avait perdu un proche, que le temps ferait son œuvre…

« Je ne veux pas l'oublier », pensa Valentine, farouche.

Elle possédait une seule photographie de Thibaut, prise à l'improviste, alors qu'il l'aidait à cueillir la lavande. Ce cliché lui était précieux. Elle le gardait dans son portefeuille. Seul Félix recueillait ses quelques confidences. Le vieux berger était monté pour la dernière fois dans les alpages l'an passé. « Il est temps que j'arrête, il faut savoir reconnaître ses limites », avait-il déclaré d'un ton ferme. À près de soixante-quinze ans, Félix se consacrait à ses livres et à ses ruches. Il avait vendu la maison de sa mère après son décès et s'était rapproché de la Méouge. Il vivait désormais à la sortie de Lachau, non loin du château.

La vue de ses montagnes suffisait à son bonheur. Valentine l'aimait et l'admirait. Il venait souvent à la Grange, accompagné de son nouveau chien, un corniaud à la tête de bouledogue, baptisé par ses soins Truffo car il espérait l'emmener « caver » dans le Vaucluse.

Félix, comme à son habitude, n'était guère optimiste quant à l'après-guerre.

À l'en croire, Américains et Soviétiques avaient en tête de se partager le monde et un autre conflit ne tarderait pas à survenir. « Tais-toi donc ! » lui enjoignait Pierre Ferri quand le berger se lançait dans l'une de ses analyses.

Pierre avait peur d'une nouvelle guerre, d'une nouvelle hécatombe. Il avait pensé mourir le jour où l'occupant lui avait fait creuser sa propre tombe, sur ses terres. Il s'en était d'ailleurs fallu de peu… Ce jour-là, assommé par un coup de pelle, il avait basculé dans la fosse. Valentine et Nina, revenues de Lachau, l'avaient sorti de là et ranimé. Il en avait été quitte pour deux jours et deux nuits de migraine et quelques vertiges. « Tu as la tête dure, papa ! » avait dit Valentine en riant pour dissimuler son émotion. Il avait eu de la chance, beaucoup de chance, contrairement à Thibaut.

L'absurdité de la mort de l'homme qu'elle aimait avait anéanti la jeune femme. Tués par un avion britannique, Thibaut et son chauffeur Siméon avaient été victimes de leur non-respect des consignes. Durant les jours, qui suivirent le débarquement en Provence, il était primordial de s'identifier pour ne pas se retrouver sous les bombes des Alliés.

« Une tragique méprise », avaient commenté les responsables des maquis de la région. « Un drame », avait corrigé Félix.

Le berger aimait bien « le philosophe », comme il l'appelait. Même s'il le trouvait un peu trop torturé à son goût, il appréciait leurs échanges sur la littérature et la politique. Il constatait avec inquiétude que Valentine ne parvenait pas à se remettre de la mort du jeune résistant. Lui, Félix, savait depuis longtemps que les chagrins d'amour, même s'ils vous marquaient pour la vie, ne devaient pas vous empêcher de suivre votre chemin. N'avait-il pas aimé sans espoir la belle Antonia ? Mais comment en convaincre Valentine ? Il aurait fallu pour elle quitter la Grange, aller vivre et travailler en ville. La jeune femme s'accrochait à sa terre, à son pays, contrairement à la plupart des femmes de sa génération qui préféraient quitter la campagne pour des raisons de confort. Elle, Valentine, n'avait qu'un but : faire prospérer la Grange après les années de guerre.

Félix poussa un énorme soupir, siffla Truffo.

– Il est temps que tu apprennes à travailler, mon vieux ! dit-il à son chien.

Celui-ci le considéra en penchant drôlement la tête sur le côté.

– À mon avis, j'ai fait une mauvaise affaire avec toi, marmonna le berger.

Le chien semblait en effet beaucoup plus intéressé par les lièvres, qui pullulaient, que par les truffes.

Depuis le rocher de la Tour, le regard embrassait Séderon, bâtie entre deux falaises. Ludovic se rappelait qu'enfant il y montait souvent en compagnie de sa mère, Albane. Tout aurait certainement été plus simple si elle avait encore été en vie, se dit-il avec une pointe d'amertume.

Depuis son retour, deux ans auparavant, il avait le sentiment que rien ne se passait comme il l'avait rêvé. Certes, il se doutait bien que la fin de la guerre, tant attendue, ne résoudrait pas tout, mais il avait espéré que les choses se passeraient différemment. Même s'il avait repris un peu de poids sur le navire qui l'avait ramené en France, il était encore d'une maigreur effrayante à son retour à

Séderon. Son père avait eu un choc en le découvrant sur le seuil de leur ferme. Le chien lui-même, un chien de chasse qu'il avait dressé en 1938, l'avait flairé d'un air circonspect avant de le reconnaître. Ludovic s'était penché pour le caresser afin de dissimuler son émotion. « Si je m'attendais… », répétait le vieux Fernand en se grattant le sommet du crâne. Il n'était guère à l'aise pour extérioriser ses sentiments. Il avait tapoté le dos de son fils à plusieurs reprises, puis laissé retomber son bras en marmonnant : « Sapristi, j'ai bien trop peur de te casser, mon garçon ! Tu es maigre à faire peur ! Tu ne mangeais donc rien de mes colis ? » Comment Ludovic aurait-il pu lui expliquer que les fameux colis étaient confisqués par les gardiens ? Quand, après une enquête diligentée par la Croix-Rouge, on avait commencé à distribuer quelques denrées aux prisonniers, tout était mélangé en un brouet infâme. Soupe aux sardines, aux biscuits, au corned-beef et au fromage. Le goût était curieux de prime abord mais ils avaient si faim…

Ludovic savait que son père ne pourrait pas comprendre ce qu'il avait vécu. À moins qu'il ne le veuille pas, tout simplement…

Les premiers temps, il avait mangé et s'était reposé, allongé sur l'herbe, des heures à contempler le ciel, jusqu'à ce que la nuit tombe et que les étoiles s'allument l'une après l'autre. Il lui fallait reprendre lentement contact avec sa vie d'avant.

Ensuite, il était parti à la recherche de ses collègues. De nombreuses déceptions l'attendaient. Léon, un camarade d'école, était tombé lors des combats sur la Loire en juin 1940. Les jumeaux Alex et Jeannot n'étaient pas revenus de captivité. Son meilleur ami comptait parmi les victimes du maquis d'Izon-la-Bruisse. Dieu merci, il avait retrouvé Jean-Louis mais, à près de trente ans, ils avaient l'impression d'avoir gâché les meilleures années de leur vie.

« Une génération perdue, comme celle de nos pères », pensa Ludovic en cherchant les points de repère de jadis. Au sommet du rocher de la Tour, il mesurait combien son pays lui avait manqué. Il se souvenait de Bébert.

Ils s'étaient séparés à Marseille, en promettant de se revoir. Sans même prendre le temps d'échanger leurs adresses…

La parenthèse des années de guerre, de souffrances et de promiscuité était refermée. Ludovic avait vite compris qu'il convenait de reprendre sa place sans trop raconter ce qu'il avait traversé. D'ailleurs, il ne pouvait pas tout raconter.

Les premiers temps, alors qu'il n'avait qu'une idée, sauver sa peau, il n'avait pas eu besoin de se forcer pour éviter de penser aux habitants de la ferme Brüner. Depuis son retour, il songeait de temps à autre à Else, se demandant si elle avait donné naissance à son enfant, si elle avait survécu au chaos régnant en Allemagne. Et puis il chassait, vite, cette idée. Il n'avait jamais rien éprouvé pour Else. Ou tout au moins, rien d'autre qu'un peu de compassion.

De toute manière, il n'entendrait jamais parler de cet enfant qu'il refusait de considérer comme le sien.

32

1951

La lavande, toujours, comme un éternel recommencement. Chaque année, Valentine avait l'impression de se ressourcer dans cette mer bleue, de tout oublier. Ou presque tout…

Les cueilleurs descendus d'Italie n'étaient plus les mêmes qu'avant-guerre. Ceux-ci étaient plus jeunes, plus insouciants. « Une nouvelle génération », disait Pierre.

Le maître de la Grange ne paraissait pas ses soixante et un ans. Sa mâchoire blessée s'accommodait assez bien de son visage buriné par le soleil et le vent. Ses épais cheveux blancs faisaient ressortir le bleu de ses yeux.

Plusieurs femmes lui avaient fait comprendre, plus ou moins discrètement, qu'elles viendraient volontiers tenir son ménage, sans succès.

S'il se rendait de temps à autre à Sisteron, Pierre n'en faisait pas état et Valentine ignorait s'il y avait une bonne amie. En fait, cela ne l'intéressait guère. Elle estimait que son père avait le droit de vivre à sa guise sans rendre de comptes à quiconque.

Elle se pencha, saisit un brin de bleue qu'elle froissa entre ses doigts, répétant un geste familier d'Antonia.

Sa mère lui avait transmis l'amour de la lavande et des livres, comme un secret que toutes deux auraient partagé. Valentine regrettait souvent de ne pas avoir été plus proche d'elle, tout en sachant qu'Antonia n'était pas femme à s'épancher. La jeune femme avait peu à peu compris que sa mère se voulait forte en toutes circonstances et ne souhaitait pas laisser voir ses failles.

Parfois, son père et elle feuilletaient l'album de photos familial. Valentine aimait particulièrement un cliché pris au printemps 1914, dans un champ de blé. Antonia et Pierre, beaux, jeunes, insouciants, souriaient au photographe. Le suivant, datant de 1920, montrait le couple à la fête de Lachau. Ils paraissaient raides, presque gênés, et Pierre tournait légèrement la tête afin de dissimuler sa gueule cassée. Ces deux photographies révélaient de façon cruelle l'impact de la guerre sur le couple.

L'autre guerre, la deuxième du siècle, celle qui n'aurait jamais dû avoir lieu, avait tué Thibaut en même temps que des millions d'anonymes.

Valentine rejeta les épaules en arrière. Elle ne voulait plus songer à Thibaut. Sept ans avaient passé. Sept, « un chiffre magique », estimait Félix.

Il était plus que temps d'enterrer le passé. Même si elle ne s'y sentait pas encore prête.

Son regard s'emplit de fierté en découvrant les nouvelles installations qu'elle avait désirées. Valentine s'attelait à développer la filière lavande depuis plusieurs années. Elle ne souhaitait pas s'en tenir là. Comme sa mère l'avait fait avec ses fromages de chèvre, Valentine vendait des sachets de lavande, des bouquets séchés et de l'huile essentielle sur les différents marchés de la région. « La panacée universelle ! » estimait Félix. Et d'énumérer : « La lavande est bonne pour les problèmes respiratoires, les migraines, les brûlures, les piqûres d'insectes, contre les poux et les moustiques. Elle est aussi calmante, cicatrisante, digestive et tonique. » Ses projets permettaient à la jeune femme d'aller de l'avant, de se battre.

– *Come va, bella ?*

Elle sourit presque machinalement à Guido, l'un des coupeurs italiens.

C'était un garçon d'environ vingt-cinq ans, grand, bien bâti, déjà bronzé. Valentine se sentit rougir sous son regard appréciateur. Il ôta sa chemise, fit jouer ses muscles. Il était beau et le savait. Elle eut envie de rire. Que croyait-il donc ? Qu'elle allait se jeter dans ses bras, incapable de résister au charme de ce mâle sûr de lui ?

Elle passa son chemin, dépitée d'avoir senti une onde de chaleur parcourir son ventre. Son corps parlait sous le soleil somptueux de juillet. Les longues soirées et la chaleur concouraient à susciter le désir. À vingt-sept ans, le cœur de Valentine n'avait plus battu depuis la mort de Thibaut. Cependant, son corps réclamait son dû.

Elle s'essuya le front d'un revers de main. Elle n'envisageait pas de ne pas avoir d'enfants mais s'imaginait mal lier sa vie à celle d'un homme qu'elle n'aimerait pas. Il lui semblait souvent que Thibaut avait tout emporté avec lui et qu'elle ne pourrait plus jamais aimer. « Foutaises ! » avait répondu Félix le jour où elle avait osé se confier à lui. Et de lui citer une phrase : « Un chagrin d'amour n'est éternel que si l'on en meurt tout de suite. » Il avait ajouté, moqueur : « Réfléchis… Crois-tu que Roméo se serait tué sur le tombeau de Juliette s'il avait attendu ne serait-ce que six mois ? La vie est là, petite, qui nous pousse. Nous avons cet instinct en nous, il importe de le respecter. » Sans transition, il lui avait parlé d'un acteur, un certain Gérard Philipe, qui participait au festival d'Avignon. « Il paraît qu'il faut aller le voir à tout prix. » Valentine avait esquissé une moue. « Avignon est loin d'ici. Et la lavande donne à plein. Je ne peux pas m'absenter. » Il était parti en haussant les épaules. « Tu es trop bête ! Relis donc Ronsard ! » Comme si elle en avait le temps ! Valentine sourit en évoquant cette recommandation. Félix n'avait pas changé et elle l'aimait presque autant que son père.

Elle avait poursuivi les recherches familiales en matière de lavandiculture et privilégié, elle aussi, le lavandin, plus robuste que la lavande fine. Cet hybride de lavande et d'aspic poussait sur les sols les plus pauvres et avait un rendement en huile essentielle jusqu'à dix fois supérieur. Avant la guerre, Antonia avait élevé dans des pépinières des boutures de lavandin à l'automne. Un an et demi plus tard, les plants de lavandin pouvaient être mis en terre. Après la première variété de lavandin appelée « ordinaire », une autre plus rentable avait été élaborée par le professeur Abrial. Cependant, Valentine avait constaté que les plants duraient de moins en moins longtemps. Elle suivait de près les travaux portant sur la recherche de variétés plus résistantes. Même si elle était toujours aussi attachée à la lavande sauvage, la plus belle pour elle, force lui était de reconnaître que le lavandin avait le vent en poupe.

La société s'était transformée en l'espace de quelques années. On avait besoin de plus en plus d'essences de lavandin pour parfumer les lessives. En effet, même si les années 1945-1949 avaient encore été des années de rationnement et de reconstruction, on constatait un appétit de biens de consommation. Bien que le prix d'un lave-linge de qualité représentât près de quatre mois de salaire moyen, nombre de femmes espéraient se l'offrir. Valentine, pour sa part, n'avait pas abandonné la bugade. Elle aimait le contact avec l'eau fraîche, dans la bugadière, un local aménagé par Pierre au début des années vingt.

Soucieuse de répondre à la demande de l'industrie chimique, Valentine s'efforçait d'augmenter la vigueur et la durée de vie de ses plants. Elle savait qu'elle devrait adapter sa production à la mécanisation mais retardait ce moment le plus possible. Il lui semblait que, ce jour-là, sa lavande aurait perdu un peu de son âme.

Elle se mit à l'ouvrage, armée de sa faucille, qui avait été celle d'Antonia.

Elle avait pour habitude de couvrir sa jupe d'un grand tablier bleu et n'oubliait jamais les *bourras* cousus par les soins d'Antonia. Chaque été, elle sentait l'émotion l'envahir dès qu'elle humait le parfum persistant des sacs en toile de jute. Comme si Antonia lui avait adressé un petit signe…

Le soleil tapait fort. D'habitude, elle était à l'œuvre dès le lever du soleil mais, ce jour-là, elle s'était rendue à Sault afin d'y rencontrer deux courtiers. Elle avait vite compris, en effet, qu'il convenait de se diversifier afin de ne pas se limiter à la vente directe. Son père lui faisait confiance. « À toi les méthodes nouvelles, lui avait-il dit. Je suis un homme du XIXe siècle, je me sens dépassé. » Ce n'était pas vrai. Elle lui demandait souvent conseil et savait qu'il était particulièrement compétent.

Rosa, une jeune Italienne, lui adressa un coup d'œil complice. C'était son troisième été à la Grange. Valentine et elle s'entendaient bien.

– Dis donc, il a… Comment dit-on déjà ? Il a le béguin pour toi, Guido !

La jeune femme sourit.

– Dommage que ce ne soit pas réciproque ! Il est un peu trop…

Elle chercha le mot juste, de crainte de blesser Rosa. Mais celle-ci éclata de rire.

– Un peu trop séducteur ? Oui, tu as raison !

– Un vrai cœur d'artichaut ! précisa Valentine en riant à son tour.

Était-ce à cause du parfum de la lavande, de la bonne humeur contagieuse de Rosa ? Lentement, elle reprenait goût à la vie.

33

1954

La neige, tombée en abondance durant deux jours et deux nuits, avait contraint les habitants de la vallée à se claquemurer chez eux.

Il y avait d'abord eu comme un long frisson dans l'air. Puis, une heure après, la chute de gros flocons en rideau. Blanc le ciel, blanc le sol, peu à peu couvert d'une épaisse couche de neige.

– C'est l'époque, dit Pierre en frottant ses mains l'une contre l'autre devant le fourneau d'Antonia qui diffusait une douce chaleur.

La jeune femme acquiesça d'un hochement de tête tout en continuant d'étaler très finement sa pâte à oreillettes. Pour ce faire, elle avait tamisé cinq cents grammes de farine, y avait ajouté cent cinquante grammes de sucre, quatre œufs, un verre d'eau et un demi-verre d'huile d'olive. La pâte qu'elle découpait en rectangles serait ensuite plongée dans de l'huile très chaude.

Elle avait promis à Ludovic de l'accompagner chez Marithé, une camarade d'école qui habitait sur la route de Ballons, mais se demandait si le temps leur permettrait d'y accéder.

Elle esquissa un sourire. Ludovic l'invitait régulièrement. Elle avait deviné depuis longtemps qu'il éprouvait un tendre sentiment pour elle. Elle faisait semblant, cependant, de ne pas comprendre ses allusions au couple qu'il avait envie de former avec elle. « Ce gars-là te décrocherait la lune s'il te prenait la fantaisie de le lui demander ! » ironisait son père.

Pierre ne dissimulait pas son impatience. Valentine fêterait ses trente ans au début de l'été ; il était grand temps pour elle de se marier et de fonder une famille. Valentine souriait, éludait. Certes, elle avait conscience, elle aussi, du temps qui passait mais refusait de se précipiter. Elle voulait être sûre d'elle, ce qui faisait bondir son ami Félix. « Sûre de toi ! Comme si l'amour se réduisait à une question d'assurance ! Qu'est-ce que tu crois, petite ? Qu'on signe un contrat pour la vie, avec des pénalités si l'on n'en respecte pas les causes ? L'amour ne se discute pas, ne se marchande pas. Si tu aimes, tu fonces ! En toute inconscience. »

Valentine s'était troublée sous le regard incisif du berger. Elle ne s'était pas posé ce genre de questions le jour où elle avait croisé le chemin de Thibaut. Mais, précisément, à cause de Thibaut, elle avait peur désormais de souffrir. « Trop de prudence nuit, avait-il ajouté. D'ailleurs, tu sais que j'ai raison ! Il faut juste t'en persuader. »

Il lui semblait avoir vécu en hibernation ces dix dernières années. Pourtant, elle parvenait à évoquer le souvenir de Thibaut moins souvent. Lentement, la blessure se refermait. Elle avait eu très mal le jour où elle s'était décidée à monter à Lyon. C'était une idée qu'elle caressait depuis longtemps : rendre visite au père de Thibaut. Elle n'avait rien dit à son propre père du motif de son voyage, mais il avait dû s'en douter car il avait fait peser sur elle un regard soucieux alors qu'elle s'installait au volant de la Mathis. Cette démarche lui avait permis de perdre ses dernières illusions. Max Deslandes était un vieux monsieur qui vivait dans un appartement-musée envahi par les livres. Il y en avait même sous les pieds des chaises ! Il s'était montré courtois mais distrait : elle le dérangeait dans ses recherches sur Louise Colet, la poétesse aimée de Flaubert.

Quand elle s'était présentée comme une amie proche de Thibaut, il avait laissé tomber : « Je suis désolé, mademoiselle, mon fils n'a jamais mentionné votre nom ni votre existence. » Bien entendu, elle avait tenté de se réconforter en se disant que la prudence interdisait à Thibaut de parler d'elle. Pourtant, force lui était de se rendre à l'évidence : Thibaut n'avait pas eu l'intention de lier sa vie à la sienne. Elle avait joué à la midinette ; il ne désirait pas s'encombrer d'elle. Ne l'avait-il pas prévenue à plusieurs reprises ? « Je ne crois plus vraiment en l'amour », lui avait-il dit.

Elle s'était éclipsée sur la pointe des pieds, certaine que M. Deslandes ne s'apercevrait pas de son départ. Elle n'avait pas pleuré.

Pilou, le chien qui avait pris la place du dernier César, éventré par un sanglier à l'automne dernier, se posta derrière la porte en grondant. Pierre Ferri fronça les sourcils.

– Qui peut bien venir par ce temps ? s'interrogea-t-il.

Pilou se jeta sur le visiteur qui avait franchi le seuil de la Grange après avoir frappé. Valentine s'esclaffa en reconnaissant Ludovic.

Il portait une canadienne, deux écharpes superposées et une espèce de toque qui le faisait ressembler à Davy Crockett.

– Je suis venu vous demander l'hospitalité, annonça-t-il au maître de maison. Je savais que Valentine avait envie d'aller veiller chez Marithé. Ce sera plus facile depuis chez vous.

– Pas de problème, mon garçon ! Mets-toi à l'aise. Je me demande simplement si vous arriverez à grimper jusque chez Marithé.

– J'ai apporté deux paires de raquettes.

– Bonne idée ! Tu prendras bien un café ?

– Tu n'as pas trop froid ? s'enquit Valentine.

Ludovic esquissa un sourire désenchanté.

– Oh ! il fait toujours moins froid qu'en Silésie !

Le silence se fit dans la salle. Il était toujours aussi difficile d'évoquer avec les anciens prisonniers de guerre leurs conditions de détention.

Ludovic secoua la tête, comme pour chasser cette pensée.

– Qu'est-ce que tu prépares de bon, Valentine ?

– Des oreillettes pour ce soir. Saupoudrées de sucre glace, elles ne devront pas trop souffrir du voyage dans leur boîte en fer.

Elle repoussa ses cheveux en arrière, alla chercher la cafetière maintenue au chaud sur le fourneau, servit son père, puis leur invité. La chaleur du feu avait avivé ses joues.

« Elle est belle », pensa Pierre avec un pincement au cœur.

Trente ans déjà ! Il se rappelait encore le jour de sa naissance, le vent de panique qui avait soufflé sur la maison.

Ludovic se servit du sucre.

– Deux morceaux ! s'écria-t-il. Je crois bien que c'est ce qui m'a manqué le plus… là-bas.

À la ferme Brüner, il avait la chance d'avoir un peu de saccharine. Rien, en revanche, à Graudenz.

Une ombre passa sur son visage. Il ne voulait plus penser à Graudenz, ni à la ferme Brüner. La page était tournée…

Chacun armé d'une lampe torche, Valentine et Ludovic avançaient difficilement dans une neige épaisse qui continuait à tomber en flocons serrés. La nuit était glaciale mais, Dieu merci, le vent s'était calmé. Pierre avait refusé de les accompagner. « À mon âge, on préfère rester au coin du feu », leur avait-il dit.

Chaudement emmitouflés, les jeunes gens s'amusaient de leur progression plutôt lente. Ludovic portait les gâteaux confectionnés par Valentine. Il y avait goûté avant de partir, affirmant qu'il n'en avait jamais mangé de meilleurs. « Pardi ! Après tes années de captivité, tu ne fais plus le difficile ! » avait répliqué Pierre. Ludovic ne s'était pas formalisé. Son père ne le taquinait pas comme Pierre, mais leurs relations s'avéraient difficiles. En prenant de l'âge, le vieux Fernand redoutait de perdre son autorité et son caractère s'était aigri. Il ne comprenait pas – ou plutôt refusait de comprendre – qu'à près de trente-cinq ans Ludovic rechigne à obéir sans protester. La cohabitation entre les deux hommes était de plus en plus houleuse, chacun cherchant à faire plier l'autre.

Ludovic tendit la main à Valentine qui glissait.

– Accroche-toi, ma belle ! Nous ne sommes plus très loin.

Elle éprouva une sensation étrange en glissant son bras sous celui de Ludovic. Elle se savait en sécurité avec lui.

Ils aperçurent en même temps les lumières de la ferme de Marithé. D'autres lampes convergeaient vers le bâtiment trapu. Valentine sourit.

– J'ai l'impression que nous participons à une crèche vivante et que nous suivons l'étoile, pensa-t-elle à voix haute.

– Noël est passé depuis un bon mois ! s'esclaffa Ludovic.

Elle savait qu'il n'était pas romantique et préférait lire *Le Chasseur français* plutôt que *Le Rouge et le Noir* ou *Guerre et Paix*. Elle se mordit les lèvres. Elle avait passé l'âge de rêver au prince charmant. Que lui importait, après tout ? Elle aussi savait faire preuve de pragmatisme. Elle avait grandi.

– Viens là…

Ludovic l'attira à l'abri d'un grangeon de pierres sèches, ôta son gant de laine et lui caressa la joue.

– Je t'aime, Valentine. Je t'aimais déjà avant la guerre, alors que tu avais à peine quinze ans.

Elle émit un drôle de rire.

– J'en ai le double, à présent.

– Si tu savais comme je m'en moque ! Je t'aime, toi, et je t'aimerai toujours.

Il se pencha, l'embrassa. Malgré le froid, elle sentit une vague de chaleur l'envahir et répondit à son baiser. C'était si simple, tout à coup… Comme si elle l'avait toujours attendu.

– Hou ! Hou !

Des cris joyeux les firent tressaillir. D'autres jeunes gens les rejoignaient. Ludovic s'écarta légèrement avant de serrer à nouveau Valentine dans ses bras.

– Écoutez tous la bonne nouvelle ! lança-t-il au ciel plein de neige. Valentine et moi, on se marie !

Et elle pensa que c'était bien ainsi.

34

1959

Tout avait été prévu longtemps à l'avance. Comme Valentine avait déjà fait deux fausses couches, rien n'avait été laissé au hasard pour cette troisième grossesse. Sa place était réservée à la maternité de Sisteron.

« Tout ça pour ça », se dit Ludovic, le cœur serré.

La neige était tombée sans discontinuer durant vingt-quatre heures. Les accès étaient coupés. Il avait chaussé les skis pour se rendre à la cabine téléphonique de Lachau, en vain. Le poids de la neige avait provoqué une rupture de câble. Il était revenu à la Grange avec la promesse de l'épouse du médecin. Le docteur Lajeunesse viendrait le plus vite possible.

C'était un jeune médecin, fraîchement installé au pays. Quasi un *estranger*, qui venait des lointaines Ardennes. Le fils du docteur Bonfils était mort à la tâche en 1954 et ceux qui avaient voulu le remplacer n'étaient pas restés longtemps. À croire que la solitude du vieux pays leur faisait peur.

Ludovic se détourna de la fenêtre et rejoignit Valentine dans leur chambre. Pâle, les lèvres serrées, sa jeune femme laissait sourdre une plainte filée qui lui serrait le cœur. Depuis cinq ans, le couple avait connu espoirs et souffrances. À deux reprises, Valentine avait perdu son bébé, la seconde fois à plus de cinq mois. Elle aurait sombré dans le désespoir si elle n'avait pas eu autour d'elle Ludovic, son père, et leurs amis.

Elle voulait un enfant de toutes ses forces, un fils de préférence, même si le médecin accoucheur qu'elle consultait à Sisteron ne lui avait pas caché qu'elle commençait à être un peu vieille. Vieille, à trente-quatre ans ? Elle pouvait lui citer nombre de femmes de la vallée ayant accouché à plus de quarante ans. On parlait de « tard-venu » ou de « tardon », comme les agneaux, et l'affaire était entendue !

Chaque mois, Valentine vivait comme une trahison de son corps le retour de ses règles. Son humeur s'en ressentait. « Tu aurais mieux fait de prendre une jeunesse pour femme », disait-elle à Ludovic. Toutes ses brebis étaient pleines alors qu'elle était incapable de mener une grossesse à son terme. Cette faille de son propre corps la minait.

Pourtant, lorsqu'elle avait compris qu'elle portait à nouveau la vie en elle, un fol espoir l'avait submergée. Cette fois, tout irait bien, elle mettrait toutes les chances de son côté.

Pour faire bonne mesure, elle avait suivi non seulement les recommandations du médecin mais aussi des recettes de « bonne femme[1] ». Ainsi, Valentine avait pris soin de ne pas préparer le berceau du bébé à naître afin

1. Autrefois, nom donné à la sage-femme.

de ne pas porter malheur à l'enfant et d'éviter de recevoir des personnes en deuil. « La même que ta mère », avait commenté Pierre avec un petit sourire en coin. Le berceau, qui était le sien, avait été remisé chez Josie, la petite-fille de leur plus proche voisine, avec sa garniture et ses draps brodés.

Ludovic se pencha, humecta le front et les mains de sa femme. La certitude de sa propre impuissance l'accablait.

– Le docteur ne va plus tarder, promit-il à Valentine.

Il n'était pas sûr qu'elle l'ait entendu, mais il devait faire comme si tout allait bien.

En devinant qu'elle ne se laisserait pas abuser aussi aisément…

Pierre s'activait dans la bergerie autour de Bella, l'une de ses brebis préférées qui s'apprêtait à mettre bas.

« Le meilleur moyen de m'occuper », se dit-il. Le petit de Bella serait un tardon, qui partirait en transhumance avec le troupeau. La brebis, dont les mamelles étaient durcies depuis une bonne huitaine de jours, s'était volontairement écartée des autres bêtes. Pierre savait que l'agnelage risquait de durer plus longtemps que d'habitude ; il s'agissait pour Bella de sa première mise bas. Il se lava très soigneusement les mains et les bras avec un savon désinfectant après avoir nettoyé toute la région postérieure de la brebis, ceci afin d'éliminer toute trace de souillure. Il lubrifia ensuite ses mains pour palper l'agneau sans risque de les blesser, lui ou sa mère.

Rassuré, il se redressa. L'agneau se présentait normalement ; Pierre avait senti les deux pattes avant encadrant la tête. Bella bêlait à intervalles réguliers tout en s'agitant. Elle se couchait, se relevait, fouettait de la queue. Pierre lui flatta doucement les flancs, tout en la rassurant de la voix.

– Là, là, ma belle, lui dit-il.

Il s'efforçait d'apaiser ses propres angoisses en s'occupant de la brebis. Mais il ne pouvait s'empêcher de songer à sa fille.

Le jour de son mariage, il avait été particulièrement fier de la conduire à l'autel même si, ce jour-là, l'émotion nouait sa gorge. Il aurait tant désiré qu'Antonia soit là…

Toutes ces années passées depuis leurs propres noces en 1913 ! Il se souvenait de la robe d'Antonia, de sa silhouette frêle, et du bonheur qu'ils partageaient. Ils ignoraient alors que la guerre fondrait sur eux et les changerait à jamais.

D'un geste machinal, Pierre leva la main jusqu'à sa mâchoire, la laissa retomber. Il y avait longtemps qu'il ne pensait plus guère à sa blessure même si, jusqu'à sa dernière heure, il resterait une gueule cassée.

Tout avait évolué depuis la guerre. Presque trop vite. Le mouvement de désertification des campagnes s'accélérait. Les filles rechignaient à vivre dans les fermes ancestrales. La ville leur offrait des perspectives beaucoup plus séduisantes : un travail dans l'administration, ou dans un commerce, un logement plus confortable, des distractions… La vie, quoi ! Et ce même si les « vieux », comme Pierre ou Félix, estimaient précisément que ce n'était pas cela la vraie vie.

Les jeunes qui partaient oubliaient vite le rythme immuable des saisons.

Dieu merci, se dit Pierre, Valentine et Ludovic n'étaient pas de cette trempe. Pierre avait craint que le jeune couple n'aille s'installer à Séderon mais, après la mort brutale du vieux Fernand, tombé de son échelle, ils avaient décidé de mettre les terres appartenant à Ludovic en fermage et de vivre à la Grange. Pierre n'avait rien dit, mais il avait éprouvé un sentiment de bonheur tel que cela lui avait fait un peu peur. La Grange lui survivrait ; elle était en de bonnes mains.

Des voix le firent tressaillir. Était-ce le médecin, enfin ? Il sortit de la bergerie, entrevit une silhouette vêtue de rouge qui tapait ses pieds contre le seuil et pénétrait à l'intérieur de la ferme.

Pierre se signa. Il se sentait rasséréné. Valentine n'était plus seule.

Adrien Lajeunesse manquait encore d'expérience. Pour dire le vrai, il s'agissait de son premier accouchement et il s'efforçait de maîtriser son anxiété. La Grange était isolée par la neige, l'électricité risquait d'être coupée à tout moment, la parturiente était considérée comme une patiente à risques et son mari n'en menait pas large.

« Un vrai cas d'école ! » se dit-il avec humour. Il avait choisi de s'établir dans ce coin perdu des Baronnies pour se rapprocher de la famille de sa femme, originaire de Gap, et avait vite remarqué des points communs entre ces montagnards durs au mal, attachés à leur terre, et ses amis ardennais.

Il se lava d'abord les mains avant d'examiner Valentine. Ludovic suivait chacun de ses gestes d'un air farouche. Adrien Lajeunesse connaissait peu les habitants de la Grange. Il était venu juste une fois à l'entrée de l'hiver soigner Pierre Ferri pour un point de pleurite. Un homme costaud et sympathique. Sa fille, Valentine, voyait souvent son épouse à la bibliothèque de Séderon.

Il comprit tout de suite que sa patiente ne pourrait être délivrée naturellement ; l'enfant était trop gros, Valentine trop étroite.

Il prit très vite sa décision, se tourna vers Ludovic.

– Je vais devoir recourir aux forceps. Vous m'assisterez, annonça-t-il d'un ton sans réplique.

Il n'y avait pas un instant à perdre. Le bébé et sa mère souffraient. Adrien donna ses instructions tout en adressant une prière silencieuse à Dieu, bien qu'il ne sache pas trop s'il croyait ou non en son existence.

« Faites que l'électricité tienne le coup ! »

Il se demanda s'il avait le temps de faire venir sa femme, finit par y renoncer. Sans téléphone à la ferme, il perdrait trop de temps.

Il disposait du matériel nécessaire dans sa trousse mais aurait préféré avoir une femme pour le seconder. Il jeta un coup d'œil aigu à Ludovic.

– Nous n'aurons pas de seconde chance, lui dit-il. Vous devez tenir le coup.

L'époux de Valentine inclina la tête.

– Vous pouvez compter sur moi, docteur.

Il avait certainement préjugé de ses forces car, durant un laps de temps qui lui parut infiniment long, il éprouva la tentation de tourner les talons et de s'enfuir. Valentine, anesthésiée par le chloroforme, semblait morte tant elle était blême. Les mâchoires serrées, les mains crispées pour ne pas trembler, Ludovic passa les forceps au médecin, suivit des yeux le mouvement des deux grandes cuillers en forme de ciseaux, observa, le cœur battant, les gestes, précis et lents, du docteur Lajeunesse, son extrême concentration, avant de voir apparaître la tête du bébé.

Le reste du corps suivit. Le médecin l'enveloppa dans une serviette et sourit à Ludovic. À partir de l'instant où il avait tenu les forceps, il s'était revu à la faculté de médecine de Reims et avait su comment procéder.

– C'est un garçon, déclara-t-il d'une voix un peu assourdie.

Ludovic, submergé par l'émotion, caressa le visage de Valentine. À cet instant, il éprouvait des sentiments mêlés. Un bonheur intense mais aussi quelque chose d'indéfinissable, qui ressemblait à du remords.

Parce qu'il avait déjà un autre enfant, né une quinzaine d'années auparavant. L'enfant d'Else.

Lui, Ludovic, ne saurait jamais ce qu'il était advenu de lui.

35

1973

Alexis observa discrètement son grand-père. À quatre-vingt-cinq ans, Pierre Ferri portait encore beau. Droit, le pas assuré, l'œil toujours vif... Papé, avec sa crinière et sa barbe blanche, faisait penser à l'un des santons de la crèche du curé Tonon. Le vieil homme et l'adolescent de quatorze ans n'avaient pas besoin d'échanger beaucoup de paroles pour se comprendre. Si Alexis regrettait de temps à autre de ne pas avoir cette belle entente avec son père, il n'en parlait pas. Son grand-père lui avait transmis l'amour de leur terre, sa mère sa passion pour la lavande. Ludovic, lui, donnait souvent l'impression de suivre son sillon parce qu'il n'avait pas d'alternative. Ses longues années de captivité, son régime de famine lui avaient laissé de lourdes séquelles physiques et psychologiques. Il lui arrivait parfois de ne pas adresser la parole aux siens durant plusieurs jours. Il partait alors sur sa moto, descendait vers Marseille ou les calanques.

À son retour, il rapportait des fleurs à Valentine, des bonbons à leur fils. « Il fallait que je m'échappe », disait-il. À la longue, la famille s'y était habituée. Même si papé Pierre ne se gênait pas pour critiquer son gendre dès que celui-ci avait le dos tourné. « Laisse, père, lui recommandait Valentine. Ludovic a tant souffert en Allemagne. » Dans ces moments-là, le maître de la Grange explosait. Que croyait donc sa fille ? Lui s'était battu pendant plus de quatre ans. Valentine se disait qu'il s'agissait certainement d'une rivalité liée à la différence d'âge entre les deux hommes. À quatre-vingt-cinq ans, malgré son excellente condition physique, Pierre se savait sur le déclin. Nombre de ses amis d'enfance « fumaient les mauves[1] » et il ne fallait pas être grand clerc pour deviner qu'il ne vivrait pas encore vingt ans. Il aurait bien signé pour cinq ou six ans, tout de même, le temps de voir quel homme Alexis devenait.

Le grand-père fit signe à son petit-fils de redoubler d'attention. Le ciel se noircissait de grives. Un spectacle qui remplissait d'allégresse le cœur du vieil homme. Il avait transmis ses connaissances à Alexis, qui passerait dans quelques mois son permis de chasse, à l'occasion de son quinzième anniversaire.

Contrairement à son père, Alexis avait la chasse dans le sang et son chien, offert par Pierre pour ses douze ans, était infatigable. Pirate, un épagneul breton à la robe rousse et blanche, traquait aussi bien le lièvre que le sanglier, ce qui était rare. Ne disait-on pas : « Chien courant pour le gibier à poil, chien d'arrêt pour le gibier à plume » ? Pour la chasse aux grives, Pirate restait à la

1. « Étaient enterrés », du provençal *fuma li mavo*.

Grange où il fallait l'enfermer pour l'empêcher de suivre son maître.

Alexis ajusta son fusil, surveillant la progression des « kia-kia[1] » vers les appelants. Tout autour, les arbres, des chênes verts, étaient piégés par des baguettes couvertes de glu.

– À toi ! souffla le grand-père.

Il tira. À cet instant, il se sentait le maître du monde.

Les brochettes de grives, enveloppées de lard, arrosées de genièvre, grésillaient doucement sur le gril. Un parfum délicieux se répandait dans la salle, faisant frémir les narines des convives. Lentement, presque religieusement, Pierre coupa de belles tranches de pain. Du pain que sa fille avait pétri et cuit elle-même, en l'honneur de la première chasse aux grives de l'année.

Valentine se leva, alla chercher une assiettée de brochettes. Elle servit chacun des convives, en commençant par son père.

Pierre fit claquer sa langue d'un air satisfait.

– À la bonne heure, ma fille ! Nous allons nous régaler.

Ludovic fut le seul à bouder son plaisir. Des douleurs persistantes l'avaient poussé à consulter un spécialiste à la fin des années soixante. Apparemment, l'alimentation désastreuse de Graudenz avait eu des conséquences pour son estomac et son intestin. Désormais, il devait suivre un régime strict, prendre ses repas à heures fixes et éviter

1. Nom donné aux grives.

les contrariétés. Valentine, navrée, suivait le délabrement de son état de santé sans parvenir à l'aider. Ludovic s'était renfermé sur lui-même et refusait de communiquer avec les siens. Il avait été heureux, pourtant, à la naissance d'Alexis. Quoique… À l'excitation avait succédé une période d'abattement, comme s'il avait eu peur de ne pas se montrer à la hauteur.

De plus, Valentine s'était très vite révélée plus mère qu'épouse comme si, à la naissance d'Alexis, elle n'avait plus eu besoin de Ludovic. C'était cruel de l'exprimer aussi crûment, elle en avait pris conscience en en discutant avec Félix, au début des années soixante, mais cette confidence n'avait pas paru choquer son vieil ami. « Tu n'as jamais oublié Marquis », s'était-il contenté de faire remarquer, en caressant la tête de son chien. À cet instant, Valentine s'était sentie comprise et comme absoute. Pourtant, elle savait qu'elle n'avait jamais trahi son mari. Était-ce un péché de penser encore à son premier amour mort presque trente ans auparavant ?

Elle servit une deuxième fournée de brochettes, s'amusant de voir son fils se pourlécher discrètement les doigts.

Alexis promettait d'être beau garçon et faisait déjà tourner la tête de quelques gamines du pays. Grand pour son âge, un peu gauche encore avec ses bras et ses jambes trop longs, il avait un visage ouvert et des yeux d'un bleu clair qui fascinaient les filles. Réservé en société, il se montrait volontiers farceur à la Grange, soulignant alors, par contraste, la morosité de son père.

Pensionnaire à Sisteron, comme l'avait été sa mère, Alexis poursuivrait l'année suivante ses études dans un lycée agricole près de Digne. C'était un adolescent équilibré, passionné par la lavande et par l'élevage. Chaque fois qu'elle le regardait, Valentine éprouvait une bouffée d'amour et de fierté. Alexis était son fils plus que celui de Ludovic et cela lui faisait presque peur. Son mari ne risquait-il pas de se sentir exclu ?

Ludovic posa la main sur le bras de sa femme qui allait se lever une nouvelle fois.

– Laisse donc, nous n'avons pas encore terminé.

Il se servit du vin sans en proposer aux autres convives.

« Il a tendance à boire un peu trop », se dit Valentine, soucieuse.

Même si elle n'était guère portée à l'introspection, elle savait que leur couple n'était pas vraiment heureux. Ludovic l'avait profondément aimée. Valentine, elle, désirait avant tout un enfant.

Après la naissance d'Alexis, elle s'était éloignée de son époux sans s'en rendre compte. Ensuite… il avait été trop tard, le pli était pris.

Elle esquissa un geste vers Ludovic mais, devant son visage crispé, laissa retomber sa main. Tous deux savaient qu'ils avaient laissé passer leur chance de bonheur.

36

1978

Autour d'elle, à perte de vue, le patchwork des champs de lavande, de petit épeautre et des sapinières. Un spectacle dont Valentine ne se lassait pas. L'air, légèrement piquant au petit matin, fleurait bon la lavande. Dans la journée, le jeu de l'ombre et de la lumière ferait chanter les couleurs. Les sens en alerte, Valentine se laissa imprégner de l'odeur magique de la bleue. Chaque été, elle éprouvait le même émerveillement. La floraison était pour elle sa saison préférée.

Elle se mordit les lèvres. Cette année, pour la première fois, son père n'admirerait pas ce qu'il s'était obstiné à appeler soixante ans durant « les lavandes d'Antonia ». Pierre Ferri était mort à la fin de l'hiver, en l'espace de quelques minutes. « Une belle mort », selon sa famille, ses voisins et amis. Valentine, sous le choc, ne s'était pas prononcée. Elle pensait seulement que son père avait eu une belle vie. C'était d'ailleurs ce qu'il lui avait dit, le 1er janvier dernier : « Malgré ces maudites guerres, malgré la mort de mon Antonia, je n'ai pas à me plaindre. » Il avait enveloppé du même regard chargé d'amour sa fille et son petit-fils avant de conclure : « Je vous passe le flambeau, mes enfants. Il est grand temps pour moi de laisser la place. »

Ce jour-là, Valentine avait éprouvé une vive angoisse. Pierre n'était pas homme à révéler ses sentiments. Pressentait-il sa mort prochaine ? Elle avait demandé au docteur Lajeunesse de passer à la Grange sous un prétexte futile. Celui-ci avait examiné l'aïeul et rassuré sa fille. Pierre Ferri, exceptée une tendance à la surdité, se portait fort bien pour un vieux monsieur de quatre-vingt-neuf ans. « Le cœur et les poumons tiennent bon, il commence seulement à porter des lunettes pour lire son journal, que voulez-vous de plus ? » avait-il déclaré à Valentine. Il n'empêchait, elle était demeurée sur le qui-vive.

Elle avait commencé à se rassurer fin février. Le plus dur de l'hiver était passé, Pierre ne tarderait pas à arpenter ses terres en s'aidant d'un bâton pour ne pas avoir à recourir à une canne.

Et puis, cette mort, brutale, était survenue en pleine nuit. Valentine, ayant entendu son père se lever, l'avait rejoint dans le petit salon aménagé derrière la grande salle. Il s'était plaint d'une forte douleur dans le bras et dans la poitrine avant de s'effondrer dans son fauteuil. Cette nuit-là, Valentine avait compris quel rôle son père avait joué dans sa vie.

D'un geste familier, elle passa la main sur le parapet en pierre de la tour des Lumières. Chaque été, elle montait au sommet du vestige, comme pour un pèlerinage. Ses pensées filaient, loin, vers les années de guerre, et Thibaut, son amour perdu.

Elle avait essayé, pourtant, de l'oublier. Rien n'y faisait, elle aurait dû, pour ce faire, quitter la Grange, le pays. Elle en avait été incapable.

– Tu rêvais ?

La voix de Ludovic la fit tressaillir violemment. Furieuse, elle se retourna et lui jeta un regard peu amène. Pourquoi était-il venu bousculer ses souvenirs ?

– Tu montes souvent ici, reprit-il sans paraître remarquer sa mauvaise humeur.

Elle haussa les épaules sans répondre. Que croyait-il donc ? Qu'elle donnait des rendez-vous galants au sommet de la tour ?

Le visage contracté, Ludovic tendit la main vers son épouse.

– Je t'aime tant, Valentine. Je t'ai toujours aimée, mais toi ?

Elle esquissa un sourire désabusé. Que pouvait-elle lui dire ? Qu'elle avait espéré l'aimer ? C'était tout bonnement impossible ! Pourtant, elle ne supportait plus de vivre dans le mensonge.

– Tu viens rêver à lui, n'est-ce pas ? insista Ludovic. On m'a raconté que tu étais folle de lui. Dommage pour toi, il paraît qu'il ne voulait pas d'attaches…

Valentine resta impassible. « Que cherches-tu, Ludovic ? pensa-t-elle. À nous blesser encore un peu plus l'un et l'autre ? »

Elle se sentait triste, infiniment. La dignité de son attitude accentua la vindicte de son mari. La seule femme qu'il ait jamais aimée lui échappait. Elle l'évitait, se couchait bien après lui, sous prétexte de faire les comptes de l'exploitation. Pour elle, il avait abandonné la ferme de son père, était venu vivre à la Grange alors qu'il avait toujours préféré Séderon... Et tout cela pourquoi ? Pour rester un éternel étranger, une « pièce rapportée », née à une dizaine de kilomètres... Son fils et lui n'étaient pas vraiment proches. Alexis était un Ferri, viscéralement attaché à la Grange et à la bleue, et ce même si Ludovic avait tenu à lui donner le prénom d'Alexei, son camarade au stalag de Rhénanie. Le stalag... Tout venait de là ! Il pensait de plus en plus souvent, non pas à Else, mais à l'enfant qu'il lui avait fait. Elle ou il aurait près de trente-cinq ans à présent. Était-il seulement encore en vie ? Le remords empoisonnait Ludovic. Il aurait voulu écrire à la ferme Brüner, tout en sachant que son courrier risquait fort de perturber la famille. On ne se manifeste pas après tout ce temps !

Il avait parfois l'impression que tout irait mieux s'il pouvait se confier à Valentine, sans pour autant s'en sentir le courage. Il ne trouvait pas les mots, estimait qu'il aurait toujours le mauvais rôle.

Avant leur mariage, Valentine avait évoqué son amour pour Thibaut. Ludovic avait gardé un silence prudent. Elle avait aimé ce résistant alors que lui, le prisonnier de guerre, n'avait jamais été amoureux d'Else Brüner. C'était simplement pour lui une bonne fortune. Il avait perdu toutes ces années en Allemagne, en était revenu en pauvre diable, marqué par la dénutrition et l'épuisement, tandis que les FFI et les maquisards étaient, eux, des héros. À croire qu'il avait vraiment manqué de chance.

L'homme et la femme échangèrent un regard perdu. Tous deux avaient conscience d'avoir atteint un point de non-retour, de ne plus pouvoir continuer à vivre sur des non-dits.

– M'as-tu jamais aimé ? insista-t-il. Aimé jusqu'à en perdre le sommeil, à ne vivre que par moi, pour moi ?

Sa voix était vibrante, son visage implorant.

Valentine marqua une hésitation. Elle ne pouvait pas lui mentir et, en même temps, elle ne supportait pas de le voir souffrir.

– Je t'ai aimé, oui, répondit-elle enfin, je t'aime toujours, mais pas avec cette passion dont tu parles si bien. Comment dire ? La passion m'a toujours fait un peu peur.

Ludovic balaya ses arguments d'un geste rageur.

– Ne te fatigue pas, Valentine ! lança-t-il. Au fond de moi, j'ai toujours su ce qu'il en était. J'ai juste essayé de m'illusionner, durant toutes ces années. Et puis j'ai des torts moi aussi. Nous sommes si différents, toi et moi…

Chaque mot que Ludovic prononçait accentuait le sentiment de culpabilité de Valentine. Un élan la poussa vers lui.

– Ludovic, ne réagis pas ainsi, je t'en prie. Je ne veux surtout pas te faire de mal.

Il laissa échapper un rire amer.

– Je crois que c'est déjà fait, non ? Nous nous comporterons en personnes civilisées, comme si cette conversation n'avait jamais eu lieu. Nous avons malheureusement l'habitude de poser un couvercle sur tout ce qui risque d'exploser.

– La faute à qui ? répliqua Valentine avec feu. J'ai essayé, plusieurs fois, d'évoquer avec toi tes années de captivité, en vain.

Ludovic haussa les épaules.

– Il est trop tard, Valentine. Beaucoup trop tard.

Il fit demi-tour et s'engagea dans l'escalier aux marches usées, brisées par endroits. Valentine voulut le rattraper. Elle ne le fit pas pourtant, comme si elle avait conscience du caractère vain de sa démarche. Ludovic et elle avaient accumulé les silences et les rancœurs. Elle avait pensé pouvoir le rendre heureux ; elle n'avait fait de lui qu'un géniteur.

« Il faut payer à présent », se dit-elle.

C'était faux. Elle payait depuis la mort de Thibaut.

La main en visière devant les yeux, Ludovic observa le champ du Huguenot qu'il s'apprêtait à retourner. Il avait reporté ce travail prévu depuis plusieurs jours, sans bien savoir pourquoi. Il se sentait assommé, sous le choc des phrases échangées avec Valentine.

« Un beau constat d'échec », pensa-t-il, désabusé. Sa femme avait mis le doigt sur l'un des aspects du problème, son silence sur ses années de captivité. Pouvait-elle apprendre un jour ce qui s'était passé en Allemagne ? se demanda-t-il avec angoisse. Non, bien sûr, c'était impossible !

Si Else avait voulu le retrouver, elle l'aurait fait depuis longtemps. Leurs deux pays étaient réconciliés, même si certaines blessures restaient à vif. Ludovic n'avait jamais éprouvé le besoin ni le désir de retourner en Allemagne. Il ne parvenait pas non plus à parler de cette période de sa vie, même à Alexis qui aurait aimé en savoir plus.

« Ça ne sert à rien de se verrouiller, mon garçon », lui avait un jour fait remarquer Félix. Ludovic l'avait mal pris. De toute manière, il était toujours sur la défensive en présence du vieux berger. On lui avait raconté qu'il était proche de Thibaut. Décidément, ce type l'obsédait… Il était mort, pourtant, depuis l'été 1944. Félix, lui, s'était éteint peu de temps avant Pierre, l'année de ses quatre-vingt-douze ans. Victime d'une mauvaise chute, il était mort sur le coup, au pied de sa maison. Son chien avait donné l'alerte mais il était trop tard. Valentine avait eu énormément de chagrin.

Ludovic tira sur le démarreur du tracteur, en se disant qu'ils avaient encore oublié de le conduire au garage. La machine avait besoin d'une révision. Le terrain pentu du Huguenot était difficile d'accès. Il s'y reprit à deux fois, en pestant contre sa négligence. Le tracteur eut un hoquet, avant de consentir à démarrer enfin. Soulagé, Ludovic se rasséréna. Valentine avait peut-être raison, après tout. Ils pouvaient continuer à vivre en faisant comme si tout allait bien entre eux. Il était prêt à tout pour garder la femme qu'il aimait.

Le moteur se noya brusquement. Exaspéré, Ludovic sauta à terre. Il souleva le capot mais, n'y connaissant rien en mécanique, dut se résoudre à le refermer. Il s'éloigna de quelques pas, cherchant qui il pourrait appeler à la rescousse. Il trébucha sur une souche, s'effondra sur le sol.

« Décidément ! » se dit-il, éprouvant des élancements terribles dans la cheville gauche. À croire que celle-ci s'était brisée. Il remonta son pantalon, la frictionna, sans effet. Lorsqu'il releva la tête, il vit avec horreur la masse du tracteur qui fonçait sur lui. Il voulut s'enfuir, n'y parvint pas.

Il poussa un hurlement effroyable.

37

La cérémonie paraissait irréelle, presque incongrue, sous le soleil.

« J'ai dix-neuf ans et nous enterrons cet inconnu qui était mon père », songea Alexis. En lui, la colère prenait le pas sur le chagrin. Un stupide accident… Combien de fois n'avait-il pas entendu le papé recommander à son gendre : « Méfie-toi de ce tracteur, il a un côté sournois » ?

Alexis crispa les poings. Debout à côté de sa mère ravagée, il cherchait à comprendre pourquoi ils avaient perdu en si peu de temps et son grand-père et son père. C'était lui qui avait retrouvé Ludovic inerte. Le tracteur, dont le frein à main avait lâché, l'avait écrasé et terminé sa course dans un fossé. Sous le choc, Alexis avait eu un étourdissement.

C'était impossible, s'était-il dit. Il ne pouvait s'agir de son père !

Il avait dû se rendre à l'évidence. Le pouls ne battait plus.

Il avait couru jusqu'à la ferme. Sa mère participait à la cueillette de la lavande. Il avait appelé le docteur Lajeunesse qui lui avait conseillé de joindre les pompiers. Ceux-ci, arrivés rapidement sur les lieux de l'accident, avaient confirmé ce qu'il redoutait : Ludovic avait cessé de vivre. Ensuite, tout s'était déroulé dans une sorte de brouillard.

Il revoyait sa mère, livide, le visage baigné de larmes, il l'entendait organiser les obsèques. Il admirait son sang-froid car lui-même se sentait perdu, incapable de prendre une décision. Depuis le jour de l'accident, Valentine n'avait ni mangé ni dormi. « J'y penserai après », avait-elle répondu à Alexis lorsqu'il lui en avait fait la remarque.

Elle avait tenu bon tout au long de la cérémonie. À présent, face à la tombe béante, il la sentait vaciller. Il lui prit le bras, le serra, pour lui communiquer sa force. Une atmosphère paisible, sereine, baignait le cimetière de Séderon.

Valentine avait respecté la volonté de Ludovic d'être inhumé dans le caveau de sa famille.

« Nous serons encore une fois séparés », pensa-t-elle.

Elle ressentait une peine immense, ainsi qu'une horrible impression de gâchis. Elle savait que, jusqu'à son dernier jour, cette question l'obséderait : Ludovic avait-il commis une imprudence à cause de leur discussion ? Aurait-elle dû lui mentir quant à ses sentiments ? Valentine se sentait coupable.

Elle s'appuya un peu plus sur le bras d'Alexis lorsqu'elle dut répondre aux condoléances de ses voisins et amis. Ludovic était apprécié, même s'il lui était souvent reproché d'être un taiseux. Elle le savait bien, elle qui ne parvenait pas à établir un véritable dialogue avec lui.

Un sanglot noua sa gorge. C'était son époux, le père de son fils, qui reposait là, et elle avait l'impression qu'il était resté pour elle un étranger.

N'y pouvant plus tenir, elle se détourna et s'enfuit sous le regard incrédule des personnes qui s'étaient déplacées pour les soutenir, son fils et elle.

Alexis, un peu perdu, avait invité tout le monde au café. La chaleur avait asséché les gosiers. Les boissons délièrent les langues. Tous s'accordaient à dire que Ludovic avait été profondément marqué par sa captivité en Allemagne.

– Comme si quelque chose le rongeait..., fit remarquer Pascal, un camarade d'enfance.

Alexis l'approuva d'un hochement de tête. Il lui avait été souvent difficile de parler avec son père. Il préférait accompagner son papé à la chasse ou dans ses longues promenades vers les « hauts ». C'était Pierre qui lui avait transmis l'essentiel de ses connaissances, concernant aussi bien les techniques culturales que les bêtes, pas Ludovic.

Et, à cet instant, il en éprouvait un regret diffus.

– La vie continue, murmura Valentine, comme pour elle-même.

Elle se tourna vers Alexis.

– Promets-moi, déclara-t-elle d'une voix vibrante, promets-moi de ne pas te sacrifier pour la Grange. Si tu as d'autres rêves, n'hésite pas, fonce ! Tu vois, ton père est resté là pour moi mais, avec le recul, je pense qu'il avait d'autres aspirations. Lesquelles ? Je n'en sais rien, et cette ignorance me désespère. Aussi, je t'en conjure, ne reste ici que si tu en as vraiment envie. La vie passe trop vite, il ne faut pas la gaspiller.

– Maman…

Alexis lui sourit avec tendresse.

– Ne te fais pas de souci pour moi, reprit-il. Je ne ressemble pas à mon père. La Grange fait partie de moi. C'est notre terre, notre maison, nos racines. Que veux-tu que j'aille faire ailleurs ?

Valentine haussa les épaules. Elle ne trouvait pas les mots pour exprimer ce qu'elle ressentait. Elle avait peur, soudain, pour son fils. Elle ne voulait pas lui imposer une quelconque obligation vis-à-vis de la ferme familiale. Mais, en une seule phrase, il avait affirmé sa différence.

« Je ne ressemble pas à mon père », venait-il de dire.

Elle lui tendit la main, comme s'il s'était agi d'un associé.

– Topons là, mon fils !

Épaule contre épaule, ils contemplèrent les routes de lavande impeccables, comme pour la parade, sous le ciel d'un bleu minéral.

Tous deux savaient que Ludovic n'avait jamais trouvé sa place à la Grange.

« Serai-je capable de faire face ? » se demanda Alexis.

Il avait tenu à accompagner Lola, la bergère tout droit sortie de l'école du Merle de Salon-de-Provence, pour l'estivage.

Il suffirait d'une journée tout au plus pour gagner les terres des « hauts ».

Il se rappelait y être monté, dans l'enfance, avec sa mère et Félix. Le vieux berger lui avait transmis nombre de ses connaissances. Grâce à lui, Alexis savait qu'en s'enduisant les mains d'ail avant la traite des brebis, on éloignait les vipères. De même, l'odeur puissante du bouc faisait fuir les serpents.

Félix lui avait aussi appris à reconnaître les bêtes destinées à la réforme par un moyen infaillible : leur mauvaise dentition.

« Une mer en marche », pensa-t-il, ému, face à la longue écharpe du troupeau, dominée par les cornes des chèvres, les meneuses. Celles-ci connaissaient par cœur le chemin menant à l'alpage et jouaient, à l'occasion, les nourrices pour les agneaux rejetés par leur mère ou les orphelins. Alexis éprouvait une grande tendresse pour ces bêtes à la beauté altière avec leurs cornes en forme de lyre. C'étaient des chèvres du Rove, une race méditerranéenne qui serait originaire de Phénicie.

Alexis suivait en cela la tradition. Il entendait encore Félix lui confier : « Ce que j'ai pu les aimer, mes chevrettes ! Plus encore que les brebis. Elles étaient belles et rebelles. Malignes, avec ça, toujours prêtes à s'échapper pour aller grignoter des feuilles de ronce. » Il pensait souvent à Félix et à son grand-père, plus souvent qu'à son père, même s'il en souffrait.

– Pourquoi as-tu voulu être bergère ? demanda-t-il à Lola.

Elle haussa les épaules. Elle pouvait avoir trente ans, était vive, jolie, avec ses boucles rousses et les taches de rousseur éparpillées sur son visage au teint clair.

– Je ne suis pas une baba cool, tu sais, lui dit-elle, même si je suis allée baguenauder à Woodstock et à San

Francisco. J'ai toujours cherché un travail qui me plaise. J'ai été factrice, vendeuse et puis, après avoir travaillé chez des copains dans les Pyrénées, je me suis décidée pour l'école du Merle. Et toi ?

– BTS agricole. De toute façon, je ne quitterai jamais la Grange.

– Jamais, comme tu y vas ! Que feras-tu si tu rencontres le grand amour et qu'elle refuse de vivre par ici ?

Alexis garda le silence quelques secondes de trop.

– Je ne sais pas, répondit-il enfin. Ou plutôt si, ça ne marchera pas si elle n'accepte pas de s'installer ici avec moi.

« Et toi ? reprit-il. Tu comptes faire bergère toute ta vie ?

– Pourquoi pas ? Je suis forte, tu sais. Et douée, paraît-il. Au Merle, nous avons suivi plusieurs stages. Rien ne me rebute. Et puis la liberté, les grands espaces, m'organiser comme je le désire… Ça, ça me plaît !

Elle rit, un brin moqueuse.

– Tu comprends, ma liberté, j'y tiens. Chez nous, on était six. On habitait un deux-pièces à Gennevilliers et j'avais souvent l'impression de me cogner le nez contre les fenêtres. Je rêvais de courir la montagne et, finalement, je faisais des tours de stade. À dix-huit ans, j'ai demandé à être émancipée et j'ai enfin pu vivre à ma guise.

Elle se mit à fredonner *Le Chanteur* de Daniel Balavoine.

Alexis sourit. Il avait soudain l'impression d'être très jeune comparé à Lola. Un gamin… C'était certainement ce qu'elle pensait de lui, d'ailleurs.

Pourtant, le soir venu, après avoir installé son paquetage dans le minuscule abri réservé au berger, elle sut lui faire comprendre qu'elle se laisserait volontiers conter fleurette.

Les sonnailles de pâturage, qui remplaçaient les grosses cloches de transhumance, tintaient au cou des deux cadets, Zinzin et Poulou. Ceux-ci, deux béliers castrés, se différenciaient du reste du troupeau par les pompons colorés ornant leur toison. Trois flocs, pas un de plus. Alexis se rappelait que son père les avait surnommés « les bessons » car ils étaient inséparables.

Il les aimait bien, lui aussi, et comptait sur eux pour jouer le rôle de meneurs.

Les ombres violettes gagnaient du terrain sur les prairies de l'estive. La nuit avait ce caractère grisant des instants fugaces.

– Viens là, fit Lola, tapotant son sac de couchage.

Ils avaient partagé du pain, du saucisson, du fromage de chèvre et de grosses pommes bien croquantes.

Alexis toussota.

– Tu ne vas pas t'ennuyer tout l'été ?

La jeune fille partit d'un rire frais.

– Tu plaisantes ? Tu as pourtant débâté toi-même Duchesse ! J'ai apporté un stock de bouquins, des poches bien sûr, de quoi tricoter une dizaine de pulls et ma guitare. Je suis parée !

Il l'enviait presque. Elle avait choisi de mener une vie libre, sans entraves. Lui-même ne s'en sentait pas capable ; il ne pouvait envisager l'idée de vivre ailleurs qu'à la Grange.

– Et toi ? reprit-elle. Irrémédiablement attaché à la ferme de tes aïeux et à tes champs de lavande ?

Il sourit.

– Ça se voit donc tant que ça ?

– Et comment ! Mais tu es si jeune, aussi. Quel âge ? dix-huit ?

– Vingt ans, corrigea-t-il.

– C'est bien ce que je disais, encore un gamin.

Elle garda le silence plusieurs secondes avant de poursuivre en bâillant :

– Tu viens, je ne vais pas tarder à tomber de sommeil.

L'amour avec Lola était tendre et joyeux. Alexis manquait d'expérience. Il avait bien fréquenté deux ou trois filles pour lesquelles il n'avait même pas éprouvé de coup de cœur, juste un appel des sens mais, avec Lola, c'était différent. Fille libre et libérée, la bergère refusait aussi bien les serments que les grandes déclarations. « Toi et moi, c'est du plaisir partagé, rien d'autre », lui avait-elle dit avant de l'attirer contre elle. Il prit en effet beaucoup de plaisir mais, à la fin de leur étreinte, se sentit de nouveau seul. D'autant que Lola n'était pas femme à s'endormir dans les bras d'un homme.

– Bonsoir, fit-elle en le repoussant gentiment vers son sac de couchage.

Il sortit de la bergerie. Les chiens montaient la garde. Quelques sonnailles tintaient encore. La nuit était douce, le ciel de velours sombre. Alexis prit une longue inspiration. Même s'il éprouvait de l'affection pour Lola, il savait bien qu'il n'y aurait jamais rien de sérieux entre eux deux.

Comment avait-elle dit ? « Du plaisir partagé, rien d'autre. »

C'était tout à fait ça…

38

1983

La neige, tombée en abondance, avait profondément modifié le paysage. Valentine, réfugiée dans la salle, songeait à ce qu'elle venait d'entendre au transistor. Klaus Barbie, qu'on appelait le « Boucher de Lyon », venait d'être arrêté en Bolivie afin d'être extradé vers la France où il serait jugé.

Tant d'années passées… Presque quarante. Mais il lui semblait que c'était hier. Elle se rappelait la voix vibrante de Thibaut, son émotion lorsqu'il lui avait fait part de l'arrestation de Jean Moulin à Caluire.

Après la guerre, elle avait appris qu'un certain Klaus Barbie, chef de la Gestapo de Lyon de 1942 à 1944, était recherché pour crimes de guerre et accusé d'avoir horriblement torturé le chef de la Résistance.

Ludovic fronçait les sourcils lorsqu'il la voyait lire des ouvrages consacrés à la période noire de l'Occupation. « À quoi cela te sert-il de te faire du mal ? lui répétait-il. Cette époque-là est bel et bien révolue, Dieu merci ! » Elle avait souvent eu l'impression qu'il lui dissimulait quelque chose. Il était trop tard, désormais. Elle ignorerait toujours ce qui lui était arrivé en

Allemagne. Contrairement à certains autres rescapés, il n'avait jamais voulu y retourner. « Nous avons déjà perdu trop de temps », lui répondait-il en l'attirant contre lui.

Valentine se détourna de la fenêtre avec un petit soupir. Cinq ans après la mort brutale de son époux, elle se sentait toujours coupable de ne pas l'avoir suffisamment aimé.

Alexis était parti tenter de déneiger la route menant à Lachau. C'était presque une obsession pour sa mère depuis son accouchement : dégager les accès. Elle mesurait mieux, avec le temps, combien la Grange était isolée, sans pour autant envisager de s'installer ailleurs.

Le mode de vie avait profondément changé. On n'habitait plus, comme auparavant, à plusieurs générations sous le même toit. Le progrès avait transformé l'existence des femmes. Valentine se rappelait comme sa mère était fière de son fourneau. Elle-même était équipée d'un congélateur, indispensable à la campagne, d'un lave-linge et d'un lave-vaisselle perfectionnés. Pourtant, les jeunes filles restaient persuadées que les conditions de vie étaient bien meilleures en ville. Elles parlaient d'activités culturelles, de maisons des jeunes et de la culture, de cinémas, de magasins…

Certes, la couturière, tout comme le colporteur de jadis, ne les intéressaient pas ! On ne faisait plus faire ses vêtements, on les achetait en ville et cela revenait moins cher… Valentine avait de plus en plus souvent l'impression que toute une époque était en train de disparaître.

Les transports en commun se raréfiaient. Sans voiture, il était devenu impossible de se débrouiller alors que, dans les années trente, on se déplaçait à pied ou à vélo sans problème.

« Je vieillis, se dit-elle avec une pointe d'humour. Bientôt, je vais répéter sur tous les tons : "De mon temps." »

Elle avait la certitude que, déjà, plus rien n'était pareil. L'apparition des postes de télévision dans les foyers avait contribué à la disparition des veillées. Les filles étaient parties les premières. Elles ne voulaient pas travailler sept jours sur sept, ni être esclaves de l'exploitation. Esclave... Valentine n'avait jamais eu ce sentiment puisqu'elle aimait cela. Elle aurait détesté se retrouver caissière dans un supermarché ou employée aux écritures dans un bureau ou une administration. Elle avait besoin de liberté, de l'air de ses montagnes, comme du parfum des lavandes. Par honnêteté, cependant, elle abordait de temps à autre ce sujet avec son fils. Alexis secouait la tête d'un air agacé. « Maman ! se récriait-il C'est ma décision, c'est mon choix. » C'était vrai, son fils était profondément attaché à la Grange mais Valentine ne pouvait s'empêcher de se poser des questions.

Trouverait-il une épouse prête à vivre avec lui dans ce qui devenait un désert ? À vingt-quatre ans, ce n'était pas encore un problème, mais... après ?

Exaspérée contre elle-même, Valentine tourna résolument le dos à la fenêtre et rejoignit l'ancien cellier qu'elle avait aménagé en petit bureau.

Chaque fois qu'elle en poussait la porte, elle pensait aux enfants qu'ils y avaient cachés, son père et elle. Elle compta sur ses doigts. Il y avait eu Jonas, Paul, Léah, Anna et Nina. Chacun d'eux envoyait ses vœux à Valentine, ce qui lui permettait de suivre leur parcours.

Anna comme Paul s'étaient installés en Israël. Léah avait créé une entreprise à Paris, Jonas travaillait à Londres comme cuisinier et Nina vivait aux États-Unis…

Valentine aurait désiré leur demander dans quelle mesure ces années d'errance et d'angoisse avaient influencé leur vie, mais elle n'osait pas le faire, par pudeur et par crainte de les blesser.

Dans son petit bureau, elle éprouva la tentation de planter là les dossiers qui s'accumulaient. Les règles communautaires imposaient des formalités de plus en plus complexes. Valentine avait dû suivre un stage de gestion à la chambre d'agriculture afin de se familiariser avec le carcan administratif.

– Gestionnaire ! soliloqua-t-elle. Si papa voyait ça !

Tant de choses avaient changé depuis la mort de son père et celle de Ludovic. Elle avait l'impression que le monde agricole traversait une mutation décisive au risque d'oublier les valeurs transmises de génération en génération.

La porte d'entrée claqua, la faisant sursauter. Bonnie, la chienne d'Alexis, s'assit sur le seuil du bureau en gémissant.

– File, tu es trempée ! lui ordonna Valentine, riant sous cape.

Elle se leva, alla chercher une vieille serviette et entreprit d'essuyer le ventre et les pattes de la chienne. Toutes deux s'installèrent devant la cheminée. Le spectacle des flammes hautes, le craquement des bûches avaient toujours fasciné Valentine. Elle tendit les mains vers le foyer, les frotta l'une contre l'autre. Il lui semblait se régénérer devant le feu. À cinquante-neuf ans, elle n'attendait plus grand-chose de la vie. Aider son fils, le soutenir, assister à son mariage, à la naissance de ses enfants, tels étaient ses buts, désormais.

Elle croisa ses bras sur sa poitrine tandis qu'un frisson la parcourait.

Et pourtant ! Elle avait toujours des rêves et l'amour de sa terre chevillé à l'âme. Elle se disait qu'elle pourrait refaire sa vie, sans se décider pour autant à franchir le pas. « Refaire sa vie… » Cette expression était d'une telle tristesse !

Alexis entra à son tour dans la maison.

– Il fait glacial, déclara-t-il, la rejoignant devant la cheminée.

Elle l'enveloppa d'un regard empreint d'amour. Grand, bien bâti, elle le trouvait beau – comment aurait-il pu en être autrement ? – avec ses cheveux sombres bouclant sur le front et ses yeux très bleus.

Alexis ne donnait pas l'impression d'avoir conscience de son charme. Il suivait le chemin qu'il avait choisi, sans se préoccuper des autres.

Ils étaient seulement deux de sa génération à être restés au pays. Son service militaire ne l'avait pas détourné de la Grange, bien au contraire.

– Un café ? proposa Valentine.

Tout comme sa mère avant elle, elle avait l'habitude de laisser l'hiver la cafetière sur le fourneau afin de maintenir le café au chaud. Alexis en faisait lui aussi une grande consommation.

Son fils passa la main sur son menton.

– Je veux bien, maman, merci.

Il s'assit à la grande table. Bonnie posa la tête sur son genou. Il la caressa distraitement.

– On ira bientôt à la chasse, promit-il à sa chienne.

Le travail, la chasse... Était-ce une vie pour un garçon de son âge ? se demanda Valentine en versant le breuvage odorant dans une tasse en grès.

Alexis prit deux sucres, tourna la cuiller.

– Tout était bloqué, raconta-t-il à sa mère après avoir bu une gorgée de café brûlant. Plus de un mètre cinquante de neige. Tu as déjà vu ça ?

Valentine esquissa un sourire.

– Eh oui, mon garçon ! Le jour de ta naissance.

Alexis secoua la tête.

– Ça ne te paraît pas loin ?

Le sourire de sa mère s'accentua.

– Je ne suis pas si vieille ! Ton grand-père m'a dit un jour qu'il n'aurait jamais imaginé, durant la guerre de 14, devenir aussi vieux. Tu verras...

– J'ai vingt-quatre ans, maman. Je me sens à la fois très jeune et déjà dépassé. À quoi ça tient...

– Je crois que je comprends ce que tu veux dire, glissa Valentine.

Elle-même avait l'impression d'avoir perdu sa jeunesse à vingt ans, à la mort de Thibaut.

– C'est si compliqué, ajouta-t-elle, en se levant pour retourner dans son bureau.

De nouveau, Alexis eut l'impression d'ignorer beaucoup de choses concernant ses parents.

Au-dehors, la neige tombait toujours.

39

1984

Les abeilles, comme folles, butinaient les lavandes, gênant le travail des coupeurs. Ceux-ci, courbés, entassaient dans un grand sac porté autour du cou les gerbes de tiges fleuries odorantes.

La jeune femme blonde qui s'activait depuis l'aube repoussa son chapeau de paille en arrière, dévoilant des cheveux dorés.

– Pfft ! souffla-t-elle.

Sa camarade sourit.

– C'est dur, n'est-ce pas ? Ma belle, je t'avais prévenue ! Tu n'auras pas volé ton salaire.

– Ce n'est pas une question de travail, protesta la jeune femme. C'est juste…

Elle haussa les épaules, ne trouvant pas le mot qu'elle cherchait. Elle s'exprimait dans un français châtié, avec un délicieux accent britannique.

La chaleur de la fin de la matinée l'accablait. Elle avait l'impression de se trouver sur la pente d'un volcan. Elle inspira une longue goulée d'air et eut encore plus chaud.

– Je ne pourrais jamais vivre ici ! s'écria-t-elle.

Son amie Justine secoua la tête avec impatience.

– Patiente encore quelques minutes ! Nous irons nous reposer sous la sapinière.

– De l'ombre, de l'eau ! reprit la jeune femme crescendo.

Elle taquinait son amie qui l'avait convaincue sans trop de peine de venir travailler avec elle comme coupeuse de lavande. Justine et Jane s'étaient rencontrées à Londres durant un séjour linguistique et, tout naturellement, s'étaient liées d'amitié. Aussi, la jeune Française avait-elle invité son amie anglaise à la rejoindre dans les Baronnies, sa terre natale.

Les routes de lavande, d'une teinte sublime, oscillant entre l'indigo et le violacé, moutonnaient sous le soleil brûlant. « Un océan de lavande », pensa Jane. Ses doigts la démangeaient. Elle crayonnerait quelques esquisses en fin de journée, mais la lumière serait différente.

Autour d'elles, leurs camarades s'activaient. Jane n'avait plus assez de salive pour chantonner.

– Ce n'est pas trop dur, les filles ?

Alexis Ferri se tenait à l'extrémité de « leur » route et souriait aux deux novices. Les autres coupeurs, beaucoup plus expérimentés, semblaient moins souffrir qu'elles de la chaleur.

– Choisissez-vous un galet bien lisse et gardez-le en bouche, leur conseilla-t-il. Vous verrez, vous aurez moins soif au bout d'un certain temps.

– Vraiment ? fit Jane, sans chercher à cacher son scepticisme.

Le lavandiculteur l'impressionnait. Il lui paraissait trop grand, trop sûr de lui. À ses côtés, elle se sentait minuscule avec son mètre soixante-cinq. Ce jour-là, elle portait un short en jean effrangé et un tee-shirt rouge. Elle ruisselait, avait l'impression d'être aussi rouge qu'une écrevisse et savait qu'elle ne bronzerait pas. Pour protéger sa peau claire, beaucoup trop fragile, elle usait d'une crème écran total qui la faisait ressembler à un Pierrot. Lui était bronzé comme un bohémien.

– Faites attention à vous, lui recommanda-t-il en tournant les talons.

Jane lui tira la langue, ce qui fit pouffer Justine.

– Tu n'es pas chic avec Alexis, lui glissa son amie. C'est quelqu'un de bien, tu sais. Et, manifestement, il s'inquiète pour toi.

Jane fronça les sourcils.

– Je suis assez grande pour me débrouiller seule ! Pour qui me prend-il ? Pour une gamine ?

Le sourire de Justine s'accentua. Elle savait son amie soupe au lait. Jane était farouchement attachée à son indépendance.

– Allons, enchaîna-t-elle, Romain nous fait de grands signes. C'est la pause.

– Enfin !

Jane soupira d'aise et se débarrassa du grand sac en toile de jute qui lui sciait le cou.

Ses épaules et son dos la brûlaient, elle avait horriblement chaud et rêvait de plonger dans une piscine d'eau fraîche.

« Quelle idée j'ai eue de venir ici ! » pensa-t-elle.

Par amitié pour Justine, elle garda cependant sa réflexion pour elle. Ses parents avaient la gentillesse de l'héberger à Lachau. Ils connaissaient bien les fermiers de la Grange. Jane se sentait obligée de rester, même si elle n'avait aucune disposition pour le métier de coupeuse. De plus, elle avait besoin du salaire qu'elle allait gagner.

Son visage s'assombrit. Depuis le divorce de ses parents, survenu trois ans auparavant, plus rien n'était pareil. Son père, écrivain, avait des revenus variables et ne pourrait lui verser cette année qu'une pension minime. Sa mère, remariée à un veuf père de cinq enfants, était au chômage. Jane devait se débrouiller seule pour payer ses coûteuses études au Royal College of Art de Londres. Elle avait travaillé comme baby-sitter, standardiste, hôtesse pour de grandes expositions et faisait aussi quelques ménages.

« Quand j'aurai écrit un best-seller, je t'achèterai un appartement », lui avait juré son père. Jane se disait souvent qu'elle n'avait aucune chance de voir cette promesse se réaliser car son père écrivait des ouvrages ésotériques qui n'intéressaient pas grand monde.

Elle chassa de son esprit cette pensée qui la démoralisait. Jane caressait un rêve, celui de devenir illustratrice pour enfants, et avait résolu de mettre toutes les chances de son côté.

Assise à côté d'elle sur l'herbe jaunie, Justine sortit de la glacière les deux repas préparés par sa mère.

– Voyons, énuméra-t-elle, de la caillette, du pain de campagne à la tomate et aux oignons, des abricots et des pêches.

– Hum !

Il y avait à peine cinq jours que Jane résidait chez les parents de son amie mais elle avait déjà pris goût à la cuisine française.

Toutes deux firent honneur au pique-nique improvisé, arrosé d'eau bien fraîche.

Leurs camarades s'étaient installés à leurs côtés. Leurs gestes se faisaient plus lents tandis qu'ils se restauraient. Une douce torpeur les gagnait et, une fois rangés les reliefs du repas, ils s'allongèrent à l'ombre.

L'air était lourd. Les stridulations des cigales, entêtantes, favorisaient l'endormissement.

« Je devrais aller dessiner », pensa Jane avant de sombrer.

Elle se réveilla la bouche pâteuse, le corps encore courbaturé. Elle avait beau courir deux fois par semaine à Hyde Park, elle n'était pas entraînée à ce travail physique. Les coupeurs les plus âgés avaient déjà regagné leurs routes. Jane se leva, se servit un gobelet d'eau. Justine s'étira.

– Ça fait du bien ! s'écria-t-elle.

Jane la trouva belle, dans le désordre de sa crinière brune emmêlée.

– On y va ?

Les abricots, fraîchement cueillis, fondaient dans la bouche.

– Je n'en ai jamais mangé de meilleurs ! s'exclama Jane.

Le jus coulait dans sa gorge. Une sensation délicieuse, qui lui faisait oublier le dur labeur de coupeuse de lavande. Son dos la faisait encore souffrir même si elle avait acquis de l'endurance. Un hâle doré faisait ressortir ses yeux clairs. Le blond de ses cheveux s'était accentué.

Elle renversa la tête en arrière pour mieux savourer le velouté des fruits.

– Je passerais bien un mois ou deux ici, finalement ! reprit-elle en riant.

Ce disant, son regard filait vers la ferme en contrebas.

– Eh ! s'amusa Justine, c'est pour Alexis que tu dis ça ?

Les joues de la jeune Anglaise s'empourprèrent.

– N'importe quoi ! répliqua-t-elle, agacée.

Toutes deux savaient, pourtant, que Justine avait énoncé une vérité.

Les jeunes gens s'étaient rapprochés durant la coupe. La Grange de Rochebrune était l'une des dernières exploitations où la récolte de la lavande s'effectuait encore à la main, suivant un rituel immuable. Alexis savait qu'il devrait se résoudre bientôt à utiliser une machine de coupe tirée par un tracteur mais il lui semblait qu'une partie de la magie s'évanouirait.

Il envisageait d'ouvrir la distillerie aux touristes et, pour ce faire, devrait respecter les normes pour les locaux accueillant du public.

L'aspect administratif des démarches lui pesait, même s'il savait que c'était désormais indispensable. Il fallait s'accrocher pour vivre de la terre. Alexis avait un seul but, exploiter la Grange, lui permettre de subsister dans une époque toute de bouleversements. « Je croirais entendre ton grand-père », remarquait Valentine lorsqu'il lui faisait part de ses projets. Elle n'ajoutait pas – mais il n'en était pas besoin – que Ludovic ne s'était jamais réellement investi pour la survie de la Grange. Comme s'il avait caressé d'autres rêves... Alexis haussa les épaules. Il avait renoncé depuis un bon moment à cerner la part d'ombre de son père. Il gardait de lui le souvenir d'un homme taciturne et réservé, avec qui il aurait aimé échanger plus longuement.

Le temps leur était compté et tous deux l'ignoraient.

– Expliquez-moi...

Il sursauta, se retourna vers la jeune Anglaise qui contemplait l'un des alambics d'un air perplexe.

– Je peux le photographier ? reprit Jane avec son délicieux accent. Cet hiver, chez moi, je regarderai les photos. Cela me tiendra chaud.

Alexis sourit.

– Bien sûr ! Quant à vous expliquer... Regardez, tout le système repose sur la vapeur d'eau. La chaleur fait éclater les calices de lavande, la vapeur qui remonte emporte avec elle l'huile de la plante. L'ensemble, vapeur d'eau et huile, redescend dans un bac réfrigérant à la base duquel l'essencier recueille l'eau et l'essence. Saviez-vous que pendant la guerre 14-18, on a soigné de très nombreux blessés avec de l'essence de lavande ?

Il parlait, parlait, et Jane le regardait comme s'il lui avait expliqué le ciel, la terre et la vie. Lorsqu'il reprit son souffle, elle glissa :

– Je me demande... Vous voulez bien m'embrasser ?

40

1987

Cette année encore, Alexis avait cherché son nom sur la liste des candidatures pour les travaux saisonniers. Et, profondément déçu, avait murmuré pour lui-même : « Elle ne reviendra jamais ! »

Il avait gardé un souvenir lumineux de l'été 1984. L'été de Jane. Il avait observé la jeune Anglaise avant de se rapprocher d'elle. Jane était vive, gaie, et tous les coupeurs l'appréciaient. Il émanait d'elle une impression de grâce et de douceur.

« Une belle personne », estimait Valentine, tombée elle aussi sous le charme de la jeune fille.

Alexis crispa le poing sur la liasse de papiers à remplir. Sa mère avait été hospitalisée un mois auparavant à Avignon. Une simple mammographie avait révélé une grosseur suspecte. Elle avait subi l'ablation d'un sein, puis des séances de radiothérapie qui se poursuivraient tout le mois de juillet. Valentine avait préféré demeurer sur place plutôt que d'accomplir en VSL un long trajet trois fois par semaine.

Sur le moment, Alexis n'avait pas réalisé la gravité de son état. Il lui fallait parer au plus pressé, reprendre en main la gestion de la ferme. Il n'avait pu se rendre à son chevet aussi souvent qu'il l'aurait désiré, se contentant de lui téléphoner. Valentine affirmait qu'elle se portait bien, qu'elle n'avait besoin de rien. Elle était partie à l'hôpital avec un sac de voyage débordant de livres. C'était tout ce qu'il lui fallait, affirmait-elle.

Connaissant sa passion pour la lecture, Alexis n'avait pas insisté.

Il se promit d'aller lui rendre visite le prochain dimanche. Ce n'était pas une négligence de sa part, il était débordé.

« C'est la dernière année », se dit-il.

Il avait arrêté sa décision : la récolte de 1988 ne se ferait plus manuellement mais de façon mécanisée. Il avait longuement hésité. Ses voisins et concurrents s'étaient tous équipés. Lui, Alexis, avait jusqu'alors eu à cœur de respecter les traditions culturales. C'était un argument, d'ailleurs, pour les « sorties nature » qu'il organisait en partenariat avec plusieurs offices de tourisme.

Tout, à la Grange de Rochebrune, était accompli suivant les méthodes d'antan. Cependant, il se rendait compte qu'il était grand temps de se moderniser. Pour ne pas mourir.

De nouveau, il songea à Jane. Il la revoyait, agitant la main d'un air bravache depuis le marchepied du train. Il l'avait accompagnée à la gare d'Avignon. Il se rappelait le silence pesant dans la camionnette. Lui cherchait les mots susceptibles de la retenir. Elle semblait déjà ailleurs.

Il l'aimait. Pourquoi n'était-il pas parvenu à le lui dire ?

La terre, le pays tout entier fleuraient bon la lavande. Parfum incomparable, qui faisait partie d'Alexis. Jane elle aussi y avait été sensible. Bien qu'elle soit retournée à Londres.

Il referma les classeurs d'un geste rageur. Trois ans auparavant, il n'avait pas mesuré à quel point elle comptait pour lui. Il était encore dans un processus de séduction, fier d'avoir fait craquer une fille comme Jane.

Il avait compris après son départ qu'elle attendait peut-être autre chose qu'il n'était pas encore prêt à lui donner…

Il aurait voulu lui écrire. En se disant : « À quoi bon ? » Elle le lui avait répété à deux reprises : pour elle, les amours de vacances ne comptaient pas. C'était un agréable moment, rien d'autre. « L'amour fait trop souffrir », avait-elle ajouté. Il aurait voulu lui demander d'où lui venait ce désenchantement teinté de cynisme ; il ne l'avait pas fait. Finalement, cette attitude n'était pas pour lui déplaire. Lui aussi rêvait d'autres conquêtes.

Et puis, les yeux clairs de Jane, ses jambes interminables, son corps parfait l'attiraient tant qu'il n'avait pas vraiment envie de parler avec elle. Il préférait la caresser, rouler avec elle dans le grenier à foin ou l'embrasser à perdre le souffle. Il avait envie d'elle dès qu'il l'apercevait. Était-ce de l'amour ? Il n'avait pas cherché aussi loin.

Chaque soirée passée avec elle à guetter l'apparition des étoiles sur le velours sombre du ciel, chaque nuit passée dans les bras l'un de l'autre suffisaient à son bonheur. À croire que le temps des lavandes durerait toute la vie…

Il avait brutalement repris contact avec la réalité le jour où Justine était partie. Elle avait trouvé un travail de baby-sitter à New York. Le rêve qu'elle caressait depuis des années… Elle avait filé, sans même attendre la fin de la récolte. Jane avait souri, indulgente : « Justine a toujours eu envie de s'installer à New York… »

La veille du départ de la jeune Anglaise, ils avaient fait l'amour avec une intensité presque douloureuse. Alexis n'avait rien oublié. Ni les stridulations des cigales, ni l'orage grondant au loin. Il l'avait entraînée dans sa chambre. Il revoyait encore son sourire en découvrant l'ameublement plutôt spartiate. Un lit, une étagère pour chevet, une chaise, des livres… « Pas de chaîne hi-fi ? » s'était étonnée Jane. Alexis avait répondu : « J'ai mon transistor, ça me suffit. » Elle lui avait parlé de Supertramp et de The Police. Des groupes britanniques qu'il connaissait à peine. Il avait mesuré à cet instant le fossé culturel les séparant. Il n'y avait pas vraiment prêté attention cependant. Ils avaient suivi des parcours différents pour mieux se trouver. L'amour avec Jane était empreint de gaieté et de sensualité.

Pourquoi l'avait-il laissée partir ? Par fierté stupide de jeune mâle ? Par crainte d'être repoussé ? Jane pouvait se montrer redoutable lorsqu'il s'agissait de défendre son indépendance. Il avait pensé, le jour de son départ, qu'ils ne devaient pas être faits l'un pour l'autre, que ce devait être le destin… Des phrases toutes faites ne lui ressemblant guère.

Il se redressa. Sa bouche était sèche, son dos douloureux. Il avait du travail par-dessus la tête et il n'aimait pas se plonger dans ce genre d'introspection déprimante.

Jane était retournée en Angleterre trois ans auparavant. Lui, Alexis, éprouvait toujours le même pincement au cœur en écoutant *Roxanne*, la chanson du groupe The Police, mais cela finirait bien par lui passer.

Avec le temps…

41

1994

L'automne était peut-être la saison préférée de Valentine, plus encore depuis qu'elle ne cueillait plus la lavande à la main.

L'air était doux, avec un léger parfum de fumée et d'humus.

Tout en promenant Zach, son berger australien, elle guettait le passage de la factrice. Sandrine, une jeune femme d'une trentaine d'années, distribuait le courrier sur un secteur important au volant de sa fourgonnette. Les temps avaient décidément bien changé, se disait Valentine en évoquant Maurice, le facteur des années trente qui parcourait à pied vingt bons kilomètres chaque jour. Elle n'était pas nostalgique, ni triste. Elle s'efforçait simplement de se remémorer la vie quotidienne de son enfance, par amitié pour Adélaïde. Adélaïde Monier, journaliste au *Dauphiné libéré*, avait en effet entrepris de collecter les « souvenirs des seniors » de la région, comme elle disait. Ils étaient plusieurs à se retrouver dans l'arrière-salle du café de Lachau, chaque jeudi. « Les vieux de la vieille », plaisantait Jean-René, le doyen. Du haut de ses quatre-vingt-neuf ans, il considérait Valentine, jeune septuagénaire, comme une gamine, ce qui les faisait beaucoup rire tous les deux. La mère d'Alexis prenait du plaisir à ces réunions. Adélaïde lançait un sujet et la dizaine de participants racontaient, cherchant le mot juste, s'amusant à comparer leurs souvenirs, à multiplier les anecdotes. Un témoignage en appelait d'autres ; tous se renvoyaient la balle, faisant revivre leur jeunesse. Valentine appréciait ces jeudis comme autant de récréations.

Certes, elle n'avait pas le temps de s'ennuyer à la Grange mais force lui était de reconnaître que ce n'était plus comme avant.

Les veillées avaient disparu depuis longtemps. On se réunissait encore pour la fête votive qui, si elle attirait un peu de jeunesse, n'était plus aussi recherchée qu'auparavant. Il lui semblait – et elle savait qu'il ne s'agissait pas d'une impression – que la vie avait changé, qu'on recherchait autre chose.

L'inaccessible étoile, comme le chantait Brel dans *La Quête* ?

Valentine n'en était pas certaine. Elle avait beau éviter de recourir à la terrible expression « de mon temps », elle ne pouvait s'empêcher de regretter « le bon vieux temps ». Son fils se moquait d'elle gentiment. « Maman, voyons ! Il faut bien évoluer avec son époque. »

Le sourire de Valentine s'accentua.

Elle reconnut la façon de conduire de Sandrine, qui était aussi pilote de rallye le dimanche. La fourgonnette de la poste grimpa alertement la côte, s'arrêta à sa hauteur.

– De la lecture, Valentine, lui annonça la factrice, en lui tendant les revues auxquelles elle était abonnée.

Animée par la même passion que sa mère, Valentine bataillait pour créer une petite bibliothèque au hameau. À ceux qui lui parlaient de désertification, elle répondait nécessité de partager les livres, de les faire voyager. De plus, l'été, les touristes fréquenteraient le centre de prêt. Cet endroit isolé des Baronnies s'ouvrait peu à peu aux visiteurs de France, de Grande-Bretagne ou de Belgique. La lavande était l'ambassadrice de la vallée ; Valentine l'avait toujours pressenti.

Elle reprit le chemin de la ferme. Zach tirait sur sa laisse. Le jour où Alexis le lui avait offert, elle avait pensé qu'il s'agissait d'un ourson. Zach était une pâte de chien, au pelage – elle, elle disait fourrure – tricolore, noir, blanc, feu, à l'allure pataude, au regard attendrissant. Il avait un seul défaut, il fuguait à intervalles réguliers pour revenir le soir ou le lendemain horriblement crotté. Valentine l'emmenait donc se promener en laisse le plus souvent possible, ce qui lui permettait aussi de se dépenser un peu physiquement. Après son cancer du sein, qui l'avait laissée épuisée sans pour autant l'abattre – au fond d'elle-même, elle n'avait jamais douté de sa guérison ; elle avait encore trop à faire –, elle avait été victime d'un accident de voiture. La rééducation avait été longue et douloureuse.

Curieusement, elle avait moins bien supporté cette épreuve. Elle s'était remise, mais ne pouvait plus skier comme elle aimait à le faire et devait se ménager. Il lui restait la marche, qu'elle pratiquait assidûment.

– Allons, Zach, dit-elle à son chien, on rentre.

Il jappa gaiement.

« La vieille et son chien », pensa Valentine avec une pointe d'autodérision.

Elle ne se sentait pas si âgée, pourtant, et débordait de projets. Elle était même heureuse, à la Grange, sur le domaine qu'elle n'avait jamais quitté.

Elle avait éprouvé un sentiment d'incrédulité, l'été dernier, lors de la célébration de la Libération. Il y avait cinquante ans que Thibaut avait été tué sur la route de Saint-May. Cinquante ans ! alors qu'il lui semblait que c'était hier…

Jusqu'à son dernier jour, elle se demanderait s'il l'avait aimée. Elle esquissa un sourire ému. Thibaut faisait partie d'elle, c'était ainsi, et cette certitude lui avait permis de survivre durant toutes ces années.

Elle essuya ses chaussures boueuses sur le grattoir, poussa la porte. Zach fila jusqu'à son panier, s'y coucha en poussant un profond soupir de bien-être. Dans la salle, Valentine se débarrassa de sa parka et, presque machinalement, alla frotter ses mains l'une contre l'autre devant la cheminée. Elle revint à pas lents vers la table, sur laquelle elle avait posé le courrier à son retour. Une enveloppe retint son attention, alors qu'elle commençait à faire sauter les bandes des revues. Elle portait ce nom : *Yad Vashem*, dont elle avait déjà entendu parler.

– Voyons voir, soliloqua-t-elle.

Ses mains impatientes déchirèrent l'enveloppe. À la différence d'Alexis, elle n'utilisait ni couteau ni coupe-papier. Son fils avait des gestes précis et minutieux, elle avait toujours l'impression de perdre son temps.

L'enveloppe contenait une longue lettre ainsi que deux feuillets annexes.

« Qu'est-ce qui va encore nous arriver ? » se demanda Valentine, inquiète.

Elle dut relire la missive à deux reprises avant de comprendre de quoi il s'agissait. Elle était pressentie pour être déclarée « juste parmi les nations ».

Elle tira à elle une chaise, posa la lettre sur la table et la lissa du plat de la main. Elle avait l'impression que, de nouveau, la guerre la rattrapait.

Elle prit connaissance des documents annexes. Deux de ses protégés avaient donné son nom et son adresse. Lesquels ?

Elle avait la tête vide, sous le choc de l'émotion. Elle fit alors ce qu'elle ne faisait jamais d'ordinaire : elle se servit un petit verre de génépi qu'elle avala d'un trait. En effet, si elle allait cueillir elle-même le génépi vers deux mille mètres d'altitude et confectionnait sa liqueur suivant la recette ancestrale transmise par sa mère, elle n'en buvait pratiquement pas.

Elle se mit à tousser, s'essuya les yeux. « Juste parmi les nations… » Elle n'avait pas le sentiment d'avoir mérité cette distinction en forme de reconnaissance. Son père avait été le premier à recueillir des enfants juifs. Et la Grange de Rochebrune avait été leur refuge. Si elle acceptait, c'était pour Pierre et pour la Grange.

Peut-être pour Thibaut, aussi.

42

2000

Elle effleura d'une main hésitante les minuscules chaussons dont elle ne s'était jamais séparée. C'était tout ce qui lui restait de son enfance, deux petits chaussons tricotés dont le blanc était devenu grisâtre.

Réfugiée dans le jardin d'hiver où elle avait installé son bureau, elle posa les chaussons dans une bourse en daim, reprit la lettre reçue le matin même, en provenance du service international de la Croix-Rouge, situé en Allemagne, à Bad Arolsen. Elle avait cherché à localiser cette adresse sur une carte de l'Allemagne avant de relire la phrase sèche :

Votre mère s'appelle Else Brüner, native de Billingen.

Else Brüner… un état civil allemand. On lui avait assez lancé au visage, à l'école de Nancy : « Fille de Boche ! » Elle serrait les dents, rendait coup pour coup, jusqu'à ce que la punition tombe car c'était forcément elle la coupable. Fille de Boche…

Elle avait encore le goût du sang coulant dans sa bouche. Elle se battait comme un garçon, alors. D'ailleurs, on disait d'elle qu'elle était un garçon manqué, parce que ses cheveux étaient coupés très court. C'était une idée de « mère ». Elle refusait toute coquetterie pour sa fille adoptive, se défiant de son hérédité, comme elle disait, avec un petit claquement de langue chargé de mépris.

On ne l'avait pas frappée mais, d'une certaine manière, cela avait été pire. Une défiance permanente, le rappel constant qu'elle devait une reconnaissance éternelle à ses parents adoptifs… Elle étouffait dans la maison bourgeoise régie par des règles immuables. Celle qu'elle appelait « mère » était une femme d'une quarantaine d'années, toujours bien coiffée et habillée avec soin. Son père, « papa », était plus simple. Il dirigeait une entreprise de transports et manifestait beaucoup de tendresse à l'égard de la petite fille. Par la suite, elle avait appris que c'était lui, Gilbert Sénars, qui avait voulu un enfant. Son épouse étant stérile, ils avaient décidé de recourir à l'adoption.

Mathilde était arrivée chez eux en février 1947. Elle n'avait gardé que fort peu de souvenirs de l'orphelinat. En revanche, elle se rappelait bien la nourrice qui s'était occupée d'elle quand elle avait contracté la varicelle, « maman Louisa », et le chaton blanc avec qui elle jouait sous la table. Elle était heureuse alors.

Bien davantage que chez les Sénars où, pourtant, la nourriture était abondante. Mathilde avait le sentiment de ne pas y être à sa place. « Mère » le lui rappelait régulièrement. « Tu as eu beaucoup de chance de croiser notre chemin, lui disait-elle. Quelle aurait été ton enfance dans un orphelinat ? »

Mathilde avait fait de nombreux cauchemars après avoir lu *Oliver Twist*. C'était à cette période qu'elle avait souffert d'énurésie, ce qui lui avait valu reproches et humiliations. Impossible de se rendre aux invitations de ses camarades d'école ou de ses tantes. « Mère » évoquait son incontinence d'un air dégoûté et Mathilde s'était retrouvée exclue des jeux. La première fois qu'on avait fait la ronde autour d'elle en la traitant de « pisseuse », elle n'avait pu réprimer ses larmes. Par la suite, elle n'avait plus jamais pleuré. En feignant l'indifférence, elle parvenait à désarmer à la longue la cruauté des autres enfants. Même si elle rêvait de les réduire en bouillie. Avec « mère », c'était plus difficile. À croire que celle-ci connaissait à coup sûr le moyen de blesser Mathilde.

Il lui avait fallu plusieurs années de psychanalyse pour se remettre enfin de son enfance. Fillette angoissée, obsédée par la crainte de l'abandon, humiliée et rejetée, Mathilde avait été sauvée par l'école. Là-bas, si elle faisait abstraction des piques des autres élèves, elle était presque heureuse. Et, tout naturellement, elle avait très vite été récompensée de ses efforts. Elle revoyait le sourire paternel le jour de la distribution des prix. Sa mère, elle, ne s'était pas dérangée, ce qui l'avait soulagée.

Mathilde était fière de rendre son père heureux. Elle avait renoncé à donner satisfaction à sa mère. De toute manière, celle-ci trouvait toujours quelque chose à redire.

Elle fit quelques pas vers le jardin. Il était pour elle indissociable de Joffrey. Ce jardin, en terrasses, planté d'oliviers, bordé de touffes de lavande, était l'œuvre de son mari. Que lui conseillerait-il ? se demanda-t-elle.

Joffrey l'avait soutenue dans ses recherches, encouragée lorsqu'elle doutait de parvenir à retrouver ses origines. Ils s'étaient rencontrés en première année de faculté et ne s'étaient plus quittés. Joffrey lui apportait tout ce dont elle avait manqué au cours des dix-huit premières années de son existence : l'amour, la tendresse, la confiance. Dans ses bras, elle oubliait les cauchemars.

Naturellement, ils avaient dû attendre la majorité de Mathilde pour se marier et, tout aussi naturellement, les Sénars ne s'étaient pas déplacés pour l'occasion. Elle estimait que cela valait mieux. Elle avait revu son père de loin en loin, mais jamais « mère ». Elle avait pleuré, cependant, le jour où celle-ci était morte. Elle avait pleuré, non sur la femme mûre, enfermée dans son égoïsme, mais sur leur histoire ratée. Et, curieusement, elle était tombée enceinte quelques semaines plus tard. Comme si elle ne s'était pas autorisée à donner la vie tant que sa mère adoptive pouvait la voir, la juger…

Mathilde esquissa un sourire ému. Elle avait gardé un souvenir contrasté de sa grossesse. Joie, émerveillement, amour, mais aussi une horrible angoisse. La crainte de ne pas être à la hauteur, de donner naissance à un enfant porteur d'une hérédité d'autant plus menaçante qu'elle était inconnue. Heureusement, Joffrey la soutenait et la comprenait. « Garde confiance en toi, en nous », lui recommandait-il.

Elle enseignait les mathématiques tandis que lui travaillait comme ingénieur dans une entreprise informatique. Quand on lui demandait pourquoi elle avait choisi cette matière, elle répondait : « Parce que c'est carré. Blanc ou noir, il n'y a qu'une interprétation possible. Ça me plaît. » Joffrey souriait. Ils étaient ensemble, toujours. La naissance de Clément, leur fils, avait encore consolidé leurs liens.

À sa grande surprise, Mathilde s'était révélée une mère attentive et épanouie, tout simplement parce que Clément était en bonne santé. Si elle souffrait encore de crises d'angoisse, elle les taisait avec soin. Elle se voulait une femme comme les autres.

La terrasse de leur maison de Manosque dominait la vieille ville. Elle aimait à contempler le campanile délicatement ouvragé de la porte Soubeyran tout comme la ceinture des boulevards ombragés. Ils avaient choisi de vivre à Manosque, où Clément, qui y avait poursuivi ses études, avait de nombreux amis.

« Le bonheur passe si vite », pensa Mathilde, effleurant de la main le muret de pierres sèches. Elle aurait tant désiré partager la nouvelle avec Joffrey… Mais il était trop tard. Joffrey était mort brutalement l'an passé, d'une attaque cardiaque alors qu'il revenait de son travail, à Cadarache. Tous deux projetaient un voyage au Canada. Joffrey souhaitait partir en préretraite à cinquante-huit ans. Ils étaient heureux…

Mathilde, tournant brusquement les talons, regagna son bureau. Il lui semblait entendre la voix de Joffrey l'inciter à poursuivre sa quête.

« Vas-y ! lui aurait-il dit. Continue ! » Même si elle avait de plus en plus de peine à quitter Manosque, elle devait se rendre en Allemagne. À Billingen exactement. Là où avait vécu cette mystérieuse Else Brüner qui était peut-être sa mère.

43

2000

Habituée au soleil de Haute-Provence, Mathilde marqua une hésitation avant de descendre de sa voiture. Un ciel gris foncé, peu engageant, se chargeait encore davantage vers l'horizon.

« Suis-je vraiment née par ici ? » se demanda-t-elle.

Depuis qu'elle avait reçu la réponse de la Croix-Rouge, elle passait par des phases d'excitation et de désespoir. Bien sûr, durant l'enfance, le terme infamant « fille de Boche » l'avait poursuivie, mais elle n'avait jamais pensé qu'il correspondait à la réalité. Elle-même ne prêtait guère attention à ses cheveux très blonds ni à ses yeux clairs. Elle s'était interrogée à l'adolescence, quand le besoin de connaître ses origines l'avait taraudée, mais ses parents adoptifs avaient fait pression sur elle. « Voyons, Mathilde... C'est comme si tu cherchais à nous renier », lui avait répété son père d'une voix peinée.

Coupable, comme toujours, la jeune fille s'était inclinée.

Pourquoi n'avait-elle pas insisté ? se demanda-t-elle en cherchant à s'orienter sur la place du village. Au fond d'elle-même, elle avait peur de connaître la vérité. Tant qu'elle l'ignorait, elle pouvait encore rêver d'une mère parfaite. La mère, toujours... Comme si le père n'avait pas existé.

On lui indiqua le *Rathaus*, l'hôtel de ville, dans un français parfait.

De nouveau, Mathilde éprouva la tentation de tourner les talons et de fuir. C'était si simple, au fond. Ne pas savoir... À cinquante-six ans, à quoi bon se torturer ? Elle n'avait rien dit à Clément. Son fils achevait son doctorat à Harvard. Étudiant brillant, il était aussi passionné de tennis. Elle l'aimait plus que tout.

Précisément, ce fut l'évocation de Clément qui l'incita à gravir les marches de l'hôtel de ville et à solliciter un entretien avec le bourgmestre. Elle se devait de connaître ses origines pour son fils. Afin qu'il ait l'esprit en paix. Depuis qu'elle était mère, en effet, elle avait vécu dans l'angoisse de lui avoir transmis quelque maladie génétique dont elle-même aurait tout ignoré. Joffrey, malgré tout son amour, ne pouvait pas comprendre ce qu'elle ressentait. Personne, d'ailleurs...

La secrétaire était affable. Elle lui demanda de patienter quelques minutes, le maire ne tarderait pas à la recevoir.

Assise sur une chaise pliante, en face d'une photographie grand format de la forêt du Sauerland, Mathilde tenta, sans succès, de respirer par le ventre comme on le lui avait enseigné à son cours de yoga. Elle se répétait un prénom et un nom. Else Brüner...

Le maire, Ralf Wörz, était un septuagénaire souriant avec qui Mathilde se sentit tout de suite en confiance. Il l'accueillit de façon fort courtoise, l'écouta sans manifester d'impatience, jusqu'à ce qu'elle mentionne le nom des Brüner. Son visage, alors, se ferma.

– Ah ! fit-il d'une voix indéfinissable.

Mathilde se raidit.

– C'est la seule information dont je dispose, reprit-elle. Il y a si longtemps que je cherche. Je dois…

Il l'interrompit d'un geste de la main.

– Madame, ne soyez pas aussi bouleversée, je vous en prie. La famille Brüner a toujours vécu aux environs de Billingen mais elle s'est éteinte depuis longtemps. La ferme a été léguée à une association, puis transformée en gîte.

– Éteinte ? répéta Mathilde. Vous voulez dire qu'il n'y a plus personne ?

La panique montait en elle. Elle n'allait tout de même pas échouer si près du but.

Le bourgmestre hocha la tête.

– C'est hélas vrai, madame. La guerre… Le vieux Brüner n'avait qu'une fille, qui s'était mariée avec son cousin, un Brüner lui aussi. Il est mort en 1940, je crois. Son petit-fils a disparu durant la bataille de Berlin et on n'a jamais retrouvé la trace de sa fille.

Il paraissait soudain mal à l'aise.

– Sa fille, c'était Else, n'est-ce pas ? Else Brüner ?

Il opina.

– Une brave fille, dure à l'ouvrage et dévouée à son père mais la guerre a dû la perturber. On m'a raconté qu'elle était partie sur les routes en pleine débâcle, au début de l'année 1945. Qui sait ce qui lui est arrivé ?

Il y avait autre chose, Mathilde en était persuadée. Cependant, elle eut beau insister, le bourgmestre ne se montra pas plus disert.

– Tant d'années ont passé, madame. Croyez-moi, mieux vaut oublier cette période.

Elle abattit alors sa dernière carte.

– D'après le service international de la Croix-Rouge, Else Brüner serait ma mère.

Il ne put réprimer un haut-le-cœur et, à cet instant, elle lut dans ses yeux quelque chose qui ressemblait à de la peur.

– Quelle idée ! se récria-t-il. Vous êtes française !

– Les services de Bad Arolsen sont formels. Ma date de naissance, l'arrivée d'un convoi d'enfants en 1946 en Lorraine, tout concorde…

– C'est impossible, reprit-il, comme s'il cherchait à se convaincre lui-même.

En même temps, il l'observait et elle eut l'impression qu'il recherchait une quelconque ressemblance. Mais comment aurait-elle pu en être sûre ? Elle se fondait sur des sensations, des impressions diffuses, alors qu'elle avait besoin de preuves.

Elle serra les mains l'une contre l'autre.

– Je vous en prie, répéta-t-elle. Je ne puis retourner en France avec ces doutes, ces questions. J'ai cinquante-six ans, monsieur. Cela fait près de cinquante-cinq ans que je me demande d'où je viens, qui sont mes parents.

Il poussa un profond soupir avant de se lever.

– Savez-vous, madame, combien de familles ont été disloquées, combien d'enfants ont disparu durant la dernière guerre ? Et je ne parle pas de la Shoah ayant exterminé six millions de Juifs… Je comprends le drame que vous vivez mais je ne puis rien pour vous. Le temps a passé, la ferme Brüner n'existe plus. C'est la vie !

Elle aurait aimé le gifler, mais les principes inculqués par « mère » avaient la vie dure. On se devait de rester courtois en toutes circonstances.

– Adieu, monsieur, déclara-t-elle, se levant à son tour.

Elle avait un goût de cendre dans la bouche.

– Quelqu'un a bien connu la famille Brüner, marmonna Mathilde en suivant le chemin indiqué.

Billingen lui aurait sans doute paru plus belle sous le soleil. Les maisons blanches à colombages, les toits d'ardoises ruisselaient de pluie. Une impression prégnante de mélancolie s'en dégageait.

À qui aurait-elle pu confier son désarroi ? Joffrey et elles avaient formé un couple fusionnel. Elle avait peu d'amis. C'était dans sa nature, comme si elle avait redouté d'être confrontée à un trop grand nombre de personnes. Ils avaient vécu dans une sorte de cocon protecteur, qui leur convenait. Elle mesurait depuis la mort de Joffrey ce que ce choix avait d'artificiel, sans pour autant le regretter.

La pluie cessa brutalement, de façon si soudaine que Mathilde pensa être victime d'une illusion. L'air était frais, chargé d'humidité. Elle cherchait un écho dans sa mémoire. Avait-elle emprunté ce chemin jadis ? Née en

1944, arrivée à l'orphelinat en 1946, elle ne pouvait s'en souvenir. Même si elle aimait Nancy, où elle avait passé son enfance, elle préférait sa Haute-Provence d'élection. Elle était, elle se sentait profondément française et la réponse de la Croix-Rouge l'avait plongée dans un abîme de questions sans réponses.

« Ce doit être ici », se dit-elle.

Le bâtiment principal, blanc à colombages, avait été doté d'un étage supplémentaire. Il ne restait pas d'autres vestiges de ce qui avait été une ferme dans la première moitié du XXe siècle. De coquets chalets entouraient la bâtisse. Sous l'arc-en-ciel, l'ensemble était agréable. La pelouse, très verte, surprit Mathilde, habituée à la sécheresse provençale.

Elle se présenta à l'accueil, sans beaucoup d'espoir. La jeune hôtesse parlait un excellent français mais, comme elle le redoutait, ne pouvait l'aider. Elle venait de Düsseldorf, travaillait à Billingen depuis seulement un an et n'avait jamais entendu parler de la famille Brüner.

– Essayez peut-être du côté de l'église et du cimetière, suggéra-t-elle.

De nouveau, Mathilde hésita. Ne valait-il pas mieux rentrer à Manosque, faire comme si de rien n'était, mettre fin à ses recherches ?

De nouveau, la peur l'étreignit. Peur d'ouvrir la boîte de Pandore, de ne pouvoir revenir en arrière.

Pourtant, elle ne se résigna pas à le faire. Quelque chose la poussait à s'obstiner. Une voix intérieure, la pensée qu'elle décevrait Joffrey si elle ne poursuivait pas sa quête… Et, toujours, ce prénom et ce nom, qui la reliaient à Billingen. Else Brüner.

Elle fut la première surprise de découvrir assez facilement le caveau de la famille Brüner. Elle griffonna sur un carnet les différents prénoms et les dates. Il y avait là un couple, Johann et Liselotte, mort au début des années vingt, une femme, Greta, morte en 1934, un homme, Mathias, mort en 1941, et Werther, qui avait vécu jusqu'en 1952. Figuraient aussi sur la pierre tombale les mentions :

In ERRINERUNG an[1]
Frieda, 1937-1940, Willy, 1930-1945,
Else, 1912-1945, und Mathilde, 1944 -

Elle éprouva un choc si intense qu'elle manqua s'effondrer.

Mathilde… C'était d'elle qu'il s'agissait !

Le vieil homme, le patriarche, Werther Brüner, ignorant ce qu'elle était devenue, avait tenu à faire figurer son prénom et son année de naissance sur le caveau de famille des Brüner. Cette idée l'émouvait, la bouleversait, même, sans pour autant répondre à ses interrogations.

---

1. « En mémoire de. »

44

Comme souvent, le mois d'avril avait été pluvieux, ce qui inquiétait Alexis.

Valentine s'attendrissait de le voir, chaque matin, ouvrir grande la porte de la Grange et humer l'air, comme leurs chiens.

– Eh bien ? lança-t-elle à son fils.

Il se retourna vers elle, l'embrassa tendrement sur la joue avant de se servir un café.

– Que veux-tu, je crains pour nos fleurs !

Valentine hocha la tête. Elle connaissait l'importance du climat pour les plantations de lavande. Réputée résistante à la sécheresse, elle supportait mal, cependant, les trop longues périodes sans eau. D'autre part, si elle appréciait une certaine humidité, de préférence en juin, juste avant la floraison, point trop n'en fallait ! Et les plantations « à l'humide », installées dans les fonds des vallées, étaient souvent envahies par les mauvaises herbes. L'expérience jouait en faveur des lavandiculteurs.

Alexis, comme sa mère et sa grand-mère avant lui, savait qu'il convenait de privilégier les pentes bien ensoleillées, où le risque de gel était moins important et où l'air froid ne stagnait pas. Il fallait aussi veiller au vent. Si la zone de plantation était mal aérée, la lavande demeurait malingre. Alexis tenait à sauvegarder la réputation d'excellence de la Grange de Rochebrune.

– Tu as la bleue dans le sang, toi aussi, remarqua Valentine.

Le matin, elle se sentait vieille. Ses douleurs ne lui laissaient guère de répit. Ses épaules, ses mains et son dos la faisaient souffrir. Après avoir pris son petit déjeuner et bu un grand bol de café, elle allait déjà un peu mieux. À soixante-seize ans, elle estimait ne pas avoir le droit de se plaindre.

Elle observa discrètement son fils occupé à beurrer ses tartines. Même si elle était un brin partiale, elle le trouvait bel homme. Dehors par tous les temps, il était hâlé en permanence, ce qui faisait ressortir le bleu de ses yeux. Grand, bien bâti, il était séduisant et ce même s'il était peu disert. Habitué à travailler en solitaire, Alexis ne parlait pas à tort et à travers. On l'appelait déjà « le taiseux » alors qu'il fréquentait encore l'école de Lachau. Plus tard, il s'était vite lassé des fêtes votives. S'il appréciait de boire un ou deux verres de bon vin, il ne supportait pas de voir des camarades s'enivrer copieusement. Un accident survenu en 1982 l'avait profondément marqué. Un ancien copain de collège avait repris le volant malgré son état d'ivresse. Alexis avait voulu le retenir, l'empêcher de conduire. Patrick, son aîné d'un an, l'avait assommé d'un coup de poing. On n'avait jamais su ce qui s'était passé. Patrick s'était-il endormi au volant ? Avait-il été victime d'un malaise ? Sa voiture avait foncé sur un petit groupe de jeunes gens rentrant chez eux à pied, les avait fauchés.

La tragédie avait fait cinq morts, dont le chauffard. Alexis en avait été malade.

Valentine savait que son fils était hypersensible. Alexis s'intéressait à la poésie et à l'astronomie. Au début du mois d'août, il montait à l'estive afin d'observer les étoiles filantes, durant la nuit des Perséides. Il avait donné plusieurs conférences sur le ciel de Haute-Provence et travaillait avec de petits éditeurs régionaux pour faire connaître sa région. Valentine avait déjà pensé que son fils présentait des points communs avec son vieil ami Félix, le berger amoureux des beaux textes. En revanche, son père, Ludovic, ne prisait guère la lecture. Elle se disait parfois qu'elle ne l'avait pas vraiment connu et en éprouvait toujours comme du remords.

Elle se leva, posa les tasses dans l'évier.

– Laisse-moi faire, dit Alexis.

Elle égrena un joli rire.

– Taratata ! Si tu ne me laisses pas m'activer à ma guise, je vais vraiment me sentir une vieille femme !

– Cette fois, tu racontes n'importe quoi ! protesta Alexis.

Il entourait sa mère d'amour et de tendresse sans parvenir à lui dire à quel point il l'aimait. Les Ferri étaient pudiques.

Il devinait que Valentine rêvait de le voir marié, père de famille. Même si elle ne lui faisait jamais part de ses inquiétudes, elle trouvait certainement qu'il tardait un peu trop à fonder une famille. Valentine savait, aussi, combien la désertification des campagnes avait changé la vie des agriculteurs. Ceux qui étaient restés au pays étaient pour la plupart célibataires. Si, l'été, le soleil attirait des touristes, l'hiver, la solitude se faisait pesante. Il fallait aimer vivre en contact permanent avec la nature pour tenir.

Dans les années quarante, même pendant la guerre, Prosper, le cinéaste ambulant, présentait des films en plein air. Désormais, on regardait la télévision sans sortir de chez soi. Il n'y avait plus de veillées depuis longtemps et ce même si la voiture avait raccourci les distances.

C'était une autre vie, une autre époque, que Valentine n'était pas sûre de préférer à celle qu'elle avait connue.

Elle aurait voulu susciter les confidences de son fils, mais elle s'imaginait mal lui lancer : « Comptes-tu te marier un jour ? » De son côté, il ne devait guère avoir envie d'aborder ce sujet de conversation. Une fois seulement, il avait murmuré : « Si j'avais un fils… » Et Valentine avait détourné la tête pour ne pas laisser voir son émotion.

La naissance d'Alexis avait constitué un point d'orgue dans sa vie. Il lui avait été plus facile, ensuite, de faire à nouveau des projets. Grâce à son fils, elle avait pu surmonter la perte de Thibaut, même si la souffrance était encore vive, plus de cinquante ans après.

Elle lava les bols et les couverts, sous le regard attentif de Zach.

Alexis, parti répondre au téléphone, revint en coup de vent. Il paraissait contrarié.

– Un contretemps, annonça-t-il à sa mère. Je dois me rendre à Digne. Un colloque sur la lavande, ils ont besoin de professionnels. Le père Lachaume a déclaré forfait, une crise de coliques néphrétiques.

– Le pauvre ! s'apitoya Valentine.

– Oui et ça ne m'arrange pas. Encore une journée gaspillée !

– Ce n'est pas tout à fait vrai, nuança sa mère. Tu te bats pour ta passion.

Son admiration inconditionnelle lui arracha un sourire désenchanté. Certes, il bataillait depuis des lustres pour que les compétences des lavandiculteurs soient reconnues, mais il avait compris que la concurrence de pays comme la Bulgarie ou la Chine serait de plus en plus acharnée. La lavandiculture était devenue un vieux métier en France et, avec d'autres passionnés, il œuvrait pour qu'il perdure. Il désirait aller au-delà de l'aspect touristique.

– Je te fais confiance, mon grand, dit Valentine.

Il se pencha, déposa un baiser sur la joue de sa mère.

Il aurait voulu ajouter quelque chose, ne trouva pas les mots. Aussi, comme trop souvent, garda-t-il le silence.

Le désir de se rendre au Contadour l'avait prise en début d'après-midi, alors qu'elle finissait de préparer son planning d'occupation des gîtes. L'informatique, si elle lui simplifiait la vie, lui donnait parfois des sueurs froides. Une seule fausse manœuvre et elle pouvait perdre une journée de travail. Valentine se rappelait avoir appris à taper à la machine pendant la guerre alors qu'elle aidait son père à tenir la comptabilité de l'exploitation. C'était une époque où l'on pouvait se « débrouiller ». À présent, il fallait des diplômes, des justificatifs. On ne vous laissait plus le temps de faire vos preuves.

Valentine secoua la tête. Elle gara sa voiture sur le bas-côté, près du monument dédié aux résistants, et en descendit. Elle avait oublié depuis longtemps combien le site en imposait. Il restait un peu de neige au fond des combes. Les couleurs profondes des pins, des sapins et des chênes verts formaient un contraste avec les sommets encore couverts de neige. Une impression prégnante de solitude émanait du hameau. Le vent, l'air vif, les murets de pierres sèches évoquaient pour Valentine une atmosphère digne des *Hauts de Hurlevent*. « Au Contadour, on se sent au bout du monde », disait l'ami Félix.

Tout en marchant, Valentine songeait à tous ces jeunes gens venus, dans les années trente, refaire le monde en compagnie de Giono. Ils avaient rêvé de paix et la déclaration de guerre, en septembre 1939, les avait chassés de ce havre.

Elle passa devant une fontaine de transhumance et, de nouveau, pensa à Félix. Pourtant, ce n'était pas le souvenir du berger qu'elle était venue chercher au Contadour, mais bel et bien celui de Thibaut.

Il y aurait cette année cinquante-six ans qu'il était mort et elle ignorait toujours s'il l'avait vraiment aimée. Un rire amer mourut dans sa gorge. Elle avait vécu tout ce temps en ayant le sentiment d'être une survivante, pis, une usurpatrice. Pourtant, elle avait eu un fils, elle avait préservé la Grange et reçu le titre de « juste parmi les nations ».

« Une belle vie », lui disait-on de temps à autre.

Toutes ces années sans le seul homme qu'elle ait vraiment aimé… Elle aurait désiré avoir le courage de se donner la mort, en août 1944. Finalement, elle avait eu le courage de continuer à vivre sans lui.

– Thibaut… Tu me manques tant, souffla-t-elle.

Alors, face aux sommets, dans ce bout du monde qui avait peut-être eu plus d'importance pour l'homme qu'elle aimait que tout le reste, elle poussa un long hurlement, qui s'acheva en sanglot.

45

Au cœur de l'été, alors que la récolte de la lavande battait son plein, la Grange de Rochebrune évoquait une ruche. Certes, Valentine regrettait le temps où les coupeurs gravissaient dès l'aube les flancs de la montagne, l'atmosphère joyeuse et, même, les courbatures qui vous sciaient le dos et les épaules, mais elle aimait aussi faire découvrir aux hôtes de passage les différentes étapes de la lavandiculture. Cette fonction pédagogique, assumée avec le sourire et avec une passion contagieuse, lui donnait le sentiment d'être encore utile. Elle recevait des vacanciers mais aussi des centres aérés. Les questions des enfants la renvoyaient à un passé finalement pas si lointain et elle se réjouissait de les voir s'émerveiller lorsqu'elle leur faisait humer de l'essence de lavande ou leur racontait que celle-ci constituait une véritable panacée aussi bien contre les brûlures, contre les piqûres que contre les rhumatismes.

Elle était si occupée qu'elle ne prêta pas attention à la femme se tenant légèrement en retrait du groupe du troisième âge venu se griser de lavande. Aussi sursauta-t-elle quand celle-ci lui adressa la parole.

– Madame… Vous êtes bien madame Lesage ?

– Oui, dit-elle, vaguement étonnée ; la plupart du temps, on l'appelait « Mme Ferri », ce qui lui convenait fort bien.

Les touristes s'étaient tous dirigés vers la Boutique bleue. Ce petit magasin situé juste à côté de la distillerie était une idée d'Alexis. Ils y vendaient exclusivement des produits de la Grange : huile essentielle, naturellement, mais aussi fuseaux de lavande, sachets de fleurs mondées, bouquets séchés, pâtés à la lavande, miel de lavande...

L'interlocutrice de Valentine était une grande femme aux cheveux blonds. La cinquantaine élégante, elle portait un pantalon blanc et un polo bleu indigo.

Elle ôta ses lunettes de soleil et Valentine éprouva une sensation indéfinissable en découvrant ses yeux bleus très clairs.

– J'aimerais vous parler, reprit l'inconnue.

Elle ajouta :

– Je m'appelle Mathilde et je crois être la fille de votre mari.

Le tilleul avait été planté par le grand-père de son papé Louis. Celui-ci aimait à s'asseoir à son pied durant les longs soirs d'été, et Valentine avait perpétué cette tradition. Aussi entraîna-t-elle la visiteuse sous l'arbre plus que centenaire en lui enjoignant de s'installer à son ombre. Le soleil était encore haut dans le ciel, les cigales stridulaient et le parfum entêtant de la lavande affolait les abeilles. Valentine pensa qu'elle aurait voulu suspendre le temps, ne pas en apprendre davantage, mais c'était bien sûr impossible.

L'inconnue, qui n'en était plus une – était-ce possible qu'elle ait énoncé la vérité ? –, la regardait sans baisser les yeux, même si elle paraissait elle aussi mal à l'aise.

– Je vous écoute, déclara posément Valentine après être allée chercher deux verres, de l'eau bien fraîche et du sirop de violette.

Mathilde marqua une hésitation. C'était une longue histoire… Elle avait pesé le pour et le contre avant de se décider à venir jusqu'à la Grange.

En même temps, il était terriblement important pour elle d'effectuer cette ultime démarche. Pour tenter d'en savoir un peu plus sur son père.

Elle avait failli quitter Billingen après avoir échoué dans ses démarches. Mais, quand elle avait découvert le tombeau de famille des Brüner toujours bien entretenu, elle avait pensé qu'elle disposait peut-être d'une piste et était allée sonner au presbytère. Le prêtre, un vieil homme dur d'oreille, l'avait accueillie avec une certaine défiance. Il l'avait écoutée, cependant, froncé les sourcils, quand elle avait abordé la période du IIIe Reich. « C'est très loin », lui avait-il dit avec mauvaise grâce. Elle comprenait qu'il n'ait pas envie d'en parler mais, lui, pouvait-il comprendre à quel point c'était important pour elle ? Sa vie durant, elle avait recherché ses origines. Elle ne repartirait pas sans réponses. Elle était si émue, si bouleversée, qu'elle mêlait le français et l'allemand, au bord des larmes.

Le prêtre avait levé une main apaisante. « Calmez-vous, je vous en prie, madame, lui avait-il conseillé en français. Si vous me permettez », avait repris le prêtre. Il l'avait entraînée dans la sacristie, fait asseoir sur une chaise un peu branlante recouverte de velours.

Avec d'infinies précautions, il avait alors tiré une lettre d'un petit meuble à tiroirs. « Nous nous transmettons ce testament de prêtre en prêtre depuis la Seconde Guerre mondiale. Il est pour vous, mon enfant. »

« Je ne veux pas le lire ! » s'était affolée Mathilde. Il lui semblait que, ce faisant, elle aurait eu l'impression de trahir ses parents.

Elle se sentait écartelée. Le prêtre allemand avait insisté. « S'il existe une chance, une seule, de connaître votre histoire, ne la laissez pas passer. Vous le regretteriez. » Elle savait qu'il disait vrai. Elle l'avait remercié, avait glissé la lettre dans son sac et s'était retirée au cimetière pour en prendre connaissance.

Elle s'était assise sur une ardoise brillante de pluie après l'avoir essuyée avec son mouchoir. C'était l'une des rares habitudes que sa mère adoptive lui avait transmises : elle n'utilisait jamais de mouchoirs en papier, mais des mouchoirs de fil de taille imposante. « On dirait Hercule Poirot ! » ironisait son fils à ce propos.

Elle n'avait pas souffert de l'humidité dans le cimetière. Avait-elle seulement eu conscience du monde l'environnant ? Elle lisait et c'étaient un autre monde, une autre époque qui prenaient forme. Elle « voyait » Else Brüner par les yeux de son propre père, Werther. Elle souffrait avec elle de l'euthanasie de la petite Frieda, apprenait la mort du mari d'Else à Brest-Litovsk et, enfin, découvrait ce prisonnier de guerre français aux yeux très bleus. Ludovic Lesage. Werther avait écrit :

Ce garçon n'était pas coupable. Ma pauvre Else a vu en lui le moyen d'avoir un autre enfant, pour compenser la disparition de Frieda.

« Compenser… » Comme le choix de certains mots pouvait se révéler cruel ! C'était donc ce que Mathilde avait représenté ? Une consolation, une réparation face à la barbarie nazie ? Werther Brüner avait raconté que sa fille ne touchait plus terre du jour où elle avait compris qu'elle était enceinte. « Cette enfant a été désirée, attendue, espérée », avait-il écrit, et Mathilde s'était sentie tout à coup réconfortée.

Il n'avait rien caché : le manque d'implication du Français, le dégoût de son petit-fils, Willy, l'incompréhension dans le bourg. Else avait fauté, trahi la doctrine raciale du Reich. Dieu merci, grâce à l'aide d'un ami de son gendre, il avait pu préserver l'honneur de sa fille. Il avait raconté la dérive de Willy choisissant de s'embrigader dans les Jeunesses hitlériennes, puis le retour d'Else, venue reprendre des forces à la ferme avant de repartir pour une nouvelle quête. On lui avait à nouveau enlevé sa petite fille, Mathilde, née dans un *Lebensborn* près d'Aix-la-Chapelle, mais, cette fois, elle ne se laisserait pas faire, elle la retrouverait…

Mathilde leva un visage implorant vers Valentine.

– Imaginez-vous ce que cela peut représenter ? *Lebensborn*… J'ignorais tout de cette histoire.

– Moi aussi, souffla Valentine.

Mathilde esquissa un sourire désenchanté.

– Il s'agissait de maternités, ou de homes d'enfants, conçus dans le délire d'hommes comme Himmler attachés à la sauvegarde de la race aryenne. Le mot *Lebensborn* signifie « fontaine de vie ». J'ai retrouvé durant mes recherches ces phrases prononcées par Himmler qui glacent le sang : « Chaque Germain du meilleur sang que nous amenons en Allemagne est un combattant de plus pour nous et de moins pour l'autre côté. J'ai vraiment l'intention de chercher le sang germain dans le monde entier, de le soustraire et de le voler où je peux[1]. »

Valentine hocha la tête. Elle se sentait soudain très vieille.

– Naturellement, vous êtes blonde aux yeux bleus, déclara-t-elle d'une voix lasse.

– En effet. Comme ces enfants d'à peine un an enlevés en Pologne ou en Tchécoslovaquie. Les critères extérieurs primaient sur tout le reste. Surtout pas de bruns aux yeux foncés, de type « sémite », ou de petits métis !

Valentine avait de la peine à mettre de l'ordre dans ses idées. Ludovic… C'était donc ça son secret, une idylle avec une Allemande plus âgée que lui, ayant déjà beaucoup souffert ?

– Je suis désolée d'être venue vous raconter mon histoire, reprit Mathilde. Votre mari…

Valentine soutint fièrement son regard.

– N'ayez aucun scrupule, Ludovic et moi étions seulement amis lorsqu'il a été mobilisé en 1939. Il était donc tout à fait libre. Moi-même, j'ai aimé un résistant. C'était… une époque mouvementée. Nous avions le désir de vivre, vite, comme pour conjurer la mort qui rôdait.

Elle scruta le visage de Mathilde.

---

1. Extrait d'un discours de 1938.

– Vous avez ses yeux, bien sûr. Mon Dieu… Je ne trouve pas les mots, personne ne peut imaginer ce que vous avez vécu. Vous m'avez dit avoir été adoptée à Nancy ?

Mathilde hocha la tête.

– J'ai effectué de nombreuses recherches en Allemagne comme vous pouvez vous en douter. Devant la progression des Alliés, le Reich a décidé d'évacuer plusieurs *Lebensborn*. Il ne fallait pas laisser de traces mais aussi protéger les nourrissons qui représentaient l'avenir du régime. C'est à ce moment-là que j'ai été arrachée à ma mère. Les autres bébés et moi avons été emmenés, d'abord du côté de Wiesbaden, puis en Bavière, à Steinhöring, la maison mère du *Lebensborn*. C'est là que, le 3 mai 1945, les Américains sont arrivés et ont découvert près de trois cents nourrissons. Ceux-ci ont été transférés peu à peu vers un centre d'accueil des Nations unies. On m'a affirmé que le curé de Steinhöring nous avait tous baptisés avant le départ. Nous avons été recueillis au couvent d'Indersdorf. Durant l'été 1946, avec d'autres enfants portant comme moi un prénom à consonance francophone, on m'a conduite à Tübingen, dans la zone française d'occupation, dirigée par la Croix-Rouge. De là, nouveau transfert, à destination de l'orphelinat de Commercy, cette fois. C'était en août 1946 et, l'année suivante, en 1947, nous avons tous été déclarés nés à Bar-le-Duc.

Son regard se durcit.

– Pour mieux nous intégrer, paraît-il. Pourtant, je ne compte plus le nombre de fois où, pendant l'enfance, on m'a traitée de « fille de Boche » ! Alors que mon père était français...

Valentine, le cœur serré, lui tendit la main. Mathilde, qui n'était déjà plus une inconnue pour elle, aurait pu être la fille de Thibaut. En fait, elle était la demi-sœur d'Alexis et, toute sa vie, elle avait cherché sa vraie famille. Ses démarches le prouvaient amplement.

– Tu vas apprendre à mieux le connaître, lui dit-elle, la tutoyant spontanément.

Il lui semblait désormais comprendre pourquoi Ludovic était si mélancolique, parfois...

46

« Une nuit à l'estive, ça te dirait ? » avait proposé Alexis à Mathilde qui avait accepté sans l'ombre d'une hésitation.

Les questions étaient venues ensuite, alors qu'elle se tournait et se retournait dans son lit trop grand. Devait-elle poursuivre ses relations avec les membres de la famille Lesage-Ferri ? Ne risquait-elle pas de s'attacher à Alexis comme à Valentine et d'être ensuite déçue ? Elle avait songé à demander son avis à Clément, pour finir par y renoncer. Elle n'avait pas à lui faire porter le poids de ses blessures d'enfance. De plus, son fils, depuis les États-Unis, ne pouvait lui être d'un grand secours. L'accueil de Valentine l'avait heureusement surprise, comme un cadeau qu'elle n'aurait pas mérité. Mathilde, en effet, avait gardé de son enfance le sentiment de ne pas être bonne à grand-chose. Sa mère adoptive le lui avait assez souvent répété : « La femme qui t'a mise au monde ne valait rien pour t'abandonner ainsi ! » La petite fille s'était construite malgré tout. Malgré, notamment, cette quasi-certitude : que pouvait-elle attendre de la vie alors que ses propres parents n'avaient pas voulu d'elle ?

Sa rencontre avec Joffrey, leur amour, la naissance de Clément lui avaient permis de se réconcilier un peu avec elle-même. Un peu seulement…

– Tu vois, reprit Alexis, si nous pouvons aussi bien contempler les étoiles par ici, c'est parce que nous n'avons pratiquement pas de pollution lumineuse. C'est l'un des avantages de la désertification rurale.

Il l'avait tutoyée d'emblée, ce qui avait tout de suite mis Mathilde à l'aise. Elle le trouvait séduisant, sympathique et, elle, toujours si réservée, lui avait dit : « Je suis heureuse que nous appartenions à la même famille. » Il avait souri, avant de répondre : « Moi, je ne m'emballe pas comme toi. J'attends de mieux te connaître avant de me prononcer. » Elle avait aimé son sourire qui plissait le contour de ses yeux. Tous deux s'étaient isolés dans le domaine d'Alexis pour tourner les pages des albums familiaux. Lorsqu'il avait aménagé deux gîtes et deux chambres d'hôtes, Alexis avait procédé à une extension de la ferme afin d'avoir sa chambre et sa salle de bains indépendantes. « Une garçonnière », avait commenté sa mère en riant. L'instant d'après, elle s'était rembrunie ; elle s'inquiétait que son fils ne fréquente pas grand monde. Il y avait bien Corinne, une amie d'enfance travaillant à Montbrun, mais Valentine était certaine que son fils n'était pas amoureux d'elle.

De toute manière, il consacrait tout son temps à l'exploitation et ne s'en éloignait que pour participer à des réunions du syndicat. Il n'avait pas vraiment de vie personnelle, encore moins depuis qu'il avait accepté de devenir correspondant pour le quotidien régional.

Il avait remarqué le trouble de Mathilde face à la première photo de Ludovic. Le cliché datait de l'été 1938.

Toute la joyeuse équipe des coupeurs de lavande y figurait. Ludovic entourait d'un bras protecteur les épaules de Valentine, alors une adolescente rieuse.

Le contraste avec les photos d'après-guerre était frappant. Le regard de Ludovic s'était fait mélancolique. « J'ai souvent eu l'impression que mon père s'interdisait d'être heureux », avait dit Alexis d'une voix rêveuse. Il avait pressé la main de Mathilde. « Tu sais, je refuse de me sentir coupable. Je n'étais au courant de rien. Mais, franchement, mon père, enfin, notre père, était tout le contraire d'un sale type. Même si les apparences sont contre lui. » Mathilde avait secoué la tête. « Je ne l'ai jamais pensé. Dans sa lettre, mon grand-père insistait bien sur le fait qu'il ne s'était pas mal conduit. Il faudra que tu la lises, d'ailleurs. Il emploie des mots terribles… Else désirait un autre enfant pour compenser la mort de sa petite fille, certainement trisomique. Tu te rends compte ? C'est curieux, avant de connaître la vérité, je me suis souvent interrogée au sujet des « enfants-médicaments », tu sais, ces nouveau-nés capables de sauver leur frère ou leur sœur d'une maladie grave… Finalement, c'est ce que j'ai représenté pour Else. Bien peu de temps, puisque je lui ai été arrachée. » Elle s'était interrompue, avait secoué la tête avant de reprendre : « C'est étrange, non ? Je me confie à toi comme si tu pouvais me comprendre alors que nous nous connaissons depuis si peu de temps… » Alexis lui avait alors fait cette réponse, qu'elle n'oublierait jamais : « Nous n'avons pas besoin de nous connaître. Nous faisons partie de la même famille. »

Elle y songeait de nouveau, en contemplant le ciel parsemé d'étoiles. Les sonnailles des brebis s'agitaient doucement, sans perturber le calme descendu sur l'estive.

– Quand j'ai besoin de faire le point, je monte ici, je passe une nuit à la belle étoile et j'y vois un peu plus clair, lui confia Alexis d'une voix lointaine.

– La solitude ne te pèse pas trop ? osa lui demander Mathilde.

Elle devina son sourire dans l'obscurité. Il avait pris une place importante dans sa vie, se dit-elle, profondément bouleversée.

– J'ai quarante et un ans passés. Je suis célibataire et je n'ai pas l'impression que ça va changer ! L'été, il y a de la vie ici mais, dès les premiers froids, nous nous retrouvons entre nous. Reviens te promener dans le coin l'hiver prochain, tu verras…

– Tu n'as jamais rencontré l'âme sœur ?

Alexis haussa les épaules. Elle perçut son raidissement, comme s'il avait cherché à se protéger et, aussitôt après, elle regretta sa question.

– Je ne voudrais surtout pas me montrer indiscrète, précisa-t-elle.

– Ma pauvre Mathilde ! Si tu savais le nombre de fois où l'on me demande : toujours célibataire ? Ma mère elle-même ne parvient plus à cacher son inquiétude. Elle aimerait être grand-mère. C'est le devenir de la Grange qui la préoccupe. Elle a même tenté de me convaincre de m'inscrire à une agence matrimoniale, sans le moindre succès, naturellement ! Je n'ai pas envie de confier mon avenir sentimental à une sorte de loterie. Sous mon côté abrupt, je rêve du grand amour.

Il se mit à rire.

– Mathilde, tu es redoutable ! Tu réussis, mine de rien, à me faire sortir de ma réserve. Oui, bien sûr, j'aimerais avoir la femme que j'aime à mes côtés mais je ne suis pas le seul à être dans cette situation, bien au contraire ! La désertification n'est pas un vain mot par ici, tu peux me croire et, lorsque des citadins viennent s'installer dans la vallée, ils le font toujours en couple. Je ne me sens pas vieux, non, mais il serait grand temps pour moi d'avoir un enfant.

« La nuit, les confidences sont plus faciles », pensa Mathilde. De nouveau, elle éprouva le besoin de pousser Alexis dans ses retranchements.

– Tu as dit : « J'aimerais avoir la femme que j'aime à mes côtés », et j'ai eu l'impression à ce moment-là que tu songeais à quelqu'un de particulier.

– Quelle idée ! protesta-t-il.

Cependant, tout comme Joffrey, il ne savait pas mentir. Sa réponse sonna faux.

Mathilde esquissa un sourire.

Elle finirait bien par savoir qui était cette inconnue.

47

2006

– Fichue vie ! grommela Alexis en s'essuyant le front.

Dire qu'il avait tout misé sur la lavandiculture depuis des années et qu'il se retrouvait contraint d'arracher près de la moitié de ses parcelles ! À quarante-sept ans, il se sentait dépossédé d'une partie de son existence, exactement comme si toutes ces années consacrées à la bleue avaient été inutiles. Pire, stériles.

Il crispa les mâchoires. Il supportait de plus en plus mal son célibat, avait l'impression d'avoir trimé pour rien. Ses cousins du côté Corré s'étaient établis à Grenoble et dans la région parisienne. L'un travaillait dans l'ingénierie informatique, son cadet dans la publicité. Ils ne s'intéressaient guère à la culture de la lavande, qui ne constituait à leurs yeux qu'une sorte de survivance folklorique. Ce faisant, ils niaient des années d'études et d'expérimentations. Alexis et sa mère n'avaient pas de réels contacts avec eux. Il devinait que, pour eux, il n'était qu'un cousin taciturne vivant retiré sur ses terres. Une véritable image d'Épinal !

Quoique… Solitaire, il l'était bel et bien. La situation s'était aggravée au cours des dernières années. Dès septembre, les magasins fermaient, les touristes disparaissaient. Les étrangers restaient un peu plus longtemps, jusqu'à la fin octobre, alors que l'automne floutait les paysages et que les premières brumes annonçaient les frimas.

La désertification dissuadait les plus âgés de demeurer seuls dans leur vieille demeure. Leurs enfants les incitaient souvent à prendre leurs quartiers dans une maison de retraite. Les rares médecins n'assuraient plus de gardes en fin de semaine. Seul recours, le 15, qui garantissait en cas d'urgence l'envoi d'une équipe médicale du SMUR.

« On naît à l'hôpital, on meurt à l'hôpital, désormais », bougonnait Valentine. Elle avait prévenu son fils : pas question de la déraciner ! À quatre-vingt-deux ans, elle conduisait toujours sa vieille Renault, une R4 fourgonnette, avec laquelle elle se rendait encore à Sisteron ou à Sault. Elle avait pris toutes ses dispositions en cas de gros pépin de santé et contacté l'ADMR, l'Aide à domicile en milieu rural. On lui avait assuré qu'elle pourrait rester chez elle et recevoir des soins biquotidiens. Rassérénée, Valentine n'y avait plus pensé. Tout comme son père avant elle, elle ne songeait pas vraiment à la mort, ou alors comme à une sorte de formalité à laquelle il était impossible de se soustraire.

En revanche, elle refusait de « partir », comme elle disait, avant d'être grand-mère. C'était tout de même un comble ! pensait-elle de plus en plus souvent. À quarante-sept ans, Alexis aurait dû avoir fondé une famille depuis longtemps. Elle connaissait assez son fils pour pressentir que son célibat n'était pas volontaire. Alexis recherchait le grand amour, celui qui bouleversait votre vie et vous mettait le cœur à l'envers. Valentine n'y croyait plus depuis longtemps.

Ou, à tout le moins, s'était résignée à son destin.

La visite de Mathilde, si elle l'avait profondément émue, n'avait pas suscité sa jalousie. Quand Ludovic avait répondu aux avances d'Else – à moins que ce ne fût le contraire –, Valentine et lui n'étaient pas engagés l'un envers l'autre. D'ailleurs, à l'époque, Valentine aimait Thibaut. Aimer... Qu'est-ce que cela signifiait réellement ? se demandait-elle parfois. Que seraient-ils devenus si la guerre avait épargné l'étudiant en droit ? Elle ne parvenait pas à s'imaginer mariée avec lui, certainement parce que Thibaut n'en avait jamais manifesté le désir mais aussi peut-être à cause du conflit. Leur génération s'était soit mariée très jeune, par besoin de vivre intensément à la Libération, soit perdue dans des rencontres sans lendemain. La guerre les avait tous profondément marqués, de même que le climat de vengeance et d'épuration régnant dès 1945. Il fallait rattraper les années perdues, vivre, vite, pour oublier la torture, les convois de déportés, les trahisons, la faim et la peur. L'existentialisme, le swing, le cinéma américain, le jazz et les romans de Boris Vian reflétaient ce mal-être.

Valentine se rappelait le regard perdu de Ludovic à son retour de Silésie. Il lui avait inspiré quelque chose qu'elle avait pris pour de la tendresse mais qui devait être de la compassion ou, pire encore, de la pitié. Elle, malgré la disparition de Thibaut, était forte. Elle avait son père à ses côtés, se battait pour la Grange et pour la lavande. Ludovic, lui, ne savait plus à qui ou à quoi se raccrocher. Il revenait de l'enfer et ne parvenait pas à en parler. Il désirait seulement oublier. Tout oublier.

Elle avait essayé de l'expliquer à Mathilde, sans savoir si elle y était parvenue. Elle aimait bien Mathilde, qui aurait pu être sa fille. Chaque fois qu'elle évoquait son destin, Valentine serrait les poings. Il lui avait fallu beaucoup de force et de combativité pour résister à la sordide aventure des *Lebensborn*, à l'orphelinat puis à l'angoisse de tout ignorer de ses origines. Valentine aurait voulu la prendre dans ses bras bien qu'elle ne s'en sentît pas le droit. Après sa première visite à la Grange, Mathilde était retournée en Allemagne, mue par le désir de rechercher une nouvelle fois Else. Elle avait consulté des liasses de documents, découvert l'Aktion T4, frémi en lisant ces mots horriblement cyniques : « mort miséricordieuse ».

Elle tenait Valentine et Alexis informés de ses démarches, leur confiait ses espoirs et ses découragements. Elle était retournée à Billingen, avait rencontré une très vieille dame qui lui avait parlé du père Aloys. Ce dernier connaissait bien Werther Brüner. Il était mort depuis longtemps, naturellement, mais il lui restait une petite-nièce à Düsseldorf. C'était peut-être une ultime piste…

« Ma dernière tentative, s'était promis Mathilde. Après, j'arrête. »

Elle se sentait moins seule depuis qu'elle avait contemplé des photographies de son père. « Son père… » Les mots venaient, spontanément. Alexis lui avait fait reproduire tous les clichés qu'il possédait de Ludovic. Il paraissait être un homme droit ; elle ne lui en voulait pas. Elle aurait simplement aimé comprendre pourquoi cela lui était arrivé à elle.

Mathilde avait retenu peu de chose de Düsseldorf. Des gratte-ciel, des magasins élégants, des galeries d'art... Une ville presque trop moderne pour elle, où il ne semblait pas avoir de place pour les souvenirs.

Mme Mayer, la petite-nièce du père Aloys, habitait un coquet appartement en périphérie.

C'était une vieille dame soignée qui avait dû travailler dans l'enseignement.

Elle avait paru soulagée en apprenant le motif de la visite de Mathilde. « Enfin ! s'écria-t-elle. Je craignais tant de mourir avant d'avoir pu m'acquitter de ma mission ! »

Le père Aloys lui avait confié une enveloppe de papier kraft le mois précédant sa mort, en 1959. Elle la tendit à Mathilde après être allée la chercher dans un secrétaire. « J'espère qu'il ne s'agit pas d'une bombe à retardement, lui dit-elle en souriant. Mon oncle m'a juste fait remarquer ce jour-là que chacun avait le droit de connaître ses racines. » Mathilde s'était enfuie en balbutiant un vague remerciement. Ses racines... Ce droit lui avait été refusé si longtemps !

Elle avait tenu à partager avec son demi-frère les quelques éléments glanés sur Else. Le père Aloys avait conservé la photo d'une jeune femme aux cheveux et aux yeux très clairs, au regard empreint de mélancolie, une autre de la ferme, une troisième d'un vieil homme manchot. Werther Brüner. Voici ce qu'il avait écrit :

Else n'est jamais revenue. Elle a dû être balayée par le chaos qui régnait dans notre pays en 1945. Son père l'a longtemps attendue. Un jour, il s'est couché pour mourir. C'était un homme bon, tout comme Else. Le handicap de la petite Frieda n'était pas héréditaire, seulement une malchance. Malchance mortelle dans l'Allemagne nazie.

Mathilde en avait pleuré. Ce prêtre, le père Aloys, avait pensé à elle, à la rassurer si un jour elle découvrait ces papiers. Une telle sollicitude la bouleversait, elle n'y avait pas été accoutumée. Si elle l'avait su avant la naissance de Clément, elle n'aurait sans doute jamais osé donner la vie, de crainte de reproduire la même histoire.

Elle avait raconté tout cela dans la salle de la Grange, sous le regard bienveillant des Ferri. Il lui fallait un auditoire, comme pour donner une réalité à ce qu'elle avait vécu. Les photos avaient circulé. « Excepté la couleur des cheveux et des yeux, tu ne ressembles pas vraiment à Ludovic ou à Else, avait fait remarquer Alexis. Tu es toi, Mathilde. Quelqu'un de bien. »

Valentine s'essuya les yeux. Chaque fois qu'elle pensait à Mathilde, elle se demandait à qui aurait ressemblé l'enfant de Thibaut, si elle avait eu le bonheur de le porter.

48

2007

Elle s'éloigna de deux pas afin d'avoir un peu de recul. Il y avait longtemps qu'elle n'avait pas fait de portrait, beaucoup trop longtemps certainement, puisqu'elle n'était pas satisfaite du résultat.

Elle avait travaillé très vite, avec Purcell en fond sonore.

Sa chienne, Ginger, poussa un jappement bref. Jane se retourna, sourit à son fils dont la haute silhouette se découpait sur le seuil de son atelier.

Il s'avança vers elle, déposa un baiser léger sur sa joue.

– Ça va, maman ? Oh ! tu écoutes l'*Air du génie du froid* ? Plutôt de circonstance, non ? J'ai toujours aimé la lande sous la neige. Je voulais te dire, je retourne à Londres. J'ai un contact pour un job en Australie.

« Respire ! s'exhorta Jane. Il ne va pas s'envoler tout de suite pour Brisbane ! Et puis, c'est un grand garçon, il va avoir vingt-deux ans cette année. »

Parce qu'elle l'avait élevé seule, elle avait toujours tenu à ne pas étouffer David sous le poids de son affection. Il avait été un enfant facile, amateur de rugby et d'échecs. Il terminait son cursus juridique et cherchait à partir quelques mois en Australie afin d'assouvir sa passion pour le surf avant d'entrer dans la vie active.

– Tu restes à Londres ce soir ? s'enquit-elle d'une voix unie.

Il partageait un appartement avec trois camarades. Ils semblaient bien s'entendre et formaient une bonne équipe.

Il hocha la tête.

– Bien sûr ! Jamie a des places pour un concert de Coldplay. Je te raconterai.

Il s'arrêta devant la toile.

– C'est drôle... J'ai l'impression d'avoir déjà vu cette tête, reprit-il.

« Il y a des moments comme des évidences », pensa Jane. Cette occasion ne se représenterait peut-être pas.

Elle plongea son regard dans les yeux très bleus de David.

– J'ai essayé de réaliser le portrait de ton père de mémoire, déclara-t-elle.

Il y eut un silence. David passa la main dans ses cheveux.

– Ah ! fit-il, visiblement secoué.

Jane ne lui avait jamais caché la vérité. Il était né d'un amour de vacances, elle n'avait pas jugé bon d'en informer son père car elle ne voulait pas s'imposer. Doté d'un caractère optimiste, David ne s'était pas posé trop de questions. Il avait vécu heureux à Haworth, où sa mère s'était installée dans la maison de sa marraine Paula quelques mois avant sa naissance.

Il avait gardé peu de souvenirs de la vieille dame, se rappelant seulement son humour un peu grinçant et ses talents de cuisinière. De son propre aveu, Jane était incapable de préparer un repas convenable. Mais elle excellait dans les salades et la pâtisserie. Il se rappelait les soirées passées à refaire le monde, dans le jardin d'hiver attenant à l'atelier. Les coussins empilés, la théière posée en permanence sur la cuisinière ancienne, la musique, les parfums d'encens et de vanille composaient une atmosphère bohème bien différente de l'univers traditionnel de la plupart de ses camarades. La maison de Jane, toujours ouverte, accueillait aussi bien des poètes que des peintres ou des guitaristes.

Elle travaillait beaucoup, avec plusieurs maisons d'édition. On lui envoyait les textes d'albums pour enfants, qu'elle illustrait. Elle réalisait aussi des affiches de théâtre et des cartes de vœux, qu'elle vendait par l'intermédiaire de son site Internet. David était très fier de sa mère.

Ce matin-là, pourtant, il se sentait perplexe. Certainement à cause de ce quasi-double, sur la toile, qui semblait l'observer.

– J'aimerais bien le rencontrer un jour, déclara-t-il brusquement.

Jane tourna vers lui un visage impénétrable.

– C'est ton choix, David. Tu trouveras ses coordonnées dans mon agenda, à la lettre A, pour Alexis.

Elle était toujours la même, fine, mutine, ses boucles encadrant son visage menu. Ses yeux verts ne se troublèrent pas. Elle portait un jean bleu foncé, un chandail noir et une blouse blanche ouverte.

David éprouva soudain un sentiment d'agacement. Il aurait voulu l'entendre se plaindre d'avoir été abandonnée, raconter ce qui s'était exactement passé, au cours de l'été 1984, en Haute-Provence, tout en sachant que ce n'était pas le genre de sa mère. Tout en étant républicaine, elle avait fait sienne la devise de la famille royale britannique : « *Never explain, never complain*[1]. » Elle avait été élevée dans l'idée qu'il fallait se battre et ne pas faire preuve de faiblesse. Il l'aimait et l'admirait. Profondément.

Il jeta un rapide coup d'œil à sa montre, se détourna.

– Je dois y aller si je ne veux pas rater mon train.

– Bonne chance, David.

Elle lui envoya un baiser du bout des doigts.

Il s'en alla en ayant l'impression d'avoir manqué quelque chose.

Le silence retomba sur l'atelier. Dehors, la neige tombait à nouveau. Jane s'approcha de la grande baie vitrée. « Une hérésie », avait commenté l'entrepreneur lorsqu'elle lui avait fait part de son désir, et elle avait répondu, comme s'il s'était agi d'une évidence : « J'ai besoin de lumière. »

Parfois, même si elle était profondément attachée à cette maison, qui avait été son refuge, elle se disait qu'elle aurait aimé vivre au soleil. Mais la simple idée de déménager lui ôtait tout courage. Elle vivait là depuis des lustres, elle y avait ses habitudes, quelques amis sur qui elle pouvait compter. À quarante-trois ans, elle n'avait pas vraiment envie de changer de vie. La neige recouvrait les pieds de pois de senteur de Sicile et de bleuets

1. « Ne jamais expliquer, ne jamais se plaindre. »

cramoisis. Les deux grands pins écossais qui montaient la garde au coin du garage ne risquaient rien ; ils avaient connu des hivers plus rigoureux. Jane contemplait son jardin, se sentant bizarrement déconnectée de la réalité. Était-ce le fait d'avoir évoqué Alexis avec David ? Elle aurait aimé le revoir.

Elle se disait souvent qu'elle aurait dû l'informer de la naissance de David. Marquée par le divorce houleux de ses parents, par les séparations de plus en plus nombreuses déchirant des couples amis, Jane avait une vision assez négative de l'amour. Elle avait gardé de l'été 1984 passé à la Grange le merveilleux souvenir d'une histoire idéale entre un homme et une femme. Précisément parce qu'Alexis et elle s'étaient aimés follement, cet été-là, Jane pensait que leur relation ne pouvait durer. La confrontation avec le quotidien aurait forcément tout gâché. Ils étaient trop différents.

Soudain, résolue, elle recouvrit la toile d'un drap blanc.

Le pays tout entier embaumait. Le soir, en ôtant ses vêtements, Mathilde avait l'impression que le parfum de la lavande l'imprégnait toute, faisait partie d'elle-même.

C'était devenu une tradition. Chaque année, fin juin, elle prenait la route menant à la Grange pour un rendez-vous d'autant plus important qu'il n'avait jamais été fixé. Elle savait, sans que cela ait été formulé, qu'elle faisait partie de la famille. Grâce à l'affection de Valentine et d'Alexis, elle avait mieux supporté l'éloignement de Clément. C'était dans l'ordre des choses…

Son fils approchait de la trentaine. À la fin de ses études, il avait choisi de s'installer dans le Massachusetts. Il travaillait comme chercheur dans une grande entreprise informatique, s'était marié avec Jessica, une délicieuse Américaine agent littéraire. À la fin de l'automne, Mathilde deviendrait grand-mère. Grand-mère ! Cette perspective l'emplissait de joie.

Elle n'avait plus peur cependant. Depuis qu'elle avait retrouvé ses racines, elle se sentait prête. Elle en discutait parfois avec Alexis. Tous deux se racontaient sans fard. Il lui avait fait remarquer un soir : « L'as-tu constaté, toi aussi ? Dans notre histoire, la Grange joue le rôle d'un point fixe. – Ou d'un aimant », avait glissé Mathilde.

Elle-même savait combien il était rassurant de suivre le même chemin que son père, de s'ancrer dans la terre caillouteuse, les pieds enracinés, la tête levée vers le ciel. Elle se sentait à sa place à la Grange.

Au pied de l'alambic, Alexis, torse nu, ne laissait à personne le soin de charger le grand vase de fourchées de paille.

Une bouffée de tendresse submergea Mathilde.

– La récolte sera meilleure, cette année, commenta-t-elle.

Son frère lui sourit.

– Notre combat commence enfin à porter ses fruits ! L'arrachage a permis d'arrêter la progression de ces maudites cicadelles qui propagent le phytoplasme du Stolbur. Tu sais, comme moi, que nous ne pouvons utiliser de pesticides ni d'antibiotiques contre cette bactérie. Je préférerais, d'ailleurs, cesser toute activité plutôt que d'y recourir !

Elle connaissait, pour l'avoir soutenu, son engagement. Alexis travaillait avec des pépinières et des laboratoires agréés en agriculture biologique afin de trouver des variétés tolérantes au phytoplasme et, surtout, des plants sains. Il avait remarqué que, curieusement, certaines variétés de lavande et de lavandin résistaient mieux que d'autres à la maladie. Il convenait cependant d'observer leur comportement à moyen terme. Alexis avait expliqué à sa demi-sœur que les semences étaient toujours indemnes de phytoplasmes. Logiquement, en plantant des pieds sains de lavande, on était assuré d'avoir une nouvelle plantation résistante si le sol avait été désinfecté à la vapeur.

C'était une tâche de longue haleine dans laquelle Alexis recherchait l'exigence à chaque étape. Pour ce faire, il protégeait ses jeunes plants avec des filets anti-insectes et des pièges de couleur jaune donnaient des informations précieuses sur l'état sanitaire des pépinières. Le désherbage se faisait à la main.

Contrôlées par un organisme technique, le CRIEPPAM, et par le Service officiel de contrôle, le SOC, les pépinières bénéficiaient de la certification « plant sain ».

Le conseil général de la Drôme, conscient de l'enjeu, avait décidé d'apporter son soutien financier aux producteurs utilisant des plants sains.

C'était l'espoir d'Alexis. Il bataillait à son niveau pour mobiliser aussi bien les lavandiculteurs que les distillateurs, les apiculteurs, les parfumeurs et les professionnels du tourisme, tous concernés au premier chef par l'avenir de la lavande.

La concurrence des autres pays producteurs, comme la Bulgarie, l'Ukraine, la Chine ou la Moldavie, se faisant âpre, il importait de défendre la qualité et l'authenticité de la lavande provençale.

– Pourrais-tu vivre ailleurs ? questionna brusquement Mathilde.

Il secoua la tête.

– Je ne me pose même pas la question !

L'espace d'un instant, une ombre voila son regard. Il avait envisagé, longtemps auparavant, de tout quitter pour partir à la recherche de Jane, mais avait bien vite chassé cette idée.

Il se redressa, l'air intrigué.

– Tiens, on a de la visite, fit-il.

Un inconnu à la carrure athlétique se dirigeait vers eux. Alexis éprouva une impression curieuse. Sa silhouette, son visage lui étaient vaguement familiers. Mathilde ne put dissimuler sa surprise.

– Un inconnu ? C'est fou comme il te ressemble !

La même idée dut leur traverser l'esprit car le frère et la sœur échangèrent un regard perplexe.

Le visiteur s'arrêta à leur hauteur, salua d'abord Mathilde avant de se tourner vers Alexis.

– Votre mère m'a dit que je vous trouverais ici, déclara-t-il dans un français parfait, avec juste une pointe d'accent britannique.

Il marqua une hésitation.

– Je m'appelle David Wayburn et je suis votre fils.

Instinctivement, Mathilde se rapprocha d'Alexis, dans le désir de le soutenir. Elle se sentait dans un état second, partageant l'émotion palpable des deux hommes et revivant ce qu'elle-même avait traversé.

– Mon fils, répéta Alexis, visiblement sous le choc.

Il ne mettait pas la parole de David en doute, il cherchait simplement à assimiler la nouvelle.

– Jane, reprit-il, vous êtes le fils de Jane…

Et son visage exprima une douleur si profonde que Mathilde eut mal pour lui.

– Pourquoi ne m'a-t-elle rien dit ? souffla-t-il.

49

Il ne voulait pas penser, ni réfléchir. Après avoir passé la soirée et une partie de la nuit à discuter avec David, il avait arrêté sa décision très vite. Sa mère et sa sœur s'étaient éclipsées, il ne savait même pas où. Mathilde avait peut-être emmené Valentine à Manosque.

David et lui avaient parlé, parlé, autour d'une omelette, d'une salade de tomates et de fromage de chèvre, accompagnés d'un petit vin des côtes du Ventoux.

C'était bizarre cette impression de s'être toujours connus, de se découvrir des goûts communs, et cette certitude que vingt-deux années leur manqueraient toujours. Cette nuit-là, Alexis avait compris ce que pouvait avoir ressenti Mathilde tout au long de sa vie.

Le lendemain, David était remonté dans sa Clio de location et avait repris la route de Marseille. Il s'envolerait deux jours plus tard pour l'Australie. Il ne paraissait pas vraiment affecté par cette rencontre avec son père. Il était souriant, séduisant, droit… Jane avait bien élevé leur fils.

Il l'avait appelée au petit matin, alors que le soleil levant argentait les routes de lavande. Il avait éprouvé un pincement au cœur en reconnaissant sa voix légèrement voilée, si semblable à son souvenir. « David est venu me voir, lui avait-il dit. C'est lui qui m'a communiqué ton numéro de portable. » Il l'avait sentie un peu perdue, avait repris : « J'arrive. Il faut qu'on s'explique, toi et moi. »

L'instant d'après, il se disait : « Décidément, je ne sais pas parler aux femmes ! » Les femmes en général, il s'en moquait éperdument. Une seule comptait pour lui. Jane.

Sa mère avait souri lorsqu'il lui avait annoncé son départ pour l'Angleterre. « En pleine saison ? Avec la lavande ? Il faut que tu aies une bonne raison ! – La meilleure du monde », avait-il répondu.

À présent, alors que l'Eurostar entrait dans la gare de Saint-Pancras, les doutes et les angoisses l'assaillaient. Jane et lui ne s'étaient pas revus depuis l'été 1984. Même si David lui avait affirmé que sa mère vivait seule à Haworth, elle n'avait pas de comptes à lui rendre pour tout ce qui concernait sa vie privée.

L'un comme l'autre avaient mené des existences parallèles ; ils n'avaient plus grand-chose en commun avec le jeune couple qui avait vécu un été de passion à la Grange.

Il descendit de l'Eurostar, se mêla à la cohue sous l'immense verrière. Il avait hâte d'arriver dans le Yorkshire.

Les bruyères mauves tapissaient la lande à perte de vue sous un ciel pastel romantique à souhait. Jane se détourna de la baie vitrée et jeta un regard à la pendule. « Je serai là à seize heures », avait promis Alexis.

Pourquoi se le cacher ? Elle avait peur. Peur de le décevoir, peur de ne pas le trouver semblable au souvenir qu'elle avait gardé de lui… C'était pure folie de se revoir vingt-trois ans après. Pourtant, elle n'avait pas cherché à le décourager.

De nouveau, elle regarda le décor si familier. Elle s'y était sentie protégée, en sécurité, durant toutes ces années. Elle s'était consacrée à l'éducation de David et à la peinture. Même si elle avait regretté de ne pas devenir une artiste reconnue comme elle en avait rêvé, son travail d'illustratrice lui avait apporté de nombreuses joies.

« Et maintenant ? » se dit-elle.

Le miroir lui renvoyait l'image familière d'une femme un peu trop pâle. Elle avait tenté de discipliner ses boucles avec les doigts, comme chaque jour, et seulement souligné ses yeux verts d'un soupçon de mascara. Pas de fond de teint, ni de rouge, Jane restait « nature ». Et la visite d'Alexis ne changerait rien à ses habitudes.

Pouvait-on remonter le temps ?

C'est quelqu'un de bien, on dirait.

Le texto envoyé par David l'avait rassérénée. Elle avait tant redouté que le père et le fils ne sympathisent pas !

Ginger, assise à côté d'elle, laissa échapper un bref jappement. Jane courut jusqu'à la porte.

Elle aperçut une Mini grise qui se rangeait le long du muret. Un homme grand, bâti comme David, en descendit. Elle le reconnut tout de suite.

Il hésita avant de tirer sur la chaînette de la cloche.

Ginger se rua sur le portillon du jardin.

Jane entrevit le visage d'Alexis, ses yeux, si semblables à ceux de son fils.

Elle se souvint du jour où elle lui avait demandé : « Vous voulez bien m'embrasser ? » et eut l'impression de humer un parfum de lavande.

Sans plus réfléchir, elle s'élança à sa rencontre.

Puisque rien ne dure vraiment

À Denise, Ardennaise rencontrée
à La Seyne-sur-Mer en avril 2017.
Elle m'a raconté la disparition de son fils à bord
de la Minerve *le 27 janvier 1968 et m'a expliqué*
être venue s'installer à La Seyne-sur-Mer
pour être plus proche de lui.
Aux membres de l'équipage de la Minerve
et à leurs familles.
Personne ne les a oubliés.

1967

C'était un rêve, caressé depuis la petite enfance. Un rêve entretenu par la lecture des livres de Jules Verne, dans la collection rouge Hetzel, héritée de son grand-père. À commencer par *Vingt mille lieues sous les mers.*

Il avait donc tout naturellement intégré l'École de maistrance de Brest après l'obtention de son bac scientifique, puis acquis sa formation technique dans une école de spécialité de marine, un cursus de trois années. Comme ses camarades, il avait mangé les brins de ses galons en entrant dans le corps des officiers mariniers. Un rite de passage qu'il était fier d'avoir accompli.

Il savait que sa mère s'angoissait de le voir suivre cette filière. Il lui avait longuement expliqué qu'il n'envisageait pas d'autre carrière, avant de s'envoler pour la Californie en compagnie de Gilles, son meilleur ami.

C'était un autre de ses rêves, en accord cette fois avec la lecture des ouvrages de Jack London.

Il aurait aimé vivre mille vies.

À San Francisco, il avait découvert les hippies, ainsi que les mots « *Peace and Love* » et un certain état d'esprit. Il en était revenu avec des images plein la tête. Les réunions de jeunes dans Haight Ashbury, les manifestations contre la guerre au Vietnam, la chanson de Scott McKenzie : *San Francisco*. Il avait gardé en mémoire le refrain : « *If you're going to San Francisco, be sure to wear some flowers in your hair....* »

Et puis, il y avait eu Sarah.

Une fille comme il n'en avait encore jamais rencontré. Belle, et plus encore, avec ses longs cheveux noirs, ses yeux bleu foncé et ses lèvres pleines. Elle manifestait contre la guerre au Vietnam, militait pour la paix, tout en poursuivant des études littéraires à Berkeley. Elle écrirait un jour, lui avait-elle expliqué, c'était son rêve, sa passion. En attendant, elle effectuait des heures de baby-sitting et était serveuse dans une pizzeria de Colombus pour payer ses études.

Pierre-Antoine avait éprouvé pour elle un coup de cœur. Elle l'avait emmené jusqu'au Golden Gate Park où ils avaient déambulé dans le Shakespeare Garden et observé les écureuils peu farouches.

Ce soir-là, blottis l'un contre l'autre sur Hippie Hill, il lui avait parlé de sa passion pour la mer, et de sa prochaine affectation à bord de l'*Athéna*, un sous-marin d'attaque à propulsion Diesel électrique.

Le lendemain, Gilles et lui reprenaient l'avion à l'aéroport international de San Francisco.

La belle aventure californienne était terminée. Il esquissa un sourire. Il avait hâte de se retrouver à bord de l'*Athéna*.

15 janvier 1968

Geneviève Rambaud se disait souvent qu'elle devrait se rapprocher de son fils, aller s'installer du côté de Toulon. Pourtant, elle ne parvenait pas à se décider à franchir le pas. Ici, dans le magasin d'antiquités hérité de son père, elle avait tant de souvenirs. Jean-Paul et elle s'étaient mariés place Ducale, à quelques dizaines de mètres du magasin, puis à l'église Saint-Rémi toute proche. Ils s'aimaient. Jean-Paul avait repris l'entreprise d'estampage familiale. Tous deux travaillaient beaucoup, ils avaient été élevés ainsi. La naissance de leur fils, en 1946, avait contraint Geneviève à prendre un mois de repos, pas un jour de plus.

Le petit garçon avait été élevé dans le magasin, entre les chevaux de bois anciens et des tableaux de l'École de Barbizon. Elle aurait tant désiré qu'il prenne sa suite, comme elle-même l'avait fait après son père ! Mais Pierre-Antoine n'était pas attiré par « la brocante », comme il disait, au grand dam de sa mère. Sa passion, c'était la mer. Depuis le jour où ses parents l'avaient emmené en week-end au Touquet. Ce jour-là, il avait couru, bras écartés, sur la plage, avant de plonger dans les vagues. Il riait, gesticulait, donnant l'impression d'être dans son élément naturel.

Geneviève avait éprouvé un pincement au cœur en comprenant qu'elle avait un peu perdu son fils. Il était encore si jeune... Il avait à peine douze ans, mais sa mère connaissait assez son caractère pour deviner qu'il ne reviendrait pas sur sa décision.

Tant que Jean-Paul avait été à ses côtés, il avait su trouver les mots pour la rassurer. Jean-Paul était son roc, son alter ego, son ami autant que son amant. « Le couple idéal », ironisait leur vieil ami, le docteur Marchal, irréductible misanthrope.

Jean-Paul les avait quittés un matin de novembre, une rupture d'anévrisme sans aucun signe avant-coureur. Geneviève avait cru mourir de désespoir. D'une certaine manière, la Geneviève insouciante et gaie que Jean-Paul avait rencontrée au bal de l'hôtel de Ville à la Libération, était morte. Elle était devenue une quadragénaire rigide et triste, qui ne vivait plus que pour son fils.

Le docteur Marchal le lui reprochait assez : « La vie, ma pauvre Geneviève, est ce que nous en faisons. Ne la gâchez pas parce que vous êtes désormais veuve. Pierre-Antoine et vous méritez mieux que ça ! »

Il l'agaçait, même s'il avait l'art de pointer du doigt ce qui n'allait pas. Et, force lui était de le reconnaître, Geneviève n'était plus la même.

Elle s'était donc reprise en main, avait revu des amis « d'avant », s'était inscrite à des cours de russe et des leçons de danse de salon. Rien de bien passionnant mais, au moins, elle donnait ainsi l'impression d'avoir relevé la tête. Même si, au fond d'elle, elle savait que plus rien ne serait pareil.

Jamais plus.

17 janvier 1968

Pierre-Antoine aimait à venir courir le long de la plage des Sablettes. Lui qui s'apprêtait à partir plusieurs semaines au fond des mers prenait de longues goulées d'air frais, tout en courant à petites foulées sur le sable, une habitude rapportée de San Francisco.

En ce début d'après-midi, le soleil était déjà tiède, la lumière parfaite. Il aurait dû emporter son appareil photo, pour saisir la beauté de cette journée hivernale. Le ciel et la mer se confondaient, un bleu virant au turquoise du plus bel effet.

« Un moment magique », pensa-t-il.

Il se sentait heureux, bien dans sa peau, même si Sarah lui manquait. Tous deux avaient correspondu depuis le retour de Pierre-Antoine en France. Ils échangeaient à propos de leur vie et aussi de leurs souvenirs de l'été californien. Au fil des courriers, le ton avait changé, était devenu plus tendre. Sarah projetait de venir sur la Côte l'été prochain. Elle promettait une surprise. Malgré son insistance, Pierre-Antoine ne parvenait pas à savoir de quoi il s'agissait.

Il esquissa un sourire. Que Sarah garde son secret… Elle finirait bien par le lui confier ! Elle lui avait envoyé une photo prise dans le Golden Gate Park. Il l'avait retrouvée telle que dans son souvenir, avec ses longs cheveux sombres et ses yeux bleus. Sur le cliché, son sourire était comme une invitation au bonheur. Pierre-Antoine gardait précieusement la photo dans son portefeuille.

Il s'arrêta face à la mer, le temps de reprendre son souffle. Les tons avaient déjà changé, le soleil irisait la crête des vagues.

« La pause est terminée », se dit Pierre-Antoine, se détournant de la mer pour rejoindre l'Alfa Romeo bordeaux achetée deux mois auparavant, dont il était si fier.

Il avait hâte d'embarquer.

21 janvier 1968

Tout était en ordre. Au terme des exercices prévus conjointement avec un avion du type Breguet Atlantic, le sous-marin devait rallier Lorient pour intégrer l'escadrille de l'Atlantique.

Pierre-Antoine jeta un dernier coup d'œil à la rade avant d'embarquer à bord de l'*Athéna*. Il avait refusé que sa mère vienne assister au départ du sous-marin. Il savait en effet combien elle pouvait s'angoisser facilement. De plus, ne s'agissait-il pas d'une simple opération de routine ? Il lui avait téléphoné, en lui promettant de lui envoyer régulièrement de ses nouvelles. Au bout du fil, la voix de Geneviève s'efforçait de ne pas trembler. Bravement, elle lui avait dit : « Je sais qu'il s'agit de ton désir le plus cher, mon grand. Suis ta voie. »

Sarah lui avait tenu le même genre de discours dans sa dernière lettre avant d'ajouter : « Fais tout de même attention à toi ! J'ai envie de te revoir. »

Lui avait envie de la serrer contre lui, de l'embrasser, de lui faire l'amour, comme dans le parc de San Francisco, où ils s'étaient retrouvés l'été dernier.

Puisque rien ne dure vraiment

Il rêvait souvent d'elle, de son corps voluptueux, de ses cheveux dans lesquels il aimait à enfouir son visage.

L'aimait-il, elle ? Il n'en était pas tout à fait certain. Tous deux étaient jeunes, ils avaient le temps de bâtir des projets.

Il s'engagea sur la passerelle, sentit les battements de son cœur s'accélérer.

La grande aventure commençait.

22 janvier 1968

Chaque hiver, fin janvier, Geneviève effectuait un pèlerinage jusqu'aux Hauts Buttés. Ses parents le faisaient avant elle, et elle avait perpétué la tradition bien que la date officielle du pèlerinage à saint Antoine soit fixée au 13 juin. Elle garait sa voiture sur le parking et gravissait à pied la dernière centaine de mètres.

Son père lui avait raconté qu'à seize ans, pendant la guerre de 14-18, il avait été un résistant de la première heure dans les Ardennes devenues un département allemand. Pourchassé, il avait trouvé refuge à l'hospice des Hauts Buttés, où les religieuses l'avaient caché.

La neige, tombée en abondance deux jours auparavant, avait transformé le paysage. Les branches des sapins s'affaissaient sous le poids des paquets de neige. Le lieu était comme figé, en attente de quelque évènement mystérieux. Le ciel, très bleu, surprenait. Geneviève prit une longue inspiration en s'efforçant de se détendre. La veille, Pierre-Antoine était parti en opération à bord de l'*Athéna*. Il lui avait répété que son sous-marin était particulièrement sûr. À l'entendre, il était plus dangereux de traverser la rue ! Geneviève avait feint de le croire, même si l'angoisse continuait de la tenailler. Les autres mères vivaient-elles, elles aussi, dans l'inquiétude permanente ?

Il lui semblait que tout aurait été différent si Jean-Paul avait été à ses côtés.

Elle pénétra dans l'église de style néogothique, se recueillit en mémoire de son père. Le froid glacial était pénétrant, bien qu'elle se fût couverte en prévision.

Elle alluma un cierge, fit une dernière prière.

Sur le parvis, le vent la fit frissonner. De nouveau, elle songea à son fils.

Elle avait hâte d'entendre sa voix au téléphone.

27 janvier 1968

L'opérateur radio du Breguet Atlantic qui effectuait une mission conjointement avec le sous-marin *Athéna* avertit le radariste qu'il annulait des exercices prévus à cause de la météo. La Méditerranée, en effet, était particulièrement agitée, et le mistral soufflait à plus de cent kilomètres-heure.

Tout était calme à l'intérieur de l'*Athéna*, chacun vaquant à ses tâches habituelles.

Pierre-Antoine songea que cette sortie lui avait permis d'ancrer sa vocation. Il savait, désormais, qu'il était fait pour vivre et travailler à bord d'un sous-marin. Il pensa à Sarah, qu'il avait hâte de revoir. Avait-elle commencé à écrire ce roman qui lui tenait tant à cœur ?

« Chacun sa passion… », se dit-il.

À cet instant, il eut l'impression que le sol vibrait sous ses pieds. Une explosion assourdissante, semblant provenir des profondeurs de la mer, le précipita contre la paroi opposée de la salle radio.

L'image de Sarah, rayonnante sous le soleil californien, s'imposa à son esprit.

Il sombra, sans même avoir le temps d'éprouver de la peur.

8 février 1968

Le soleil avait quelque chose d'offensant. De choquant, même. Toute vêtue de noir, Geneviève gardait le regard obstinément fixé sur la rade. L'*Athéna* avait disparu depuis quelques jours, et la douleur, la révolte, le désespoir, ne l'avaient pas quittée. Les officiels étaient revenus plusieurs fois à la charge pour la convaincre de participer à cette cérémonie d'hommage dont elle ne voyait pas l'utilité. Elle avait perdu son fils unique ; rien d'autre n'avait d'importance.

Elle se revoyait, le 28 janvier, occupée à épousseter une série de bronzes dénichés à la salle des ventes. Le temps était froid ; il avait gelé. La statue de Charles de Gonzague, fondateur de la ville, contemplait, impassible, la place qu'il avait conçue tandis que la fontaine était prise par la glace. Elle aimait sa place Ducale, ses racines.

Elle n'avait pas éprouvé d'angoisse ni d'appréhension particulière cette nuit-là. Elle avait même bien dormi. Elle dormait toujours mieux lorsqu'il gelait.

Le carillon du magasin avait tinté et elle avait tourné la tête vers la porte d'entrée.

Lorsqu'elle avait reconnu la silhouette du maire, elle avait pensé qu'il passait lui dire un petit bonjour. Tous deux se connaissaient depuis longtemps. Il s'était avancé vers elle, son chapeau à la main et, cette fois, Geneviève avait senti son ventre se nouer. Ses premiers mots avaient accentué son désarroi.

« Ma pauvre Geneviève… », avait-il déclaré d'une voix blanche.

Il avait enchaîné les mots. Une bien triste mission… mandaté par la marine… L'*Athéna* avait coulé au large de Toulon la veille, tôt le matin. Les recherches se poursuivaient, même s'il y avait peu d'espoir… Et elle se raccrochait à ce mot – espoir – sans vouloir rien entendre d'autre.

Il y avait une place pour elle à bord d'un avion décollant de Reims dans trois heures, avait-il repris. Elle n'avait pas hésité. « J'y vais. »

Durant le vol, elle avait prié, follement. Elle avait répété : « Je vous en prie, mon Dieu, faites que mon fils soit sauf » avant de se reprendre : « Faites qu'ils soient tous sauvés. »

On ne savait rien d'autre. Il fallait patienter, garder confiance.

Le 2 février, les recherches avaient été officiellement suspendues. Ce jour-là, Geneviève avait eu l'impression de mourir. C'était pire que pour Jean-Paul parce qu'alors il lui restait encore Pierre-Antoine. À présent, elle n'avait plus personne.

Le jour de la cérémonie officielle, murée dans son désespoir, elle avait peu prêté attention aux discours.

Elle désirait seulement revoir son fils ou, à tout le moins, savoir ce qui s'était réellement passé. Car aucune explication ne la satisfaisait.

La plupart des proches des membres de l'équipage disparu se tenaient bien droits, comme pour empêcher leurs larmes de couler. Geneviève cherchait dans ses souvenirs. Son petit garçon, vêtu de bleu, courant derrière un ballon plus gros que lui dans le jardin du Mont Olympe. Sa première récitation – « Les Sapins » d'Apollinaire – qu'il connaissait sur le bout du cœur et attaquait à tout moment. Le jour des résultats du bac, alors qu'elle aurait voulu crier sa joie et sa fierté à la ville entière. Des instantanés qui ne reflétaient pas la force de son amour pour lui, mais auxquels elle se raccrochait parce qu'il n'y avait plus rien d'autre.

Un sanglot noua sa gorge. Brutalement, les larmes se mirent à ruisseler sur ses joues sans qu'elle esquisse même le geste de les essuyer.

Juillet 1983

La chaleur persistait depuis plusieurs semaines, fatiguant Geneviève qui la supportait mal. À soixante-trois ans, elle commençait à ressentir son âge, elle qui avait toujours été particulièrement active.

Pour mieux résister à cette canicule, elle avait pris l'habitude de venir nager dès huit heures trente le matin avant d'aller ouvrir son magasin situé en ville. Elle ne vendait plus d'antiquités mais des livres. Elle avait suivi une formation de reconversion de libraire et avait racheté une boutique bien placée. Cette nouvelle activité lui avait permis de s'intégrer à la vie de La Seyne-sur-Mer, là où elle avait choisi d'habiter depuis un peu plus de quinze ans.

La décision s'était imposée à elle après la cérémonie officielle du 8 février 1968. Elle ne pouvait plus vivre dans ses Ardennes, c'était désormais impossible. Il lui fallait se rapprocher de l'endroit où Pierre-Antoine avait disparu.

Elle avait vendu le magasin d'antiquités familial, son appartement, et était descendue à Toulon après s'être recueillie sur les tombes de son mari et de ses parents.

Elle avait finalement choisi de s'installer à La Seyne plutôt qu'à Toulon. Après avoir rencontré un rescapé de l'*Athéna*, débarqué la veille de sa disparition à cause d'une rage de dents insupportable, elle avait appris que Pierre-Antoine aimait à venir courir le long de la plage des Sablettes, un endroit qu'elle aimait beaucoup elle aussi. Elle avait ainsi tissé son cocon, jalonné de souvenirs, gardé l'Alfa Romeo de son fils, dans laquelle elle se sentait comme dans une bulle, étonnamment proche de lui.

À ce prix seulement, elle avait continué de vivre.

Les livres l'avaient aussi aidée. Des ouvrages comme *Lettres à un jeune poète*, de Rilke, ou *La Guerre et la Paix, Fahrenheit 451*…

Même si rien ne comblait l'absence, la nuit, elle lisait, pour tenter, non d'oublier, mais d'apprivoiser la mort de son fils.

C'était une terrible certitude, contre laquelle elle se cognait désespérément. Elle s'était rapprochée d'une association de parents de victimes. Ceux-ci se retrouvaient deux fois par an. Au bout de six années, Geneviève avait renoncé. Cela ne lui apportait rien. Elle préférait rester seule les jours où elle ne travaillait pas.

Elle avait gardé quelques liens avec les Ardennes sans toutefois y retourner. C'était désormais une époque révolue. Pierre-Antoine était alors toujours en vie.

Elle serra les dents, regagna le rivage à longues brasses coulées. De retour sur le sable, elle ôta son bonnet de bain, secoua ses cheveux. La journée était si belle que cela lui parut presque incongru. Comme une offense à sa peine.

Elle marqua une hésitation avant de regagner l'endroit où elle avait laissé ses vêtements et son sac de plage, passa une tunique sur son maillot.

Tout près d'elle, un adolescent écoutait son walkman et se déhanchait. Elle lui jeta un bref coup d'œil, et s'éloigna en direction de sa librairie.

Le regard perdu, la jeune femme contemplait la rade, irisée sous le soleil d'août. Elle aimait la plage des Sablettes, même si son cœur était lourd.

Il y avait à présent deux ans qu'Arthur et elle s'étaient installés à Toulon. Arthur avait bien protesté les premiers temps, en maugréant qu'il n'avait plus de copains, qu'il était obligé de parler français presque tout le temps… (« Quel drame affreux ! », avait-elle compati avec un petit sourire narquois) mais il avait fini par apprécier cette vie à la française dont elle lui avait souvent parlé.

De son côté, elle avait déniché un travail d'interprète à l'office de tourisme et se livrait à sa passion durant ses nuits d'insomnie.

Arthur se moquait d'elle, lui aussi : « Tu te prends pour Hemingway ? », et tous deux éclataient de rire.

Elle ne se faisait guère d'illusions quant à son talent mais ne pouvait envisager d'arrêter d'écrire.

Elle savait qu'il l'aurait soutenue.

Un soupir gonfla sa poitrine. Était-ce raisonnable de penser encore à lui après toutes ces années ? Son ami Henry, dans la confidence, avait tenté de la mettre en garde avant son départ.

« Tu te rends compte, j'espère, lui avait-il dit, que tu vas t'enfermer dans une sorte de deuil permanent ? Tout cela pour quoi ? Une chimère ! Et Arthur ? As-tu songé à lui ? »

Elle avait soutenu son regard furieux.

« Justement. Je le fais aussi pour Arthur. Il a besoin de connaître ses racines. »

Cette fois, Henry avait levé les yeux au ciel.

« Cette femme est folle ! »

Elle esquissa un sourire attendri. Henry, avocat dans un cabinet important de San Francisco, avait toujours été présent à ses côtés. Il lui avait envoyé un fax la veille dans lequel il lui annonçait son intention de venir passer une huitaine de jours sur la Côte d'Azur après le 15 août. Elle lui avait aussitôt répondu : « Alors ? On ne peut plus se passer de nous ? », et il lui avait renvoyé une citation de Plaute : « Plus l'ami est ancien, meilleur il est. »

Amoureux tous deux des lettres et de la poésie, ils échangeaient volontiers à propos de leurs auteurs préférés.

Elle esquissa un sourire. Henry constituait sa seule famille. Ses parents étaient morts dans un accident de voiture l'année de ses vingt ans. Fille unique, elle s'était d'abord refermée sur elle-même avant de retrouver une raison de vivre dans la littérature. Henry, qui était son voisin à Berkeley, était devenu son meilleur ami et son fidèle soutien. Souvent invitée chez ses parents, à Carmel, elle s'était sentie intégrée à leur famille. Arthur et elle passaient d'ailleurs toujours Thanksgiving et Noël chez eux. C'était important, depuis deux ans qu'ils s'étaient installés en France, ils avaient maintenu leurs liens avec la famille Simmons et devaient se rendre à Carmel pour les prochaines fêtes de Noël.

Assis à côté d'elle, sur le sable, Arthur lui tendit les écouteurs de son baladeur.

– Écoute ! C'est génial !

Elle reconnut la voix de Michel Berger. Son fils et elle étaient allés l'applaudir aux arènes de Fréjus.

Les paroles de la chanson : « [...] Vivre les rêves qui sont les nôtres / Et obéir à sa nature / Puisque rien ne dure vraiment [...][1] » éveillèrent un écho douloureux en elle.

– Puisque rien ne dure vraiment, répéta-t-elle, la voix lointaine.

Elle ne voulait pas pleurer devant Arthur. Elle était forte. Elle sourit, bravement, à son fils.

– J'aime beaucoup, lui dit-elle.

1. Extrait de la chanson « Les Princes des villes ».

Août 1983

Fidèle à son habitude, Geneviève était venue aux Sablettes dès huit heures trente. Elle se sentait de plus en plus fatiguée par cette canicule qui n'en finissait pas et sa baignade quotidienne lui permettait de reprendre un peu de force avant sa journée de travail.

Elle songeait à faire climatiser sa librairie, tout en reculant car la dépense était plus que conséquente. Elle effectua quelques brasses avant de faire la planche, en contemplant le ciel d'un bleu minéral. Une migraine tenace vrillait sa tempe gauche.

« Tu vieillis », se dit-elle.

Elle s'obstinait, pourtant, à rester soignée, mince et tonique. Comme si elle espérait toujours le retour de Pierre-Antoine, et c'était tout à fait ça.

Son ventre se noua.

« Respire ! » s'exhorta-t-elle.

Elle se remit à nager dès qu'elle se sentit un peu mieux. La mer glissait autour de son corps, et c'était encore un moyen pour elle de chercher à entrer en communication avec son fils.

Elle cligna des yeux. Brusquement, la plage lui paraissait très éloignée. Inaccessible. Elle se ressaisit, tentant de juguler la panique qui montait en elle. Elle était une assez bonne nageuse pourtant, son père lui avait appris à se débrouiller dans la Meuse mais, ce matin, elle avait l'impression d'être sans force. Elle se contraignit à respirer lentement, sans que cela ait un réel effet. Il lui semblait faire du sur place et le rivage était toujours aussi lointain, flouté dans une brume de chaleur. Geneviève battit des bras et des pieds.

« Je vais mourir là, sans que personne ne s'en rende compte », se dit-elle.

Curieusement, cette idée lui rendit un sursaut d'énergie. Il fallait qu'elle vive ! Elle ne voulait pas mourir sans savoir ce qui était réellement arrivé à son fils et aux autres membres de l'équipage de l'*Athéna*.

Cependant, elle avait beau continuer à battre des bras, elle avait à présent le sentiment de tourner en rond.

Elle essaya d'appeler à l'aide. Sa voix lui parut étrangement fluette, comme désincarnée. Une horrible crampe paralysait son mollet. Le sang battait à ses tempes. Elle pensa une nouvelle fois à son fils avant de sombrer.

Depuis le rivage, Sarah avait vu la dame s'éloigner vers l'horizon à longues brasses coulées. Elle avait beau avoir gardé une silhouette élancée, c'était pour elle une vieille dame, dans la soixantaine. Elle lui était vaguement familière car elles se voyaient souvent sur la plage tôt le matin. C'était le seul moment de la journée où les Sablettes n'étaient pas bondées.

Elle plissa les yeux. La dame au maillot noir et blanc n'avançait plus. Elle demeurait un point fixe au milieu de la mer étale. Cela ne lui ressemblait pas, se dit Sarah. À cet instant, elle la vit agiter les bras et, sans hésiter, elle plongea. Elle nageait un crawl puissant et rapide, hérité de plusieurs années d'entraînement à l'université, et rejoignit la vieille dame rapidement. Celle-ci coula sous ses yeux.

Sarah se précipita, la repêcha, et la ramena, inconsciente, vers le rivage, suivant la technique apprise au cours de ses séances de secourisme.

Arthur s'élança vers elle.

– Qui est-ce ? Ça va, maman ?

– Appelle les secours, mon grand.

Allongée sur le sable, la dame était très pâle. Sarah entreprit de lui faire recracher l'eau avalée, sans parvenir à la ranimer. Elle jeta un regard éperdu autour d'elle. Un homme d'une quarantaine d'années les rejoignit :

– Je suis médecin, dit-il avant de procéder à un massage cardiaque.

Lorsque la dame ouvrit enfin les yeux, Sarah éprouva une furieuse envie de pleurer. Comme s'il s'était agi d'une personne proche.

Août 1983

L'appartement de Geneviève ouvrait sur la Méditerranée.

Elle avait convié Sarah et Arthur à prendre l'apéritif pour remercier l'Américaine. De retour de la librairie, elle avait préparé toasts à la tapenade, bol d'olives et rondelles de saucisson. Par goût, Geneviève préférait le porto au pastis mais elle avait sorti plusieurs bouteilles ainsi que du jus de fruits pour Arthur.

Le médecin avait insisté pour qu'elle aille faire quelques examens.

« À mon avis, il s'agit d'un malaise lié à la chaleur et à la fatigue mais il vaut mieux tout contrôler par prudence. »

Elle avait dit « oui, bien sûr », sans être pour autant prête à suivre son conseil. N'était-elle pas « rétue[1] » comme disait son père ?

La sonnette la fit tressaillir. Elle alla ouvrir la porte, éprouva quelques instants de gêne en se retrouvant face

1. « Robuste » en patois ardennais.

à la jeune femme qui s'était portée à son secours. Celle-ci lui adressa un large sourire.

– Vous avez meilleure mine !

– Grâce à vous.

Geneviève lui sourit en retour et lui serra la main, ainsi qu'à son fils.

– Soyez les bienvenus tous deux.

Ils échangèrent quelques impressions à propos de Toulon et de La Seyne. Le parcours de l'Américaine était atypique. Elle haussa légèrement les épaules lorsque son hôtesse le lui fit remarquer.

– C'était une promesse que je m'étais faite il y a déjà longtemps, déclara Sarah d'une voix ténue.

Son regard se perdit, loin, vers la mer. Geneviève pressentit alors que, comme pour elle, son installation dans le Sud de la France était liée à un secret.

Arthur s'agita sur le canapé. Geneviève lui sourit.

– Un jus de fruits ? À ton âge, mon fils avait du mal à tenir en place lui aussi.

Elle se tourna vers un portrait posé sur la console Directoire.

Sarah suivit son regard avant de se figer. Son visage pâlit atrocement.

– Votre fils… ? interrogea-t-elle d'une voix étranglée en portant la main à son cœur.

Les deux femmes se regardèrent sans comprendre. Sarah se leva pour s'approcher de la photographie. Elle paraissait être en état de choc.

– Pierre-Antoine… Pierre-Antoine était votre fils ? questionna-t-elle d'un ton incrédule.

Geneviève, le cœur serré, hocha la tête. Elle éprouva un sentiment proche de la panique, ne comprenant plus ce qui était en train de se passer.

– Comment l'avez-vous connu ? balbutia-t-elle.

Brusquement, Sarah eut l'impression que les années étaient abolies, que le temps n'existait plus. Face à la photo de Pierre-Antoine, elle se sentait replongée quinze ans auparavant, alors qu'ils reprenaient tous les deux les chansons de Bob Dylan et de Joan Baez ou qu'ils arpentaient le Shakespeare Garden main dans la main.

L'émotion la submergea ; elle croisa les mains pour les empêcher de trembler.

– C'est incroyable, murmura Sarah, se sentant perdre pied.

Elle prit une longue inspiration avant d'expliquer le plus calmement possible :

– Pierre-Antoine et moi nous sommes rencontrés à San Francisco l'été 67. Nous avons ensuite correspondu. Je devais venir le voir en juillet 1968. Nous…

Elle s'interrompit, s'essuya les yeux. Son regard glissa vers Arthur et, brusquement, Geneviève comprit.

Son visage exprima une totale sidération pour, l'instant d'après, s'illuminer.

– Oh ! s'écria-t-elle. Arthur est le fils de Pierre-Antoine. C'est cela, n'est-ce pas ?

Trop émue pour prononcer un mot, Sarah opina.

Arthur s'approcha à son tour de la photo. Il affectait une certaine désinvolture même si son regard incertain reflétait ses interrogations.

Sarah remarqua ses poings serrés, son corps raidi, son menton qui tremblait, et entoura ses épaules d'un bras protecteur.

– « Le hasard, c'est peut-être le pseudonyme de Dieu quand il ne veut pas signer[1] », souffla-t-elle. Oui, mon grand, il s'agit de ton père.

Brusquement, tout prenait sens. Leur installation à Toulon, le sauvetage de Geneviève et cette rencontre qui n'aurait jamais dû avoir lieu.

Geneviève, haletant légèrement, était encore sous le choc.

– J'aurais tant voulu…, murmura-t-elle.

– Que nous fassions tous connaissance dans d'autres circonstances, avec Pierre-Antoine, compléta-t-elle. Je sais. Moi aussi.

Déjà, leur hôtesse s'était ressaisie. Elle devait être forte. Pour Pierre-Antoine. Et aussi pour son fils.

– Venez, dit-elle, je vais vous montrer les albums de la famille.

Sarah obéit en éprouvant une curieuse impression de dédoublement. Quinze années avaient passé. Même si elle n'oublierait jamais Pierre-Antoine et si elle était heureuse qu'Arthur puisse mieux connaître qui était son père, elle savait qu'il était temps pour elle de tourner la page.

– Nous pourrons nous revoir ? questionna presque timidement Geneviève alors qu'Arthur, bouleversé, luttant visiblement pour ne pas laisser libre cours à son émotion, découvrait un Pierre-Antoine en culottes courtes.

---

1. Théophile Gautier.

– Avec plaisir, acquiesça Sarah.

Elle se sentait apaisée, bien que la souffrance soit toujours là. Parce que connaître Geneviève, c'était aussi procurer des racines à Arthur.

Quelles étaient les paroles de sa chanson du moment, déjà ?

« Puisque rien ne dure vraiment… »

Pierre-Antoine et elle s'étaient aimés le temps d'un été. Elle avait cherché, longtemps, à retrouver sa trace, jusqu'à ce qu'elle apprenne la disparition de l'*Athéna*. Elle s'était focalisée sur sa grossesse, sans se préoccuper de son statut de célibataire. La Californie, à cette époque, vivait sa libération sexuelle.

Ses amis proches, parmi lesquels Henry, l'avaient soutenue. « Je serai toujours là pour toi, pour Arthur et toi », lui avait-il promis le jour de la naissance d'Arthur.

Elle avait pleuré, d'émotion, de joie et de tristesse, ce jour-là. Elle avait alors organisé sa vie en fonction de son fils. Sans pour autant lui donner trop de détails lorsqu'il lui avait posé des questions au sujet de son père. À présent, le moment était venu.

Elle posa la main sur l'épaule d'Arthur et sourit à Geneviève. Un sourire qui avait valeur de promesse.

– Nous allons prendre le temps de nous connaître, déclara-t-elle d'une voix voilée.

Geneviève lui pressa la main. Elle avait retrouvé une raison de vivre.

Françoise BOURDON

ÉPILOGUE

Décidément, « rien dans ce monde n'arrive par hasard »[1] !

Depuis ma rencontre avec Denise, en avril 2017, ses confidences bouleversantes me trottaient dans la tête.

J'ai donc écrit cette nouvelle en janvier 2019 sans imaginer qu'en juillet de la même année de nouvelles recherches seraient lancées et l'épave de la « Minerve » enfin retrouvée.

Je songe aux membres de son équipage, à leurs proches, familles et amis, qui ont attendu tant d'années pour apprendre enfin la vérité.

Espoir, désespérance, révolte mêlés…

Et, au bout du chemin, « une très grande émotion, la fin d'une très longue attente »[2].

À eux tous, de tout cœur.

1. Paulo Coelho.
2. Paroles d'Hervé Faure, le fils du Commandant de la MINERVE

Collection
TERRITOIRES

Jean ANGLADE
Une vie en rouge et bleu
Le Dernier de la paroisse
Le Choix d'Auguste
Le Sculpteur de nuages
Les Cousins Belloc
Le Grand Dérangement

Sylvie ANNE
Le Gantier de Jourgnac
La Maison du feuillardier

Sylvie BARON
Un été à Rochegonde
Les Ruchers de la colère
L'Auberge du pont de Tréboul
L'Héritière des Fajoux
Rendez-vous à Belinay

Jean-François BAZIN
Les Raisins bleus
Le Clos des Monts-Luisants
Le Vin de Bonne-Espérance
Les Compagnons du grand flot
Le Maître de la lumière

Henriette BERNIER
Le Baron des champs

Jean-Baptiste BESTER
L'Homme de la Clarée
Plus près des anges
Les Amants de Sainte-Catherine
Meurtre au pont du Diable

Françoise BOURDON
Le Moulin des Sources
Le Mas des Tilleuls
La Grange de Rochebrune
Retour au pays bleu
Le Fils maudit
Les Sentiers de l'exil
Les roses sont éternelles
Le Maître du Castellar

Édouard BRASEY
Les Lavandières de Brocéliande
Les Pardons de Locronan
La Sirène d'Ouessant
L'Affaire Cabre d'or
Le Domaine des oliviers
Les Fils du patriarche

Patrick BREUZÉ
Les Remèdes de nos campagnes
La Valse des nuages
L'Étoile immobile
Mon fils va venir me chercher
La Montagne pour refuge

Nathalie de BROC
La Vallée des ambitions
La Robe pourpre

Michel CAFFIER
Corne de brume
La Paille et l'Osier
Les Étincelles de l'espoir

Anne COURTILLÉ
La Tentation d'Isabeau
Le Gaucher du diable
Les Damoiselles de Clermont

Annie DEGROOTE
Les Racines du temps
D'infinies promesses

Jérôme Deliry
Une rivière trop tranquille
L'Héritage de Terrefondrée
La Maraude

Raphaël Delpard
L'Enfant sans étoile
Pour l'amour de ma terre
L'enfant qui parlait avec les nuages
Le Courage de Louise

Alain Dubos
La Mémoire du vent
La Corne de Dieu
Le Dernier Combat du Dr Cassagne

Marie-Bernadette Dupuy
Les Fiancés du Rhin

Angélina
Angélina. Les mains de la vie
Le Temps des délivrances
La Force de l'aurore

Élise Fischer
Les Noces de Marie-Victoire
Je jouerai encore pour nous
Villa Sourire
L'Étrange Destin de Marie
Le Jardin de Pétronille
Aux Deux Hirondelles
Les Femmes des terres salées
La Promesse du sel
Le Vin de Pâques

Emmanuelle Friedmann
Le Rêveur des Halles
La Dynastie des Chevallier
L'Orphelinat
La Faute des autres

Alain Gandy
Les Cousins de Saintonge

Gérard Georges
Une terre pour demain
Le Destin des Renardias
Le Bal des conscrits
Mademoiselle Clarisse
Anatole, fils de personne
La Mésangère

Georges-Patrick Gleize
La Fille de la fabrique
Pas plus tard que l'aurore
Le Serment des oliviers
Le Vent de la jeunesse
Quelques pas dans la neige
Les Noisetiers du bout du monde
Le Crépuscule des Justes

Yves Jacob
Sous l'ombre des pommiers

Guillemette de la BORIE
La dernière héritière

Hélène Legrais
L'Ermitage du soleil
Les Héros perdus de Gabrielle
Les Ailes de la tramontane
La Guerre des cousins Buscail
Les montagnes chantaient la liberté
Ceux du Château, ceux du Moulin
Trois gouttes de sang grenat
Les Anges de Beau-Rivage
Le Bal des poupées
Le Front dans l'azur

Philippe Lemaire
Rue de la Côte-Chaude
L'Enfant des silences
L'Oiseau de passage
La Mélancolie du renard

Alfred Lenglet
Du poison dans les veines
Jeux mortels en hiver
Temps de haine
Cœurs de glace

Éric Le Nabour
Retour à Tinténiac
La Louve de Lorient
À l'ombre de nos larmes
La Frondeuse

Jean-Paul MALAVAL
L'Or des Borderies
Soleil d'octobre
Les Noces de soie
La Villa des térébinthes
Rendez-vous à Fontbelair
La Folie des Bassompierre
Chronique des Strenquel
La Bastide aux chagrins
Les Sœurs Querelle
Les Larmes de la pinède
La Belle Étrangère
Adélaïde au bord de la falaise
Les Gens de Combeval
La Souveraine en son domaine
Rue de la Fontaine-bleue

Antonin MALROUX
La Promesse des lilas
La Cascade des loups
La Pierre marquée
L'Homme aux ciseaux d'argent
Les prés refleuriront
Fenêtre sur village
Marie des Adrets
L'Espoir de belles aurores
Le Pain de paille
Le Cœur de mon père

Jean-Luc MOUSSET
L'Enfant des labours
Le Secret de Neige

Frédéric PONS
Les Pèlerins du diable

Nicole PROVENCE
Le Secret d'Aiglantine

Joël RAGUÉNÈS
La Maîtresse de Ker-Huella
La Dame de Roz Avel
La Sirène du port
Les Trois Saisons de la vie
L'Or du lin
Les Vies de Jeanne

Florence ROCHE
La Terre des Falgères
L'École du lac
La Réfugiée du domaine

Geneviève SENGER
La Maison Vogel
L'Enfant de la Cerisaie
La Dynastie des Weber
Les Jumeaux du val d'amour
La Promesse de Rose
Les Bellanger
La Dame des Genêts

Jean SICCARDI
La Source de saint Germain
Le Maître du diamant noir
L'Ivresse des anges
L'Auberge du gué
Gaston des vignes

Bernard SIMONAY
L'Or du Solognot
Le Marais des ombres
Meurtres d'outre-tombe

Jean-Michel THIBAUX
L'Olivier du Diable
Le Maître des Bastides
Le Rappel du tambour

Katia VALÈRE
Après la nuit vient l'aube

Brigitte VAREL
Le Secret des pierres

Louis-Olivier VITTÉ
La Guérisseuse de Peyreforte
Là où coule une rivière
Le Secret de Tire-Lune
La Statue engloutie
La Dame des vignes hautes
La Femme qui voulait voir la mer
Petit Jean

Colette VLÉRICK
L'Enfant sur le pont
Un air de liberté
La Nacre des abers
Dans la lumière de Pont-Aven

Pour être régulièrement informé de nos actualités,

REJOIGNEZ LE CLUB DES LECTEURS

CALMANN LÉVY *territoires*

Nom .... Prénom ....

Date de naissance ... / ... / ...... Profession ....

Adresse ....

Code postal .... Ville ....

E-mail ....

Dernier livre de la collection que vous avez lu ....

....

Régions qui vous intéressent ....

....

☐ Je souhaite m'inscrire au Club des lecteurs et recevoir des informations de la part des éditions Calmann-Lévy.

Vous pouvez vous inscrire par e-mail à l'adresse

commercial@calmann-levy.fr

ou en retournant ce coupon à

Calmann-Lévy Territoires
21, rue du Montparnasse
CS 10636 – 75298 Paris Cedex 06

Retrouvez Calmann-Lévy Territoires sur Facebook

Conformément à la législation, vous pouvez exercer vos droits d'accès, de rectification, d'opposition, de portabilité, ou encore définir des directives post mortem par e-mail à commercial@calmann-levy.fr ou en nous écrivant à Calmann-Lévy Territoires - 21, rue du Montparnasse - CS 10636 – 75298 Paris cedex 06.
Pour plus d'informations sur vos droits et sur le traitement de vos données, consultez notre charte de confidentialité sur www.calmann-levy.fr.

Photocomposition Belle Page

Achevé d'imprimer en Italie
par Grafica Veneta
Via Malcanton, 2, 35010 Trebaseleghe PD
pour le compte des éditions Calmann-Lévy
21, rue du Montparnasse 75006 Paris

CALMANN LEVY s'engage
pour l'environnement en réduisant
l'empreinte carbone de ses livres.
Celle de cet exemplaire est de :
2,9 kg éq. CO_2
Rendez-vous sur
www.calmann-levy-durable.fr

PAPIER À BASE DE
FIBRES CERTIFIÉES

N° d'éditeur : 6616760/01
Dépôt légal : septembre 2019
Imprimé en Italie.